知財実務ガイドブック

知財の活用とトラブル対策

三山峻司【編著】

青林書院

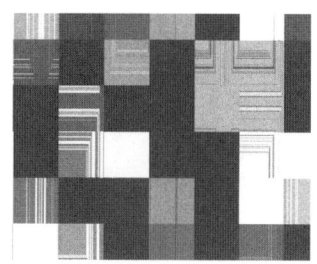

はじめに

本書は，知的財産関係法の基本を踏まえ，徹底して「実務」の「現場の処理」にこだわった内容になっています。実務の現場からの実務家による法律専門職や企業実務家のための知財処理に役立つ内容になるようにと心がけました。その視点から理論や学説の対立等は概説書や論文の紹介にとどめ，有益情報はできるだけ紹介に努め，法的処理における実務での悩ましいケースの中から基本と現場の工夫について体験から得られたノウハウ的な内容を盛り込んでいます。

執筆者らは「実務」の「現場の処理」を実地に体験し処理してきた法律実務家です。頭書の内容を具体的にどのような形式で読者に限られた紙幅の中でコンパクトに提供できるか会議を重ねました。ケースをQにしそれに即して解説するのが適切かとも考えましたが，事実関係が細かくなりすぎるQでは汎用に必ずしも向かなくなってしまう，さりとてケースを意識しない一般的叙述では機微に触れる実務の悩ましい点を伝えきれない，いずれの方法も「帯に短かし襷に長し」の一長一短となってしまいます。

そこで，折衷的立場をとって，本文では「実務」の知財法がらみの現場の処理のための知識を概述し，これを補いあるいは本文で触れられなかった実務で直面するであろうケースの内容をQとして要所において作成し，Aで解説するQ&A形式を盛り込む方法を採用しました。

域外のビジネス環境はどんどん変化し，熾烈な企業間競争が続いています。国内外の環境変化に対応できる意識した知財活動が求められているのです。

本書は，これまでの書籍と一味も二味もちがった知財法実務のいわば痒いところに手が届く内容の書籍になったと自負しています。知財処理をはじめて取り扱うビギナーは勿論，ある程度処理を扱ってきた中堅の実務家にも役立つものになっていると思います。その思いにそって本書が利用されるのであれば執筆者らにとってその喜びにすぐるものはありません。

最後に本書出版に向けてご努力いただいた青林書院の宮根茂樹さんにお礼を申し上げます。

2017年10月

三　山　峻　司

凡　　例

Ⅰ　叙述方法

(1) 叙述は，原文引用の場合を除いて，原則として常用漢字，現代仮名遣いによった。ただし，数字は原文引用中においても算用数字を用いた。

(2) 見出し記号は，原文引用の場合を除き，原則として，ⅠⅡⅢ…，(1)(2)(3)…，(a)(b)(c)…，(イ)(ロ)(ハ)…，(i)(ii)(iii)…の順とした。なお，本文中の列記事項については，①②③…などを用いた。

Ⅱ　法令の引用表記

(1) 各法令の条文番号は，横組みとしたため，原則として算用数字を用いた。

(2) カッコ内における主要な法令名は，原則として，後掲の「法令名略語例」により，それ以外のものはフルネームで表した。

(3) カッコ内において複数の法令条項を引用する場合，同一法令の条項は「・」で，異なる法令の条項は「,」で併記した。それぞれ条・項・号を付し，原則として「第」の文字は省いた。

Ⅲ　判例・裁判例の引用表記

(1) 主要な判例集や雑誌等の名称を含む判例・裁判例の表記には，原則として，後掲の「判例・雑誌等略語例」による略語を用いた。

(2) 判例・裁判例は，上記略語を用いて，原則として，次のように表記した。

〔例〕平成18年12月21日，最高裁判所判決，最高裁判所民事判例集60巻10号3964頁

→最判平成18年12月21日民集60巻10号3964頁

Ⅳ　各種略語例

以下のとおりである。

■法令名略語例

意	意匠法	関税	関税法

凡　　例

関税令	関税法施行令
行訴	行政事件訴訟法
刑	刑法
刑訴	刑事訴訟法
景表	不当景品類及び不当表示防止法
憲	憲法
実	実用新案法
商標	商標法
著	著作権法
特	特許法
特施規	特許法施行規則
独禁	私的独占の禁止及び公正取引の確保に関する法律
TRIPS協定	知的所有権の貿易関連の側面に関する協定
派遣	労働者派遣事業の適正な運営の確保及び派遣労働者の保護等に関する法律
パリ条約	工業所有権の保護に関するパリ条約
不競	不正競争防止法
民	民法
民執	民事執行法
民訴	民事訴訟法
民訴費	民事訴訟費用等に関する法律
民調	民事調停法
民保	民事保全法

■判例・雑誌等略語例

最	最高裁判所
高	高等裁判所
知財高	知的財産高等裁判所
地	地方裁判所
支	支部
判	判決
決	決定
民集	最高裁判所民事判例集
裁判集民事	最高裁判所裁判集民事
刑裁月報	刑事裁判月報
知財集	知的財産権関係民事・行政裁判例集
無体集	無体財産権関係民事・行政裁判例集
判決速報	工業所有権関係判決速報／知的所有権判決速報／知的財産権判決速報
L＆T	Law & Technology
裁時	裁判所時報
ジュリ	ジュリスト
知管	知財管理
判時	判例時報
判タ	判例タイムズ
労経速	労働経済判例速報
労判	労働判例

著者紹介

■編著者

三山　峻司（弁護士・弁理士）担当：第１章，第５章，第６章，第９章第３節～第５節，第10章

昭和56年弁護士登録（大阪弁護士会）。平成12年弁理士登録。京都産業大学大学院法務研究科教授（平成16年～現在）。特許庁工業所有権審議会委員（平成24年４月～平成28年３月）。大阪弁護士会知的財産委員会委員長（平成20年４月～平成22年３月）。日本知的財産仲裁センター（旧工業所有権仲裁センター）・元関西支部運営委員長・元関西支部長。日本商標協会理事。

共同編著として，『新・注解商標法（上・下巻）』（青林書院），『商標の法律相談Ⅰ・Ⅱ』（最新青林法律相談）（青林書院），『ロースクール演習知的財産法』（法学書院），共著として，『特許審決取消判決の分析～事例からみる知財高裁の実務～』（商事法務），『事例から考える特許法』（法学書院），『著作権法要説（第２版）実務と理論』（世界思想社），『新・商標法概説（第２版）』（青林書院），『知的財産契約の理論と実務』（大阪弁護士会知的財産法実務研究会編，商事法務），『実務解説知的財産権訴訟（第２版）』（法律文化社），ほか多数。

大阪市北区中之島２丁目２番２号　大阪中之島ビル９階
中之島シティ法律事務所　TEL：06－6203－2355　FAX：06－6203－2356

■執筆者

室谷　和彦（弁護士）担当：第２章

平成10年弁護士登録（大阪弁護士会）。日本弁護士連合会知的財産センター委員（平成21年度～現在）。大阪弁護士会知的財産委員会副委員長（平成19年度～平成21年度）。大阪学院大学非常勤講師　知的財産権法・知的財産管理論担当（平成17年度～平成20年度）。日本商標協会会員。

共著として，『最新知的財産判例集－未評釈判例を中心として－』（青林書院），『知的財産法最高裁判例評釈体系Ⅰ』（青林書院），『商標の法律相談Ⅰ・Ⅱ』（最新青林法律相談）（青林書院），『不正競争の法律相談Ⅰ・Ⅱ』（最新青林法律相談）（青林書院），『特許審決取消判決の分析～事例からみる知財高裁の実務～』（商事法務），『最新不正競争関係判例と実務（第３版）』（民事法研究会）ほか多数。

大阪市中央区北浜３丁目２番12号　北浜永和ビル３階
室谷法律事務所　TEL：06－6233－6612　FAX：06－6233－6602

著者紹介

井上　周一（弁護士・弁理士）担当：第３章，第８章

平成15年弁護士登録（大阪弁護士会）。平成26年弁理士登録。大阪弁護士会知的財産委員会副委員長（平成25年度～平成27年度）。大阪弁護士会知的財産法実務研究会世話役（平成19年度～現在）。

共著として，『商標の法律相談Ⅰ・Ⅱ』（最新青林法律相談）（青林書院），『知財相談ハンドブック（第３版）』（大阪弁護士協同組合），『最新不正競争関係判例と実務（第３版）』（民事法研究会），『最新商標権関係判例と実務』（民事法研究会），『最新著作権関係判例と実務』（民事法研究会），『事例から考える特許法』（法学書院），『知的財産法最高裁判例評釈体系Ⅱ』（青林書院），『最新知的財産判例集－未評釈判例を中心として－』（青林書院），『最新判例知財法』（青林書院），『特許審決取消判決の分析～事例からみる知財高裁の実務～』（商事法務），『知的財産権・損害論の理論と実務』（商事法務）ほか多数。

大阪市中央区安土町２丁目２番15号　ハウザー堺筋本町駅前ビル３階

堺筋駅前法律事務所　TEL：06－6226－8000　FAX：06－6226－8007

面谷　和範（弁護士・弁理士）担当：第４章

平成22年弁護士登録（大阪弁護士会）。平成14年度弁理士試験合格及び登録（初回）。平成13年から５年間，大阪市内にある特許事務所にて弁理士業務に従事。大阪弁護士会知的財産委員会副委員長（平成29年度～）。

共著として，『最新不正競争関係判例と実務（第３版）』（民事法研究会），『事例から考える特許法』（法学書院），『特許審決取消判決の分析～事例からみる知財高裁の実務～』（商事法務）。

大阪市中央区淡路町２丁目４番３号　ISOビル３階

面谷・島　法律特許事務所　TEL：06－6210－4950　FAX：06－6210－4951

清原　直己（弁護士・弁理士）担当：第７章，第９章第１節～第２節

平成25年弁護士登録（大阪弁護士会）。平成28年弁理士登録。大阪弁護士会知的財産委員会委員，大阪弁護士会知的財産法実務研究会会員。

共著として，『商標の法律相談Ⅰ・Ⅱ』（最新青林法律相談）（青林書院），『最新不正競争関係判例と実務（第３版）』（民事法研究会）。

大阪市北区中之島２丁目２番２号　大阪中之島ビル９階

中之島シティ法律事務所　TEL：06－6203－2355　FAX：06－6203－2356

矢倉　雄太（弁護士）担当：第５章

平成27年弁護士登録（大阪弁護士会）。大阪弁護士会知的財産委員会委員（平成28年～）。神戸大学大学院法学研究科博士課程後期課程理論法学専攻高度専門法曹コース（知的財産法）在学中（平成29年～）。

大阪市北区中之島２丁目２番２号　大阪中之島ビル９階

中之島シティ法律事務所　TEL：06－6203－2355　FAX：06－6203－2356

目　次

■第３章　表示保護制度の活用とトラブル対策

■第４章　デザインの活用とトラブル対策

■第５章　著作物の活用とトラブル対策

■第６章　職務上の従業者をめぐる知財に関する処理

■第７章　営業秘密と情報の管理対策

■第８章　ライセンス契約

第９章　知的財産訴訟と審判及び審決取消訴訟

Q＆A一覧

第 1 章

総　論

知的財産権法務の実務の基本

第１節　知的財産法務の守備範囲

Ⅰ　知的財産権

(1)　競争のルール

マーケット（市場）では，何をやってもよいというものではありません。そこには競争のルールがあります。知的財産関係法は，「競争」に関係するルールです。経済のグローバル化・ボーダレス化によって競争の場は，国内から海外へとますます広がり，域外との経済活動の密度も濃くなっています。

日本と欧米，途上国や新興工業国をも含め国情や時代背景により「競争」や「競争ルール」あるいは自由競争（営業の自由）の限界についての議論は尽きません。しかし，不正競業者のただ乗り（フリーライド）を防ごうとするのは共通の認識です。知的財産権をいかに有効に活用するかに知恵を絞る者に勝機があることは確かです。これを実践的に法務に取り込まなくてよいはずがありません。

(2)　知的財産権

わが国における重要な知的財産権の関係法規を整理すると，**図表１**のとおりです。

本書で主として取り上げるのは，特許法・意匠法・商標法・不正競争防止法・著作権法です。特許法・実用新案法・意匠法・商標法の産業財産権四法は，方式主義をとり，行政処分による登録を成立要件として発生します。著作権法は，無方式主義をとり，登録を成立要件とせず司法裁判所の訴訟により最終的に著作権の存否と侵害の成否が確認されます。不正競争防止法についても司法裁判所の訴訟により不正競争防止法違反行為の成否が確認されます。これら制度の建て付けは実務処理にも連動します。実務上の対応において関係する範囲でその他の関連諸法にも次章以下で触れていきます。

無体物（知的財産）には重畳的に法の網の目がかかり，産業財産権法を含むこれらの関係諸法が絡み合って現実に問題となることも常態化しています。各法を別々に相互の関連性を考慮しないで縦割りに見ていては対応が不十分となります。

一つの事例に対して，知的財産権に関係する法律をトータルにながめ，相互

図表１　知的財産関係法を構成する主な諸法

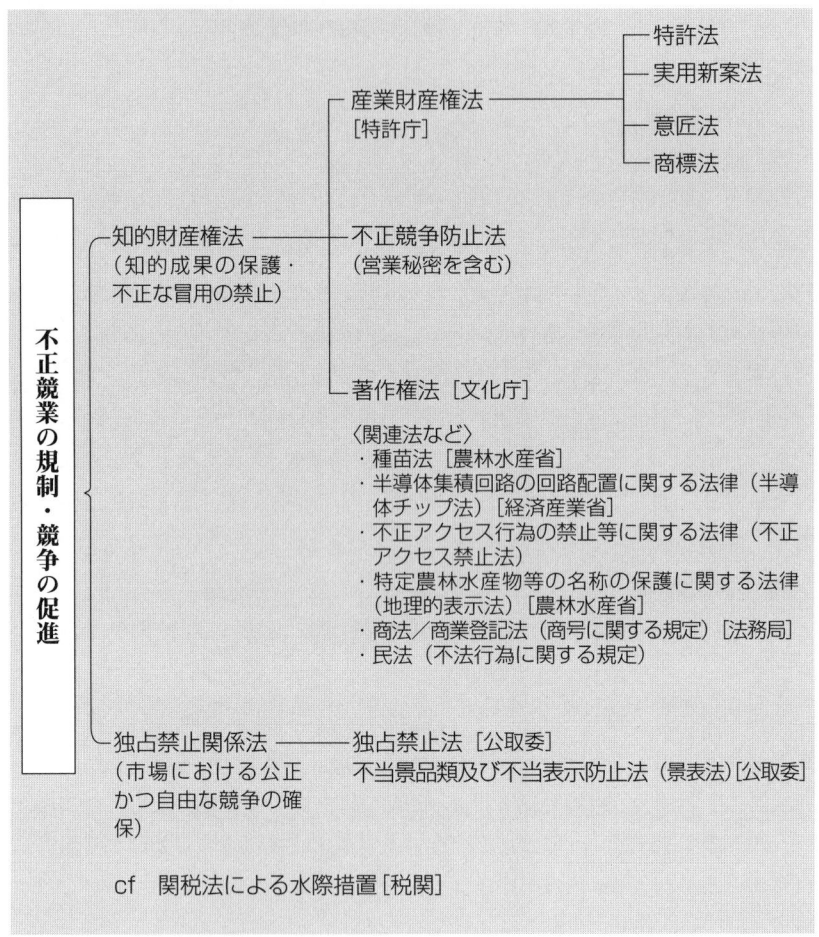

不正競業の規制・競争の促進

- 知的財産権法（知的成果の保護・不正な冒用の禁止）
  - 産業財産権法［特許庁］
    - 特許法
    - 実用新案法
    - 意匠法
    - 商標法
  - 不正競争防止法（営業秘密を含む）
  - 著作権法［文化庁］
  - 〈関連法など〉
    - ・種苗法［農林水産省］
    - ・半導体集積回路の回路配置に関する法律（半導体チップ法）［経済産業省］
    - ・不正アクセス行為の禁止等に関する法律（不正アクセス禁止法）
    - ・特定農林水産物等の名称の保護に関する法律（地理的表示法）［農林水産省］
    - ・商法／商業登記法（商号に関する規定）［法務局］
    - ・民法（不法行為に関する規定）
- 独占禁止関係法（市場における公正かつ自由な競争の確保）
  - 独占禁止法［公取委］
  - 不当景品類及び不当表示防止法（景表法）［公取委］

cf　関税法による水際措置［税関］

の脈略を意識した視点が大切です。

そして，知的財産制度は，国際的性質を有すると指摘されています。技術的性格を含む頭脳的な所産の保護は，普遍性があり地域色・民族色が少なく，技術などは国内外で交流が進むからです。ブランドやデザイン，著作物も容易に域内外を越えていきます。経済活動のグローバル化，ボーダレス化によって地域的な広がりとして，海外進出に伴って諸外国の法制*[1]をも把握しておく必要に迫られることはもちろん，いずれの国にどういう形で国際出願や模倣品対策を行うのが有利であるのか，さらに侵害問題になったときのエンフォースメントを念頭に置いた裁判手続への対応も考えておく必要があります*2。外国企業から訴えられる場合や海外の模倣品対策として海外で法的手続をとることや水際措置も検討しておく必要もあるでしょう。単に国内の企業間だけではなく，外国企業との紛争に発展することも珍しくなく*3，日本国内よりもむしろ国外の活動がメインで渉外要素を取り込んだ法務活動が日常的という企業も大規模になるほどあたり前になっています*4。

Ⅱ　知的財産法務の守備範囲

(1)　企業法務の側面から見た守備範囲

知的財産に絡む係争は，競業法的性格を反映し，企業活動を牽制します。それは単に国内の企業間だけではなく，特に外国企業との関係においてもそうです。

知財の法務を法の機能から教科書的に述べると，①紛争処理機能，②予防的機能，③戦略的機能の３つがあります。

紛争処理機能は，侵害事件が発生した場合にその解決をスムーズに処理する機能といえます。予防的機能は，侵害事件という法的紛争を予め起こさないようにするためにはどのように法的手当てをしておけばよいかを明らかにする機能です。そして，経営行動に先立つ意思決定を合理的になさしめるための法務の支援を得て，その指針とする働きが戦略的法務といえます（**図表２**）。

きれいに述べれば，知的財産法務とは，企業戦略の一環に知的財産権が組み込まれ，マネジメント・サイクルの各場面において法律的分析や調査を通じて

＊１　現実には当該国の知財訴訟の裁判動向や国情・文化のちがいも実務処理では極めて重要な把握しておくべき情報です。

＊２　法的インフラにつき，新興国のエンフォースメントに不安があっても，同国で法的根拠のある知的財産権を取得することは極めて重要です。取得しておかなければ模倣は放置されどれだけ真似をされても自由になってしまいます。模倣をやめさせる権利の足がかりとなる法的根拠を同国で有しているということ自体に大きな意味があるのです。

＊３　特許庁の知的財産活動調査（https://www.jpo.go.jp/shiryou/toikei/tizai_list.htm）に，知的財産権侵害訴訟で日本企業が外国企業から訴えられる訴訟件数や日本企業が外国企業を訴える場合の訴訟件数が知的財産権の種別とともに毎年報告されています。

＊４　日本国内の特許出願は，30万件台の漸減状態が続いていますが，外国出願（いわゆる内外）は異なる傾向を示しており，日本企業の知財に関する予算配分が域外対応にシフトしているといえるでしょう。各年度の特許行政年次報告書「第１部第１章国内外の出願・登録状況と審査・審判の現状」参照。

図表2　知的財産法務の守備範囲

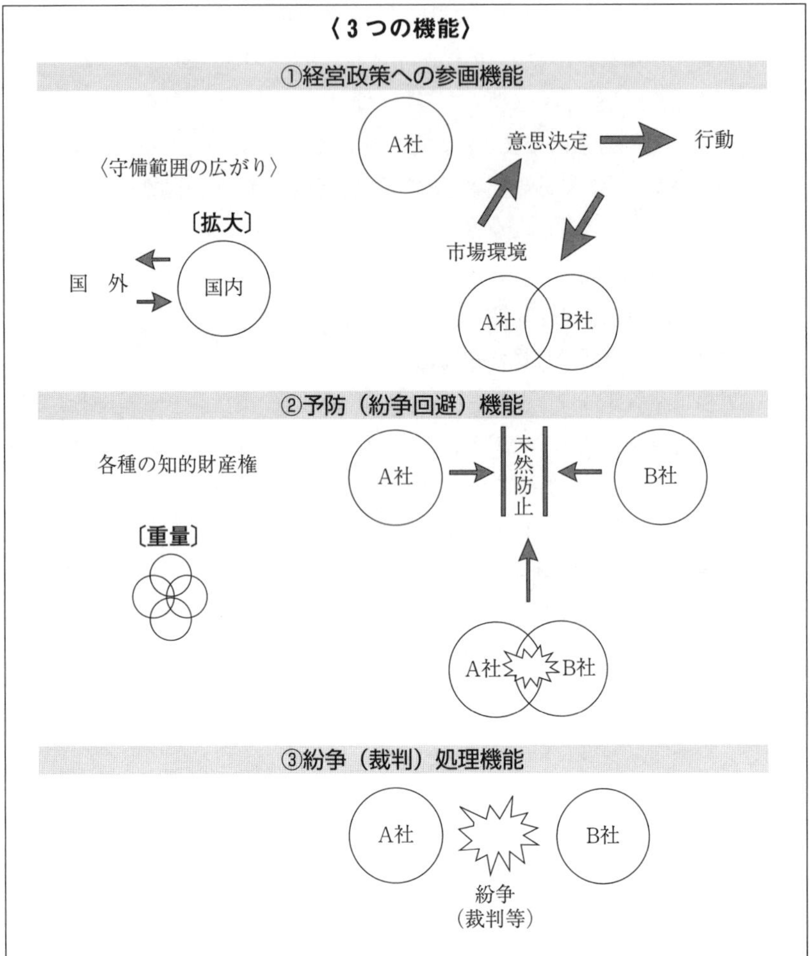

企業関係者に有効な重言を与え，知財紛争を回避し，紛争が発生した場合にはこれに対処し，さらには法務部門が積極的に参画して経営政策においてタイムリーに献策し，経営政策や経営戦略の策定判断に資するIP関連情報を進言する業務といえるでしょう。近時，注目され始めたIPランドスケープという手法も知財法務の戦略的機能の発揮を意識させるものです。

ここからが現場です。知財の内容はいろいろです。また，企業の規模も様々であり，組織や経営者も個性を有しています。現場は教科書どおりに物事が運ばないこともしばしば経験するでしょう。

ダイレクトに経営に知財の法務担当の意見を反映させることもできれば，担当者が上部の判断を仰ぎ，現場に指示を出し，間に入って調整することもあります。

しかし，知財の法務に携わる者は，工夫を重ね，知財法という競争ルールを駆使し，企業にとって矛にもなれば盾にもなる武器で勝機を見出しよりベターで有利な途を模索し，不毛な途に迷わない方向に企業活動を導き，一つ一つの事案の処理をやりとげなければなりません。

知財法のルールを意識せずに企業競争に飛び込むのは，ジャングルに裸で入っていくようなものです。想像してみてください。ジャングルで目立った活動をするとどのようなことになるかを。そのようにならないよう，あるいは万一そのような場面に直面した場合でも備えに役立つ対策はあるかを予め考えておく，それが法務の対応なのです。

(2)　企業組織の知財法務担当から見た守備範囲

(a)　企業の中での知財部門の組織上の位置付けは，技術系を中心とした組織であったり法務部の一部門の位置付けであったり，中には経営中枢と直結する独立の部門として組織化されるところもあります。

マンパワーや予算に制約のある中小零細企業の場合は，限られた人と予算の中で一層の工夫が必要です*5。法務担当者が１人，あるいは総務と兼務で法務部がない企業も少なくありません。しかし，工夫次第で充実した対応能力を発揮している企業も珍しくありません。

どのような組織上の位置付けであれ，先の法務機能を効率よく達成できる工夫をしなければなりません。そして，アイデアを研究開発投資の結実としてどのように特許という権利に高めるか，デザインやネーミングを意匠権や商標権として保有し，これらを武器として他の模倣者からどのように自社を守るか，時系列として出願手続による権利取得過程の前と後のプロセス及び権利存続期間中並びに権利消滅後の対応等，知的財産権関連諸法に対する理解を踏まえた

＊5　中小企業基本法の定義による大企業と中小企業の数は，大企業約1.1万者に対し中小企業は380.9万者で，その比率は0.3％と99.7％です（2017年版中小企業白書）。大企業の中から，上場企業数となるとさらに絞り込まれます。2017年５月８日時点の上場会社数は，3557社となっています（日本取引所グループ［JPX］のサイト）。

知的財産権に関する戦略的管理に配慮が行き届くようにしなければなりません。

(b)　上記のような一般論を踏まえても具体的な市場と個々の企業の法務部や知財部の実務担当者の立場は，①業種・業界のちがい（例えば製薬や電機・自動車・ソフトなどの業界による市場の競業者のスタンスや流通フローのちがいなど），②個々の企業体のちがい（規模や企業体の歴史や個性，トップや知財を統轄する上層部の考え方やスタンスのちがいなど），③当該部の個別担当者の個性や心構え等は様々で，どのようなフォーメイションによる守備を行うかは異なります。

知的財産権は，企業の市場確保への優位な足がかりを作る有力な武器です。しかし，知財紛争が起こると，かかるコストは馬鹿になりません。訴訟になっても，その揺れ幅が大きい場合も珍しくありません。知的財産権を武器に小が大を制することもあります。中には訴訟の帰趨によって該当の事業部自体が消滅したり，製品を作る工場が閉鎖になったり，損害賠償金額が大きくなり*6，当該案件の担当者はもちろん法務部や知財部の存在意義自体が問われることもありえます。外国企業から特許権の侵害などで訴えられ，その負担に耐えられず，企業の存廃の問題にまで発展するケースも出ています。知的財産関係法全体を守備範囲とする法務担当分野の責任は重くなる一方です。

(3)　「課題中心アプローチ」という視点

ここでは，フロントラインで知財紛争に直面する関係当事者の目線から企業実務家や法律専門職の弁護士や弁理士が裁判例を検討する意味について触れます。

実務では，一つ一つの裁判例を深く分析・検討すること自体が求められるのではありません。勿論，そのような努力も必要です。しかし，そのような根本的な法的問題点を改善し，判決の論理の整合性の当否と制度の有り様を問いか

＊6　損害賠償額で振れ幅の大きかった裁判例として，例えば東京地判平成22年11月30日裁判所ホームページ〔切り餅事件〕は原告の請求を棄却しましたが，知財高判平成24年３月22日裁判所ホームページは判断を覆し８億円余りの損害を認めました。その後関連の東京地判平成27年４月10日裁判所ホームページの二次訴訟で７億8000万余りの認められ，双方で約16億円前後の損害賠償金額の支払が認められました。また，東京地判平成15年３月26日判時1837号101頁〔椅子式マッサージ事件〕では15億4700万円余りの損害が許容されましたが，知財高判平成18年９月25日裁判所ホームページでは1100万円余りに減っています。さらに，東京地判平成14年３月19日判時1803号79頁・99頁に言い渡された２件の事件〔スロットマシン〕では，被告２社に合計80億円を超える損害賠償請求が認容されましたが，対象特許権の無効が確定し（東京高判平成17年２月21日裁判所ホームページ），結局，前記損害賠償請求は認められませんでした（知財高判平成17年10月12日裁判所ホームページ，知財高判平成17年11月24日裁判所ホームページ）。

けていく，いわば「問題解決アプローチ」も重要ですが，それらは優れた判例評釈や論文に委ね，実務での最大の関心事の一つは，「今，ここ」で直面する課題（法律紛争）に焦点をあて，一定の時間的制約のある中で，当事者の視点から「対症療法的」に，課題（法律紛争）解決の途を具体的にイメージして明らかにしていくことです。これをクライエントの問題を解決するアプローチのソーシャルワークの言葉を借りて「課題中心アプローチ」とここでは呼びます。「課題中心アプローチ」は，裁判例の一件一件のケースの当事者の立場に自身を置き換え対処法を検討する臨場的・近視眼的な見方といえるかも知れません（「問題解決アプローチ」とはスタンスを異にするだけで，同アプローチによって広く深く先を見通す根が与えられるように思えます）。

そのような「課題中心アプローチ」の視点からの裁判例の検討の目的とは，次のような点にあるといえるのではないでしょうか。

①　直面する課題（法律紛争）に対し同じパターンの轍を踏まず同じ失敗をしない（原告として訴訟を想定した組立てを行う場合には必須です）

②　直面する課題（法律紛争）に対し最善手を求めるのではなく悪手を打たない（訴訟を想定し遂行する場合に原被告にとって必須です）

③　現況のケースを踏まえた対応の工夫をした作戦を立てる（平時の布陣として必須です）

上記の①ないし③を実践するために裁判例は先発者が行ったケースとして大変参考となり検討価値があります。

勿論，新しい事例にチャレンジし問題提起して新判例につなげるという点もクライエントの理解の下でトライすることが可能でしょう。しかし，紛争自体を好み訴訟のための訴訟を望むクライエントはおらず，そこに何らかの戦略や目的があるはずです（例えば費用対効果を念頭に被害の救済，相手方への権利行使による威力の誇示と牽制など。場合によっては訴訟決着が灰色で視界不良であるということ自体に訴訟の意味を見出すこともあります）。各ケース（裁判例）を見て知るだけではなく，できれば当該ケースの当事者として自身がなってみて気づきわかることも多いのではないでしょうか。その点を踏まえた裁判例の検討と活用が求められるのです。

そうすると裁判例の読み方も少し変わってきます。判決の認定過程や判断部分が重要であることは勿論ですが，裁判所により一蹴されたり，判断の対象とならなかった当事者の主張の中にも，当事者の訴訟の組立て上の工夫やレシピ的な隠し味部分を学ぶことができ，自らが当事者となった場合のヒントを得ることができるのです。これが「課題中心アプローチ」の視点からの裁判例の見方といえるでしょう。

要するに，知的財産法務の守備範囲に関し，当事者の視点から裁判例をどのように利用につなげられるかという視点を意識することが大切です。

第2節　知的財産権に関する戦略機能としての経営政策支援

企業（取締役会等へ）の経営方針に対するリーガルカウンシルが理想的な形態ですが，経営トップの経営方針決定後に具体的な事業執行過程におけるリーガルアドバイスもここに含まれるでしょう。

この場面では，企業の規模によってひと括りにしていうことができません。大企業では，域外のグローバルな組織や企業に飲み込まれないようにこれに対抗するために欧米並みにインハウス・ローヤー*7を増やし，域外では海外の法律専門家と直接対応を検討し，国内では法務部の補完として共同作業としての法律専門家とのパイプを構築することが必要となります。知財と国際契約の法務のわかる企業内人材の育成が重要です。

中小企業の場合は，専門に特化しない一般法務を企業内でできるだけ解決できるように努め，専門分野は外注して国内の法律専門家とのパイプを構築することになるでしょう。その場合，専門分野については，いわゆる丸投げをある程度行っても信頼できる法律専門職をもっておくということが重要になるでしょう。

また，経済活動のグローバル化，ボーダレス化による域外活動に焦点をあてた視点からは，例えば特許権の「公開代償説」という制度の趣旨や意義を自社活動にあてはめて改めていわば天日干しにして見直す必要があるでしょう。公開は全世界に有益な技術情報を知らしめる一方，独占は出願国だけで付与され

＊7　インハウス・ローヤー（企業内弁護士）は2016年6月30日時点で1707人で登録弁護士総数37631人の4.5%にとどまります（日本組織内弁護士協会［JILA］のホームページ）。しかし，2009年ごろから法科大学院修了者が増えたこともあり，2007年の188人から約10倍（2016年12月時点1827人）となっています。また，有能な外国人社員の人材獲得と活用が鍵となり，インセンティブを伴う成果主義を取り込んだ給与体系の見直しなども喫緊の課題となっています。

る可能性が与えられます。未出願国では，技術情報は自由使用でき，また各国の各様の追従者に利する結果を招来します*8。世界のビジネス環境はチェンジャブルです。公開による特許権取得かノウハウ秘匿か，あるいはオープン・クローズ戦略をとるといった域外を視界に入れた大局からの対応が問われます。

第3節　知的財産権に関する予防機能としてのリスク管理

知的財産に関するリスク管理とトラブル対策にウルトラCの特効薬的なものはありません。一つ一つを積み重ねていくしかありませんが，ポイントを押えておくことは大切です。各々の知的財産権法に関する詳しいリスク管理とトラブル対策は，後にそれぞれ触れますので，ここではリスク管理とトラブル対策の基本について指摘します。

(1)　リスク管理の基本

リスク管理は，先に述べた「予防的機能」にあたるでしょう。「ハインリッヒの法則」（労災事故の発生を確率として示す法則で，1件の重大事故の背後には29件の軽微な事故があり，さらにその背後には300件のヒヤリ・ハットが存在するというもの）から知財事故（例えば，期日・期限の見落し，応答期限の徒過，明細書の用語の不備，外国出願での優先権喪失，新興国出願時の翻訳ミスなど）という言葉は，適切ではないかも知れませんが，自社権利の喪失あるいは侵害や係争につながりそうなヒヤリ・ハットの事例を蓄積できる体制をつくり，これを継承しつつ有効に対処していくことが必要です。

ハインリッヒの法則

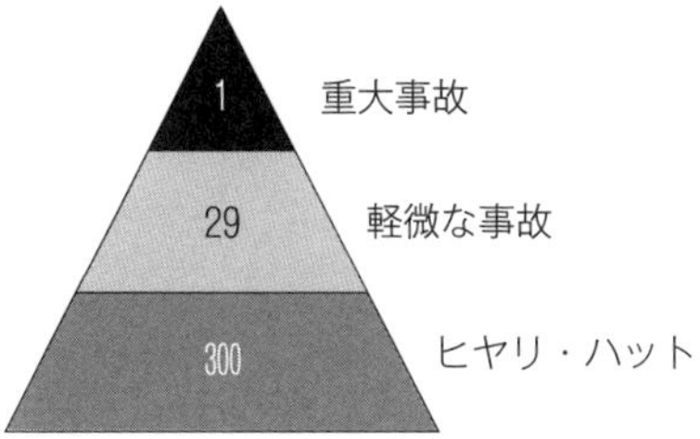

＊8　新興国企業による模倣対策も個別企業レベルでは，他の知的財産権と一体的に考える必要があります。知的財産研究所「平成25年度知的財産国際権利化戦略推進事業」（知財研紀要2014.Vol.23）。

リーズンの軌道モデル

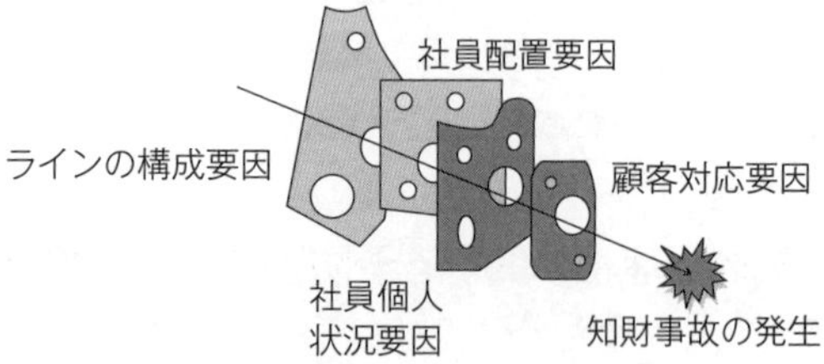

また，「リーズンの軌道モデル」(事故は単独の要因により発生するものではなく，様々な要因が重なって発生し，それぞれの要因の弱点が一度に重なったときに事故が発生するというモデル）が示すように，知財事故は単独の要因によって発生するものと単純化せず，組織の問題としてとらえることが大切です。

(2) 知的財産権に関するリスク管理の心構え

将来のリスクに備えるという業務は地味で目立たず評価されにくいのも現実です。知財事故が「何も起こらなかった」というのと，知財事故を「何も起こらないようにしておいた」との違いは大きく，知財法務においても「曲突徙薪」の言葉*9を想起させるのがこの場面です。そして，地味ですが予防法学としての法務部や知財部の腕の見せ所がリスク管理といえるでしょう。

第4節　知的財産権に関する紛争処理機能としてのトラブル対策

(1) トラブル対策の基本

リスクが顕在化してトラブルに直面した場合のトラブル対策は，「紛争処理機能」の場面です。リスク管理をしていてもトラブルは発生します。事前にリ

---

*9　将来の起こりうるリスクについての予見リスク管理の基本を適切に指摘する格言です。「曲突，薪をうつすは恩沢なく，焦頭爛額，上客となすや」のたとえ話で，煙突から火の粉が出るのを見て，火事になる危険を予見し，煙突を曲げ，薪を移すことを忠告したが，聞き入れられず，火事が起こってから頭を焦がし額を爛（ただ）れさせて頑張った者が高く評価され，未然に防ぐ忠告をした者は評価されなかったという格言です。組織においてリスク管理の効果や功績を正しく評価することが大切であることを考えさせられます。現実には，事故が発生したときに派手に奮闘した者を優遇することはよく見聞しますが，事故が起こらないようにしておくリスク管理の重要性を組織で共有し評価することが大切です。

スクを予見し，防止するだけではなく，リスクが発生することを前提とした対処方法も検討しておかなければなりません。

リスクが発生しトラブルとなった場合，いうまでもありませんが，①（個人プレーでなく）組織としての対応，②事実を踏まえた対応，③窓口を一本化した対応の３原則に加えて，④専門家のアドバイスを得られる状況を作っておくことが大切です。特に，④の専門の知見に基づく実務的アドバイスによって，見通しのつきにくい視界不良の中で，白黒をできる限り色分けし（黒に近い灰色か白に近い薄黒か）経営判断の道筋をつける際の判断指標の一つを得ることができます。訴訟という形で紛争が顕在化した際に，弁護士と弁理士及び企業の担当者の信頼関係（ゴールデントライアングル）ができれば，よりよい解決策を悔いなく遂行できるでしょう。

⑵　知的財産に関するトラブル対策

トラブル対策では，初動対応が重要です。交渉・調停・仲裁・裁判など様々なツールが用意されていますが，それぞれの解決に費やすことのできる時間とコスト等のプラス・マイナスの中で，ベターな選択を決定していかなければなりません。

それぞれの得失は，本論で詳しく述べられます。そのようなツールを利用した場合のイメージを具体的にどれだけリアルに思い浮かべることができるかが大切です。そのためにある程度の場数を踏んだ経験や処理のノウハウが物をいう場合も少なくなく，それなりの信頼できる法律専門職との繋がりを確保しておくことが大切になってきます。

第５節　知的財産に関する資料と収集方法並びにその活用

Ⅰ　知的財産に関する資料

知財に関する情報資料も後記のとおり利用目的によって選別・選定される種類や内容等は変わってきます。ここでは特許に焦点をあて情報資料別に整理しておきます。

⑴　特許文献

(a)　特許登録簿

(b)　特許公報類（公開特許公報・特許公報）

(c)　包袋資料（出願から審査・登録までの来歴・履歴事項）

特許庁のJ-PlatPatで出願経過情報等の項目は参照できます。それを手がかりに，出願経過情報等の具体的な内容を特許庁から取り寄せて調べることができます。

(2)　非特許文献

学会誌や協会誌・学術論文・投稿記事・レビューなどがまず挙げられます。

次に，製品カタログ・パンフレット・展示会情報・新聞雑誌（一般誌・業界誌・専門誌など）の記事情報なども収集の対象となる情報資料です。

これらの情報は，データベース化されているものも珍しくなく，検索がひと昔前に比べると格段に容易になっています*10。雑誌情報は，発行元にバックナンバーを問い合わせたり発行元のホームページからアクセスすることも容易になっており，国立国会図書館で調査収集することも珍しくありません。

(3)　審 判 例

審決速報として審決決定の1週間前後経過したものから審決公報発行前までの審決情報を審判番号の入力により，若しくは各種項目（審判種別，請求人別，分類別等）の検索により特許庁サイトから調べることができます。審決各種公報も同じく特許庁サイトから参照できます。

(4)　裁 判 例

知的財産権に関する訴訟（侵害訴訟及び審決取消訴訟）の判決は，知財高裁・東京地裁と大阪地裁のものが，原則としてネット上で公表されています*11。

(5)　そ の 他

その他にネットから検索できる有益な情報源として「特技懇」のサイトがあり，特技懇誌には特許庁の審査・審判に関する研究や検討内容が掲載されています。

また，知財政策や改正動向について，政府審議会や自民党，所轄の特許庁・農水省・文化庁などのサイトに関連事項が掲載されています。

弁護士会や弁理士会のほか，知財の関連団体等（発明推進協会［JIPII］・日本知的財産協会［JIPA］・日本商標協会・日本ライセンス協会［LES］・日本国際知的財産保護協

---

*10　例えば，学術文献のデータベースとしては，CiNii（サイニィ）が有名です。国立国会図書館の検索対象データベースとオンラインサービス及び国立国会図書館サーチ(NDL Search)も有用です。新聞記事データベースも活用できるツールです。

*11　裁判所「裁判例情報」(http://www.courts.go.jp/app/hanrei_jp/search1)。

会［AIPPI·JAPAN］・関西特許研究会［KTK］）にも知財関連の記事や関係機関のリンク先が紹介されていますので役に立ちます。

Ⅱ　収集手段とその活用

知財に関する情報は，海外を含めひと昔前に比べると格段に入手が容易になっています。簡単な調査であれば，自前で行うこともある程度可能です。

(1)　情報収集手段

(a)　J-PlatPat

J-PlatPat の利用法は特許庁ホームページの J-PlatPat のヘルプ欄で一応の利用法がわかります。

ただ，J-PlatPat データ蓄積項目と同データベースに収録されている情報の年月日には留意を払う必要があります。古い公報については電子化されていないものがあり，調査実施時点の直近の最新情報については，必要に応じて，別途調査する必要があります。文献蓄積情報とデータの更新時期は J-PlatPat 参考情報に記載されています。

とにかく，習うより慣れろで，J-PlatPat を使用して特定の特許権についてどのような情報がどのような検索方法でどのように出力されるかを試してみてください。権利状況調査は，ステータス調査といわれますが，扱い方に慣れることが基本となります。

(b)　海外の特許情報

企業経営のグローバル化，新興国への事業展開により海外工場での製造，海外販売により外国調査は避けられません。

海外の特許情報についても，各国特許庁，広域特許機関が無料の特許データベースのサイトを提供し，ネット上で公開しています*12。特に，新興国では調査ツールが乏しく現地代理人との意思疎通の問題もあり情報収集に工夫が必要です。

(c)　有料の特許調査会社の利用

製品化前の出願前調査（次の(2)(a)の①調査）は，ノウハウや機密情報の問題も

---

*12　サーチを行うサイトとして米国特許商標庁（USPTO，Patent Databases），欧州特許庁（EPO，esp@cenet），世界知的所有権機関（WIPO，PCT Gazette）等。欧州特許庁の検索サイトはパテントファミリー（各国へ出願した特許）を見つける検索としても利用できます。

あり，外部の調査会社に依頼し難い事情も出てきますが，無効化調査（次の(2)(a)の②調査）は，特定の技術分野に即した網羅性の高い徹底した調査が要求されます。また最先端の特許情報が要求されるわけでもありません。検索スキル，スピード，費用対効果などからアウトソーシングする必要のある場合もあります。特許調査会社の選定は，様々なルートから信頼性のある先で選びます。

(d)　制度化されている収集手段

これには，①提訴予告通知による提訴前照会（民訴132条の２・132条の３）と当事者照会制度（民訴163条）の利用，②23条照会（弁護士法23条の２）の利用，③証拠保全の申立て（民訴234条），文書提出命令の申立て（特105条，民訴221条）などがあります。

証拠調べをしておかないとその証拠を使うことが困難になる事情があるとき証拠保全の申立てをすることがありますが，証拠保全により事実関係が明確になることで和解によって紛争が解決することも少なくないと思われます。文書提出命令申立ては，提訴後に要件に従って行う方法です。

(2)　活 用 法

(a)　調査目的

知的財産に関する情報資料を利用する目的の主要なものは，従来技術を調査して，①開発中の出願を視野に入れた発明の特許権取得の可能性調査と②侵害主張されている対象特許権を無効にできるかという無効化調査及び③新規事業が他社の特許侵害権を惹き起こすおそれがないかを確かめるFTO（Freedom to Operate）調査の３つに分けることができます。①は無駄な研究投資と出願コストの回避のための調査であり，②は，情報提供制度（特施規13条の２）における情報提供資料にも，異議申立資料にも関連する調査です。③はクリアランス調査とも呼ばれることもあり，侵害予防回避資料で，開発段階から新技術について誰が権利を有しているかを把握しパテントマップの作成にも関連します。

①②③とも文献の中でも公報類をベースに調査することになります。特許に関し調査の種類や目的については第２章第５節Ⅰ～Ⅲ，同章第６節Ⅳを参照してください。

(b)　特許無効化調査の無効資料の検索手法

調査は，当該対象特許の出願前の資料について，できるだけ遡って調査する必要があり＊[13]，調査国も日本特許に限らず，当該技術に強い国の特許情報を調査することになります。

調査には絞り込みを要する技術内容（対象となる当該特許の特許請求の範囲をマトリックス分析し，詳細説明から調査観点を定める必要があります）と刊行物記載の関連性を意識しなければなりません。特許発明の技術的特徴を開示する資料を，外国文献を含め膨大な刊行物の中から抽出するためには，コンピュータを用いた「全文検索」が可能か否かが知りたいところです。

「特許文献」は，国内文献・海外文献を含め，IPC（International Patent Classification／国際特許分類）に従って技術分野ごとに分類されています。このため技術分野を絞って公報類を抽出したり，検索したりすることは比較的容易です＊[14]。

また，「技術文献」に対象を限定すれば，データベースを利用した検索を行うことは必ずしも不可能ではありません。しかし，全文検索することが不可能なものもあります＊[15]。データベースに収録されている情報も様々であり，目的に応じてデータベースを適切に選択する必要があります。

検索対象を，外国を含め「一般雑誌（業界誌）・新聞あるいは広告やカタログ」などに拡張することが必要となることもあります。しかし，一般雑誌・新聞などの膨大な情報の「すべて」を対象に，コンピュータ検索にとどまらず，人力を投入して刊行物を外国語を読みくだしつつ一件一件あたり該当関連記載がないかをチェック照合する人手による検索は，コスト及び時間の関係から，実際上は困難なのが現実です。広告やカタログの刊行物情報は，そもそもデジタル化してデータベース化された収録情報となっていないことも多くインター

＊13　侵害予防回避調査では，特許権の存続期間を踏まえて20年程度遡る必要があるでしょう。

＊14　キーワード（技術用語）検索とIPCを併用する検索にFI（File Index）検索・Fターム検索を行うことでノイズの少ない検索が可能です。

＊15　例えば次のものはいずれも書誌事項と抄録を提供しますが，全文検索はできません。JDream Ⅲ（科学技術や医学・薬学関係の国内外文献情報のデータベース）＝日本科学技術振興機構の運営する日本最大の科学技術文献情報データベース。INSPEC（物理，電気・電子工学文献のデータベース）＝物理，電気・電子工学に関する世界的に著名なデータベース。Ei Compendex（工学技術文献のデータベース）＝工学全般を広く対象としており，会議録，会議論文を多数収録していることが特徴。米国政府機関研究レポートNTIS＝米国政府機関が後援した研究レポートを収録しており，独自の情報も多い。一方，技術文献の全文検索ができるデータベースとして，日経BP記事検索サービスがありますが，雑誌の収録年度はいつからのものが収録されているかに留意が必要です。

ネット上での検索が可能な情報では必ずしもないから，優先順位としては通常では検索対象に入らないことも多いでしょう*16。

特許文献等は，データベース化されたビックデータともいえます。テキストマイニングなど解析・検索技術を利用し，目的に合った有効な情報をどのように抽出するか，国内外のデータベースの知識と選択及びそれを利用できるスキルを有することが，益々重要になっています。

(c)　留意事項

(イ)　出願公開前（原則として出願日から1年6ヵ月以内。特64条）の特許出願は調査できないので，前記①の調査では，この点のリスクを踏まえておく必要があります。

(ロ)　獲得したい資料対象は，当該対象特許の出願日前の資料ですが，調査対象は，出願後の公報類などにも留意するべきでしょう。出願後の公報類に従来技術として当該対象特許に関係する公知技術が出てくる場合があるからです。

(ハ)　前記②の調査では，実用新案公報や意匠公報も技術分野によっては調査する必要があります。

(ニ)　調査期間について　　侵害事件が係属する場合，無効の抗弁は時機に後れた攻撃防御方法の提出（民訴157条）・不当遅延目的の提出（特104条の3第2項）の適用を受けないように，一定の期間*17までに提出できるように調査を尽くす必要があります。調査期間が限られることに留意しなければなりません。

110日目安を一応の目標として事案により柔軟に対応されるべきです。個人的な印象としては，そのような対応が関係当事者間の努力によってなされていると感じられます。

【三山　峻司】

---

*16　現実問題として，企業の検索調査能力の格差は大きく，上場企業と中小零細企業を一律に論じるのは，実務の現場の感覚からは違和感があります。外部の信頼のおける特許調査会社の活用も重要になります。

*17　大阪地方裁判所知的財産権専門部（第21・26民事部）の「特許・実用新案権侵害事件の審理モデル」（www.courts.go.jp/osaka/saiban/tetuzuki_jp/index.html）では，無効論の主張・立証準備は，提訴から「110日」を目安としています。

第 2 章

技術保護制度の活用とトラブル対策

第１節　技術を保護する法制度

技術を保護する法制度としては，特許庁への登録を前提にする特許法，実用新案法のほかに，企業において秘密として保有される情報を保護するものとして不正競争防止法をあげることができます。

なお，植物等の新品種を保護する種苗法や，回路配置の模倣防止を目的とする半導体集積回路の回路配置に関する法律，プログラムに関する著作権法なども，技術を保護する法制度の一つといえますが，保護対象が特殊ですので，以下では，取り上げておりません。

Ｉ　特許制度

技術を保護する法制度の中心は，特許制度です。

特許制度は，発明者に一定期間，業として発明を独占的排他的に実施できる権利を付与する制度です。

企業の立場からすれば，開発した技術を独占して実施することにより，自社製品のシェア拡大をはかり，あるいは，付加価値を付すなどして，より多くの利益を得ることができます。また，第三者との間で実施許諾をすることによっても，利益を得ることができます。その意味で，特許制度は，利益を生み出すための一つの経営ツールと位置づけることができます。

このような意味での特許制度の活用にあたっては，①どのように特許出願し権利化するか，②そして，独占を破って侵害してくる（あるいは，侵害が疑われる行為を行っている）競合他社に対して，どのように対応していくか，③第三者との実施許諾をどのような内容とするか（スキーム，契約書）が，検討課題となります。

一方で，このような特許制度がある以上，企業としては，特許に関する紛争を予防・対処するため，④製品開発にあたって，他社の特許権を侵害しないように調査する必要があり，⑤また，自社にとり不利な競合他社の出願に対しては，権利化されないように（あるいは無効とするように）対応するなど，他社による独占を阻み，⑥万一，侵害が疑われる場合には，これに対応していく必要があります。

これらの点について，実務の現場では，どのような点に注意をして，どのように行われているかについて，第２節以下で紹介していきます*1。

Ⅱ　実用新案制度

実用新案制度は，小発明の保護制度として，明治38年以来，運用されてきましたが，平成５年の実用新案法の改正により，無審査登録制度が採用され，この制度の仕組みは一変しました。

すなわち，実用新案登録出願については，出願後実体審査（新規性，進歩性，先願等）はなく，方式審査，基礎的要件の審査を経て，実用新案権の設定登録がなされ権利が発生します（実14条２項）。

実体的要件（新規性，進歩性，先願の拡大，先願）の欠如は，無効理由として位置づけられています（実37条）。

実用新案権の行使には，濫用を防止するため，実用新案技術評価書の提示が必要であり（実29条の２），また，警告・権利行使後に無効審決が確定すると，原則として，損害賠償責任を負います（実29条の３）。

このように，早期登録が可能であり，ライフサイクルの短い製品等に適するとして無審査登録制度が導入されたものの，権利行使のハードルが高いため，無審査主義への移行後，実用新案の出願件数は激減しています*2。

もっとも，実用新案制度も全く使用されていないわけではなく，登録後に登録番号を広告等に掲載する例を多く見かけますし，また，侵害者に対して権利行使をなし，差止め・損害賠償が認容された裁判例もあります*3。

Ⅲ　営業秘密

(1)　技術保護における営業秘密

研究開発によって得た技術情報という観点からみると，特許出願や実用新案

＊1　③のライセンス契約については，第７章に譲ります。

＊2　特許庁「実用新案制度の現状と課題」（https://www.jpo.go.jp/shiryou/toushin/shingikai/pdf/）によれば，昭和50～60年には，年間20万件程度の出願件数があったが，平成５年には年間7.7万件，平成10年以降は１万件前後を推移している。なお，平成26年は，約７千件となっている。

＊3　大阪地判平成28年３月17日裁判所ホームページ〔足先支持パッド事件〕では，均等侵害を認め，差止めのほか，１億6000万円を超える損害賠償請求が認容されています。

出願により公開するのは一部であり，多くの技術情報は，企業内部で秘匿化することになります。

例えば，開発段階の経過や失敗した実験データなどは，もともと，出願になじみません。また，技術思想としての特許発明よりも，さらに具体的な製品の設計や製造方法（例えば，販売予定製品の部品の設計図，部材の表面処理の方法，接着剤の配合，製造ラインの金型の材質など）も，特許出願により開示するべきではないでしょう。これらの情報は，ノウハウとして，秘匿化するのが通常と考えられます。

また，特許出願できるような発明であっても，特許権の権利行使が困難である場合には，特許制度を利用するのは得策でない場合もあります。特許出願すれば出願公開（特64条）され，その公開により，他社による模倣を誘発されるおそれ（特に，外国で模倣品が製造されるおそれ）もあるからです。

このような秘匿化すべき技術情報は，自社において秘密として管理することにより，不正競争防止法等による保護を受けることができます。

⑵　不正競争防止法による保護

不正競争防止法は，一定の要件を満たす企業内の情報を「営業秘密」として保護し，その情報の不正使用など一定の要件を満たした侵害行為に対し，差止めや損害賠償等の請求ができると規定しています（不競２条１項４号～９号・３条・４条）*4。

また，一定の要件を満たす侵害行為については，刑事罰（不競21条・22条）が設けられています*5。

もっとも，営業秘密は，いったん，外部に漏えいするとその価値が失われ，損害の回復は困難であることから，何よりも，外部に漏えいしないための秘密管理が重要となります。営業秘密の管理方法については，第６章に譲ります。

＊４　大型事案の顕在化

新日鐵住金対ポスコの事案では，高機能鋼板の製造プロセスに関する技術を退職した従業員が，ポスコにこれを図利加害目的で開示し，同社がこれを不正に取得したとして，1000億円程度の損害賠償を請求しました。また，東芝対ＳＫハイニックス（韓国）の事案では，東芝のフラッシュメモリーに関する技術を同社の提携先企業の日本人技術者が持ち出し，ＳＫハイニックスがこれを不正に取得・使用したとして東芝がＳＫハイニックスに対し，1100億円程度の損害賠償を請求し，約330億円で和解が成立しました。このように，近年，営業秘密の漏えいをめぐる大型の事案が相次いでいます。

(3) 契約による保護

不正競争防止法上の「営業秘密」に該当しない場合であっても，従業員や取引先等との間で別途契約していれば，これを根拠に差止め等の請求ができる場合があります。

第2節　特許化・秘匿化・公知化

I　特許化・秘匿化・公知化の選別

(1) 特許化と秘匿化

企業は，知的財産権を活用する前提として，開発した技術について，特許出願して特許化するか，それとも，社内ノウハウとして秘匿化するかを選択することになります*6。

特許化すれば，一定期間，排他的独占権を取得できます。また，権利内容も存在も明確になります。

一方，出願公開により，開発動向を知られたり，周辺特許を取得される可能性もあります。さらには，他社が，その公開公報をみて，模倣品を製造・販売するおそれもあります。また，保護期間が満了すると，誰でも，その後，技術を使用できるようになります。

秘匿化すれば，保護期間の制限なく差別化をはかることができ，また，自社の開発動向を知られることもありません。

一方，他社が独自開発すれば，独占できなくなります。また，法的保護を受けるためには，適切な秘密管理をしている必要があります。さらに，情報が漏えいするリスクもあります。

＊5　従来は，侵害を受けた営業秘密の保有者が，侵害者を刑事告訴すると，公判（裁判の公開）において，営業秘密がさらに漏えいするおそれがあることから，刑事告訴は差し控えられてきました。平成23年改正により，営業秘密を保護するための刑事訴訟手続の特例が設けられたため，告訴件数は増加傾向にあります。平成27年改正では，保護範囲が拡大され，また，非親告罪となったため，刑事事件として起訴される件数は，さらに増加する方向に進むものと思われます。なお，刑事事件においては，捜査機関を通じて証拠が収集されるため，この証拠を用いて民事訴訟を行うという面（民事訴訟を見据えた証拠収集としての刑事事件）もあります。

＊6　IoTの進展により，今後は，データの活用について，より複合的な戦略が必要となってくるものと思われます。

	特許化	秘匿化
メリット	・事前の審査を通じ権利の内容が明確となる。 ・登録等を通じ権利の存否が明確化。 ・一定期間，譲渡可能な排他的独占権を取得できる。	・保護期間の制限もなく，差別化を図れる。 ・自社の事業戦略の方向性が明らかにならない。 ・失敗した実験のデータ等の特許になじまないノウハウ等に適している。
デメリット	・出願内容の公開が前提であるため，開発動向を知られたり，周辺特許を取得される可能性等がある。 ・保護期間が満了したら，誰でも使用可能。	・他社の独自開発やリバースエンジニアリングにより，独占できなくなることがある。 ・適切な管理をしていないと法律による保護を受けられない。

（出典：経済産業省「技術流出防止・営業秘密保護強化について」）

特許化，秘匿化には，上記のようなメリット・デメリットがあるので，それを踏まえて，特許化，秘匿化のどちらが自社の事業にとって有利であるかを，技術ごとに検討する必要があります。

(2)　特許化と秘匿化の選別の基準

まず，そもそも当該技術が，特許要件を満たさない場合には，特許化することはできませんから，新規性・進歩性・先願等の特許要件を満たしているかを検討する必要があります。

また，他社が特許公報をもとに侵害品を製造・販売しても，その侵害品の外見からも分析結果からも，特許権侵害か否かを判断できない，あるいは，立証できない場合には，結局，特許権を有していても，排他的独占に実効性はないことになります。侵害品を発見することさえ困難であるような技術の場合も同様です。

このような観点からすると，製品から技術内容を認識することが困難な技術や，特許権を侵害されても発見が困難な技術については，特許出願には消極的となります。

他方，公開しなければ競合他社が到達困難であり，市場優位性を確保できると考えられる技術については，秘匿化する方向になります。

⑶　公知化

他社に使用されてもよい（あるいは，使用してもらいたい）が，他社に特許を取得されることは防止したい（自社が安心して実施したい）という場合には，公知化を選択します。特許出願による公開，公開技報への掲載，論文発表等により，公知となります。

Q２−１　特許化・秘匿化の分野別基準

自社の開発した技術について，特許出願するのか，それとも社内ノウハウとして非公開とするのか，どのような基準で判断すればよいですか。機械分野，電気分野，化学分野で，その基準は異なるでしょうか。

A

一般的な判断基準は，上述のとおりです。

さらに，詳細な検討にあたっては，特許庁が作成した『先使用権制度の円滑な活用に向けて－戦略的なノウハウ管理のために－』〔第２版〕*7が参考になります。同書81頁以下には，企業からのアンケートが整理されています。これをもとに，技術分野ごとの傾向を見ると，以下のとおりです。

1. 機械分野について

製品から技術内容を把握することができる技術は特許出願とし，製品から技術内容を把握することができない技術（製造方法や製造装置）は秘匿化するという基準が一般的です。

2. 電気分野について

機械分野とほぼ同様ですが，電気分野では，製造装置に関する技術についても，特許出願するという方向性を有している点に特徴があります。

3. 化学分野について

化学製品の場合，製造方法（配合成分，配合順）はノウハウとして秘匿化することはもちろん，物についても製品から検出困難である場合は，ノウハウとする例

＊　7　https://www.jpo.go.jp/seido/tokkyo/seido/senshiyou/pdf/senshiyouken/senshiyouken_2han.pdf

が多いようです。

Ⅱ　特許出願する場合

特許を取得する主な目的は，その発明の実施を独占することにより，自社の営業活動を優位にすることです。すなわち，競合他社による参入を防ぎ，また，競合他社が特許を取得するのを防ぎ，競合製品との差別化をはかり，万一，競合他社が侵害品を製造・販売等した場合には，権利行使をなすことが主な目的です。また，これ以外にも，ライセンス料を得る，クロスライセンスに活用する，標準化の場面で優位に立つなどの目的もあるでしょう。

特許出願は上記のような様々な目的を有するため，その出願戦略も様々ですが，以下では，権利行使を日常的に行っている代理人の立場から，「権利行使において強い特許」について，述べたいと思います。

(1)　権利行使において強い特許とは

(a)　侵害の回避が困難

権利行使の場面において強い特許であるためには，何よりも，侵害の回避が困難であることが必要です。容易に回避されうる特許では，競合他社が，その特許を回避して同種商品を投入すれば，独占を破られます。その場合，技術的範囲に属さないため，権利行使はできません。

侵害の回避を困難にするためには，一般的には，特許請求の範囲が広いほうがよいといえます。もっとも，特許請求の範囲が限定されていても（一見，狭いクレームに見えても），他社が回避する方法がない＊8のであれば，強い特許といえるでしょう。

また，侵害の回避が困難といえるためには，特許請求の範囲の記載について，限定解釈されにくいことが必要です。用語の意味が明確でない場合は，用語の解釈について明細書等の記載も考慮されます（特70条２項）。そのため，明細書等の記載によって，限定解釈されないように注意が必要です＊9。

(b)　無効になりにくい

＊８　回避する方法がない例としては，本願特許発明の効果を得るためには，そのような構成を採用するしかない場合や，他の構成にすると，コストが大幅に増大するような場合が考えられます。

次に，強い特許であるためには，無効になりにくいことが必要です。特許権者が，被疑侵害者に対して権利行使をしたら，被疑侵害者から無効審判（特123条）を請求され，つぶれてしまったのでは意味がありません。また，特許侵害訴訟において，無効の抗弁（特104条の3）を主張され，請求棄却となっても意味がありません。

例えば，先行技術調査を十分には行っていなかった場合や，最も近い従来技術を記載せずに出願した場合は，その特許出願が登録になったとしても，権利行使においては，不安が多いといえるでしょう。

(c)　権利行使が容易

また，強い特許であるためには，権利行使が容易であることが必要です。

例えば，装置の発明について，装置全体の発明のみがクレームに記載され，主要な部品についての請求項がない場合には，その部品のメーカーに対して権利行使する場合には，間接侵害（特101条）を主張することになり，間接侵害の要件を満たす必要があります*[10]。

また，IT関係の発明の場合，侵害に関与する者が複数であることがあり，そのすべての者の行為が，日本国内で行われているとは限らず，いずれかの行為が国外で行われる場合もあります。このような場合は，属地主義とからみ，複雑な問題を生じます*[11]。また，主体の特定自体が困難である場合もあります。このような侵害行為を想定できる場合には，「受信端末」にかかるクレームを記載しておけば，受信端末を製造・販売する者への権利行使が可能になります。

このように，競合他社が行う可能性のある実施形態に対応し，これを捕捉できるクレームを設けておくと，権利行使が容易になります。

＊9　なお，出願後の中間処理において，拒絶理由通知に対して，意見書等において，ある用語について限定的な意味であることを主張すると，包袋禁反言により，権利範囲が限定されることもあります。

＊10　最近では，部品を外国に輸出し，現地で組み立てて完成品とすることもあります。この場合には，装置全体のクレームでは，間接侵害も否定されます（大阪地判平成12年10月24日判タ1081号241頁〔製パン機事件〕）。もっとも，被告物件を海外に販売するにあたり，仮組立てを行い動作確認を行った後，部品状態に戻して，部品を輸出し，現地でこれを組み立てていた事案については，被告のこれらの行為を総合判断して「譲渡」と認めています（大阪地判平成24年3月22日裁判所ホームページ〔炉内ヒーター事件〕）。

＊11　国境を越えた特許権侵害の詳細について，高部眞規子『実務詳説特許関係訴訟』〔第3版〕316頁を参照してください。

⑵　特許請求の範囲について

それでは，①侵害の回避が困難，②無効になりにくい，③権利行使が容易という点について，より具体的に，特許請求の範囲の記載について，検討していきましょう。

⒜　請求項１について

請求項１には，一般的に，特許請求の範囲の最も広い範囲を記載します。そのため，請求項１の記載にあたっては，課題解決のために不可欠な要素を抽出し，発明特定事項とします。課題解決のために不要な要素や修飾語は付さないようにします。また，用語としては，できるだけ上位概念の用語を用います。その場合，明細書で，これをサポートできるように，実施例等を記載する必要があります。

⒝　請求項２以下について

(ｲ)　階層的な特許請求の範囲　　請求項２以下では，発明特定事項を追加して，より限定的な下位の請求項を設けます。

上位の請求項が無効（査定時なら拒絶）となっても，下記の請求項で特許を維持するためです。

(ﾛ)　発明特定事項の種類を変えた請求項　　請求項２以下において，発明特定事項の種類を変えた請求項を並列的に設けることにより，権利行使を容易にします。

上述のように，業界の取引形態を勘案して，競合他社が行う可能性のある実施形態に対応したクレームを設けます（装置全体と部品，IT システムと受信端末，物の特許と方法の特許など）。

⑶　明細書について

明細書の書き方については，多数の書籍において詳細な解説がなされています*12。以下では，権利行使の観点からの注意点を指摘するにとどめます。

⒜　課　　題

課題は，本件特許発明の技術的意義を把握する上で重要な記載です。

課題の記載は，技術的範囲の確定にも影響する場合があります。すなわち，

＊12　伊東忠彦＝伊東忠重『改訂８版　特許明細書の書き方』（経済産業調査会）。

用語の解釈に課題が用いられ，課題解決ができるものに限定解釈されることもあります。

また，進歩性の判断（課題の共通性）や，均等侵害における本質的部分の把握にも影響します。非専用品型間接侵害（特101条２号・５号）における課題の把握にも影響します。

このようなことからすれば，課題の記載は，慎重になすべきであり，ことさら，多数の課題を記載するのは避けるべきでしょう。

(b)　効果について

効果の記載についても，技術的範囲の確定にも影響する点，課題の場合と同様です。

また，効果については，進歩性判断の際，重要な要素（顕著な効果）となります*13。

(c)　実施形態について

多くの実施例や変形例を記載して，特許請求の範囲をサポート（特36条６項１号）すべきです。

また，多くの実施例が記載されていれば，特許請求の範囲について補正を行う場合，補正のバリエーションが増えるというメリットもあります。

(4)　分割出願の活用

特許出願人は，複数の発明を含んだ特許出願から，一部の発明を抜き出して新たな特許出願とすることができます。分割出願が要件を満たしていれば，出願日が遡及されます（特44条）。

そこで，特許出願後に，より適切・有用な特許権を得るために，請求項の再構築をなす場合に，分割出願が用いられます。

特に，親特許出願後，競合他社が，親特許に抵触するか否か微妙な製品（クレームを回避していることもある）を販売している場合に，競合他社の製品を捕捉するための請求項を整えて（もちろん，親特許の明細書に記載されている範囲で），分割出願し，登録後に権利行使する例があります。

(5)　商標出願の検討

*13　進歩性のことを考えると，効果を強調したいものの，技術的範囲のことを考えると，効果を強調するのは不都合となってしまう場合もありますので，両面を考慮して記載すべきです。

今までにない種類の製品[*14]を開発し，特許権を取得する場合には，商標出願も併せて検討すべきです。

特許権により発明の実施を独占し，その分野のシェアを確保するのですから，特許権終了（特67条）までの間に，需要者にそのブランドを周知させ，出願から20年が経過した後も，そのブランドの顧客吸引力（そのブランド名がついていないと，いわゆる「まがいもの」と思われるでしょう）により，継続的に優位な状態を保つべきです[*15,*16]。

上記のような場合に，商標登録をしていない（ブランド戦略を意識していない）例を見かけます。特許事務所としては，特許チームと商標チームが別になっており，連携がなされていない場合が多いと思いますが，単なる改良発明ではなく，当該特許発明により新たな製品が世に出る場合は，特許チームであっても，ブランド戦略について，アドバイスすべきと思われます[*17]。

(6) 意匠出願の検討

ある装置の発明について特許出願する場合において，その装置に用いられる主要部品の形状に特徴があり，独立の取引対象となりうる場合で，その形状の部品を用いなければ，コストが増大するような場合には，その主要部品の意匠について，意匠出願も検討すべきです[*18]。

意匠権は，弱い権利であると誤解している人がいるようですが，権利行使の場面では，特許権以上に強力な面もあります。

特許権による権利行使をすると，被疑侵害者は，公知技術調査を行うのが通常です。そして，無効理由を見いだせば，被疑侵害者は，それを主張して争ってきます。

意匠権においても，被疑侵害者は，公知意匠調査を行い，無効主張をなすことは可能です。しかし，意匠の調査にはコンピュータ検索が使えない（AIが発

＊14　新規な商品だけでなく，従来品のラインナップとは異なる機能を有する一群の商品や，一群のグレードアップ商品も考えられます。

＊15　その場合，機能をそのまま記したような識別力の弱い商標（例えば，洗剤に，「○○クリーン」というように）を選択すべきではなく，ストロングマークを用いるべきでしょう。

＊16　もちろん，その特許権取得から消滅までの間に，改良発明について特許を取得し，特許権による独占も長く保つ工夫もすべきです。この点については，一般に行われているように思います。

＊17　その後，商標チームに引き継げばよいでしょう。

＊18　もちろん，装置全体の形状に特徴がある場合に，意匠出願を検討すべきは当然です。

達すれば，使えるようになるかもしれませんが）ため，費用と労力を要します。

そのため，意匠権侵害においては，実務上，警告段階で無効主張がなされることはあまりありません。もっぱら，被疑侵害品の意匠が，意匠権の保護範囲に含まれるか否かが問題となります。

それゆえ，被疑侵害物件が，意匠権の範囲に含まれていることを理解すると，争うのを控える傾向にあるのです。特に，一群の意匠権で固めている場合や，一つの意匠でも数件の関連意匠によって類似範囲が示されている場合には，警告書を送付すると被疑侵害者は設計変更をなし，迅速な解決がなされる例が多いように感じます。

Ⅲ　営業秘密として管理する場合

⑴　社内ノウハウとして秘匿化する場合の注意点

⒜　秘密管理

社内ノウハウとして技術を秘匿化する場合，何よりも，営業秘密として適切な管理を行うことが必要です。

その秘密管理の詳細については，第６章に譲ります

⒝　後に出願した特許権者への対抗手段

社内ノウハウとして秘匿化する場合，他社が特許を取得して権利行使をしてくることが考えられます。

このような場合，出願の際に，事業を行い，又は，準備している先使用権者（特79条）は，先使用による通常実施権を主張することができます。立証に備え，後述のように，先使用を示す証拠を確保しておくことで，後に出願した特許権者に対抗することができます。

⑵　先使用制度の概要

⒜　趣　　旨

わが国では，同一の発明について２以上の特許出願があったときは，最先の特許出願人のみが特許を受けることができます（先願主義，特39条）。

しかし，その出願よりも先に発明し，その発明を実施（又はその準備）した者が全く保護されないのは公平に反する＊19ことから，一定の要件を満たす場合に，法定の通常実施権を認めるのが先使用制度（特79条）です。

(b) 要　　件

先使用権が認められる要件は，下記の①～④です。

① 特許出願に係る発明の内容を知らないで自らその発明をし，又は特許出願に係る発明の内容を知らないでその発明をした者から知得して

② 特許出願の際現に

③ 日本国内において

④ その発明の実施である事業をしている者又はその事業の準備をしている者

一般的に，事業に到る経緯としては，研究開発行為，発明の完成，発明の実施である事業の準備，事業の開始という経緯をたどります。

その経緯の中で，遅くとも特許出願時には，発明が完成しており，発明の実施である事業の準備をしていることが必要になります。

この「事業の準備」については，ウォーキングビーム事件最高裁判決*20において，下記のとおり判示しています。

「法79条にいう発明の実施である『事業の準備』とは，特許出願に係る発明の内容を知らないでこれと同じ内容の発明をした者又はこの者から知得した者が，その発明につき，いまだ事業の実施の段階には至らないものの，即時実施の意図を有しており，かつ，その即時実施の意図が客観的に認識される態様，程度において表明されていることを意味すると解するのが相当である」。

裁判例では，見積仕様書・設計図の提出，試作品の完成・納入，金型製作の着手等がこれに該当するとされています*21。

そのため，先使用を立証するためには，上記の書類を確保しておく必要があるといえます。

(c) 効　　果

先使用権者は，「実施又は準備をしている発明及び事業の目的の範囲内」に

---

*19　先使用制度の趣旨については，公平説と経済説の考え方がありますが，公平説が判例の立場です。詳細について，中山信弘編『注解特許法』〔第3版〕（上巻）844頁〔松本重敏＝美勢克彦〕。

*20　最判昭和61年10月3日判時1219号116頁〔ウォーキングビーム事件〕。

*21　裁判例の分類と解説は，『先使用権制度の円滑な活用に向けて－戦略的なノウハウ管理のために－』〔第2版〕20頁以下に詳しく紹介されています。

おいて，特許権につき通常実施権を有するものとされます。

ここにいう「実施又は準備をしている発明の範囲」について，ウォーキングビーム事件最高裁判決は，次のように判示しています。

「『実施又は準備をしている発明の範囲』とは，特許発明の特許出願の際（優先権主張日）に先使用権者が現に日本国内において実施又は準備をしていた実施形式に限定されるものではなく，その実施形式に具現されている技術的思想すなわち発明の範囲をいうものであり，したがって，先使用権の効力は，特許出願の際（優先権主張日）に先使用権者が現に実施又は準備をしていた実施形式だけでなく，これに具現された発明と同一性を失わない範囲内において変更した実施形式にも及ぶものと解するのが相当である。けだし，先使用権制度の趣旨が，主として特許権者と先使用権者との公平を図ることにあることに照らせば，特許出願の際（優先権主張日）に先使用権者が現に実施又は準備をしていた実施形式以外に変更することを一切認めないのは，先使用権者にとって酷であって，相当ではなく，先使用権者が自己のものとして支配していた発明の範囲において先使用権を認めることが，同条の文理にもそうからである。」*22

(3)　先使用権の立証のための証拠

上述のとおり，自社が開発した技術について，社内ノウハウとして秘匿する場合，他社が特許権を取得して権利行使された場合に備え，先使用権を証明できる資料を整理して保管する必要があります。以下では，どのような資料をどのように保管しておくべきかについて述べます。

(a)　保管すべき資料

保管しておくべき資料としては，抽象的にいえば，発明の完成から，事業の準備，実施に至るまでの一連の事実を認識できるような資料ということができます。

資料の収集にあたっては，発明の完成から事業化にいたる各時点で，下記のような資料を，収集・整理しておくのが合理的です。

①　発明の完成時

発明の完成に至る経緯を示す研究ノート，技術成果報告書，実験データ

---

*22　ウォーキングビーム事件最高裁判決以降の下級審判決については，中山信弘編『注解特許法』〔第3版〕（上巻）857頁〔松本重敏＝美勢克彦〕。

などの資料

② 事業化に向けた準備を行っている時
準備の事実を示す試作品，設計図，仕様書等の資料

③ 製品化（事業化）が開始された時点
事業化開始を示す製品，設計図，仕様書，カタログ，パンフレット，取扱説明書，工場の製造記録等の資料

(b) 実施形式の変更

(イ) 変更後　　事業の開始後に発明の実施形式を変更することになった場合には，その変更前には先使用が認められても，変更後は先使用が認められなくなるおそれがあります。そこで，発明の実施形式を変更する場合は，変更時点で先使用権の立証のための証拠を確保すべきでしょう。

(ロ) 変更に備えて　　また，変更に備えて，先使用権の効力範囲を明確化しておくという工夫をなす例もあります。

先使用権の効力が，先使用権者が具現した発明と同一性を失わない範囲に及ぶといっても，どこまでが同一性を有するといえるのかは明確ではありません。

そこで，先使用権立証のための証拠とともに，特許出願における明細書や特許請求の範囲の記載と同様の説明書を入れておくという工夫がなされることもあります。説明書には，実際に検討した実施例をいくつか記載したうえ，それを技術思想として抽象化（クレーム化）して記載しておき，先使用権者が支配する技術思想を明らかにします。その範囲内の変更があっても，具現された発明と同一として，先使用権が及びやすくするためです。

(c) 保管方法

証拠の保管にあたっては，それらの資料を作成したのが，いつであるかを証明できるようにしておく必要があります。作成日が争われた場合，これを証明することが困難になるので，公証制度やタイムスタンプが用いられています*[23,]*[24]。

Q2－2　先使用権立証のための方策

Ｘ社は，自社が開発した甲技術について，特許出願はせず，営業秘密として管理する方針をとりました。競合他社が，甲技術について特許出願して，Ｘ社の製

品について特許権侵害であると主張してトラブルを生じることのないように，どのような方策をとればよいでしょうか。

A

X社としては，他社が特許権を取得して権利行使してくる場合に備え，先使用権を証明できる資料を整理して保管する必要があります。

具体的には，私署証書を封筒に貼り付け，資料を封筒に入れて，封印して確定日付を付してもらうのが一般的であると思われます。封筒の中には，研究ノート，技術成果報告書，実験データ，設計図，仕様書等の資料，試作品，試作品の製造工程を撮影したDVDなどを入れます（封筒に入らない場合には段ボールに入れることもあります)。また，これらの資料のひも付けのため，いつ，どのような事実があったのか，それを，どの資料によって証明するのかを，一覧表に整理し，その一覧表も封筒の中に入れておくのが望ましいでしょう。

また，事実実験公正証書を作成する方法もあります。すなわち，公証人に工場に来てもらい，化学製品の製造方法等について，使用する原材料や設備の構造や動作状況，製造工程等について直接見聞してもらい，公証人が体験した事実をもとに公正証書を作成する方法です。

また，電子データのまま証拠化する場合には，電子公証やタイムスタンプを用いる方法があります。

競合他社（ここでは，Y社とします）が，特許権を取得して警告書を送ってきた場合には，X社は，上記の資料から必要な資料をコピーして，Y社に対し，先使用の事実を証明します。その時のために，保管にあたっては，①封筒に入れて確定日付等を付したもの２個と，②確定日付の入っていない資料のファイル１個を

＊23　具体的な公証制度等の活用方法については，『先使用権制度の円滑な活用に向けて－戦略的なノウハウ管理のために－』〔第２版〕に極めて詳細に説明がなされています。

大企業や化学関係企業では，日常的にノウハウ管理を行うでしょうから，上記ガイドラインを参考に，自社での対応を確立しておくのが効率的であると考えられます。

他方，化学関係以外の中小企業では，先使用権を念頭においたノウハウ管理を行うことは，それほど頻繁ではないため，自社で資料の収集・整理・公証制度活用等を行うことは，効率的でないと考えられます。そのような場合には，出願の際に依頼している特許事務所や知財を専門とする弁護士に依頼するのが，費用対効果の面から考えても適切と考えられます。

＊24　タイムスタンプの詳細については，足立昌聰「タイムスタンプを活用した電子データの存在・非改ざん証明」NBL1098号15頁が参考になります。

保管しておくと，資料提出の準備が容易になります。

というのは，その封筒の中には，Ｙ社の特許公報によって開示された内容だけでなく，さらに，それとは関係のないＸ社のノウハウが入っているかもしれません。

そのため，Ｙ社からの警告に対して，Ｘ社が，回答をなし，Ｙ社に資料を送る際には，先使用の立証のために必要な資料だけを選び（場合によっては，マスキングを要する場合もあります），Ｙ社の特許発明とは関係のないＸ社のノウハウは秘匿しておくべきです。そのような選別をするために，②の資料ファイルが必要になります。

そして，Ｘ社がＹ社に送付した資料の作成日について問題となった場合に，はじめて①の確定日付を付した封筒を用いることになります。この場面で，Ｙ社の弁護士の立ち会いの下，封筒を開封して，作成日が確定日付よりも前であることを確認します。確定日付を付した封筒が一つしかないと，開封により，その後は，確定日付を付した封筒がなくなってしまいます。裁判になった場合や，その後に登場するかもしれないY_2社などへの対応のため，封筒に入れて確定日付等を付したものは，２個作成しておくと安心です。

⑷　海外での先使用主張

諸外国の先使用制度は，わが国の制度と大きく異なる場合があります[*25]。

ブラジルでは，発明の実施が必要であり（事業の準備では足りない），一方，フランスでは，事業の準備も不要で，発明の善意の所有で足りるとされています。

また，韓国には，先使用権の登録制度があり，インドネシアでは，先使用権を主張するには先使用権証明書の付与を要します。

このように，先使用制度は，各国で区々としているため，外国での実施にあたっては，現地の法制度について確認したうえで対応することが重要と考えられます。

＊25　特許庁「諸外国・地域における先使用権制度の調査結果」（https://www.jpo.go.jp/seido/tokkyo/seido/senshiyou/）。

第３節　他社が侵害していると思われる場合（権利者側）

企業は，競合他社の製品をウォッチングし，自社製品との違いを把握して，自社製品の開発や営業活動を行っています。

他社が，自社の製品（特許発明の実施品）に類似した製品を市場に投入してきた場合には，特許権侵害がないかという疑いが生じます。

そのような場合には，まず，必要な資料を収集して，専門家に相談のうえ，特許権侵害の可能性について検討することになります。

Ⅰ　収集すべき資料

以下では，Ａ社が，甲特許の特許権者であり，Ｂ社が製造・販売する乙製品が甲特許権を侵害すると思われる場合における，Ａ社の対応について，検討します。

⑴　被疑侵害品について

Ａ社としては，乙製品の現物を入手するとともに，Ｂ社による販売のための展示状態を調査し，カタログ等を入手し，ホームページを確認して，乙製品の構成，特長，販売開始時期等を把握することになります。

以下，具体的に見ていきます。

⒜　乙製品の購入等

Ａ社が，乙製品を発見した場合には，まず，その乙製品を入手すべきです。侵害しているか否かを検討するためには，乙製品の構成を正確に把握する必要があるためです。

乙製品が市場で購入できる場合は，現物を購入します＊26。購入した場合には，後に入手時期・金額・購入元を証明する必要が生じる場合に備え，領収証を保管しておきます。

⒝　展示状態

また，乙製品が，店舗などに展示されている場合は，その展示状態を写真撮

＊26　製造方法や製造装置の特許権侵害が問題となる場合には，被疑侵害対象の証拠収集が困難となります。その場合の対応については，後記Ｑ３で述べます。

影しておくべきです。販売のための展示の状況やその時期を証拠化するためです。写真撮影するにあたっては，撮影日時がわかるようにしておきます。デジカメで撮影する場合には，撮影日時表示設定にしておくと，整理するときも，また，証拠として提出する場合も便利です＊27。

(c)　カタログ・パンフレットなど

カタログやパンフレットも入手します。

カタログ等の記載から，乙製品の特徴やセールスポイントを知ることができます。

また，カタログ等の発行時期から，乙製品の販売開始時期を推測することもできます。乙製品の販売開始時期が早い場合には，先使用についても検討が必要になります。

カタログ等には，発行時期の記載があるのが通常ですが，記号化されていたり，あるいは，もともと発行時期を示す表示がない場合もあります。そのような場合は，少なくともカタログ等の入手日は証明できるようにしておきます。

(d)　ホームページ

Ｂ社のホームページに掲載された乙製品の記事を保存するとともに，プリントアウトしておきます。

(2)　権利関係について

Ａ社としては，自ら甲特許を出願したのですから，出願から登録にいたる資料（包袋資料・特許掲載公報・登録原簿謄本）を保有しています。

これらの資料から，権利者，権利期間，権利の内容，出願経過を確認します。

(3)　業界の状況

Ｂ社が乙製品を販売している場合でも，乙製品がほとんど売れていないのであれば，Ａ社にとって，それほど影響はありません。乙製品が好評でよく売れているのであれば，Ａ社としては，早期に乙製品の販売を差し止めて，Ａ社の

＊27　証拠となる写真を撮影した場合には，容易に撮影日時を証明できるように工夫しておくべきです。後になってから，撮影日時を証明しようとしても，困難な場合もあります。例えば，デジカメからパソコンに取り込んで保存していて，それを，コピーすると，コピーした画像データの更新日が変わります。容易に撮影日時を証拠化する方法としては，撮影した写真を数枚メールに添付して送信しておく（数名に）と，メールをプリントアウト（特にウェブメール）すれば日時を証明できます。建物内の時計や自分のスマホを撮影しておくというのも一つの方法です。厳密な証明を要する場合には，タイムスタンプを用いることも考えられます。

シェアを維持・回復することを望むでしょう。

このようなことからすれば，権利行使の必要性・切実性を把握するため，①乙製品の販売状況，②Ａ社の実施品の販売状況，③同種製品におけるＡ社とＢ社のシェア等の情報を入手する必要があります。

このような情報は，営業担当者が知っているでしょうから，権利行使を検討する前提として，Ａ社内において，営業担当から情報収集しておくべきでしょう。

Ｂ社の会社規模や業績なども，権利行使に影響しますので，これらの資料も入手します。一般的な内容については，Ｂ社のホームページから入手できます。より詳細な内容については，信用調査会社からＢ社の企業情報を入手することもできます。

Ｑ２－３　他社の製造方法が侵害と疑われる場合における証拠収集

Ａ社が，甲特許（KLMN工程による製造方法）の特許権者であり，Ｂ社が販売する乙製品の製造方法について，甲特許権を侵害すると疑われる場合において，Ａ社としては，どのようにして，乙製品の製造方法に関する証拠を収集すればよいでしょうか。

Ａ

１．想定される場面

競合他社の工場に立ち入ったり，製造ラインの図面を入手することはないでしょうから，Ａ社が乙製品の製造方法を直接知ることは，ほとんど考えられません。

乙製品の製造方法は把握できないが，乙製品の有する特徴からすれば，KLMN工程によって製造しているであろうと推測される場面が問題となります。さらに，その中でも，①KLMN工程によって製造するほかなく，他に方法がないという場合と，②KLMN工程によって製造しているであろうと推測されるが，他の方法で製造しているかもしれないという場合があります。

２．特定できる場合

まず，①の場合には，乙製品の製造方法を具体的に把握できていなくても，Ａ社としては，乙製品の製造方法は，KLMN工程を有することを前提に，警告，さらには，訴訟提起していくことができます。

この場合，A社としては，訴え提起において，乙製品の製造方法をKLMN工程を有する旨，特定することができます。そして，訴訟において，B社がこれを否認するときは，B社が具体的態様を明示する義務（特104条の2）を負います。さらに，生産方法が推定される場合もあります（特104条）。B社による開示が不十分であったり，明示した態様に疑義がある場合には，書類提出命令（特105条）等を活用して*28，乙製品の製造方法を明らかにしていくことができます*29。

A社としては，訴訟にいたれば上記のような手続を活用して，乙製品の製造方法を明らかにし，特許権侵害を主張できるので，それを前提に，警告や交渉を行うことが可能です。

3. 特定にいたらない場合

これに対して，②の場合では，乙製品の製造方法がKLMN工程を有するという確信はなく，このままでは，権利行使を進めることは憚られます。そこで，提訴前の証拠収集を試みたいところです。

民事訴訟法には，訴え提起前における照会（民訴132条の2）や訴え提起前における証拠収集処分（民訴132条の4）という制度がありますが，特許権侵害訴訟においてはほとんど活用されていません。この設例でいえば，B社にとっては，乙製品の製造方法は営業秘密であるため，A社が上記の制度を用いても，営業秘密であることを理由に，これに応じないからです。

また，証拠保全の制度（民訴234条・237条）もありますが，証拠保全には強制力はないため，B社が拒否すれば，証拠収集を行うことはできません。

このように，現行法の下では，提訴前に強制力をもって証拠収集する制度はないため，A社が，②の場合に，乙製品の製造方法について，提訴前に証拠収集することは，極めて困難であるといわざるを得ません。

このような場合に，権利行使を断念するのか，それとも，問い合わせという形でB社に通知を送るのか，十分な確証はないものの訴訟提起に踏み出すのかにつ

＊28　実務の現場では，書類提出命令を申し立てると，被告が任意に提出することがほとんどであり，実際に書類提出命令がなされることは稀です。

＊29　もっとも，提訴後の証拠収集手続について，現行法では十分でないとして，機能強化が提言されており，書類提出命令の容易化などの検討がなされています（三村量一「知的財産紛争における証拠収集手続について」ジュリ1499号37頁）。知的財産推進計画2017にも，「適切かつ公平な証拠収集手続の実現」が課題として掲げられています。

いては，専門家に相談の上，検討すべきと考えられます。経験豊富な弁護士であれば，このような例は何度も経験しているので，打開策を提案できる場合があります。

Ⅱ　専門家への相談

次に，A社が，甲特許の特許権者であり，B社が製造・販売する乙製品が甲特許権を侵害すると思われる場合において，権利行使を進めるか否かを検討するために，A社が専門家に相談する場面について検討しましょう。

⑴　弁護士と弁理士の役割分担

⒜　専門家への連絡

権利者側の相談の場合，特許事務所から特許出願をしているのが通常ですから，被疑侵害者を発見して，権利行使について相談する際には，出願代理人である弁理士に連絡することが多いでしょう。

すなわち，甲特許の出願代理人がC弁理士であった場合，A社としては，甲特許をよく知るC弁理士に連絡するのが通常でしょう[*30]。C弁理士は，A社からB社が製造販売する乙製品に関する事情を聴き取ります。

⒝　弁護士と弁理士の共同体制

C弁理士としては，A社からの聴取に基づき，乙製品が甲特許権を侵害している可能性がある場合には，知り合いの特許権侵害を得意とする弁護士（ここでは，D弁護士とします）に連絡をして[*31]，C弁理士とD弁護士が共同して相談を受ける体制を整えます[*32]。

弁理士は，主に特許庁に対する出願手続を行っており，技術内容について知識と経験を有しています。弁護士は，主に交渉や訴訟手続を行っており，紛争解決について知識と経験を有しています。

専門技術性を有する弁理士と，交渉実務・訴訟実務の専門家である弁護士の連携により，互いの専門性を相互に補完して，権利行使について迅速かつ適切

＊30　A社が，知財専門の顧問弁護士を有しているような場合には，その顧問弁護士に，あるいは，弁護士・弁理士双方に連絡することになるでしょう。

＊31　C弁理士のD弁護士への連絡にあたっては，利益相反関係がないか，つまり，D弁護士が，B社と関係がないかを確認する必要があります（弁護士法25条）。

＊32　最初の相談から，弁護士と共同で相談を受ける場合もあります。

な方針決定が可能となります。

(c)　相談にあたっての役割分担

相談にあたっては，弁護士が主体的に聴き取り，技術的な面について，弁理士がサポートします。

具体的には，①乙製品の構成の把握については，A社の担当者が乙製品の概要を説明し，技術的な点をC弁理士が補足します。②特許の権利内容，出願経過，特許の有効性に問題がないかという点などは，出願を担当したC弁理士は，すでに理解できているので，これをD弁護士に説明します。③技術的範囲属否の検討は，C弁理士の意見を聴きながら，D弁護士がクレーム解釈及びあてはめを行います。④権利行使を行うか，行うとしてどのように行うかという基本方針については，弁護士・弁理士の立場から意見を述べて，A社が総合的に判断します。

(2)　相談準備

(a)　日程調整

A社，C弁理士，D弁護士の間で，相談の日程調整を行います。

相談場所は，通常は，D弁護士の法律事務所です。

(b)　準備すべき資料

D弁護士は，相談にあたって，下記資料を持参するようA社，C弁理士に連絡します*33。なお，D弁護士としては，相談前に特許掲載公報を入手して，その内容を一読しておくと，効率的な相談を行うことができます。

①　乙製品の現物，カタログ等，B社サイトの乙製品掲載箇所，販売展示状態の写真等

②　甲特許についての特許掲載公報，登録原簿謄本，包袋資料，出願経過において問題となった引例

③　乙製品の販売状況，A社の実施品の販売状況，同種製品におけるA社とB社のシェア等

④　B社の会社規模，業績のわかる資料

(c)　A社からの出席者

＊33　特許掲載公報，登録原簿謄本，包袋資料などは，予め送ってもらい，D弁護士において検討しておくと効率的です。

業種や規模にもよりますが，中小企業の場合は，①社長や専務等の役員，②開発・技術担当者，が出席する例が多いように思われます。

大企業の場合は，①知財部長，②知財部・法務部担当者，③開発担当者，が出席することが多いようです。

Ａ社，Ｂ社の営業関係の情報（Ａ社の実施品，乙製品の販売状況等）を詳しく検討する場合には，営業担当者も出席します。

(3)　弁護士費用等

相談段階については，相談料（１時間いくら）で対応する弁護士が多いでしょう。大まかな方針が決まるまで，相談を繰り返すことになります。

大まかな方針が決まってからは，弁護士・弁理士費用の見積もりを出し，その後，警告・交渉代理について受任することになります。この見積もりにあたっては，弁護士と弁理士が協議して，その金額を調整します。

Ｂ社の対応により，警告の後，実質的な示談交渉に入るか，何度も書面のやり取りをすることになるか，あるいは，権利行使を断念することになるか，予測できない場合には，段階的な見積もりとなることが多いでしょう。

例えば，①相談料（時間あたりとする場合と月あたりとする場合が考えられます），②警告書発送手数料，②応答手数料，③交渉着手金，④交渉成功報酬というような行為ごとの報酬体系は，企業にとっても弁護士にとっても合理的といえます。

また，タイムチャージ制をとる法律事務所もありますし，依頼者からの希望によりタイムチャージ制とする場合もあります。

なお，弁護士・弁理士が多数参加（例えば，弁護士３名弁理士２名）する場合には，相談料も高額化する可能性があるので，あらかじめ調整しておくのが無難です。

Ⅲ　権利行使のために検討すべき事項

Ａ社，Ｃ弁理士，Ｄ弁護士が，一堂に会して，上記Ⅱ(2)(b)の資料をもとに，甲特許権（甲特許発明のクレームは構成PQR）に基づいて，Ｂ社に対して権利行使を行うか否かについて検討する場面を考えてみましょう。

(1)　甲特許権の確認

まず，甲特許の権利者を，登録原簿謄本の記載から確認します。中小企業では，甲特許の特許権者が，社長個人Ｅである場合も少なくありません。また，Ａ社ではなく，親会社や子会社が権利者の場合もあります。そのような場合に，Ａ社が権利行使するには，専用実施権を設定登録するか，あるいは，特許権の移転登録をする必要があります（特77条・98条１項１号・２号）＊34。

存続期間が残っているかについても確認します。例えば，存続期間が１年後に満了する場合，訴訟になれば，１年以上経過してしまうでしょうから，現実には，損害賠償（乙製品販売開始から存続期間満了までの分）しか請求できないことを念頭におくことになります。

⑵　甲特許発明の技術的範囲

⒜　Ｄ弁護士の準備

まず，甲特許発明の技術的範囲を検討するには，甲特許発明の技術的事項を理解する必要があります。

そのため，Ｄ弁護士としては，事前に特許掲載公報を精読しておくべきです。多くの関係者が集まった席で，Ｄ弁護士が公報を一から読んでいては，効率が悪いからです。

面談時には，Ｄ弁護士は，Ｃ弁理士やＡ社の開発担当者から，甲特許の技術的意義の概要を聞き，技術的によく理解できなかった点を質問し，甲特許の理解を深めます。

⒝　特許請求の範囲の記載

特許法70条１項は，「特許発明の技術的範囲は，願書に添付した特許請求の範囲の記載に基づいて定めなければならない。」と規定しており，特許請求の範囲の記載が権利範囲を画します。

そこで，技術的範囲の把握にあたっては，甲特許の特許請求の範囲の記載をもとに検討します。実務上は，特許請求の範囲の記載を分説して，構成要件（PQR）に分けます。

⑶　乙製品の把握とクレーム対比

次に，乙製品の現物，カタログ等，Ｂ社サイトの記載等から，乙製品の構成，

＊34　Ａ社が，独占的通常実施権者の場合，Ｂ社への損害賠償請求は可能ですが（東京地判平成10年５月29日判時1663号129頁），差止請求はできません。差止請求も行うのであれば，Ａ社だけでなく，特許権者も権利行使の主体になる必要があります。

作用・効果を把握します。相談では，Ａ社担当者から説明がなされ，詳細についてＣ弁理士から質問や補足がなされるのが通常の流れでしょう。そのうえで，乙製品の構成について，構成要件（PQR）と対比します。

乙製品の販売開始時期についても確認します。出願前から実施している場合には，先使用の抗弁（特79条）や公然実施に基づく無効の抗弁（特104条の３）を主張される可能性があるためです。

(4) クレーム解釈・属否

乙製品の構成と甲特許の構成要件（PQR）とを対比して，一応，すべての要件を満たすように思える場合でも，次の場合には，特許請求の範囲の記載よりも権利範囲が限定される可能性がありますので，確認しておく必要があります。

(a) 明細書等の考慮

特許請求の範囲に記載された用語の意味について，いろいろな意味に捉えることができる場合は，明細書の記載及び図面を考慮して解釈（特70条２項）します。

そのため，明細書の記載に，問題となる文言の定義づけがないか，実施例においてどのように説明しているか，図面にはどのように記載されているか等を確認します。

(b) 技術常識

さらに，明細書は，出願当時の技術常識をもとに記載しており，その技術常識については，明細書に説明はないため，明細書の記載を把握するにあたっては，出願当時の技術常識を考慮する必要があります。

技術の専門家ではないＤ弁護士は，出願当時の技術常識を理解していませんので，出願を担当したＣ弁理士や技術担当者から，明細書の記載について説明を受けたり，参考文献を読んで，明細書に記載された技術内容を理解します。

(c) 出願経過の参酌

また，出願経過において，意見書でＲはR_1という意味であると主張し，新規性・進歩性を根拠づけているかもしれません。その場合には，侵害訴訟においては，ＲはR_1に限られないという主張は，包袋禁反言*[35]により，制限されるおそれがあります。そのため，出願経過を確認して，包袋禁反言となるような記載がないかを確認します。

これらの点については，出願を担当したC弁理士から説明を受けることになります。準備を要するかもしれないので，D弁護士としては，あらかじめC弁理士に説明してもらいたい旨，連絡を入れておくのが効率的です。

(d)　技術的範囲の属否

以上の検討をもとに，乙製品が甲特許の文言侵害にあたるかどうかを検討します。具体的には，特許請求の範囲の構成要件（PQR）と，乙製品の構成を対比し，これを一覧表（いわゆるクレームチャート）に整理しておきます。

文言侵害が困難である場合であっても，均等論により侵害となる場合もあります。

Q2－4　技術的範囲の属否に確信をもてない場合

技術的範囲の属否について，乙製品の構成p’が，甲特許発明（構成PQR）の構成Pを満たすといえるかどうか確信をもてない場合には，どうすればよいでしょうか。

A

構成Pの文言について，明細書の記載を考慮しても，p’を含むか否かが，どちらともいえない場合があります。明細書のある部分の記載からは，p’も含むと解されるが，他の部分の記載からは含まないとも解されるような場合もあるからです。

そのような場合には，文言侵害だけにこだわらず，均等侵害を検討するのが，効率的です。

問題となる用語の意味について，出願時の技術常識を考慮するために，大量の資料を集めても，結局，結論が出ないということもあるので，そのような作業を行う前に，均等侵害の検討を行うのが適切です。

すなわち，p’が構成Pに該当しないと仮定して，ボールスプライン軸受事

＊35 「被告が実施している対象製品について，出願や審査の過程で特許請求の範囲に含まれないようなことを主張していた特許権者が，侵害訴訟においてこれが含まれると主張することを許さないことを『包袋禁反言の法理』」といいます（髙部眞規子『実務詳説特許関係訴訟』〔第3版〕167頁）。

件＊[36]の均等5要件を満たすか否かを検討します。

従来は，5要件のうち，第1要件（非本質的部分），第5要件（意識的除外）について，その判断基準が明確でないため，均等5要件で検討しても，結論を予測することが困難でしたが，マキサカルシトール事件大合議判決＊[37]により，第1要件，第5要件の判断基準が示されたため（その後，第5要件については，同事件最高裁判決＊[38]が，概ね支持しました），均等侵害の検討が，予測可能性のあるものになりました。

文言侵害も均等侵害も技術的範囲に属する点で変わりはありませんので，設問のように，文言侵害に確信がもてない場合は，均等侵害の検討を早い段階でしておくべきでしょう。

(5)　無効理由の調査・検討

(a)　権利行使制限の抗弁，無効審判のおそれ

乙製品が，甲特許発明の技術的範囲に属するとしても，甲特許に無効理由がある場合には，侵害訴訟となれば，権利行使制限の抗弁（特104条の3）により，権利を行使することができません。

また，甲特許に無効理由がある場合には，B社が無効審判を申し立て，無効審決が確定すると，甲特許権は初めから存在しなかったものとなります（特125条）。

(b)　調査・検討の程度

そこで，無意味な権利行使を避けるため，権利行使の前に，無効理由についても，ある程度の調査・検討を行うべきでしょう。

どの程度の調査・検討を行うかについては，2つの考え方があります。

第1は，甲特許は，特許庁により登録となっているのであるから，原則として，無効理由はないはずなので，積極的には調査しないが，すでに入手している公知文献（開発段階，出願前調査段階，出願経過で特許庁から引例として提示されたもの）については，甲特許発明の正確な理解のためにも有益なので，進歩性等について検討を行うという考え方です。

＊36　最判平成10年2月24日民集52巻1号113頁。
＊37　知財高判平成28年3月25日裁判所ホームページ。
＊38　最判平成29年3月24日裁判所ホームページ。

第2は，権利行使に及ぶと，費用と労力がかかるので，負けるような権利行使は避けるべきであるとして，徹底的に公知文献を調査・検討するべき（特に進歩性欠如）という考え方です。

これらの2つの考え方は，いずれも一理あるものであり，A社がどのような立場をとるかによります。企業の方に話を聞いても，両説に分かれます。実務的な印象からすると，一般的には，第1の考え方をとる場合が多く，大企業を相手に大型訴訟を提起する場合には，第2の考え方をとる場合が多いという印象です。

なお，実施可能要件（特36条4項1号），サポート要件（同条6項1号），明確性要件（同項2号）については，出願を担当した弁理士から，説明を受けて確認しておくべきでしょう。

(6)　課題の正確な把握

甲特許発明の課題ないし技術的意義を正確に把握することも，初期の相談段階で重要な点です。

特許掲載公報には，【発明の詳細な説明】の冒頭に【技術分野】【背景技術】【先行技術文献】【発明が解決しようとする課題】という欄があります。【背景技術】には，従来の技術が記載されており，【先行技術文献】には，当該発明に関連する文献公知発明のうち，特許を受けようとする者が特許出願の時に知っているものが掲載され（特36条4項2号），【発明が解決しようとする課題】には，従来技術にはどのような問題があったかが記載されています。

ところが，特許掲載公報の記載だけからでは，客観的に甲特許に一番近い従来技術が記載されているとは限りませんし，その従来技術の問題点は，抽象的に記載されていることが多く，具体的にはどのような点が問題なのかはよくわからない場合もあります。また，A社が，課題解決のために，どのように模索し，実験し，課題解決手段に至ったのかは，もともと記載されていません。

そのため，開発担当者にこの点を質問し，実際に開発にあたって参考とした従来技術（複数あるかもしれません），従来技術の問題点（明細書に，抽象的に記載されている場合には，より具体的に聴き取っておきます），解決手段にいたる経緯等を聴き取ることが有益です。

これらの内容は，甲発明が，出願時の技術水準に照らしてどのような技術的意義を有し，どのような技術的貢献をもたらしたかを把握するのに重要なものです。また，甲発明の新規性・進歩性の判断に直結するとともに，均等論が問題となるときは，本質的部分の把握にも影響します。

初期の段階で，これらの点を正確に把握しておくことは，甲特許を正確に理解するためだけでなく，予期せぬどんでん返しを回避する意味でも重要であると考えます。

(7)　どのように権利行使をするか

ここまでは，特許権侵害が認められるか否かの検討でしたが，以下では，その検討の結果，乙製品が甲特許権を侵害する可能性が高い場合に，A社が権利行使をするかどうか，権利行使をするとして，どのような方針をとるかを検討していきます。

(a)　権利行使の必要性

権利行使をするには，それなりの労力と費用がかかります。A社としては，経営上の観点から，権利行使の必要性があるか，その程度について検討することになります。

甲特許発明の実施品（A社製品）が，A社の基幹製品であり，売上も大きい場合と，もともと人気がなく，近々，販売を終了する予定の場合では，権利行使の必要性が異なります。

また，乙製品は，A社製品より，廉価で品質もよいため，シェアを伸ばしており，そのためにA社の売上が減少しているような場合には，切実な必要性があるでしょう。乙製品が，劣悪品であるのに低額であるわけでもなく，ほとんど売れていないというような場合には，しばらく様子を見ることも考えられます。乙製品は，今はそれほど売れていないが，B社が販売活動を続けていけば，いずれ脅威となる可能性があるというような場合も考えられるでしょう。さらに，乙製品は売れていないが，これに続いて他社から丙製品，丁製品が販売されるおそれがある場合には，乙製品については，それほどの権利行使の必要性がない場合でも，見せしめ的に権利行使をしておく必要があるかもしれません。

相談においては，D弁護士が，A社の経営者や営業担当者から，このような事情を聴き取るとともに，A社にとっての権利行使の必要性の程度を確認します。

(b)　業界の姿勢

権利行使に対する積極度やその方法は，業界によって，大きく異なります。一つの特許権がもつ意味ないし価値が，異なることによるものと考えられます。

一例としては，電気業界では，特許権侵害の可能性があれば（グレーであれば）警告書を送り，両企業の知財部で交渉をなし，クロスライセンスで解決する傾向が強いようです。これに対して，製薬業界では，警告書を送ること自体に慎重な姿勢をとる傾向が強いようです。

(c)　損害賠償額

訴訟・交渉となった場合，損害賠償としてどの程度の額が見込まれるかを概算します。この時点で，乙製品の売上や利益率を知ることはできませんから，正確な計算をすることはできません。業界の常識から大雑把な推測をすることにより，概算額を検討します。

(d)　Ｂ社の会社規模等

権利行使の方針を決める前提として，Ｂ社の規模や業績，取引関係についても把握しておくべきでしょう。

(e)　権利行使の方法

上記の点を総合考慮して，権利行使の方法を検討していきます。

権利行使の方法の選択肢としては，次のような例が挙げられるでしょう＊39。

①　いきなり訴訟提起（仮処分の場合もあります）

②　弁護士名で警告し誠実な回答がなければ訴訟提起

③　弁護士名で警告し，相手からの回答を待って検討。できるだけ，交渉で解決。

④　会社名（代表者名，知財部長名）で警告し，様子を見る。相手の対応が悪ければ，弁護士名で再警告。

⑤　しばらく様子を見る。

(8)　相談にあたっての注意点

(a)　長時間を要する

＊39　鑑定書，センター判定など
侵害が認められるか否かについて，専門家に意見書や鑑定書を作成してもらい，慎重な検討をなす場合もあります。また，権利行使に先立ち，日本仲裁センターによるセンター判定（詳細について，後述第５節Ｖ(5)）を活用することも考えられます。

上記のとおり，権利者が権利行使を検討するにあたっては，様々な情報をもとに，様々な観点から検討する必要があります。

そのため，通常は，かなり長時間の相談となります*40。

資料が十分でない場合は，資料収集後，再度，相談を行うことになります。また，A社において，方針決定にいたらない場合には，今回の相談結果をもとに，A社内において検討し，再度相談の上，方針を決めることになります。

このように，一般民事と異なり，初動の段階で（方針決定までに），大量の資料を検討し，長時間の打合せを行う必要があります。一般民事の場合であれば（例えば，貸金の回収），権利関係は，かなりの程度明確であり，方針決定に上記のような労力がかかることはありません。

特許権侵害事件において，「初動が肝心」であると強調されるのは，このような理由からです。

(b)　A社の負担

特許権に基づく権利行使には，多くの費用や時間を要します。

しかも，特許権侵害訴訟だけでなく，無効審判，審決取消訴訟，訂正審判など連鎖的に手続が広がる可能性もあります。

また，無効審判において，特許権が無効とされ，独占状態を失う可能性も否定できません。

A社の権利行使にあたっては，A社にとってのリスクも十分に理解した上で進めていく必要があります。

(c)　議事録の作成

相談において，検討された内容について，議事録を作成しておくべきです。検討した内容は多岐にわたりますので，後日の備忘のためだけでなく，混乱を防止するためにも，いったん，整理しておくのが望ましいといえます。

A社としては，どのような権利行使の方法をとるかについては，一定の社内手続をとって最終的に決定することになるので*41，そのための準備としても

＊40　例外的に，①すでに社内で十分な検討をなしており，方針が固まっている場合や，②C弁理士において，侵害可能性について，十分な検討がなされており，具体的な対応策だけを検討する場合には，短時間となる場合もあります。

＊41　A社が中小企業の場合で，社長が同席している場合でも，役員等で再度検討するでしょうし，A社が大規模な会社であれば，決裁が必要になります。

重要です。

弁護士が議事録を作成するか，Ａ社において作成するかは，相談前にあらかじめＤ弁護士とＡ社との間で調整しておくとスムーズです。弁護士が議事録を作成する場合，相談において，Ｄ弁護士が，話をしながら，十分にメモをとるのは困難なので，相談には，もう一人若手の弁護士が同席しておくのが効率的です。弁護士が２名同席する場合には，１名の場合よりも，相談料（あるいはタイムチャージ）が高額化するので，その点についてＡ社の了解を得ておくべきでしょう。

(d)　Ｃ弁理士の立場への配慮

権利行使の検討のための相談においては，Ｃ弁理士は，甲特許の出願担当者という立場にあります。つまり，甲特許の特許請求の範囲や明細書は，Ｃ弁理士が作成したものであり，中間処理（補正・意見書）もＣ弁理士が行ったものです。

甲特許の技術的範囲の検討においては，Ｃ弁理士が作成した明細書，意見書の記載が問題になり，その記載内容ゆえに，技術的範囲が狭まるような場合もあります。しかし，出願時において，後日生じるであろうあらゆる侵害事案を想定して，明細書を作成したり，中間処理を行うことは不可能です。

Ｄ弁護士としては，このようなＣ弁理士の立場をよく理解して相談に臨むべきです。

また，相談において，Ｃ弁理士に，クレーム解釈の説明や進歩性についての説明を求める場合には，相談前にＣ弁理士にその旨を伝えておくと，Ｃ弁理士としても十分な準備が可能となります。Ｃ弁理士としても，出願から時間が経ち，記憶が不鮮明になっている場合もありますし，補助者が作成した部分があるかもしれません。

Ｑ２－５　特許公報の読み方

特許公報＊42を効率的に読むためには，どのように読めばよいですか。

調査の場面と，権利行使の場面，訴訟代理人の場合で，読み方は変わりますか。

A

1. 一般的な読み方

特許を扱う実務書や特許事務所のホームページには，特許公報の読み方が多数紹介されています。最大公約数的に取り上げると，下記の点を指摘できるでしょう。

・【特許請求の範囲】は後回しにします。

・技術の概要を，【要約書】や【発明の属する技術分野】から把握します。

・【発明が解決すべき課題】のうち，「……を目的とする。」の記載を探し，課題を把握します。

・【実施例】を読み，具体的解決手段を理解します。その際，課題解決に結びつく箇所を重点的に読みます。

・【特許請求の範囲】を読み，解決手段をどのように抽象化しているのかを理解します。

2. 権利範囲の把握のために読む場合

調査の場面では，どのような技術情報が記載されているかを把握することが重要です。技術情報を迅速かつ的確に把握するための方法としては，上記の読み方が妥当するものと思われます。

これに対して，権利行使の場面では，この特許発明の技術的範囲の確定のために読むことになります。そのため，上記の一般的な読み方に加え，特許請求の範囲の記載のうち，不明確な（複数の解釈の余地がある）文言はないか，その文言は，明細書等ではどのように説明されているかという観点で読むことになります。

【発明の詳細な説明】の中から，問題となる用語（解釈を要する用語）について，説明されている部分，具体例が記載されている部分，作用・効果が記載されている部分などがあれば，その部分に，ラインマーカーを付します。複数あれば，色を変えておきます。

ラインマーカーが付された記載をもとに，再度，【特許請求の範囲】を読み，技術的範囲の確定を試みます。

＊42　特許公報とは，特許庁で発行されている公報のことをいいます。特許公報には，特許権の設定登録の後に特許情報を公開する特許掲載公報（特66条３項）と，出願中の特許案件の情報を公開する公開特許公報（特64条・64条の２）があります。特許掲載公報のことを，特許公報（狭義の意味）ということもあります。

3. 訴訟代理人における読み方

特許権侵害訴訟の原告代理人・被告代理人となった場合は，本件特許の技術的な内容について，準備書面等で何度も記載することになりますから，初期の段階で，より正確に特許掲載公報を理解する必要があります。

また，その正確な理解の結果をビジュアル化しておき，何度も，公報を読み返さなくてもよいように加工すると効率的です。

弁護士・弁理士により様々な工夫がされていると思われますが，一つの方法を紹介します。

まず，図面を拡大コピーして，各部材を色鉛筆で塗り分けながら，実施例を読み進め，図面の記号の横に部材名をメモしていきます。上位概念がある場合は，カッコ書きで記載しておきます。このように，すべての部材名とその上位概念が，１枚の図面で俯瞰できるように加工しておくと，後日，準備書面等を作成するときに，確認が容易になります。

Ⅳ　特殊な事案の検討

⑴　均等侵害

⒜　ボールスプライン軸受事件最高裁判決＊43

ボールスプライン軸受事件最高裁判決は，均等侵害について，５要件を挙げて，次のとおり判示しています。

「特許請求の範囲に記載された構成中に対象製品等と異なる部分が存する場合であっても，⑴右部分が特許発明の本質的部分ではなく，⑵右部分を対象製品等におけるものと置き換えても，特許発明の目的を達することができ，同一の作用効果を奏するものであって，⑶右のように置き換えることに，当該発明の属する技術の分野における通常の知識を有する者（以下「当業者」という。）が，対象製品等の製造等の時点において容易に想到することができたものであり，⑷対象製品等が，特許発明の特許出願時における公知技術と同一又は当業者がこれから右出願時に容易に推考できたものではなく，かつ，⑸対象製品等が特許発明の特許出願手続において特許請求の範囲から意識的に除外されたものに当たるなどの特段の事情もないときは，右対象製品等は，特許請求の範囲に記

＊43　最判平成10年２月24日民集52巻１号113頁〔ボールスプライン軸受事件〕。

載された構成と均等なものとして，特許発明の技術的範囲に属するものと解するのが相当である。」

⒝　５要件の判断基準

上記最高裁判決は，均等侵害の要件として，上記の５要件を掲げましたが，第１要件（非本質的部分），第５要件（意識的除外などの特段の事情のないこと）については，どのように認定・判断すべきかが明確ではありませんでした。

(ｲ)　第１要件について　　第１要件の認定・判断について，マキサカルシトール事件大合議判決*44は，次のように判示しました。当該判決により，第１要件の認定・判断基準が明確化したといえます。

「特許発明における本質的部分とは，当該特許発明の特許請求の範囲の記載のうち，従来技術に見られない特有の技術的思想を構成する特徴的部分であると解すべきである。」（略）「特許発明の本質的部分は，特許請求の範囲及び明細書の記載，特に明細書記載の従来技術との比較から認定されるべきであり，そして，①従来技術と比較して特許発明の貢献の程度が大きいと評価される場合には，特許請求の範囲の記載の一部について，これを上位概念化したものとして認定され（略），②従来技術と比較して特許発明の貢献の程度がそれ程大きくないと評価される場合には，特許請求の範囲の記載とほぼ同義のものとして認定されると解される。

ただし，明細書に従来技術が解決できなかった課題として記載されているところが，出願時（又は優先権主張日。以下本項⑶において同じ）の従来技術に照らして客観的に見て不十分な場合には，明細書に記載されていない従来技術も参酌して，当該特許発明の従来技術に見られない特有の技術的思想を構成する特徴的部分が認定されるべきである。そのような場合には，特許発明の本質的部分は，特許請求の範囲及び明細書の記載のみから認定される場合に比べ，より特許請求の範囲の記載に近接したものとなり，均等が認められる範囲がより狭いものとなると解される。

また，第１要件の判断，すなわち対象製品等との相違部分が非本質的部分であるかどうかを判断する際には，特許請求の範囲に記載された各構成要件を本質的部分と非本質的部分に分けた上で，本質的部分に当たる構成要件について

＊44　知財高判平成28年３月25日裁判所ホームページ〔マキサカルシトール事件大合議判決〕。

は一切均等を認めないと解するのではなく，上記のとおり確定される特許発明の本質的部分を対象製品等が共通に備えているかどうかを判断し，これを備えていると認められる場合には，相違部分は本質的部分ではないと判断すべきであり，対象製品等に，従来技術に見られない特有の技術的思想を構成する特徴的部分以外で相違する部分があるとしても，そのことは第1要件の充足を否定する理由とはならない。」

(ロ)　第5要件について　　第5要件の判断基準については，マキサカルシトール事件最高裁判決＊45が，上記大合議判決の基準を概ね支持し，次のように判示しました。当該判決により，第5要件の認定・判断基準が明確化したといえます。

「出願人が，特許出願時に，特許請求の範囲に記載された構成中の対象製品等と異なる部分につき，対象製品等に係る構成を容易に想到することができたにもかかわらず，これを特許請求の範囲に記載しなかった場合において，客観的，外形的にみて，対象製品等に係る構成が特許請求の範囲に記載された構成を代替すると認識しながらあえて特許請求の範囲に記載しなかった旨を表示していたといえるときには，対象製品等が特許発明の特許出願手続において特許請求の範囲から意識的に除外されたものに当たるなどの特段の事情が存するというべきである。」

(ハ)　主張・立証責任　　また，上記大合議判決においては，主張・立証責任について，第1要件ないし第3要件は，均等を主張する者が，第4要件，第5要件は，均等の適用を否定する者が負うことを確認しました。

(c)　均等侵害の検討にあたって

上記のとおり，大合議判決及び最高裁判決が，均等論5要件を明確化したので，今後は，上記の認定・判断基準を用いて検討することにより，均等侵害の成否について，予見可能性が増大したといえます。

(2)　分割出願

権利行使しようとする特許が，分割出願に係る特許である場合（いわゆる子特許）には，分割要件（特44条）を満たしているか否かを確認する必要があります。分割要件違反の場合には，分割出願時が，親特許の出願時に遡及（特44条2項）

＊45　最判平成29年3月24日裁判所ホームページ〔マキサカルシトール事件最高裁判決〕。

しないため，分割出願時に，親特許の公開公報が公知となっていれば，新規性又は進歩性欠如となります（キルビー判決の事案です）。

分割要件を満たしているか否かが微妙な事案では，子特許に基づく権利行使だけでなく，親特許に基づく均等侵害も検討すべきでしょう。その際には，子特許の構成を，親特許においてクレームアップしなかったことが，意識的除外とならないか，すなわち，「客観的，外形的にみて，対象製品等に係る構成が特許請求の範囲に記載された構成を代替すると認識しながらあえて特許請求の範囲に記載しなかった旨を表示していた」*46場合に該当しないかも，検討しておくべきでしょう。

(3)　機能的クレーム・広すぎるクレーム

特許請求の範囲の記載が，機能的記載を含む（いわゆる「機能的クレーム」）場合には，まず，機能的記載ゆえに外延が明らかであるかについて検討します。ある具体的な物がその外延に含まれるかどうかを理解できない場合は，明確性要件（特36条6項2号）違反として，無効理由（特123条1項4号）となります。

さらに，特許請求の範囲の記載が，機能的な記載のために，発明の詳細な説明に比して広すぎる場合（いわゆる「広すぎるクレーム」）*47には，サポート要件（特36条6項1号）や実施可能要件（同条4項1号）に違反し，無効理由（特123条1項4号）となります。

そのため，権利行使を検討するにあたっては，上記の無効理由がある場合には，訂正審判（あるいは，無効審判における訂正請求）を検討する必要があります。訂正により，対象製品が特許請求の範囲からはずれる場合には，権利行使は断念せざるを得ないので，注意を要します。

一方，機能的記載を含んでいても，無効理由とまではいえない場合には，訂正審判等を行うことなく権利行使ができますが，技術的範囲の確定において，限定解釈がなされる場合があります。

---

*46　上記*45のマキサカルシトール事件最高裁判決。

*47　機能的クレームであるからといって，常に，広すぎるクレームとは限りません。知財高判平成21年6月29日判時2077号123頁〔中空ゴルフクラブヘッド事件〕における「縫合材」は，機能的記載ですが，明細書等から技術思想を把握し，被告製品の「炭素繊維からなる短小な帯片」が縫合材と均等であると認め，均等侵害を認めました。その意味で，当該事件のクレームは，いわば「狭すぎるクレーム」ともいえるでしょう。

すなわち，明細書及び図面の記載並びに出願時の技術常識等を参酌したうえ，そこに開示された具体的な構成に示されている技術思想を把握し，技術的範囲を確定します*48。

そのため，限定解釈された技術的範囲に，対象製品が含まれるか否かを検討する必要があります。

(4)　PBP クレーム

物の発明において，特許請求の範囲に製造方法的な記載がなされている場合，すなわち，物の特定について，その構造又は特性によってではなく，製造方法により特定されているクレームは，「プロダクト・バイ・プロセス・クレーム」（以下では，「PBP クレーム」といいます。）と呼ばれています。

PBP クレームについては，従来，技術的範囲の解釈について，製造方法により限定されないとする物同一説と，クレームに記載された製造方法により製造された物に限定するという製法限定説に見解が分かれていました。知財高裁大合議判決*49は，PBP クレームを，①真正 PBP クレームと，②不真正 PBP クレームに区別し，①については物同一と解釈し，②については製法に限定して解釈すべきとしました。

その上告審である最高裁判決*50は，「物の発明についての特許に係る特許請求の範囲にその物の製造方法が記載されている場合であっても，その特許発明の技術的範囲は，当該製造方法により製造された物と構造，特性等が同一である物として確定されるものと解するのが相当である。」と判示し，物同一説を採用しました。また，発明の要旨認定の場面でも，物同一説によるとしています。

もっとも，上記最高裁判決は，明確性要件に関して，次のように述べて，PBP クレームの許容範囲を限定しました。

「物の発明についての特許に係る特許請求の範囲において，その製造方法が

---

*48　機能的クレームの詳細については，末吉亙「いわゆる機能的クレームの解釈」牧野利秋＝飯村敏明編『新裁判実務大系(4)知的財産権訴訟』211頁以下を参照ください。機能的クレームについて，限定解釈をした代表的な裁判例としては，東京地判平成10年12月22日判時1674号152頁〔磁気媒体リーダー事件〕があげられます。

*49　知財高判平成24年１月27日判時2144号51頁〔プラバスタチンナトリウム事件大合議判決〕。

*50　最判平成27年６月５日民集69巻４号700頁〔プラバスタチンナトリウム事件最高裁判決〕。

記載されていると，一般的には，①当該製造方法が当該物のどのような構造若しくは特性を表しているのか，②又は物の発明であってもその特許発明の技術的範囲を当該製造方法により製造された物に限定しているのかが不明であり，特許請求の範囲等の記載を読む者において，当該発明の内容を明確に理解することができず，権利者がどの範囲において独占権を有するのかについて予測可能性を奪うことになり，適当ではない。」

「物の発明についての特許に係る特許請求の範囲にその物の製造方法が記載されている場合において，当該特許請求の範囲の記載が特許法36条６項２号にいう『発明が明確であること』という要件に適合するといえるのは，①出願時において当該物をその構造又は特性により直接特定することが不可能であるか，②又はおよそ実際的でないという事情が存在するときに限られると解するのが相当である。」

最高裁判決によれば，「不可能・非実際的事情」がない限り，PBP クレームの特許は，明確性要件違反として無効理由を有することになりました。そのため，①どのような記載が PBP クレームとして扱われるか，また，②どのような場合に「不可能・非実際的事情」が認められるかが問題となります*51。

したがって，権利行使を検討している特許が，特許請求の範囲に製造方法的な記載がなされている場合には，明確性要件違反とならないか否かについて検討する必要があります。また，必要があれば，訂正審判についても検討することになるでしょう。

(5)　間接侵害

特許発明の全部実施にはあたらず直接侵害行為には該当しないものの，発明の一部を実施する行為のうち，特許権侵害を惹起する蓋然性の高い行為に限って特許権侵害とみなすと定めたのが，間接侵害の規定（特101条）です。

特許法101条１号及び４号は，「その物の生産にのみ用いる物」「その方法の

---

*51　上記最高裁判決の後，特許庁から，平成27年７月６日付け「当面の審査の取扱い」が公表され，経時的な要素が記載されている場合まで，補正を要する（明確性要件違反となる）とされ，実務上，混乱が生じていましたが，平成28年４月１日付け『特許・実用新案審査ハンドブック』により，①について2204，②について2205において，具体例が示されました。これらの点について，下級審の動向を確認し，裁判所がどのように判断するのかも踏まえて検討する必要があると思われます。

使用にのみ用いる物」を要件としています。

「のみ」の解釈については，「その物に経済的，商業的又は実用的な他の用途がないこと」を意味すると解されています＊52。

特許法101条２号及び５号は，客観的要件として「発明による課題の解決に不可欠なもの」，主観的要件として「その発明が特許発明であること及びその物がその発明の実施に用いられていることを知りながら」を要件としています。また，「日本国内において広く一般に流通しているものを除く」としています。

「発明による課題の解決に不可欠なもの」の意味については，「それを用いることにより初めて発明の解決しようとする課題が解決されるような部品，道具，原料等を意味し，その発明が解決しようとする課題とは無関係に従来から必要とされていたものは含まない」とする裁判例＊53があります。

また，悪意については，現実に知ることが必要です。特許権者が，被疑侵害者の悪意を立証するのは容易ではありませんが，警告書を送付すれば，その後は悪意になるものと考えられます。

間接侵害をめぐっては，直接行為者の実施行為が特許権侵害にならない場合に＊54，間接侵害が成立するか（従属説と独立説）が問題となります＊55。

このように，間接侵害が成立する外延は，明確ではありませんので，特許発明の一部を実施する被疑侵害品について権利行使を検討するにあたっては，要件を緻密に検討する必要があります。

また，間接侵害が成立しない場合でも，共同不法行為，道具理論，支配管理論の適用も検討の余地があります。

＊52　この点について，発明を実施する機能と実施しない機能を切り換えて使用することが可能な場合に，「のみ」要件を満たすか否かについては，これを否定する東京地判昭和56年２月25日無体集13巻１号139頁〔交換レンズ事件〕と，肯定する大阪地判平成12年10月24日判タ1081号241頁〔製パン器事件〕，知財高判平成23年６月23日判時2131号109頁〔食品の包み込み成形方法事件〕に分かれています。詳細については，飯村敏明＝設樂隆一編『リーガル・プログレッシブ・シリーズ(3)知的財産関係訴訟』108頁以下〔吉川泉〕を参照してください。

＊53　東京地判平成16年４月23日判時1892号89頁〔プリント基板用治具用クリップ事件〕。

＊54　①業としてなされない場合（特68条），②試験研究のためになされている場合（特69条），③直接行為者が実施許諾を受けている場合，④直接行為が外国でなされる場合（属地主義）に問題となります。

＊55　学説等の紹介については，前掲＊52『リーガル・プログレッシブ・シリーズ(3)知的財産関係訴訟』113頁以下を参照してください。

Ⅴ　警告段階

Ａ社が，甲特許権の特許権者であり，Ｂ社が製造・販売する乙製品が甲特許権を侵害すると思われる場合において，Ａ社，Ｃ弁理士，Ｄ弁護士が権利行使について検討し，その結果，権利行使を進める方針になった場面を想定します[*56]。

Ａ社としては，例外的な場合[*57]を除き，原則として，Ｂ社に対し，警告書を送付します。

⑴　送付主体

警告書の送付主体（名義人）は，「Ａ社代理人弁護士Ｄ」である場合が原則ですが，「Ａ社代表取締役Ｓ」「Ａ社知的財産部部長Ｔ」の名義で送る場合もあります。

「Ａ社代表取締役Ｓ」名義で警告するのは，Ｂ社の対応を見てから，再度，方針を検討する場合です。案文は，弁護士（上記のような弁護士との打合せにいたっていない場合は弁理士）が作成します。

比喩的にいえば，このような警告はジャブであり，様子を見てから，真剣に権利行使に進むか否かを検討するものです。例えば，警告に対して，Ｂ社から，「いついつまでに乙製品の販売を中止する」という回答があれば，Ａ社としても，それ以上の権利行使を控える場合が多いと思われます。

「Ａ社知的財産部部長Ｔ」の名義で警告する場合は，Ａ社とＢ社の知財部担当者間で話し合いにより解決することを前提にした警告と考えられます。この場合は，多くはＡ社知財部の担当者が案文を作成するでしょう。

⑵　警告書の内容

警告書の内容には２つのタイプがあります。

＊56　登録前であっても，出願公開後に警告をなし，登録後に補償金請求をなすことができます（特65条）。補償金請求のための警告書のひな形については，伊原友己＝久世勝之＝岩坪哲＝井上裕史『改訂３版　シミュレーション特許侵害訴訟』（経済産業調査会）14頁を参照してください。もっとも，出願中に，被疑侵害品を発見した場合には，早期審査により登録を受けた後，権利行使するのが一般的と思われます。

＊57　例外的場合として，①すでにＢ社から無効審判を申し立てられており，不成立審決（有効判断）が期待できる場合，②以前にも，Ｂ社に特許権侵害があり，Ｂ社との関係が険悪である場合，③Ａ社製品の模倣品を故意に製造・販売していると思われる場合など，警告しても，Ｂ社が，乙製品の製造・販売を自主的に中止することを期待できないような場合は，警告書を送ることなく，訴訟提起する場合があります。

第１は，乙製品を品名品番だけで特定し，甲特許の構成との対比はしておらず，単に「乙製品を製造・販売する行為は甲特許権を侵害する」旨記載されているものです。「Ａ社代表取締役Ｓ」「Ａ社知的財産部部長Ｔ」名義の警告書は，このタイプが多いでしょう。

警告書の作成が容易であるという長所がありますが，凄みのないところが短所です。

第２は，乙製品の品名品番に加え，乙製品の構成を特定して，甲特許の構成を満たすとして，技術的範囲に属する旨を明記するタイプです。Ｂ社が自主的に販売中止しなければ，すぐに訴訟提起する意思が読み取れます。弁護士名の警告書では，従来は，このタイプの警告が多かったのですが，最近では，第１のタイプも増えました。

２つのタイプの警告書のサンプルを参考までに紹介します。もっとも，要求事項や結語のニュアンスにより，相手方の受ける印象は大きく異なるため，表現は事案に応じて検討すべきです。

なお，従来は，特許掲載公報を別便で郵送することが慣例化していましたが，現在では，インターネットを用いて容易に特許掲載公報を入手できるため，別便郵送はされなくなっています。

⑶　送付先

上記の設例では，乙製品の製造・販売元は，Ｂ社ですから，送付先はＢ社になります。

仮に，製造元がB_1であり，販売元がB_2である場合は，通常は，B_1に対して警告します。販売元であるB_2にも警告書を送る場合には，営業誹謗とならないように，注意が必要です。

また，Ａ社としては，販売元のB_2だけがわかっており，製造元がわからない場合もあります。このような場合には，特許権侵害を示して通知するのではなく，単に製造元を問い合わせるという方法も考慮すべきでしょう。

輸入業者に対する侵害警告の場合，国外の供給元に対する営業誹謗行為とされる場合がありますので，同様の注意が必要です＊58。

＊58　知財高判平成19年５月29日裁判所ホームページ〔養魚用飼料添加物事件〕，東京地判平成29年２月17日裁判所ホームページ〔エンパワー事件〕。

■警告書——第１タイプ（代表者名）

平成29年５月○○日

〒○○○－○○○○
大阪市中央区○○１丁目○番○号
被通知人　○○株式会社
代表取締役　○○　様

〒×××－××××
大阪市北区××１丁目×番×号
通知人　××株式会社
代表取締役　××××　㊞

通　知　書

前略　当社は，下記の特許権を有しています。

特許第＊＊＊号

発明の名称：………………

請求項１　………………………………を備える時計。

ところで，貴社が製造・販売しておられる品名：○○ウオッチ　型番：WT－●●●なる時計は，上記特許権の請求項１の構成要件を全て充足しています。

よって，当社は貴社に対し，上記製品の製造・販売の中止，及び損害賠償金の支払を求めます。

つきましては，本書到達後，10日以内に，貴社の対応について御回答いただきますようお願い申し上げます。

草々

■警告書――第１タイプ（弁護士名）

通　知　書

冠省

当職は，××株式会社（以下，「当社」といいます。）の代理人として，貴社に対し，以下のとおり通知致します。

１　当社特許権

当社は，発明の名称を「○○」とする特許権（特許第○○○○○号。以下「当社特許権」といいます。）を有しております。本件特許権の特許請求の範囲（請求項１）は，次のとおりです。

【請求項１】

…………………………………を備える時計。

２　貴社の侵害行為

しかるに，貴社が製造・販売する下記製品（以下，「貴社製品」といいます。）は，上記請求項１の技術的範囲に属します。

記

品名：○○ウオッチ

型番：ＷＴ－○○○

したがって，貴社が貴社製品を製造・販売する行為は，当社特許権の侵害に該当します。

３　貴社への要求事項

つきましては，当社は，貴社に対し，下記事項の実行を求めます。

①　貴社製品の製造・販売を直ちに中止するとともに，中止完了の旨及び最終出荷日を当職まで報告すること

②　貴社製品の販売中止までの販売数量・在庫数量及び売上額について，当職まで速やかに報告すること

③　貴社製品の全ての在庫を速やかに廃棄するとともに，その廃棄の事実を証明する書面を当職まで提出すること

4　結　語

上記要求事項について，本書到達後10日以内にご回答いただきますようお願い申し上げます。

当社は，争いを好むものではなく，円満かつ迅速な解決を望んでおります。しかしながら，貴社において，誠意ある対応を望めない場合は，誠に遺憾ながら，法的措置も視野に入れざるを得ませんので，予めご承知おきください。

なお，今後のご連絡につきましては，下記連絡先（××法律事務所）宛てにお願い致します。

草々

平成29年5月○○日

〒○○○－○○○○

大阪市中央区○○1丁目○番○号

被通知人　○○株式会社

代表取締役　○○　殿

〒×××－××××

大阪市北区××1丁目×番×号

××ビル3階　××法律事務所

TEL：06－××××－××××

FAX：06－××××－××××

通知人　××株式会社

代理人弁護士　××××　㊞

■警告書――第2タイプ（弁護士名）

警　告　書

拝啓　陽春の候，貴社ますますご清祥のこととお喜び申し上げます。

当職は，××株式会社（以下，「当社」といいます。）の代理人として，貴社に対し，以下のとおり通知致します。

1　当社特許権

当社は，発明の名称を「○○」とする特許権（特許第○○○○○号。以下「当社特許権」といいます。）を有しております。本件特許権の特許請求の範囲（請求項1）は，次のとおりです。

【請求項1】

A…………B…………C…………を備える時計

2　貴社の侵害行為

貴社は，平成29年○月頃から，下記製品（以下，「貴社製品」といいます。）を製造・販売しております。

記

品名：○○ウオッチ

型番：WT－○○○

貴社製品は，a……………の構成，b……………の構成，c……………の構成を有しております。

それゆえ，貴社製品は，本件特許発明の構成要件ABCをすべて満たしており，本件特許権の技術的範囲に属するものであります。したがって，貴社が貴社製品を製造・販売する行為は，当社特許権の侵害に該当します。

3　貴社への要求事項

つきましては，当社は，貴社に対し，下記事項の実行を求めます。

① 貴社製品の製造・販売を直ちに中止するとともに，中止完了の旨及び最終出荷日を当職まで報告すること

② 貴社製品の販売中止までの販売数量・在庫数量及び売上額について，当職まで速やかに報告すること

③ 貴社製品の全ての在庫を速やかに廃棄するとともに，その廃棄の事実を証明する書面を当職まで提出すること

4　結　語

上記要求事項について，本書到達後10日以内にご回答いただきますようお願い申し上げます。

貴社において，誠意ある対応をいただけない場合には，法的措置を取ることとなりますので，予めご承知おきください。

なお，今後のご連絡につきましては，下記連絡先（××法律事務所）宛てにお願い申し上げます。

敬具

平成29年5月〇〇日
〒〇〇〇－〇〇〇〇
大阪市中央区〇〇１丁目〇番〇号
被通知人　〇〇株式会社
代表取締役　〇〇　殿

〒×××－××××
大阪市北区××１丁目×番×号
××ビル３階　××法律事務所
TEL：06－××××－××××
FAX：06－××××－××××
通知人　××株式会社
代理人弁護士　××××　㊞

Q２－６　営業誹謗にならないために

A社が，甲特許の特許権者であり，B1社が乙製品を製造しており，B2社が乙製品を販売しています。乙製品が甲特許権を侵害すると思われる場合において，A社がB1社に警告書を送付するにあたり，B2社にも乙製品は甲特許権を侵害している旨を通知しようと思いますが，問題はありますか。

A

まず，B1社に対して，特許権侵害の警告書を送付することは問題ありません。正当な権利行使です。

B2社に対する通知は，乙製品が甲特許権を侵害している場合には，客観的事実に合致しており，営業誹謗となりません。

しかし，特許発明の技術的範囲に属するか否かの判断は容易ではなく，結果的に，訴訟で非侵害となる可能性もあります。また，甲特許が無効と判断される可能性もあります。

A社としては，警告段階で，甲特許は有効であり，乙製品は甲特許権を侵害していることは確実であると判断して，B2社に通知をした場合であっても，後の特許権侵害訴訟で，非侵害（無効を含む）とされた場合には，客観的には虚偽の事実を告知したこととなり，B1社から信用毀損行為（不競２条１項15号）に該当するとして損害賠償等の請求を受ける可能性があります*59。通知を受けたB2社は，紛争に巻き込まれるのを回避するために，B1社からの乙製品の仕入れを控え，それにより，B1社は，損害を蒙ることになるからです。

もっとも，B2社も，甲特許権を侵害すると思われる乙製品を販売しているのですから，A社からすれば，甲特許を「実施」（特２条３項）している（侵害している）とも考えられます。

問題は，B2社への通知が，真に権利行使の一環として警告行為を行ったのか否かの判断が困難である点です。ビデオテープ事件（第１審・控訴審）*60におい

---

*59　従来の裁判例では，結果的に侵害でない場合には，営業誹謗行為にあたるとされてきました。詳細について，小野昌延＝松村信夫『新・不正競争防止法概説』（青林書院）409頁以下。

*60　第１審＝東京地判平成13年９月20日裁判所ホームページ，控訴審＝東京高判平成14年８月29日判時1807号128頁。

て，裁判所は，権利行使の一環としてなされたか否かの判断基準について，「当該告知文書等の形式，文面のみによって決すべきものではなく，告知文書等の形式，文面，当該告知に先立つ経緯，告知文書等の配布時間，期間，配布先の数，範囲，告知文書の配布先である取引先の業種，事業内容，事業規模，競業者との関係，取引態様，当該侵害被疑製品への関与の態様，特許侵害訴訟への対応能力，告知文書等の配布への取引先の対応，その後の特許権者および当該取引先の行動等諸般の事情を総合的に判断するのが相当である」と判示しました。

この裁判例以降，上記のような判断基準に基づいて，警告が「真に権利行使の一環として警告行為を行ったのか否か」あるいは「権利行使として著しく相当性を欠くか否か」により，営業誹謗に該当するか否かを判断する裁判例が続いています*61。

このような裁判例の状況からすれば，B_2社への通知は，慎重にすべきと考えられます。

(4)　送付方法

警告書の送付にあたっては，弁護士D名義で送付する場合は，内容証明郵便で送ります。A社代表者名や知財部長名で送る場合は，簡易書留（少なくとも到達したことがわかります）が多いように思われます。

Ⅵ　交渉段階

権利者側（A社）から被疑侵害者（B社）あて警告書を送付した後は，まず，B社からの回答書を受領します。その後，A社・B社間で，何回か交渉が行われるのが通常です。多くの場合は，交渉により解決し，それほど訴訟提起にいたる割合は高くありません*62。

以下では，交渉段階での対応を紹介します。

＊61　東京地判平成14年12月12日判時1824号94頁〔無洗米事件〕，東京地判平成15年10月16日判時1874号23頁〔サンゴ砂事件〕，東京地判平成16年１月28日判時1847号60頁〔携帯接楽事件（第一審)〕等。詳細について，松村信夫『新不正競業訴訟の法理と実務』637頁以下。

＊62　多くの事件が，交渉により解決にいたっていることは，筆者の実務家としての印象です。同旨を述べるものとして，久保利英明＝北尾哲郎編『知財訴訟』（専門訴訟大系⑵）82頁〔片山英二＝中村閑執筆部分〕には，「実際には，多くの事件が，警告書の送付とその後の両当事者間の話し合いによって解決されている」と記載されています。

⑴　回答書の受領

Ｂ社から警告書に対する回答があった場合には，その後，Ａ社としてどのような対応をなすべきかについて，打合せを行います。

回答としては，大まかに分けると，①乙製品は甲特許の技術的範囲に属さない，②甲特許は無効理由を有する，③乙製品は，甲特許出願より前から製造・販売している，④侵害していないと考えるが，無用の紛争を回避するために乙製品の製造販売を中止する，⑤乙製品の製造販売を中止するとともに，一定の解決金を支払うなどの種類があります。

⑵　①技術的範囲に属さないとの回答に対して

Ｂ社が，乙製品は，甲特許の技術的範囲に属さないとの回答をなした場合，例えば，「乙製品は，……の構成を有する○○部材を備えないから，構成Ｃを満たさない」との主張がなされている場合には，その主張が合理的なものであるか否かについて，検討を行います。

Ｂ社の主張が，具体的な証拠に基づいたものでない場合は，証拠の提示を求めて，交渉が継続します。

この段階で，Ｂ社が，裏付け資料は営業秘密であるとして提示に応じない場合は，何らかの工夫を講じるか，あるいは，訴訟に進まざるを得ないでしょう。

また，Ａ社とＢ社の見解が相違する場合や，Ｂ社の主張が不合理である場合には，訴訟に進まざるを得ない場合が多いでしょう。

Ｂ社の主張が合理的であり，また，それを裏付ける証拠も提示されている場合には，Ａ社の警告書送付時の見込みと異なり，非侵害の結論となるので，権利行使を断念する方向で検討することになります。

⑶　②無効理由を有するとの回答に対して

Ｂ社が，引例１を提示して新規性欠如を主張する場合*63や，引例１，２を提示して進歩性欠如の回答をなした場合には，その主張が合理的なものであるか否かについて，検討を行います。

＊63　警告書を受けて，調査をなした場合に，甲特許の構成が記載された外国の公報が見つかることは，稀ではありません。

合理的である場合には，訂正が可能であるかを検討します。訂正要件を満たし，訂正後の特許請求の範囲に乙製品が含まれる場合には，訂正審判を検討します。

無効理由を有しないように訂正すると，訂正後の特許請求の範囲に乙製品が含まれないこととなる場合には，この段階で権利行使は断念せざるを得ないでしょう。

訂正後の特許請求の範囲に乙製品が含まれる場合には，①訂正審判で訂正してから，再度，Bに権利行使するのか，それとも，②そのまま特許権侵害を前提に交渉を続け，無効審判がなされれば訂正請求をなすのかを選択することとなります。一般的には，当事者系の無効審判で訂正請求するよりも，特許庁相手の訂正審判のほうが，Bからの攻撃を受けない分，労力が少なくなるといえるでしょう。

B社の主張が合理的でない場合，例えば，進歩性欠如の主張について，反論が可能である場合には，訴訟に進む場合が多いでしょう。代理人間で議論を続けても，結局，結論が出ないからです。

(4)　③乙製品は甲特許出願より前から実施しているとの回答に対して

B社から，乙製品は甲特許出願より前から実施しているとの回答がなされた場合，すなわち，先使用の抗弁（特79条）の主張がなされた場合には，A社としても，慎重な対応が必要となります。

まず，先使用の具体的事実，すなわち，出願前のどの時点で，乙製品について，何を行った（販売，製造，事業の準備）のかについて，確認をします。

次に，B社から，その事実を示す証拠を提出してもらい，確認します。

販売していれば，外部にも知れているため，販売開始時を示す証拠は，客観的なものが多くあります。それゆえ，乙製品の販売開始時期が出願前である場合（そのことを，B社から提供された証拠で確認できた場合）には，権利行使を断念することになるでしょう。

これに対して，B社が，販売開始は出願後であるが，出願前から事業の準備を行っていたと主張する場合には，事業準備を示す証拠は，B社の内部的資料であるため，A社としても安易に信用できません。

先使用立証のための一連の証拠が用意され，その時期も確定日付等で裏付けられている場合（詳細について，前述第２節Ⅲ(3)）には，Ａ社としては，証拠を確認して問題なければ，権利行使は断念することになります。

Ｂ社の主張の合理性が低く，提出する証拠の信用性も低い場合は，Ａ社としては，訴訟提起の方向で進めることになるでしょう＊64。

(5)　④紛争回避のため製造販売を中止するとの回答に対して

実務上，「特許権を侵害していないと考えるが，無用の紛争を回避するために乙製品の製造販売を中止する」との回答がなされることは少なくありません。Ｂ社の意図としては，①交渉が長引いている間に乙製品を売り尽くし，在庫を廃棄することなく，設計変更することにより，支出なく紛争を回避しようとする場合と，②乙製品はもともとあまり売れていないので，訴訟等に費用と労力を費やすのは，経済的にメリットがなく，また，売れない在庫を廃棄しても経済的負担は小さいという場合が考えられます。

Ａ社としても，Ｂ社に一定の猶予期間を認める代わりに，争うことなく，乙製品を市場から撤退させることができるので，メリットがあります。

(a)　中止時期・廃棄

このような交渉では，何よりも販売中止時期の確定がポイントとなります。販売中止時期がまとまれば，その時点で保有する在庫については，廃棄する方向で話を進めます。

廃棄にあたっては，廃棄を証明する資料として，廃棄対象物品の写真＊65，産廃業者の最終処分証明書（いわゆるマニフェスト）を求めます。

(b)　解決金

Ｂ社が，「特許権を侵害していないと考えるが，無用の紛争を回避するために乙製品の製造販売を中止する」との回答をなす場合，Ｂ社としては，損害賠償を支払う意思はないのが通常でしょう。

＊64　実務的には，Ｂ社の主張には不自然な点はないが，その事実を示す証拠が十分でない場合によく出会います。このような場合には，代理人間で，どのような証拠があるかを協議し，Ａ社代理人としては，Ｂ社代理人による立証を促すことになります。訴訟となった後に，有力な証拠が提出され，先使用の抗弁が認められるという事態を避けるためです。

＊65　乙製品の種類や性質にもよりますが，①廃棄対象物品を１箇所に集めた写真，②その物品を無価値化（ペンキをかけて汚損，ハンマーで破損するなどして，引取り業者による横流しの心配を除去）した物品の写真，③産廃業者への引渡しの写真（例えば，トラックに積んだところ）を求めることが多いでしょう。

A社としては，あくまでも損害賠償を求めるのか，それとも，解決金なしに迅速に解決（販売中止）するのかを検討する必要があります。

また，折衷的な案として，損害賠償相当額ではなく，迷惑料相当額の解決金（例えば100万円）の支払を求める場合もあります。

(c)　設計変更

B社が，乙製品の販売中止後も，同種製品を販売しようとする場合には，設計変更も問題となります。設計変更後の製品について，再度，甲特許権侵害の可能性があると，交渉による紛争回避の意味がなくなるからです。

(d)　合意に向けて

交渉は，弁護士間で行われます。交渉においては，A社代理人D弁護士は，B社とのやりとりを行うとともに，A社に対して，B社の意向や事実関係を報告し，A社の意向を確認する必要があり，頻繁に連絡を行うことになります。

最近では，A社代理人とB社代理人の連絡も，A社代理人からA社担当者への連絡もメールで行い，電話で補足説明することが多くなりました。

販売中止期限，廃棄，解決金，設計変更等について，ある程度まとまれば，合意書のたたき台を作成し，これをもとに具体的な条項について調整し，最終的に，合意書締結にいたります。

Q2－7　合意書の作成

A社代理人とB社代理人との間で，乙製品の甲特許権侵害について交渉を進めていたところ，B社は，すでに乙製品の製造・販売を中止し，ホームページから乙製品を削除しており，今後，乙製品の製造販売を行わない，在庫は廃棄するとして，概ね話し合いがまとまりました。また，解決金については，100万円とすることになりました。

合意書の案文調整段階になり，B社から，合意書には不開示条項を入れてもらいたいとの要望がなされました。

A社としては，取引先Cから，乙製品が安い金額で販売されているとの連絡があり，それにより，乙製品の存在を知ったので，取引先Cに一定の報告をしたいと考えています。

どのような合意書を作成すればよいでしょうか。

A

合意書案の作成にあたっては，どのような条項を，どのような表現で記載するか，検討する必要があります。事案により，盛り込む条項も変わりますが，様々な事案に対応した和解条項例集が，東京地裁のホームページ*66に掲載されているので，参考となります。

交渉による解決の場合（訴訟上の和解交渉でも同様ですが），実務上は，不開示条項が問題となり，この調整に時間がかかることがあります。

不開示条項としては，一般的には，「甲及び乙は，本合意により解決した事実を除き，本合意の内容及び本合意の成立に至るまでに相手方から開示された資料，情報等について，相手方の事前の承諾なく，第三者に開示してはならない。」と記載されることが多いと思われます。

しかし，設問のように，A社が，取引先Cに対して，一定の報告を要する場合には，B社が，製造・販売等を中止したこと等の事実について，不開示条項の例外とするなどの調整が必要になります。

次頁に，その場合の合意書の文例を示します。

この文例では，①B社が，本件製品について製造，販売，販売のための展示を中止し，ホームページからの削除を行ったこと，②B社が，A社との間で，本件製品について製造，販売等を行わない旨合意したこと，③在庫を廃棄する（した）ことについて，不開示条項の例外とされています。

B社の立場からすれば，さらに，A社が例外的に開示する相手について限定を要求することも考えられます。また，例外として開示する内容についても，①や③は不要であり，②B社が本件製品について製造，販売等を行わない旨合意したことだけに，限定を求めることが考えられます。

そのような場合には，合意書では，上記の一般的な記載をしておき，別途，開示内容，開示する相手を特定した承諾書を作成することで対応することも一案でしょう。

---

*66　http://www.courts.go.jp/tokyo/saiban/wakai/#1_1

合　意　書

Ａ社（以下，「甲」という。）とＢ社（以下，「乙」という。）は，乙が製造・販売した別紙物件目録記載の製品（以下，「本件製品」という。）について，次のとおり合意する。

第１条　甲及び乙は，本合意時点において，乙が，本件製品について製造，販売及び販売のための展示を中止し，ホームページからの削除を行っていることを確認する。

第２条　乙は，本合意成立後，本件製品について製造，販売，販売のための展示，及び，ホームページへの掲載をしない。

第３条　乙は，乙の本店，工場及び倉庫に存する本件製品を平成○○年８月10日限り廃棄する。

２　乙は，前項の廃棄後，廃棄対象となった本件製品のリスト，廃棄業者から発行された廃棄証明書，及び，乙代理人弁護士作成にかかる報告書（上記リスト記載の本件製品について廃棄されたことを確認した旨の報告書）を，同月31日限り，甲に提出する。

第４条　乙は，甲に対し，解決金として金100万円を，平成○○年８月10日までに，甲の指定する口座に振り込む方法により支払う。振込手数料は乙の負担とする。

第５条　乙は，甲が有する下記特許権につき，甲が，同特許権に基づいて訴訟提起した場合を除き，有効性を争わない。

記

特許番号　　特許第○○○○○号
発明の名称　××××

第６条　甲及び乙は，下記①②の事実を除き，本合意の内容及び本合意の成立に至るまでに相手方から開示された資料，情報等について，相手方の事前の承諾なく，第三者に開示してはならない。

①　本合意書第１条乃至第３条第１項記載の事実
②　甲及び乙は，本件製品に関して，合意により解決したこと

第７条　甲と乙は，本件に関し，本合意書に定める条項のほか，何らの債権債務のないことを相互に確認する。

甲と乙とは，本合意書を２通作成し，各自１通ずつ保有する。

平成○○年８月１日

甲
乙

物　件　目　録　　　（略）

⑹　⑤乙製品の製造販売を中止するとともに，一定の解決金を支払うとの回答に対して

Ａ社が警告書を送ったのに対し，Ｂ社が，乙製品に関する技術的範囲の属否，無効理由等について検討し，何回かの応答を経て，上記のような回答がなされることがあります。

また，上記⑸の交渉において，Ａ社が，あくまで損害賠償を求める方針をとった場合に，様々な事情から，Ｂ社が迅速な解決のために損害賠償相当額を支払う場合もあります。

このような事案では，もっぱら，損害賠償の額が問題となります。

損害賠償額の算定には，販売数量，販売価格，利益率などの開示が必要となります。

このうち，販売数量については，Ｂ社に開示を求めると，Ｂ社は回答するのが通常です。これに対して，販売価格や利益率に関する資料については，Ｂ社としても営業秘密にあたるため開示を拒むことが考えられます。

このような場合に，業界の状況や対象製品の性質から，Ａ社において，乙製品の利益率を予測できる場合には，その予測値から損害額を概算します。そして，訴訟をするのは，互いに経済的メリットがないということから，厳密な損害額算定には目をつむり，概算をもとに交渉を進めることが多いといえるでしょう。

Ａ社において，Ｂ社の開示した販売数量を信用できず，また，利益率を予測できないような場合には，当事者間の交渉で解決金の額をまとめるのは困難ですので，訴訟やその他の解決手段を検討することになります。

販売中止，廃棄，解決金の額等について，ある程度まとまれば，合意書のたたき台を作成し，これをもとに具体的な条項について調整し，最終的に，合意書締結にいたります。

参考までに，この場合における合意書の文例を次頁に示します。

合　　意　　書

Ａ社（以下,「甲」という。）とＢ社（以下,「乙」という。）は，乙が製造・販売した別紙物件目録記載の製品（以下,「本件製品」という。）について，次のとおり合意する。

第１条

⑴　乙は，別紙物件目録１記載の物件（以下「本件製品」という。）が甲の別紙特許目録記載の特許権（以下「本件特許権」という。）を侵害していることを認める。

⑵　乙は，今後，本件製品を製造，販売しない。

⑶　乙は，甲に対し，本件製品がすべて廃棄されて存在しないことを保証する。

⑷　甲は，乙の販売先に対し，本件製品につき，本件特許権に基づく権利行使をしない。

⑸　甲は，乙が，平成○○年10月１日以降，別紙物件目録２記載の製品を製造・販売することに異議を述べない。

第２条

⑴　乙は，甲に対し，解決金として○○○○万円の支払義務のあることを認め，これを平成○○年８月10日限り，甲の指定する口座に振り込んで支払う。振込手数料は乙の負担とする。

⑵　乙が前項の支払を怠ったときは，乙は，甲に対し，既払額を控除した残額及びこれに対する平成○○年８月11日から支払済みまで年５分の割合による遅延損害金を直ちに支払う。

第３条　乙は，本件特許権の有効性を争わず，今後，本件特許権につき，自ら又は第三者を用いて無効審判請求をしない。

第４条　甲及び乙は，本合意成立の事実を除き，本合意の内容及び本合意の成立に至るまでに相手方から開示された資料，情報等について，相手方の事前の承諾なく，第三者に開示してはならない。

第５条　甲と乙は，甲と乙間には，本件に関し，本合意書に定めるもののほか，何らの債権債務のないことを相互に確認する。

平成○○年８月１日

甲

乙

物　件　目　録　　　（略）

特　許　目　録　　　（略）

Q2－8　大量の資料の効率的な整理の仕方

特許権侵害の相談や交渉では，検討すべき資料が膨大となりますが，どのように整理するのが効率的でしょうか。

A

1．膨大な資料

特許権侵害の検討のためには，先に述べたように，大量の資料を検討することになります。交渉が繰り返されれば，被疑侵害者との応答文書も増えますし，公知技術の資料（自ら調査したものと，被疑侵害者から送られたもの）も増えてきます。参考裁判例などの資料も入ってきます。

2．紙媒体の非効率

この大量の資料を，ファイルに整理して編綴するだけでも，労力がかかりますが，さらに，検討に参加する担当者，弁護士，弁理士が，各自が整理するのは労力の無駄です。また，紙媒体のファイルは，持ち運びにも労を要します。

3．オンラインストレージサービスの活用

最近では，Dropbox や Google ドライブなどのオンラインストレージサービスを使い，デジタルデータを共有することができます。

これを，特許権侵害の検討に用い，担当者，弁護士，弁理士からなる検討チームで資料を共有すると，効率化を図ることができます。

すべての資料は，デジタル化（例えばPDF）したうえで，オンラインストレージサービスの共有フォルダに入れます。共有フォルダには，予めいくつかの分類フォルダを用意しておきます。

例えば，「10　登録」「11　出願経過」「20　公知資料（国内）」「21　公知資料（米国）」「30　A社製品」「31　B社製品」「32　他社製品」「40　警告・回答・交渉」「50　会議録」「51　整理レジュメ」「52　関係裁判例・審決例」というようなタイトルを付けた分類フォルダです。

ファイルには，統一的な基準を設けてファイル名を付けます。これを，該当する分類のフォルダに保存します（作業としては，ドラッグするだけです）。フォルダ内は自動的に整理され，順番を入れかえる必要もありません。

このように，共有フォルダにデータを整理して保存しておくと，会議には，各自パソコンだけを持参すれば，すべての資料を閲覧できます。各自が，自分で整理する必要もありません。

4. セキュリティ

秘密にすべき情報は，暗号化してパスワードを付けて保存します。パスワードは，予め，チーム内で決めておきます。文書ごとに異なるパスワードだと，どの文書のパスワードがどれであるかわからなくなり，開くことができないからです。また，ファイル名には，社外秘の表示を付けておきます。例えば，「170508　当社製造仕様書（社外秘）」というように表示します。

5. 紙媒体

紙媒体は，法律事務所にあるファイルに入れ（原本はクリアファイルに入れて編綴），インデックス等で整理して保管します。会議では，必要がある場合だけ，このファイルを開きます。

6. 効率化

このように資料をデータで共有することにより，コピーの手間，コピー代の節約はもちろん，書類整理に時間を使う必要もなく（法律事務所以外は），個々のパソコンのデータの整理をする必要もなく，さらに，必要な情報を迅速に取り出すことができる（めくったり探したりしない）ため，作業効率自体もアップします。

第４節　他社を特許権侵害に基づき訴える場合

Ⅰ　訴訟提起するか否か

⑴　特許権侵害の見込み等

訴訟提起を行うか否かの検討にあたっては，何よりも，訴訟提起後の展開を予想し，勝訴の見込みを検討します。

技術的範囲の属否や無効の抗弁について，交渉段階で相手から主張されている反論に加え，主張される可能性のある反論を想定し，その反論に対する再反論を検討して，侵害該当性を確認します。

方法の発明である場合には，すでに収集した対象方法の特定のための資料を用いて，被疑侵害方法を立証できるかについての検討も欠かせません*67。

また，自社にとり，営業上のメリットと訴訟に費やす費用・労力を比較することになります。

⑵　交渉の経緯

警告書送付後のＢ社との交渉経緯も重要です。

警告を無視して乙製品の販売が継続されていたり，警告書に対して何の回答もない，あるいは，不合理な言い訳をするような場合には，訴訟提起の方向に進まざるを得ません。

他方，Ｂ社は，すでに販売を中止し，在庫の廃棄に向けて動いていたが，交渉において解決金の額と不開示条項だけがまとまらないような場合には，訴訟提起を躊躇する（他の方法を検討する）こととなります。

⑶　他の紛争解決手段の考慮

⒜　仮処分

(ｲ)　仮処分手続は，仮処分命令により直ちに執行力を有し，執行停止の申立てがほとんど認められないので，製造・販売の差止めには，極めて実効性の高い手続です。

一方，仮処分命令の発令のためには，多額の担保が必要となります。

また，一般的には仮処分手続は迅速な進行が予定されていますが，特許権侵害に基づく差止請求を求める場面では，本案訴訟と同様に主張書面や疎明資料が交互に提出され，審尋期日が繰り返されますので，実務上は，それほどの迅速性は期待できません。

さらに，仮処分命令に基づく執行の後，本案訴訟で請求棄却となると，債権者は，債務者から損害賠償請求をされるおそれもあります*68。

このようなことから，特許権侵害の事案で，仮処分を単独で申し立てるのは，侵害が明白であり，かつ，特許の有効性についても心配のない場合に限られます。

＊67　被疑侵害方法については，訴え提起段階では，具体的な方法は判明していないので，収集した証拠により，被疑侵害方法を推認するしかありません。具体的態様の明示義務（特104条の２）等により，被告から開示がなされた後に，手持ち資料をもとにどのような訴訟活動が可能であるかも検討することになります。

＊68　大阪高判平成17年３月29日判時1912号115頁。

Ｘが，Ｙに対し，特許権に基づく差止請求権を被保全権利として仮処分命令の申立てをし，仮処分命令を得てその執行をした後に，上記特許権に係る特許を無効とする審決が確定した事案において，ＹがＸに対し，違法な仮処分命令の執行により損害を受けたと主張して，不法行為に基づく損害賠償を請求し，損害賠償請求が認められました。

(ロ)　迅速な差止めの実現を目指す場合には，本案訴訟と並列的に仮処分申立てをなすことが，考えられます。その場合には，本案訴訟が損害論に入る時点で，被告が実施していれば（あるいは実施のおそれがあれば），仮処分命令が発令され，損害論の審理を待つことなく，差止めを実現することが期待されます。

また，本案訴訟において損害論に入ることを示唆した段階で，被告が実施を継続している場合には，仮処分申立てをなすことも考えられます。この場合には，本案訴訟の侵害論で提出した主張や証拠を提出して，迅速に仮処分命令の発令を受けることができるというメリットがあります*69。

(b)　税関による水際取締り

乙製品が，輸入品である場合には，税関による水際取締りという方法も考えられます。

関税法69条の２以下には，税関による知的財産権侵害物品の輸出，輸入の差止めを規定しています。輸入差止め（件数ベース）の実績*70は，商標権侵害が98％を超えており，特許権侵害については，平成27年は０％，平成28年は，0.2％です。輸入差止申立てには，被疑侵害品が権利者の権利を侵害している事実を疎明する資料の提出が受理の要件になっていますが（同法基本通達69の4-3，69の13-3），申立物品が特許権を侵害するか否かを判断することは容易でないことから，特許権侵害については，あまり用いられていないのが現状です*71。

(c)　民事調停

民事調停は，民事に関する紛争につき，当事者の互譲により，条理にかない実情に即した解決を図るための手続です（民調１条）。調停が成立すれば，裁判上の和解と同一の効力（民調16条）が生じますが，合意にいたらなければ調停は終了します（民調14条）。

特許侵害訴訟は，専門性を有するので，通常の簡易裁判所で調停を行うのは適しません。そこで，運用上の制度として，平成10年ころ，東京地裁と大阪

---

*69　仮処分手続のメリット，デメリットの詳細について，久保利英明＝北尾哲郎編『知財訴訟』（専門訴訟大系⑵）63頁以下〔片山英二＝岡本尚美〕。

*70　税関ホームページ（平成28年の税関における知的財産侵害物品の差止状況〔http://www.mof.go.jp/customs_tariff/trade/safe_society/chiteki/cy2016/20170303b.htm〕）。

*71　判決や仮処分決定を得た後に，侵害物品の輸入が継続している場合には有用な制度と考えられます。なお，平成28年は，プリンタ用インクカートリッジなどの特許権侵害物品の輸入差止「点数」が185,781点に上っています。

地裁の知財専門部が調停を行う，知財専門調停が設けられました。これにより，専門性が担保され，迅速，円満な解決が期待されましたが，現状では，ほとんど活用されていません。

もっとも，A社・B社間で，双方の代理人が交渉を続け，その結果，B社はすでに販売を中止しており，廃棄も予定しているが，解決金と不開示条項についてだけ争いがあるような場合に，訴訟にいたるのは，費用対効果の点で適切でないことからすれば，知財専門調停の活用も選択肢の一つに入れることも考えられます。

(d)　その他

知的財産権に関する紛争解決のための民間機関として，知的財産仲裁センターがあります。同センターには，調停，仲裁，センター判定，センター必須判定*72などがあります*73。

調停は，相手方が応諾しないと手続は進みません。調停不成立の場合は，紛争解決にならないため，交渉を決裂した後の当事者間には，基本的には，なじみません*74。

仲裁は，両当事者が，仲裁人の判断に服することを合意（仲裁合意）しないと，手続は進みません。特許権侵害紛争については，当事者間に契約関係はないのが通常です。紛争の発覚後に（例えば，警告後）に仲裁合意をなすのは困難であるため，特許侵害紛争には，仲裁は，利用しにくいと考えられます*75。

センター判定には，双方判定と単独判定があります。単独判定では，被疑侵害者に知られることなく，特許権侵害についての判断を得ることができますので，訴訟提起するかどうかを検討するための判断資料として用いることもできます。

---

*72　センター必須判定とは，特定の技術標準規格に関する必須特許の実施許諾団体と，センターとの合意に基づき，特定の特許が対象技術標準規格で規定される機能及び効用の実現に必須であるか否かについて，センターが行う判定のことをいいます。

*73　日本知財仲裁センターホームページ（http://www.ip-adr.gr.jp/）。

*74　もっとも，訴訟となれば，費用も労力もかかることから，中小企業間の紛争解決には適しているといえます。今後の活用が期待されています。

*75　もっとも，国際的な紛争では，仲裁が用いられています。

Ⅱ　訴訟提起にあたって

Ａ社が，資料の収集，専門家による相談，警告書送付を経て，その結果，Ｂ社に対して，紛争解決手段として訴え提起をなすことに決まった場合，①請求する差止請求等の内容を確定し，②損害賠償請求額を確定し，③訴額・印紙代を算定し，④提訴する裁判所を選択し，⑤弁護士・弁理士と委任契約書を締結した後，訴状の作成を経て，訴訟提起にいたります。

⑴　差止請求等の内容

特許権者は，侵害者又は侵害するおそれのある者に対して，侵害の停止又は侵害の予防を請求することができます（特100条１項）。また，これに附帯して，侵害行為を組成した物の廃棄，侵害行為に供した設備の除去等，侵害の予防に必要な行為を請求することができます（同条２項）。

Ａ社としては，Ｂ社の侵害行為（侵害のおそれのある行為）のうち，何の停止，予防，廃棄，除去を求めるのかを検討します。請求可能なものをすべて請求することも，いずれかを請求することもできます（処分権主義）。

多くの場合は，被疑侵害品（乙製品）の製造，販売，販売の申出の差止めと，被疑侵害品の廃棄を請求します。輸入品である場合は，製造差止めに代えて，輸入差止めを請求します。また，侵害品の性質によっては，半製品の廃棄を請求する場合もあります。

⑵　損害賠償請求額

侵害行為によって損害が生じている場合には，損害賠償を請求することができます（民709条）。損害額の推定等（特102条）に関し，１項，２項，３項のいずれで算定するのかを選択し，損害額を計算します。

１項請求の場合は，自らの利益率を主張・立証することになるため，被告の利益率が特に低い場合を除いて，選択されにくいと思われます。また，３項請求の場合は，実施料相当額であり，低額となりやすいため，原告が実施していない場合を除いて，選択されにくいと思われます。その結果，通常は，２項請求がなされることになりますが，被告の利益を訴え提起段階で把握していることはないので，概算で請求することとなります。

⑶　訴額・貼用印紙額

訴え提起時には，手数料（貼用印紙）を納付しますが（民訴費２条・３条），この手数料は，訴訟の目的の価額（訴額）によって定まります。

損害賠償請求の場合は，その額が訴額となります。

差止請求の場合には，その算定については，東京地裁・大阪地裁において統一した算定基準を定めていますので，これをもとに計算します＊76。

⑷　提訴する裁判所（管轄）

特許権侵害訴訟については，東京地裁又は大阪地裁が第１審の専属的な管轄裁判所となっています（民訴６条）。被疑侵害者の事務所・営業所（民訴４条４項）のある場所だけでなく，不法行為地（民訴５条９号）も選択できるので，両裁判所のうち便利な裁判所を選択して，訴え提起することができます。

⑸　委任契約書・委任状

弁護士は，事件を受任するにあたり，弁護士報酬に関する事項を含む委任契約書を作成しなければなりません（弁護士職務基本規程30条）。

弁理士も，「事件を受任するに際し，依頼者に対し弁理士の報酬及びその他の費用について，明示しなければならない。」（日本弁理士会会則17号41条の２）ので，委任契約書を締結することになります。

交渉事件の受任段階で委任契約書を締結していますが，この段階では経済的利益が決まっていません。訴訟事件の受任にあたっては，経済的利益が明確となっているので，再度，委任契約書を締結します。

また，裁判所に提出する委任状も受領します。

委任契約書では，着手金・報酬だけでなく，手数料，日当，実費，預り金などについても明確化しておきます＊77。

⑹　訴状作成

＊76　東京地裁（http://www.courts.go.jp/tokyo/saiban/sinri/ip/index.html）。
大阪地裁（http://www.courts.go.jp/osaka/saiban/tetuzuki_ip/uketuke_sogaku_santei/index.html）。
差止請求の訴額は，次のいずれかによるとされています。
①原告の訴え提起時の年間売上減少額×原告の訴え提起時の利益率×権利の残存年数×８分の１
②被告の訴え提起時の年間売上推定額×被告の訴え提起時の推定利益率×権利の残存年数×８分の１
③（年間実施料相当額×権利の残存年数）－中間利息

＊77　第１審を大阪地裁に訴訟提起する場合には，控訴されれば，知財高裁の専属管轄となるため，大阪から東京への出張日当が必要であること，控訴審については，別途委任契約を締結することを説明しておくべきです。

(a)　弁護士と弁理士の役割分担

訴状の作成にあたっては，弁護士と弁理士が協議して作成します。その役割分担としては，訴状の本文は，主に弁護士が起案し，被告製品説明書及びその添付図面は，弁理士が起案するのが通常でしょう＊78。

(b)　訴状起案にあたって

訴状の起案にあたっては，相談段階・交渉段階で検討した内容を整理し，訴状にまとめます。

記載の仕方については，特許侵害訴訟に関する実務書が多数出版されていますので，これらの書籍を参考とされるとよいでしょう＊79。

(7)　証拠の準備

技術的な点について争点となると，準備に時間がかかる場合があります。例えば，乙製品が化学物質である場合に，交渉段階で，Ｂ社が，その作用効果を争っている場合には，乙製品の解析結果を証拠化することが必要になります。Ａ社で分析した結果がある場合でも，高い信用力を得るため，外部機関による分析を行う場合には，準備をしておき，証拠の提出が後れないように留意すべきでしょう。

＊78　弁理士において，被告製品の構成を記載する前提として，本件特許の構成要件の分説について，弁護士と弁理士で協議しておく必要があります。構成要件の分説は，通常は，特許請求の範囲の記載を，まとまりのよい単位に区切って，構成要件Ａ，Ｂ，Ｃというように分説します。例外的に，各構成要件が並列的要素ではなく，構成要件Ｂの「……において」という修飾文言が，構成要件Ｃにも係っている場合もあります。そのような場合には，構成要件Ｃにも，「……において」を付加しておくべきでしょう。詳細について，大野聖二『特許係争の実務　第１回』知財ぷりずむ15巻175号41頁以下。

＊79　①日本弁理士会編著『改訂３版　知的財産権侵害訴訟実務ハンドブック』（経済産業調査会）
永年，能力担保研修に用いられてきた書籍であり，定評があります。
②特許庁・日本弁理士会『特定侵害訴訟の実務』
平成28年以降，能力担保研修のテキストとして用いられている書籍であり，最新かつ充実した内容です。
③髙部眞規子『実務詳説特許関係訴訟』〔第３版〕（きんざい）
知財高裁の裁判官が執筆したものであり，裁判所の視点からの解説が参考になります。
④伊原友己＝久世勝之＝岩坪哲＝井上裕史『改訂３版　シミュレーション特許侵害訴訟』（経済産業調査会）
具体例に沿って，詳細な解説がなされており，実務の現場を実感できる内容です。
⑤久保利英明＝北尾哲郎編『知財訴訟』（青林書院）
知財訴訟のエキスパートによって執筆され，コンパクトにまとまっています。

Q2−9　均等侵害主張のタイミング

Ａ社が，Ｂ社に対し，特許権侵害訴訟を提起するにあたり，文言侵害が認められなかった場合に備えて，均等侵害を主張することを予定しています。均等侵害は，どのタイミングで主張すべきでしょうか。

A

均等侵害を訴訟の最初から主張するか，あるいは，１審の侵害論において，文言侵害が認められない可能性が出てから主張すべきかについては，Ａ社代理人としては，悩むところです。

理論的には，文言侵害も均等侵害も，「技術的範囲に属する」ことになるので，文言侵害の主張と均等侵害の主張は，選択的な関係にあります。したがって，均等侵害を主張する場合は，適時に主張すればよいということになります。

それでは，いつが適時なのかという点については，事案にもよりますが，文言侵害が否定されても，均等侵害が認められる可能性が高い場合*80には，早期に均等侵害の主張をしておくほうが，効率的な審理が望めるでしょう*81。

Ａ社代理人としては，最初から均等侵害を主張すると，「文言侵害成立について自信がないと思われるのではないか」という懸念をもってしまいがちですが，あまり気にする必要はないように思われます。

むしろ，文言侵害について認められない可能性が出てから均等侵害を主張しようと考えた場合，文言侵害の攻撃防御に懸命となるあまり，均等侵害の主張のタイミングを失する危険があります。１審の侵害論の審理において，心証開示の時期が近づいてから，均等侵害を主張すると，時機に後れた攻撃防御方法（民訴157条１項）として却下される可能性もあります。

実務では，控訴審に入ってから，均等侵害を追加する例も見かけますが，審級

*80　訴訟提起段階で，文言侵害も均等侵害も否定される可能性が高いと予想される場合（チャレンジ的訴訟）は，それほどないと思われます。また，争いとなる構成が，本質的部分であるなど，均等侵害が認められない場合は，そもそも，文言侵害だけを主張することになるでしょう。そうすると，問題となる場合は，文言侵害が否定されても，均等侵害が認められる可能性が高い場合に絞られると考えます。

*81　知財高裁と日弁連知財センターとの意見交換会（平成26年度）において，裁判所から，「当該事案が均等論の適用に適する事案であるというめどがつきましたら，１審判決がされる前であっても，可能な限り早期の段階でご主張いただくのが適切であると考えます」との意見が述べられています。『知財紛争の最前線』（L&T 別冊１号）12頁。

の利益を失うこと[82]，準備の時間が少なくなる[83]こと（控訴理由書段階より後に主張すると，時機に後れた攻撃防御方法として却下される可能性が高いといえます）から，得策とはいえないと考えます。

Ⅲ　訴訟手続

(1)　概　　要

特許権侵害訴訟も民事訴訟の一類型なので，基本的には，通常の民事訴訟と同様の手続で審理が行われます。

例外的に，専属管轄（民訴6条），付記弁理士による共同訴訟代理（弁理士法6条の2第1項），書類提出命令（特105条），秘密保持命令（特105条の4）等の特別規定が適用されます[84]。

また，特許権侵害訴訟においては，その審理の迅速化のため，侵害論についての審理と損害論についての審理が分けられ（二段階審理方式），それらの審理について計画的な審理が行われています[85]。

ダブルトラックについては，第9章第4節「侵害訴訟と無効審判との関係（ダブルトラック）」に詳細な解説がありますので，参照してください。

(2)　技術説明会

特許権侵害訴訟においては，問題となっている特許発明が技術的に高度なものもあります。

そこで，侵害論の最終段階で，当事者双方が，それぞれの主張立証を要約し，これを口頭で説明する「技術説明会」が行われることがあります。技術説明会

＊82　均等侵害については，控訴審だけで（1審では審理せず）審理することになります。

＊83　控訴審で均等論を初めて主張する場合，遅くとも控訴状又は控訴理由書の提出までには主張する必要があります。時機に後れた攻撃防御方法とされた裁判例として，知財高判平成26年4月24日裁判所ホームページ〔練習用箸事件〕，知財高判平成27年10月8日裁判所ホームページ〔粉粒体の混合及び微粉除去方法並びにその装置事件〕などがあります。もっとも，両判決とも，念のためとして，均等論についても判断しています。

＊84　詳細について，第9章第2節Ⅰ。

＊85　標準的な「モデル」として，東京地裁と大阪地裁は，ホームページ上に審理モデルを公開しています（http://www.courts.go.jp/tokyo/saiban/singairon/index.html）（http://www.courts.go.jp/osaka/saiban/tetuzuki_ip/index.html）。もっとも，個別事案においては，事案の特性に応じて，裁判所と当事者双方が協議した上で，主張や証拠の提出時期が定められます。審理モデルの詳細について，「平成27年度裁判所と日弁連知的財産センターとの意見交換会」『知的財産紛争の最前線』（L&T 別冊2号）3頁。

を実施するか否かは，裁判所が，当事者双方の意見を聴いて決定します。

実施にあたっては，当事者それぞれ30分ないし１時間の持ち時間でプレゼンテーションを行います。技術説明会を行う案件は，技術的に高度なものが中心となるため，技術説明会には，専門的知見を有した専門委員（民訴92条の２以下）が関与するのが通常です*86。

第５節　自社が他社の特許権を侵害しないために

Ⅰ　技術動向調査

⑴　意　　義

新製品開発（新規事業参入）の企画段階において，技術動向調査は不可欠です。他社特許権侵害リスク回避のためだけではなく，重複研究の防止，効率的研究開発のためです。

技術動向調査においては，特許情報を検索し，これを図表に整理し（パテントマップ等），これをもとに，技術の流れや業界の動向を把握します。

⑵　パテントマップ

パテントマップにも，その目的により，様々なものがあります。詳細については，特許庁が公開している「特許マップの活用」*87が参考になります。次頁に，一例を示します。

パテントマップの作成には，時間と労力とノウハウが必要なので，専門業者に依頼するのも有用です。特許庁ホームページには，パテントマップ作成サービスの業者が紹介されています*88。

なお，特許庁の作成にかかる「技術分野別特許マップ」*89，「特許出願技術動向調査等報告書」*90など信用性の高いマップが公開されているので，技術動向調査の参考になります。

＊86　技術説明会の詳細について，高野輝久「東京地裁知的財産部における審理について」判タ1390号67頁。

＊87　特許庁ホームページ（https://www.jpo.go.jp/shiryou/s_sonota/tokumap.htm ～）。

＊88　特許庁ホームページ（https://www.jpo.go.jp/kanren/05map.htm）。

＊89　技術分野別特許マップは，特許庁が，平成９年から平成12年に，94テーマについて，特許からみた技術開発の動向等について分析し，これを取りまとめたものです（http://www.jpo.go.jp/shiryou/s_sonota/tokumap.htm）。

半導体レーザの基本特許

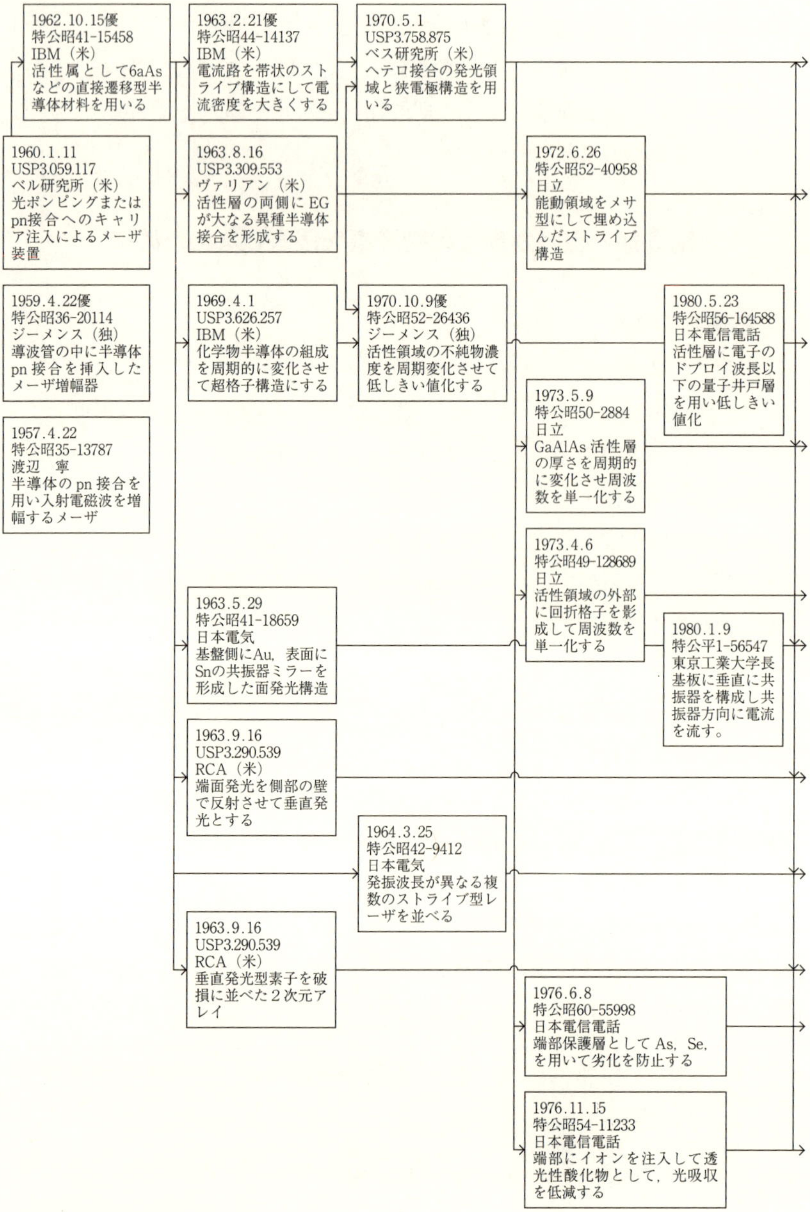

1962.10.15優
特公昭41-15458
IBM（米）
活性属として6aAsなどの直接遷移型半導体材料を用いる
1963.2.21優
特公昭44-14137
IBM（米）
電流路を帯状のストライプ構造にして電流密度を大きくする
1970.5.1
USP3.758.875
ベス研究所（米）
ヘテロ接合の発光領域と狭電極構造を用いる
1960.1.11
USP3.059.117
ベル研究所（米）
光ポンピングまたはpn接合へのキャリア注入によるメーザ装置
1963.8.16
USP3.309.553
ヴァリアン（米）
活性層の両側にEGが大なる異種半導体接合を形成する
1972.6.26
特公昭52-40958
日立
能動領域をメサ型にして埋め込んだストライプ構造
1959.4.22優
特公昭36-20114
ジーメンス（独）
導波管の中に半導体pn接合を挿入したメーザ増幅器
1969.4.1
USP3.626.257
IBM（米）
化学物半導体の組成を周期的に変化させて超格子構造にする
1970.10.9優
特公昭52-26436
ジーメンス（独）
活性領域の不純物濃度を周期変化させて低しきい値化する
1980.5.23
特公昭56-164588
日本電信電話
活性層に電子のドブロイ波長以下の量子井戸層を用い低しきい値化
1957.4.22
特公昭35-13787
渡辺　寧
半導体のpn接合を用い入射電磁波を増幅するメーザ
1973.5.9
特公昭50-2884
日立
GaAlAs活性層の厚さを周期的に変化させ周波数を単一化する
1973.4.6
特公昭49-128689
日立
活性領域の外部に回折格子を影成して周波数を単一化する
1963.5.29
特公昭41-18659
日本電気
基盤側にAu，表面にSnの共振器ミラーを形成した面発光構造
1980.1.9
特公平1-56547
東京工業大学長
基板に垂直に共振器を構成し共振器方向に電流を流す。
1963.9.16
USP3.290.539
RCA（米）
端面発光を側部の壁で反射させて垂直発光とする
1964.3.25
特公昭42-9412
日本電気
発振波長が異なる複数のストライプ型レーザを並べる
1963.9.16
USP3.290.539
RCA（米）
垂直発光型素子を破損に並べた2次元アレイ
1976.6.8
特公昭60-55998
日本電信電話
端部保護層としてAs，Se，を用いて劣化を防止する
1976.11.15
特公昭54-11233
日本電信電話
端部にイオンを注入して透光性酸化物として，光吸収を低減する

（出典：特許庁「技術分野別特許マップ」）

Ⅱ　クリアランス調査

(1)　意　　義

クリアランス調査は，他社の特許権を侵害しないかを確認するための調査です。FTO 調査（Freedom to Operate）と呼ぶこともあります。

時間と労力をかけて新製品を開発しても，その製品が他社の特許に抵触していると，それを販売できないことになったり，多額の実施料を支払うおそれがあります。

開発した製品を安心して販売するためには，他社の特許の有無を確認し，問題となる他社特許がある場合は，これに対する対策を講じる必要があります*91。

(2)　クリアランス調査の時期

製品の出荷直前に他社特許が見つかると，対策を講じることは困難です。ひいては，生産した製品の出荷を止めることにもなりかねません。

そのため，開発の企画段階や仕様の検討の時点から，クリアランス調査を実施しておくのが適切です。この時点で，問題となる他社特許がある場合には，開発方針や仕様を変更するなどの対策が可能です。

また，製品の出荷前の時点でも，再度，他社特許をチェックしておくべきでしょう。前回調査後に，新たに出願や登録がなされている場合もあるからです。

(3)　特許情報調査の方法

従来は，特許公報を手めくりで調査していましたが，現在では，データベースを検索して調査します。データベースとしては，一般的には，特許情報プラットフォーム（J-PlatPat）*92を使用することが多いと思われますが，商用データベースや企業内データベースが用意されている場合には，それらを使用します。

調査会社に依頼する方法もありますが，その場合には，調査対象を明確に指定して見積もりをとるべきです。調査対象が広いと費用が高額化しますし，調

---

*90　特許庁が，今後の進展が予想される技術テーマを選定し，特許情報の分析に基づく技術動向調査を行い，先端技術分野等の出願状況や研究開発の方向性を明らかにしているものです（http://www.jpo.go.jp/shiryou/gidou-houkoku.htm）。

*91　どの程度のクリアランス調査を行うかは，業界によって異なります。

*92　独立行政法人工業所有権情報・研修館が運営する検索サイト（https://www.j-platpat.inpit.go.jp/web/all/top/BTmTopPage）。同研修館（通称 INPIT）では，初心者向けの講習も行われています。

査も散漫になります。

(4) 調査にあたっての注意点

(a) 漏れのない調査

クリアランス調査をしたが，問題となる特許が見つからず，開発を進め，販売を開始したら，特許権者から警告がきたというのでは，意味がありません*93。

調査においては，検索式を作って検索するため，その式の立て方によっては，検索にかからない場合もあります。また，テキスト検索の場合，クレームで用いている用語が上位概念化した用語を用いているため，一般に用いる用語では検索にかからないこともあります。このようなことからすれば，and の検索はできるだけ控え，一般に用いる用語以外にも上位概念で指定する等の工夫も必要でしょう。また，明細書全文検索を用いることも，漏れを防ぐのに有用です。

(b) 特許掲載公報だけでは不十分

調査範囲は，主に，登録になっている特許のクレームです*94が，登録にはなっていないが，すでに出願されており，後に，登録になる特許もありますから，公開特許公報も調査対象となります*95。

公開特許公報による調査で，問題となりそうな特許が見つかった場合は，そのまま登録されるとは限らないので注意が必要です。補正によりクレームが変更される可能性もありますし，分割出願がなされるかもしれませんから，明細書の記載を確認しておく必要があります。

なお，自社が，日本だけで製造・販売するのであれば，日本国内の特許だけ

---

*93　実務上は，調査漏れにより，他社の特許を見落とし，販売後に特許権侵害のトラブルを生じることが珍しくありません。そのため，クリアランス調査にあたっては，漏れのない慎重な調査が要求されます。そのため，クリアランス調査は，その担当者にとっては，非常にプレッシャーのかかる業務となります。

*94　クリアランス調査では，自社製品が権利侵害をしないかが問題なので，これが見つかれば安心（それ以上の調査は不要）というものもあります。例えば，自社製品が，存続期間が経過した特許発明と同一である場合や，存続期間が満了したA特許，B特許を単に組み合わせたものなどです。

なお，特許だけでなく，実用新案公報も調査範囲に含まれます。

*95　もっとも，公開公報で拒絶され権利化されなかったものや，公開公報で審査請求をせず，みなし取下げとなっているものは，権利化されないので，調査対象から除きます。なお，出願公開の効果として，補償金請求権の発生があります（特65条）。出願人は，出願公開された後に，実施者に対して警告をしたときは，登録後に，実施料相当額の補償金を請求することができます。

を調べれば足りますが，海外に輸出するような場合には，海外の特許も調査が必要です。

(c)　均等侵害・間接侵害に対する配慮

もちろん，均等侵害や間接侵害が問題になることにも留意して調査すべきです。

構成要件 PQR の発明について，他社の特許が存在するか否かを調査するだけでなく，構成 PQ，QR，PR のように，一部の構成のみからなる発明について他社の特許が存在するか否かについても調査する必要があります。

Q２－10　調査の種類

特許調査は，どのような目的で行われますか。その目的により，調査の方法が異なるのでしょうか。

A

特許調査の代表的なものとしては，下記の４種があげられます。

1.　技術動向調査

新製品開発（新規事業参入）にあたり，重複研究を防止し，効率的な研究開発をなすために，特定の技術分野における技術動向や特許出願傾向を把握することを目的とする調査です。

技術動向調査については，どのような分析・解析を行い，何に用いるかにより，調査対象や方法も変わりますので，ひと口に調査方法を述べることは困難です。

2.　クリアランス調査（FTO 調査）

自社が開発しようとしている，あるいは，販売しようとしている製品等について，他社の特許権を侵害しないかを確認するための調査です。

自社製品が抵触する可能性のある他社特許を探します。

調査対象は，主に特許掲載公報（登録となったもの）ですが，審査中の公開特許公報も登録になる可能性があるので注意を要します。登録前の場合は，補正や分割出願により権利範囲が変更される可能性も考慮すべきです。均等侵害や間接侵害への注意も必要です。

調査にあたっては，特許請求の範囲を中心にチェックします。

輸出等を予定する場合は，海外特許も，調査を要します。

３．出願前調査（先行技術調査）

自社の発明について特許化できる可能性があるか否かを判断するための調査です。

自社発明について，新規性，進歩性が認められるかを確認するため，現時点において，公知となった文献を調査します。

調査対象は，主に特許公開公報（クレームに限られず，明細書全体）です。理論的には，特許公開公報以外の公知文献（学術論文，パンフレット等）も含みますが，費用対効果を考えると，特許文献を中心に調査することになります。

４．公知文献調査（無効資料調査）

自社が他社から特許権侵害に基づき権利行使を受けている場合や，権利行使を受ける可能性がある場合（自社製品が侵害している可能性のある特許掲載公報が発見された場合など）において，他社特許を無効化するための資料を探すことを目的とする調査です。

他社特許について新規性，進歩性の欠如の証拠となる文献を探します。

調査対象は，他社特許の出願前に公知となった文献であり，主に特許公開公報（クレームに限られません）ですが，これに限らず学術論文やパンフレット，カタログ等も含まれます。外国文献も含まれます。

詳細については，**Q２－15**を参照してください。

Ⅲ　抵触の検討と対策

クリアランス調査の結果，問題となる特許掲載公報があった場合には，抵触を検討します。

⑴　技術的範囲の属否

自社が開発している製品の構成と，特許掲載公報のクレームを対比します。構成要件をすべて満たす場合は抵触しています。

一部の構成が，相違する場合でも，均等の５要件を満たす場合には，抵触します。

一部の構成を欠く場合（他社特許の構成がABCDで自社開発品の構成がABCの場合）でも，間接侵害が問題になる可能性もあります。

また，公開特許公報については，分割出願（特44条）により捕捉されることも視野に入れ，クレームだけではなく明細書等に記載があるかどうかの検討も行います。

⑵ 無効理由

他社特許に抵触する可能性がある場合には，その特許の無効事由（特に，公知技術）も調査します。

登録となっている特許であれば，無効審判（特123条）や付与後異議申立て（特113条）により無効・取消しとなるか，公開特許公報であれば，情報提供により拒絶査定となるかについて検討します。

⑶ 対　策

抵触の可能性がある場合の対策としては，①設計変更により抵触を回避する，②問題となっている特許について独占されないように対応する（情報提供，異議申立て，無効審判等），③実施許諾（クロスライセンス）を申し入れるという，３種の対策が考えられます。

方針の決定にあたっては，専門家の意見をもとに，検討すべきでしょう。

Q２−11　特許権抵触を検討するにあたっての注意事項

Ｂ社は，乙技術を開発し乙製品の製品化を試みていたところ，最近，競合他社のＡ社が甲発明について特許出願しており，公開されていることが判明しました。乙技術は，甲発明と一部の構成が，相違しています。Ｂ社としては，どのような点に注意して，どのような方策をとるべきでしょうか。

Ａ

現時点では，甲発明は，出願公開（特64条）はされていますが，登録にはいたっておりません。しかし，いずれ，甲発明が，登録される可能性があり，その場合には，特許権侵害が問題となる可能性があります。

１．抵触の検討

乙技術と甲発明を対比すると，構成の一部が異なる場合には，文言侵害は成立しない可能性が高いといえます。

しかし，均等侵害の可能性は否定できません。均等の５要件を検討することになります。

また，分割出願（特44条）により捕捉される可能性も検討しなければなりません。乙技術が，甲発明のクレームには含まれていなくても，明細書等に記載された事項の範囲内であれば，後日の分割出願により，特許権侵害となる可能性もあるからです。乙技術が，明細書等に開示されている場合には，将来的に，抵触の可能性があるといえます。

2．対　策

乙製品に甲発明抵触の可能性がある場合には，Ｂ社としては，①設計変更により抵触を回避するか，②甲発明に拒絶理由・無効理由がないかを調査し，そのような事由があれば情報提供をなし，万一，登録査定となれば異議申立てや無効審判を行うことが考えられます。①，②のいずれを選択するかについて，甲発明の登録可能性も考慮に入れて，検討していくことになります。

また，Ｂ社の事業の準備後に，Ａ社の出願がなされているような場合には，先使用の抗弁（特79条）も考えられますので，先使用を立証できるに足る証拠があるかを検討します。

Ａ社に対して，実施許諾を申し入れるという方法もありますが，Ａ社がこれを拒否することもあり，その場合には，対立が顕在化しますので，慎重な対応が必要になります。

Ｑ２－12　特許保証との関係

Ｂ社は，○○の部品メーカーであり，乙製品は部品である場合に，Ｂ社がＣ社に部品を供給する契約を締結しました。その基本取引契約書には，「①供給品が第三者の特許権を侵害していないことを保証する（特許保証），②供給品についてＣ社が第三者から特許権侵害を主張された場合には，Ｂ社がＣ社に代わって対応し，Ｂ社がその費用を負担し，Ｃ社が損害を蒙ればＢ社がその損害を補償する（特許補償）」旨の条項が設けられています。この場合に，Ｃ社が，調査において，Ａ社の甲特許を見つけ，Ｂ社に対し，乙製品は甲特許権を侵害しないことを明確にしてもらいたいとの要望があった場合，Ｂ社は，どのように対応したらよいでしょうか。

A

部品メーカーと完成品メーカーにおける部品の供給契約には，多くの場合，上記の特許保証条項，特許補償条項が設けられています。

このような場合，Ｂ社としては，乙製品が甲特許発明の技術的範囲に属さないこと，あるいは，甲特許が無効であることを，Ｃ社に示す必要があります。

Ｂ社が，十分なクリアランス調査を行い，乙製品が甲特許権に抵触しないかを検討していたのであれば，すでに，Ｃ社に示すべき資料は揃っているはずです。Ｂ社としては，専門家に相談の上，乙製品が甲特許権を侵害しない旨の報告書を作成し，これを，Ｃ社に提出することになります。

他方，Ｂ社がこれを十分に行っていなかった場合には，Ｃ社からの要求に混乱することとなります。

その部品を用いた完成品が，特許権侵害の対象になる可能性がある場合＊96は，さらに深刻な問題となります。

このように，部品メーカーにおいては，特に，クリアランス調査は重要ですので，注意すべきです。

Ⅳ　輸入の場合の調査

それでは，Ｂ社が，Ｄ国において流通におかれている乙製品を，Ｄ国で購入し，日本に輸入し，日本国内で乙製品を販売するにあたり，どのような調査が必要でしょうか。

Ｂ社が，Ｄ国において流通におかれている乙製品を，Ｄ国で購入して輸入し，日本国内で販売する場合は，真正品の並行輸入です。

この点について，最高裁BBS判決＊97は，「我が国の特許権者又はこれと同視し得る者が，国外において特許製品を譲渡した場合においては，特許権者は，譲受人に対しては，当該製品について販売先ないし使用地域から我が国を除外する旨を譲受人との間で合意した場合を除き，譲受人から特許製品を譲り受け

＊96　供給品は侵害品ではないが，完成品にすると侵害品となる可能性がある場合は，特許補償の問題は生じませんが，契約打ち切りの話に進みます。供給品が特許権侵害の可能性があり（間接侵害の場合もあります），完成品も特許権侵害の可能性がある場合には，特許補償の問題と契約打ち切りの問題が重複します。

＊97　最判平成９年７月１日民集51巻６号2299頁。

た第三者及びその後の転得者に対しては，譲受人との間で右の旨を合意した上特許製品にこれを明確に表示した場合を除いて，当該製品について我が国において特許権を行使することは許されないものと解するのが相当である。」と判示しています。

したがって，Ｂ社が，Ｄ国で乙製品を購入し日本国に輸入するにあたっては，販売先（あるいは使用地域）から日本を除外する旨の合意及びその旨の乙製品への表示があるか否かを確認することが必要です。

また，そもそも，Ｄ国で流通している製品が，真正品であること，すなわち，日本の特許権者又はこれと同視しうる者が，製造・販売したものであることを確認する必要があります（もちろん，模倣品や横流し品は，真正品ではありません）＊98。

Ｖ　他社からの権利行使に対する防衛策（警告を受ける前からの対応）

自社製品が，他社特許に抵触している可能性がある場合には，次のような防衛策を講じることが考えられます。

(1)　情報提供

他社により，特許出願がなされた後は，登録拒絶理由となる情報を提供することができます（特施規13条の２）。

情報提供は，出願後はいつでも（出願公開前でも），何人でも（匿名でもよい），特許庁長官に対して行うことができます。

提供できる情報は，新規性，進歩性欠如，先願違反等の登録拒絶理由に該当する情報であり，提出できる書面には，刊行物又はその写し，特許出願又は実用新案登録出願の明細書又は図面の写し，実験報告書などの証明書類などが含まれます。

これにより，競合他社の登録が拒絶されれば，特許権侵害リスクは解消しますし，また，出願人が補正によりクレームを減縮して，自社製品が技術的範囲

＊98　並行輸入を行う場合には，商標権侵害にならないかも検討する必要があり，販売元がライセンシーであるような場合には，そのライセンシーに対して商標権者が輸入品及び国内品の品質管理を行いうる立場にあるかという点も検討する必要があります（最判平成15年２月27日民集57巻２号125頁〔フレッドペリー事件〕）。

に属さなくなることもあります。

(2) 特許異議の申立て

他社により，特許出願が登録された場合，特許異議の申立て（特113条，平成26年改正）をすることができます。

特許異議制度は，特許付与後の一定期間（特許掲載公報発行の日から６月以内）に限り，広く第三者に特許処分の見直しを求める機会を付与し，特許異議の申立てがあったときは，特許庁自らが当該処分の適否について審理して，当該特許に瑕疵があるときは，その是正を図ることにより特許の早期安定化を図る制度です。

異議申立ては，何人もできますので，ダミー*99により申し立てることもできます。

異議申立てに一定の理由がある場合は，取消理由通知（決定の予告として行う取消理由通知を含みます）において指定された意見書の提出期間（標準60日，在外者90日）内に，明細書，特許請求の範囲又は図面の訂正を請求することができます（特120条の５第２項）。

この制度が施行された平成27年４月以降，平成29年３月までに，1901件が申し立てられ，998件が最終処分にいたっています。そのうち，訂正なしに維持されたものは514件，訂正して維持されたものは370件，取り消されたものは90件となっています*100。

異議申立てにより，競合他社の登録が取り消されれば，侵害リスクは解消しますし，また，訂正によりクレームが減縮し，自社製品が侵害リスクを免れることもあります。

(3) 無効審判請求

他社が，特許権を有するが，その権利に瑕疵がある場合には，本来，何人も当該発明を実施できるにもかかわらず，それを禁止されることになります。そのような場合には，無効理由（特123条１項各号）を主張して，無効審判を請求することができます（特123条）。

---

*99　特許事務所から異議申立てする場合，申立人を依頼者とすることもできますが，その依頼者の名前が出ないように，弁理士本人，あるいは，事務員名で申し立てることもできます。

*100　特許庁ホームページ「特許異議の申立ての状況，手続の留意点について」（http://www.jpo.go.jp/tetuzuki/sinpan/sinpan2/igi_moushitate_ryuuiten.htm）。

無効審判は，請求人と被請求人（特許権者）が審理に参加する当事者対立構造をとり，書面での手続に加え，口頭で審理が行われます。

無効審判請求は，利害関係人に限り請求できます（同条２項）*[101]。例えば，①当該特許発明と同一である発明を実施している／していた者，②当該特許発明を将来実施する可能性を有する者，③当該特許権に係る製品・方法と同種の製品・方法の製造・販売・使用等の事業を行っている者，⑤当該特許権の専用実施権者，通常実施権者等，⑥当該特許権について訴訟関係にある／あった者又は警告を受けた者，⑦当該特許発明に関し，特許を受ける権利を有する者などです*[102]。

匿名での請求はできず，また，ダミーによる請求もできません*[103]。

請求時期については，特許後であればその消滅後においても請求することができます（同条３項）。

無効審判請求がなされると，被請求人は一定の期間，明細書，特許請求の範囲又は図面の訂正を請求することができます（特134条の２）。

無効審決が確定すれば，特許権は初めから存在しなかったものとみなされます（特125条）。

無効審判の，平均審理期間は９ヵ月前後です。

無効審判により，競合他社の特許が無効となれば，特許侵害リスクは解消しますし，また，訂正請求が認められてクレームが減縮し，自社製品が侵害リスクを免れることもあります。もっとも，請求人適格として利害関係が要求されることから，無効審判請求により，特許権者に自社の侵害の可能性を知らせることになりますので，警告がなされた後に請求するのが一般的でしょう。

⑷　実施許諾

特許権を有する他社に対し，実施許諾を申し入れ，実施許諾契約を締結して，ライセンス料を支払い，実施することも考えられます*[104]。業界によって

＊101　平成26年改正により，異議申立制度が創設されましたので，無効審判の請求人は，「何人も」から「利害関係人」に変更になっています（平成27年４月１日施行）。

＊102　審判便覧〔第16版〕31-02「利害関係人の具体例」。

＊103　審判便覧〔第16版〕51-05「無効審判の権限者，当事者，参加人」。

＊104　標準特許の場合には，FRAND 条件によるライセンス契約を求めることが考えられます。

は，クロスライセンスにより，解決する方法もあります。

⑸　判 定 等

(a)　特許庁による判定（特71条）

自社製品について，他社が有する特許発明の技術的範囲に属さないとの判定請求をなすことも考えられます。

しかし，請求書副本が，被請求人である特許権者に送達されるので，判定請求をした事実が特許権者に知れますし，さらに，自社の技術が特許権者に開示されることになるので，警告前の段階にはなじみません。

また，技術的範囲の属否についての判断はなされますが，無効理由についての判断はなされず，しかも，不服申立てができず，法的拘束力もないため，あまり利用されていません＊[105]。

(b)　日本知財仲裁センターによるセンター判定

日本知的財産仲裁センターでは，特許発明の技術的範囲に属するかどうかを判断する範囲判定，特許に無効事由があるかどうかを判断する無効判定等の判定サービス（通称「センター判定」）を提供しています＊[106]。

センター判定には，双方判定のほかに，単独判定もあります。単独判定では，申立人が提出した主張及び証拠資料に基づいて，判定人が口頭審理を経て判断し，判定書には理由が付されます。

このように同センターによる単独判定では，特許権者に知られることなく，侵害の有無についての判断を得ることができますので，警告前の他社特許への抵触を検討する場面に適しています。

判定結果は，法的拘束力を有していませんが，判定のために，非侵害を立証するための資料を精力的に収集しますし，知財の専門家である判定人（２～３名）による判断がなされます。後日，警告がなされた場合には，判定書及びその証拠は，非侵害を理由づける有力な資料となると考えられます。

⑹　自社製品の特許出願

防衛手段として，自社の開発した製品について，自ら特許出願することも，

＊105　2006年から2015年の請求件数は，年間30件前後です（『特許行政年次報告書2016年版』統計・資料編９頁）。

＊106　日本知財仲裁センターホームページ（http://www.ip-adr.gr.jp/business/decision/）。

考えられます＊107。登録査定となれば，先行特許発明と同一ではないし，さらに，容易想到でもないことについて，特許庁の判断がなされたことになります。

もっとも，自社の技術が特許されることと，他社特許と抵触しないことは別です。利用関係（特72条）＊108にある場合には，実施することはできません。自社の特許を実施をするためには，先行特許権者から実施許諾を受ける必要があり，協議が調わない場合には，裁定を受ける必要があります（特92条）。

なお，自社製品について，特許出願しない場合は，後に，他社が特許を取得して，権利行使してくる場合に備えて，先使用権立証資料の準備をしておくべきことは，上述のとおりです。

第6節　警告書が届いた場合の対応

I　収集すべき資料

特許権侵害の警告書を受け取った場合，まず，事実関係を確認する必要があります。

(1)　特許権に関して

特許権について，権利主体や存続期間を確認するため，特許登録原簿の謄本を取り寄せます。特許権の内容を確認するため，特許掲載公報を入手します。さらに，出願経過を検討するために包袋資料を取り寄せます。

特許発明の正確な把握や無効理由の検討のために，出願前の公知技術の調査も重要になります。もっとも，この調査には，労力がかかるので時間をかけて行うことになります。

＊107　特に，他社特許発明を回避して開発した場合（他社特許発明が，ABCDであるのに対し，自社製品がABCEの場合で，別の効果が生じる場合）には，よく用いられています。問題となる他社特許を，従来技術として記載して，自社特許を出願し，自社特許について新規性，進歩性が認められれば，文言侵害も均等侵害（進歩性が認められるということは，DからEの置換が容易想到ではないことを示し，均等第3要件を欠くことを示します）も成立しないことが推認されます。もっとも，特許庁がそのように判断したからといって，裁判所が，同じ判断をするとは限りません。

＊108　他社特許発明がABCDであり，自社発明がABCDEの場合，自社発明が特許されたからといって，自社特許が他社特許に抵触しないわけではありません。

⑵　被疑侵害品に関して

また，警告書において特許権侵害の対象とされている自社の製品のパンフレット，カタログ，図面を用意するとともに，製造・販売開始時期，販売数量を整理します。

⑶　検討にあたって

上記の資料をもとに，特許発明の技術的範囲を確定し，自社の製品がその技術的範囲に属するか否かを検討します。また，当該特許発明について，無効理由がないかを検討します。

これらの検討は，専門的知見を要することから，知的財産権関係を専門とする弁護士とともに進めるのが適切です。通常は，一度の面談で結論が出ることは稀であり，数回にわたり，検討を進めていきます。

特許権者が権利行使する場合には，権利行使するか否か，どのような方針をとるか等について，十分な検討をすることができますが，被疑侵害者に警告書が届いた場合には，それほどの時間的余裕はありません。

そのため，迅速な対応が必要となりますが，いきなり訴訟提起がなされることは稀であり，回答書の後，交渉がなされるのが通常ですので，慌てる必要はありません。

Ⅱ　専門家への相談

⑴　知財専門の弁護士へのコンタクト

警告書が届いた場合，顧問弁護士や知り合いの弁護士がいる場合には，まず，その弁護士に連絡をとるべきです。その弁護士が，特許権侵害に精通していない場合には，知財専門の弁護士を紹介してもらうとよいでしょう。

また，知り合いの弁護士はいないが，何度か出願を依頼した弁理士がいる場合であれば，その弁理士に連絡をとれば，知財専門の弁護士を紹介してもらえます。この場合には，公知技術調査を弁理士に依頼するのが通常です。

ここで注意すべきは，独自の見解で回答すべきではないという点です。弁護士に相談すると費用もかかり，時間と労力もかかるため，警告を受けた者が，適当にお茶を濁した回答をする例を散見しますが，そのような対応は，むしろ，トラブルを大きくしてしまう危険があります。

⑵　利益相反に注意

弁護士が相談を受けるにあたっては，利益相反関係を確認する必要があります（弁護士法25条）。

弁護士とともに，弁理士も相談に参加する場合もありますが*[109]，その場合には，弁理士についても，利益相反関係を確認する必要があります（弁理士法31条）。

利益相反の確認には，大事務所の場合には，他のメンバーの受任歴を確認する必要もあり，また，利益相反にあたるか否かの判断が悩ましい事案もありますので，時間的な余裕をもって手配すべきでしょう。

⑶　面談日程が決まったら

弁護士との面談の日程が決まったら，事前に資料を送っておけば，相談を受ける弁護士としても，相談のポイントが明確になります。

事前に送付する資料としては，①警告書，②登録原簿謄本，③特許掲載公報，④自社の製品のパンフレット，カタログ等でよいでしょう。

面談当日には，包袋資料，製品現物（持ち運び可能なら），製造・販売開始時期，販売数量等をまとめた資料を持参するのが効率的です。

さらに，出願前公知技術の調査が進んでいる場合には，その調査結果（公知技術の公報等）も，面談に持参すれば，より迅速な検討が可能になります。

⑷　弁護士費用について

最初の相談の費用については，相談料（１時間いくら）で対応します。２回目以降の相談については，その段階で交渉代理として受任する場合と，もう少し状況を見る場合があり，前者の場合には，着手金・報酬を見積もることになり，後者の場合には，再度，相談料で対応することになります。

なお，タイムチャージ制をとっている法律事務所の場合は，最初の相談から解決にいたるまで，１時間いくらというタイムチャージで費用計算することになります。

＊109　特許権の権利行使の場合には，出願の代理人である弁理士が，最初の相談から参加しますが，警告がやってきた場合には，最初の段階では，弁理士は参加しないことが多いと思われます。非常に高度な技術内容の事案や，公知資料収集を要する場面，さらには訴訟段階になると，弁理士と弁護士がタッグを組んで進めることになります。

Ⅲ　検討すべき事項

A社からの甲特許に基づく警告書について，上記Ⅰの資料をもとに，B社とG弁護士が検討すべき事項について，見ていきましょう。

G弁護士としては，予め送付された資料を確認するとともに，特許公報については，精読して相談の準備をしておくと効率的な相談が可能です。

(1)　甲特許権の確認

まず，甲特許の権利者を，登録原簿謄本の記載から確認します。中小企業では，甲特許の特許権者が，社長個人Eである場合も少なくありません*110。

存続期間が残っているかについても確認します。特許料不納付により権利が消滅しているかもしれません。

出願経過（包袋）を確認のうえ，警告書の特許請求の範囲と現在の特許請求の範囲を確認します。特許査定後に訂正審判がなされ，特許掲載公報と異なる請求項になっている場合もあります。

甲特許が，分割出願である場合には，親出願も確認し，分割要件（特44条）を満たしているかも確認します。

(2)　甲特許発明の技術的範囲

次に，甲特許発明の技術的範囲について，確認します。

甲特許発明の技術的範囲は，甲特許の特許請求の範囲の記載により定められ，その特許請求の範囲の記載の中に，用語の解釈を要する場合には，明細書等を考慮することになります（特70条）。

G弁護士としては，明細書の記載のうち，わかりにくい点については，B社の技術担当者に説明を求めます。また，用語の解釈に関して，技術常識について，聴き取ります。

また，包袋資料から，拒絶理由通知，意見書，補正書などを確認し，包袋禁反言に関しても検討します。

甲特許の特許請求の範囲の記載が，機能的クレームである場合や，プロダク

＊110　通常は，A社はEから独占的実施許諾を受けています（その場合，差止請求はEから，損害賠償請求はA社からとなります）が，非独占的通常実施許諾の場合には，A社からの請求は認められず，Eは自ら実施していないので，差止請求と実施料相当損害金の損害賠償を請求されるだけになります。

ト・バイ・プロセスクレームである場合の注意点については，第２章第３節Ｖを参照してください。

⑶　乙製品について

次に，乙製品の現物をもとに，Ｂ社の開発担当者から，乙製品の構成，作用・効果を聴き取ります。

警告書では，乙製品は，PQR の構成を有すると主張していても，実際には，Rを満たさない場合もありますし，作用・効果について，誤った記載がなされていることもあります。A社としては，乙製品について，十分に把握できていない（推測まじり）ことも少なくありません*[111]。

乙製品の販売開始時期についても確認します。先使用の抗弁（特79条）や公然実施（特29条１項２号）の事実を検討するためです。

⑷　技術的範囲の属否

以上の検討をもとに，乙製品が甲特許の文言侵害にあたるかどうかを検討します。具体的には，特許請求の範囲を分説し（構成要件 PQR），乙製品のどの部分が，構成要件に対応するかを対比します*[112]。

Ａ社が，技術的範囲の属否について，十分な検討をすることもなく警告している場合もあります*[113]。特許請求の範囲と乙製品の構成を対比せず，Ａ社の製品と乙製品の構成を対比している例もあります。

乙製品の構成の一部が，構成要件に該当しない場合には（あるいは，構成要件に該当するかどうかが不明確な場合にも），均等侵害が成立しないか検討します*[114]。

⑸　無効理由の調査・検討

Ｂ社としては，甲特許の無効理由を調査・検討します。

公知文献調査は，被疑侵害者にとり，極めて重要です。新規性欠如，進歩性欠如を理由に無効審判を行うこともできますし，侵害訴訟において特許無効の抗弁を主

＊111　特に，警告書において，乙製品の構成を特定していない場合は，このような例が多くあります。

＊112　この場合に，相談後に，弁護士が，クレームチャートを作成して整理しておくと，後日の相談において効率的になるでしょう。

＊113　安易な警告は慎むべきと考えますが，このような例も散見されるのが実情です。

＊114　均等侵害については，マキサカルシトール事件の知財高裁大合議判決と最高裁判決により，第１要件，第５要件の判断基準が示されたため，均等侵害の予測可能性が高まりました。詳細については，第２章第３節Ⅳを参照してください。

張することもできます。クレーム解釈において，限定的に働くこともあります*[115]。

有力な公知文献（新規性欠如を基礎づけるものや，それに近いもの）が見つかれば，交渉段階で，A社に対して提示し，権利行使を断念させることも可能です。A社としても，甲特許が無効になれば，その独占状態が解かれるため，B社が無効審判しない代わりに，B社に対して権利行使しないとの合意により解決するという例もあります*[116]。

このようなことから，B社としては，鋭意，公知文献調査を行いますが，その方針（日本の公開特許公報だけでよいか，米国も調査するか，技術分野はどこに絞るかなど）について検討して，効率的な調査を試みます。事案や企業の規模によっては，弁理士に参加してもらうか，調査会社に依頼するかなどの検討も必要でしょう。

(6)　リスクの検討

万一，訴訟になった場合に，損害賠償としてどの程度の額を支払うことになるかは，その後の交渉方針に大きな影響を与えます。そのため，乙製品の売上や利益についての概算額を聴き取ることも重要です。

また，乙製品の販売状況（売上を伸ばしているところか，あまり売れていないか）などを聴き，製造・販売を中止した場合の影響についても検討します。

さらに，訴訟となった場合の費用と労力（侵害訴訟，無効審判，審決取消訴訟）について，弁護士から説明し，理解を得ておくべきです。

---

*115　従前は，公知技術除外というクレーム解釈（公知技術を含まないように限定解釈する手法）が用いられていましたが，特許法104条の3が規定された後は，被告としては，シンプルに無効理由を主張し，これに対して原告は訂正の再抗弁を主張するため，公知技術除外の限定解釈の必要性は乏しくなっています。詳細について，髙部眞規子『実務詳説特許関係訴訟』〔第3版〕168頁以下。

*116　村林隆一＝小松陽一郎＝谷口由記『特許侵害訴訟戦略』228頁。「上記の情報提供，特許異議の申立，無効審判請求は，いずれも相手方の出願に対して，その登録を拒絶ないし無効にするための手段であるが，そうすると誰でもその当該発明を実施できることになる。そこで，その公知資料等を事前に相手方に提示して，情報提供等をしない代わりに，その出願ないし登録にかかる発明について実施許諾を受けるなどして，特許権者と実施権を独占するという解決策もあり，知っていて損はない。」

Q2－13　警告書に対する回答の時期

警告書に「２週間以内に回答をいただきたい。」旨の記載がある場合，どのような対応をすべきでしょうか。

A

警告書に，「本書到達後，２週間以内（あるいは10日以内）に回答をいただきたい。」旨の記載がある場合が多いですが，上記のように，警告書に対して回答をなすためには，多くの資料を検討して，様々な観点からの検討を要しますので，短時間で回答することは困難です。

警告を受けた者としては，その期間内に「検討中であるので，○○日までに回答する」旨連絡しておけば，いきなり訴訟提起してくることはありません。弁護士が交渉を代理することになった場合は，弁護士から連絡を入れておくのが通常です。

Ⅳ　回答から交渉の段階

(1)　回答の仕方

特許権侵害の警告が届き，その後，訴訟に発展する例は，それほど多くありません。警告書が届いても，回答書送付，あるいは，その後の交渉（弁護士同士）により解決することが多く，訴訟にまでいたるのは少数です。

訴訟になると，費用も労力も時間もかかります。また，被告になると，風評被害を受ける危険性もあります。ですから，警告書に対する回答にあたっては，できるだけ訴訟リスクを回避することを念頭に置いて，対応することになります。

権利者側の場合は，権利行使を行うかどうかについて，時間をかけて検討しますが，被疑侵害者側の場合は，すでに権利行使がなされた以上，これに対して，適切に対応していくほかありません。

回答の仕方は，事案により異なりますが，慎重に時間をかけて対応するのが原則です。

また，回答は，弁護士名の回答書で行うのが原則ですが，代表者名や担当者名で行うことが適切な場合も考えられます。

具体的には，次のケースで紹介します。

Q２－14　警告に対する対応

A社は，甲特許を有しています。B社は，乙製品を製造・販売していたところ，A社から，「乙製品を製造・販売する行為は，甲特許権を侵害する。」との警告書が届きました。B社は，次の１～４の場合，どのような対応をすべきでしょうか。

１．検討の結果，明らかに技術的範囲に属さない場合

２．検討の結果，甲特許に無効理由が存する場合

３．検討の結果，乙製品は甲特許出願より前から実施している場合

４．検討の結果，乙製品の製造・販売を中止する場合

A

1． 検討の結果，明らかに技術的範囲に属さない場合

資料を検討した結果，明らかに技術的範囲に属さない場合も，少なくありません[*117]。

明らかに技術的範囲に属さない場合には，そのことを，権利者が，客観的かつ論理的に理解することができるように，弁護士名の回答書を作成します。ここで，十分な理由を付さずに，「技術的範囲に属さないものと思料します」などと回答してしまうと，A社としても，行き場を失い，訴えを提起してくるおそれもあります。回答書には，技術的範囲に属さない理由を明確に記載し，それを根拠づける資料[*118]（例えば，乙製品の構成のわかるパンフレット，限定解釈の根拠となる意見書等）を別送します。A社に，その理由を納得してもらえば，争うことなくトラブル解決となるのが一般的です。

参考までに，次頁以下に回答例を紹介します。

＊117　特に，A社において，乙製品の把握が不正確である場合が多くあります。製品の性質により，乙製品の構成を正確に把握しようとすると，多大な労力をかけて乙製品を分析する必要がある場合もあります。また，被疑侵害品を入手すること自体，困難である場合もあります。そのため，乙製品の構成を十分に把握せずに警告してくる場合もあるからです。

＊118　B社の乙製品の構成を開示することが，営業秘密の観点から困難である場合には，マスキング等の工夫をなすことにより，開示可能かつ必要な範囲に限って資料を提出すべきでしょう。

■回答例１――技術的範囲に属さない旨反論する場合

回　答　書

冠省　当職は，Ｂ株式会社（以下，「当社」という。）の代理人として，平成29年●月●日付警告書に対して，以下のとおり回答いたします。

上記警告書によれば，当社が製造・販売する「○○装置」（以下，「本件装置」という。）は，貴社が有する特許第○○○○号（以下，「本件特許」という。）の技術的範囲に含まれる旨，主張されております。

しかし，次に述べるように，本件装置は，本件特許発明の技術的範囲に属するものではございません。

本件特許発明においては，○○室内に△△部材とこれに連結される□□部材を備えることを構成要素としております。これに対して，本件装置においては，そもそも「○○室内に△△部材とこれに連結される□□部材」を備えておりません。

すなわち，本件装置においては，１つの○○室内に△△部材と□□部材とを備えてはおらず，第１の○○室内に△△部材を備え，第２の○○室内に□□部材を備えており，２つの○○室は，別々に加熱されております。

本件特許発明においては，△△部材において予備加熱を行い，□□部材において成形加熱を行うにあたり，両部材が１つの○○室内に存することにより，熱源を１つとすることができるため，……という効果を有しています。

これに対して，本件装置は，１つの○○室内に△△部材と□□部材とを備えておらず，２つの○○室の熱源は２つ必要であり，……という効果を奏しません。

本件装置のパンフレット（別送いたします）には，本件装置の写真及び概要図面が掲載されており，これらによれば，本件装置が，第１の○○室内に△△部材を備え，第２の○○室内に□□部材を備えており，２つの○○室は，別々に加熱されていることは明らかであります。

以上のとおり，本件装置は，本件特許の技術的範囲に属するものでないことは，明らかであるものと思料いたします。

もっとも，当社は，決して紛争を好むものではございません。そこで，貴社のお考えについて，より詳細なご説明を賜りたく存じます。当社といたしましては，貴社のご説明をもとに，再度，検討させていただく所存でございますので，何卒よろしくお願い申し上げます。

今後の連絡は，代理人弁護士××××（電話　06－××××－××××）までいただきますようお願いいたします。

草々

平成29年□月□日

〒○○○－○○○○
大阪市中央区○○１丁目○番○号

被通知人　○○株式会社
代表取締役　○○　殿

〒×××－××××
大阪市北区××1丁目×番×号
××ビル3階　××法律事務所
TEL：06－××××－××××
FAX：06－××××－××××
通知人　B株式会社
代理人弁護士　××××　㊞

2. 甲特許に無効理由が存する場合

資料を検討した結果，甲特許が，明らかに無効理由を有する場合もあります。出願前の公知文献から，新規性ないし進歩性欠如となる場合がその代表例です。外国文献調査から，その特許発明と同一の従来技術が見つかることも珍しくありません。

もっとも，甲特許と同一の従来技術が見つかった場合であっても，訂正が認められる場合もあるので，無効にならないように訂正すれば乙製品が技術的範囲からはずれることを確認しておく必要があります。

甲特許に無効理由がある場合，回答にあたっては，ついつい強気の対応になりがちですが，訴訟リスクを避けるためには，慎重に進めるべきでしょう。そのため，甲特許に無効理由がある場合には，まず，A社にそのことをよく理解してもらうというスタンスが重要です。

回答書では，引用文献の記載を具体的に指摘して，甲特許に無効理由が存することを指摘したうえで，A社の意見を求めるべきでしょう。A社が，さらに反論をしてくる場合には，より具体的な主張を行います。参考までに，警告書に対する最初の回答例を紹介します。回答例は，A社の対応について様子を見る目的で，弁護士名ではなく，会社の担当者名で，回答するものです*[119]。

そして，数回の応答を経て，「無効審判もしないから，権利行使もしない」という結論に落ち着けば，戦わずして解決することになります。

---

*119　進歩性欠如を回答書で主張する場合，見解の相違であるとして，A社が突っぱねることも考えられます。A社において，引例について，十分な検討を行ってもらう（弁護士・弁理士・会社担当者等で協議）ため，あえて，弁護士名での回答を控える（一拍置く）のも，一つの方法です。

■回答例２——無効理由を有すると主張する場合

回　　答　　書

拝復　新緑の候，貴社ますますご清祥のこととお慶び申し上げます。

さて，貴社よりお送りいただきました平成29年●月●日付警告書について，本書をもって回答いたします。

上記警告書によれば，当社が製造・販売する「○○装置」（以下，「本件装置」という。）は，貴社が有する特許第○○○○号（以下，「本件特許」という。）の特許権を侵害する旨，主張されております。

しかし，本件装置は，本件特許に抵触するものではございません。

何より，本件特許は，その出願日前に公知となった特開平６－○○○○の公報（引用文献）に記載された発明に基づいて，容易に発明をすることができたものであり，進歩性を欠くものと思料します。

引用文献には，……と記載されており（11頁），また，「たとえば，……を用いることにより……も可能である」（12頁）とも記載されております。

つきましては，上記引用文献について，ご検討の上，貴社のお考えについて，伺いたく存じます。

今後の連絡は，知的財産部部長　××××（電話　06－××××－××××）までいただきますようお願いいたします。

敬具

平成29年□月□日

〒○○○－○○○○
大阪市中央区○○１丁目○番○号
被通知人　○○株式会社
代表取締役　○○　殿

〒×××－××××
大阪市北区××１丁目×番×号
通知人　Ｂ株式会社
知的財産部部長　××××　㊞
TEL：06－××××－××××
FAX：06－××××－××××

3. 乙製品は甲特許出願より前から実施している場合

B社において，甲特許の出願前から，乙製品を製造・販売している場合には，先使用の抗弁（特79条）を主張することが考えられます。

B社としては，先使用の事実を立証するため，資料を整理します。

事前に先使用立証のための証拠を用意していた場合＊120には，これを用います。しかし，そのような用意をしていなかった場合には，証拠の整理は容易ではありません。何年も前の資料であるため，倉庫に保管しているかもしれませんし，廃棄しているかもしれません。そのような状況の下，資料を探し出し，ひも付けを行う必要があります。

次に，A社に送る資料を選別します。また，甲特許により開示されていないノウハウを含む場合は，必要に応じて，マスキングをします。

証拠の整理・提出準備には，時間がかかるので，回答にあたっては，先使用を主張する旨を記載したうえで，「資料については，追って，お送りさせていただきます。」等のコメントを付けておき，準備ができた後，資料を送るべきです。

公然実施を主張できる場合には，先使用と公然実施による新規性欠如の両方を主張するのか，公然実施だけを主張するのかについて，検討します。

B社内部の資料を用いて，先使用や公然実施を主張する場合は，A社としても，容易に納得することはできません。A社が不信感をもてば，訴訟になる可能性も高まります。できるだけ，外部の資料で，出願前に乙製品を販売等していたことが明確となるものを用意すべきです。

4. 検討の結果，乙製品の製造・販売を中止する場合

a. 回答前に検討すべきこと

乙製品は，もともと，あまり売れておらず，A社との間で紛争が継続するのを回避するため（特に，訴訟等に費用や労力を費やすことを避けるため），乙製品の製造・販売を中止することもあります。

このような方針をとる場合，中止の時期，在庫の廃棄，設計変更が問題となります。また，B社としては，販売を中止すれば，損害賠償は払わなくていいだろうと推測していても，A社としては，あくまで損害賠償を請求してくることもあります。そのため，B社の代理人としては，これらの点について，B社との打合

＊120　前述第2節Ⅲ(3)「先使用権立証のための証拠」を参照してください。

せにおいて，十分に検討することが肝要となります。

すなわち，販売中止の時期について，取引先に迷惑を掛けることなく販売中止しようとすれば，どのような対応が必要か，どれくらいの期間を要するかを検討します。また，設計変更をする場合には，新製品の製品化に要する時間，乙製品から新製品への切り替えに必要な時間についても，検討します。

また，在庫の廃棄については，予め，通常の手順＊[121]を説明し，共通認識をもって対応できるようにします。

Ｂ社が，設計変更を希望する場合には，設計変更後の製品が，甲特許との関係で問題がないかを確認します。Ｂ社からすれば，技術的範囲に入らないと考えていても，Ａ社からすれば，ギリギリ入っていると考えるかもしれません。紛争回避の対応をする以上，Ｂ社としては，特許権侵害の疑義の生じないような設計変更をなすべきです。

損害賠償を支払うことになる可能性も考慮して，販売数量，１個あたりの利益を確認し，損害額の概算（上限）を把握しておきます。

b.　交渉段階

Ｂ社代理人としては，この交渉は，神経を使います。

Ａ社からすれば，Ｂ社は，交渉を長引かせ，乙製品を売り尽くして，軟着陸を図ろうとしているのではないかと，疑念をもつでしょう。

そのような疑念を拭うためには，販売中止を早期になす旨（例えば，１ヵ月後）の回答が望ましいでしょう。設計変更を行わず，乙製品の販売を中止する場合（乙製品と同種製品を販売しない）には，このような方向で進めるのが穏当でしょう。

このような場合に，代表者名で，ごく簡単に「乙製品の製造販売を中止する」との回答をなす例を見かけますが，Ａ社からすれば，信用できないとして，法的手段に出る可能性もあるので注意が必要です。

参考までに，弁護士からの警告書に対して，技術的範囲の属否について争いつつ，製造販売中止をなす旨の回答をする場合の回答例を次頁に紹介します。

＊121　廃棄の場合の通常の手順としては，①販売中止時の在庫を１箇所に集め，個数を確認し，写真により証拠化し，②産廃業者に引き渡し，積み込み完了時の写真を撮影し，③産廃業者から最終処分証明書（いわゆるマニフェスト）を受領します。具体的な廃棄の手順は，商品の性質によっても異なりますので，交渉において，弁護士間で確認して決めます。

■回答例３――紛争防止のために販売を中止する場合

回　答　書

冠省　当職は，Ｂ株式会社（以下，「当社」という。）の代理人として，平成29年●月●日付警告書に対して，以下のとおり回答いたします。

上記警告書によれば，当社が製造・販売する「○○装置」（以下，「本件装置」という。）は，貴社が有する特許第○○○○号（以下，「本件特許」という。）の技術的範囲に含まれる旨，主張されております。

しかし，本件装置は，次のとおり，本件特許発明の技術的範囲に属するものではないと思料いたします。

……略……

もっとも，当社としましては，貴社との間で，無用の紛争が生じることを避けるため，本件装置の製造販売を中止する所存です。

販売の中止時期としては，平成29年○月末を検討しております。

つきましては，今後の調整について，当職より，貴職宛てご連絡させていただきますので，ご検討の程，よろしくお願い申し上げます。

草々

平成29年□月□日

〒○○○－○○○○
大阪市中央区○○１丁目○番○号
○○ビル６階　○○法律事務所
被通知人　○○株式会社　代理人
弁護士　○○○○　殿

〒×××－××××
大阪市北区××１丁目×番×号
××ビル３階　××法律事務所
通知人　Ｂ株式会社　代理人
弁護士　○○○○　　　　㊞

上記の場合と異なり，B社としては，販売中止を早期に設定するのが困難である場合もあります。そのような場合には，最初の回答では，技術的範囲の属否や無効理由を主張しておき，数回の交渉の後に，製造販売の中止（時期を含め）を連絡することになるでしょう。

実務では，交渉中に，公知技術の調査を続けていると，意外なところ（異なる技術分野等）から有用な公知資料が出てくることもあります。

⑵　解決に向けて

警告書とこれに対する回答書は，内容証明郵便でなされるのが通常ですが，その後，代理人どおしで交渉が始まれば，ファクシミリあるいはメールで文書を相手方弁護士に送り，補足説明を電話で行うことにより，交渉がなされます。

交渉の結果，乙製品が甲特許発明の技術的範囲に属さない，あるいは，甲特許に無効理由があることについて，A社としても理解した場合には，A社代理人からの連絡が途絶え，自然消滅的に交渉が終了することが，多々あります＊[122]。

これに対し，交渉の結果，製造販売中止，廃棄，解決金等について，骨子がまとまれば，合意書案を作成して最終調整に入ることになります。

合意書案の作成に関しては，東京地裁のホームページの和解条項例集が参考になります＊[123]。

Q2－15　公知文献調査

特許を無効とするための公知文献調査は，どのように行えばよいのでしょうか。

A

1．調査の目的

公知文献調査は，自社が他社から特許権侵害に基づき権利行使を受けている場

＊122　このような場合に備え，B社代理人としては，技術的範囲に属さないことが明らかである，あるいは，無効理由が明らかである旨の回答を送る場合には，予め，権利者側からの応答がなくなり，解決したのかどうかが不確定（合意書などない）のまま，交渉が終了する場合もあることを，依頼者に説明しておくべきです。

＊123　東京地裁和解条項例集は，下記のURLから入手できます（http://www.courts.go.jp/tokyo/saiban/wakai/）。合意書に関する詳細は，第2章第3節Ⅵ⑸⑹を参照してください。

合や，権利行使を受ける可能性がある場合（自社製品が侵害している可能性のある特許掲載公報が発見された）において，他社特許を無効化するための資料を探すことを目的とする調査です。

他社特許について新規性・進歩性欠如の証拠となる文献を探します。

他社特許の特許請求の範囲に含まれる内容の記載（いわゆる「バッチリ」）が見つかれば，一応のゴールです＊124。

2．調査の対象と方法＊125

調査対象は，他社特許の出願前に公知となった文献です。

公報類では，特許請求の範囲だけでなく，明細書・図面のすべてです。

a．公報類

まず，無効にすべき特許について，特許掲載公報に従来技術として記載されている文献や，審査段階で問題となった引用文献を検討し，さらに，それらをもとにFI記号，Fターム，国際特許分類（IPC）を用いて，芋づる式に，調査します。

また，公開特許公報について，ＦＩ記号やＦタームを用いて検索します。

もっとも，日本の公開特許公報については，審査段階で調査しているはずですので，バッチリがヒットすることは，あまり期待できません。

むしろ，かなり古い公報や，他の分類が付与されているもののほうが，期待できます。

無効にすべき特許に近いものが，ある程度見つかれば，中身を見て，どのような傾向（分類・Ｆターム・明細書中の同義語等）があるかをチェックし，調査対象を絞って検索します。

また，原始的ですが，ヒットした公報のPDF（例えば200件）を，手めくりで見ていくのも有効です。技術的に，どのような進化をたどっているかがわかると，探している技術が，どのあたりで出てくるかを予測できます。

b．外国特許公報

米国特許の公報は，有用な公知文献が見つかる可能性が，非常に高いといえます。もっとも，公報の内容が英文であること，また，専門家でないと調査に慣れ

＊124　その場合でも，訂正により請求項を減縮し，自社製品が特許請求の範囲に含まれるのであれば，さらに，調査は継続します。

＊125　無効資料の検索手法については，第1章第5節Ⅱ「収集手段とその活用」も参照してください。

ていないことから，調査会社に依頼する場合が多いでしょう。その場合には，費用がかかるので，調査対象や内容を限定して，依頼することが必要です。

c．論文，技術文献

無効とすべき特許に，かなり近い主引例が見つかっており，技術者からすれば，容易想到であろうという場合には，副引例や出願時の技術常識，技術水準を示す証拠を探すことになります。

技術常識や技術水準を示す証拠の調査の場合には，国立国会図書館＊[126]での文献調査が役立ちます。

d．カタログ・パンフレット

カタログやパンフレットも，公知文献として有用です。

会社の担当者によれば，特許出願前から，よく似た技術について，他社が実施していたという記憶があるというような場合もあります。そのような場合には，実施していた企業を特定できるのであれば，弁護士法23条の２による照会制度を用いて，カタログやパンフレットのコピーを入手可能です。また，業界団体等に出向くと，会員企業の過去のカタログやパンフレットを残している場合もありますし，業界紙などに有益な情報が掲載されている場合もあります。

V　特許無効審判

(1)　概　　要

甲特許権を有するＡ社から，Ｂ社が，乙製品について甲特許権を侵害する旨の警告書を受け，Ｂ社において，甲特許について検討したところ，進歩性欠如等の無効理由（特123条）を発見した場合には，Ｂ社としては特許無効審判請求をなすことが考えられます。無効審判により，甲特許が無効となれば，乙製品の特許侵害リスクは解消しますし，また，訂正請求（特134条の２）が認められてクレームが減縮し，乙製品が侵害リスクを免れることもあるからです。

特許無効審判の概要については，本章第５節Ｖ(3)にて述べたとおりです＊[127]。

＊126　国立国会図書館には，東京本館だけでなく，あまり知られていませんが関西館もあります。筆者の経験では，国立国会図書館の調査から，役立つ文献が出てきたことがありますので，試してみる価値はあります。

＊127　無効審判の概要については，第８章第３節も参照してください。また，第８章第４節において，侵害訴訟と無効審判の関係（ダブルトラック）について解説しています。

以下では，無効審判において，注意すべき点を指摘するにとどめます。

(2)　無効審判請求のタイミング

(a)　訴え提起前

B社が，警告を受けた後，回答において，無効理由の根拠となる資料（引例等）を示し，交渉が続いている段階では，A社が無効理由の存在を理解して，それ以上の権利行使を断念する可能性も高いといえるので，一方的に無効審判を請求するのは差し控えたほうが無難です。

B社が示した資料から無効理由があるか否かについて，見解の相違がある場合には，無効審判で白黒つけようとすると，A社としては，特許権侵害訴訟を提起する可能性が増大しますので注意が必要です。

事案にもよりますが，B社としては，無用の訴訟を避けるためには，A社が訴訟提起することが確実な状況となる（あるいは，訴訟提起される）までは，無効審判請求を待ったほうが賢明であるといえます。

(b)　訴え提起後

一方，A社から特許権侵害訴訟が提起された後は，B社が，甲特許に無効理由があると判断する場合には，無効審判請求をすべきです。甲特許について，裁判所か特許庁のどちらか一方で無効判断がなされれば，有利な展開となるからです。

タイミングとしては，準備が整い次第，早期になすのが妥当です。

特許侵害訴訟が確定した後は，無効審決が確定しても，再審の訴えで主張することはできません（特104条の4）から，遅くとも，特許権侵害訴訟の確定までに無効審決の確定を得る必要があります。

準備の面からしても，侵害訴訟において，無効理由は，訴訟の早い段階で主張するので，無効理由の整理ができた時点で，無効審判の請求をするのが，効率的といえます。

もっとも，無効審判請求後に新たな公知資料が見つかった場合には，その無効審判において主張を追加することは，原則としてできません＊128ので，第2次無効審判を行うことになる点，注意を要します。

＊128　請求書の補正は，原則として，その要旨を変更するものであってはなりません（特131条の2）。

(3) 主張面で注意すべきこと

(a) 主張内容に齟齬のないように

特許侵害訴訟における主張と無効審判における主張は，齟齬のないように配慮が必要です。特に，侵害訴訟におけるクレーム解釈の主張と，無効審判における無効理由の主張について，矛盾した主張となりがちなので，注意すべきです*[129]。

(b) 無効理由の主張について

無効審判請求後に，新たな無効理由を追加することは原則としてできません（特131条の2）ので，請求人（ここではB社）としては，審判請求書の提出時点において，基本的には無効理由について，もれなく主張しておくべきです。

もっとも，あまりにも多数の無効理由を並列的に主張すると，審理が散漫になるだけでなく，自信のなさを伺わせることになるので，ある程度の選別も必要と思われます。

(c) 請求の理由の記載

無効審判請求書の請求の理由は，特許を無効にする根拠となる事実を具体的に特定し，かつ，立証を要する事実ごとに証拠との関係を記載したものでなければならないとされています（特131条2項）。

具体的な記載例としては，「審判請求書の作成見本」*[130]が参考になります。

(4) 手続面で注意すべきこと

(a) 書面のやりとり

特許無効審判は，原則として，口頭審理による（特145条）ものとされていますが，口頭審理を行う前に，書面のやりとりが行われます。

まず，請求人から，審判請求書が提出され（特131条1項），これに対して，被請求人が答弁書を提出します（特134条）。さらに，被請求人の主張に対して弁駁書を提出して反論するのが通常です（特施規47条の3）。

(b) 口頭審理の準備にあたって

口頭審理に先立ち，審判官（合議体）から，審理事項通知書が当事者に送付されます。この審理事項通知書には，①合議体の暫定的な見解，②争点に関す

＊129　東京地判平成12年9月27日判時1735号122頁〔連続壁体の造成工法第1事件〕は，無効審判において特許権者がなした主張と矛盾する主張は，禁反言により許されないとしています。

＊130　特許庁ホームページ（https://www.jpo.go.jp/tetuzuki/sinpan/sinpan2/sample_bill_sinpan.htm）。

る求釈明，主張の撤回等の要請，③技術説明の求めなどが記載されています。

当事者は，口頭審理を効率的に行うために，口頭審理陳述要領書（特施規51条）を提出します。従来の主張の整理及び補足，合議体の暫定的な見解についての意見，求釈明に対する回答など，口頭審理において，主張すべき内容を記載します。提出期限は，口頭審理の１～２週間前が通常です。

口頭審理陳述要領書を提出する場合，正本，副本を提出するとともに，その写しを特許庁及び相手方にファクシミリで送信することになっていますが，代理人が相手方への直送を忘れている場合もありますし，期限後にさらに補充書が提出される場合もありますので，口頭審理までに提出された書類等を特許庁に確認しておくのが適切です。

技術説明を行う場合には，スライドや実機を準備します*131。機材が必要である場合には，審判書記官に確認をとっておきます。

(c)　口頭審理において

口頭審理の内容や進め方については，「口頭審理実務ガイド」*132が参考になります。

実務的には，審理事項通知書の記載に従って，審判長から質問がなされ，当事者が回答します。特に，口頭審理陳述要領書の記載について，その内容や技術的事項の確認がなされます。

当事者が技術説明を行う場合は，プロジェクター等を用いて，短時間で，技術的事項について説明をし，これに対して，審判官から質問がなされ，当事者が回答します。

無効審判では，民事訴訟とは異なり，当事者が申し立てない理由についても審理することができるので（特153条１項），請求人が申し立てていない無効理由や技術的事項についての見解を審判官（合議体）が提示する場合もあります。このような場合は，通常は，あらかじめ審理事項通知書で通知していますが，口頭審理で出てきた場合には，反論の機会が与えられます（特153条２項）。

また，口頭審理の直前（例えば，前日）に相手方当事者から書面が提出されて

＊131　口頭審理でプロジェクターを用いて技術説明をする場合には，そのスライドも，また，動画等を上映する場合には，その DVD も期限内に提出しておくべきです。相手方の防御権を保障するためです。

＊132　特許庁ホームページ（https://www.jpo.go.jp/shiryou/kijun/kijun2/koutou_shinri.htm）。

いるような場合や，当日に口頭で新たな主張がなされた場合もあります。このような場合には，代理人としては，口頭審理の席上，相当の期間を定めて反論の機会を与えるよう意見を述べておくべきであり，注意が必要です*133。

Q2－16　進歩性の論理付け

無効審判や侵害訴訟において，進歩性欠如（特29条2項）の無効理由を主張する場合，どのように主張すればよいでしょうか。また，容易想到性の論理付けをどのように論証すればよいでしょうか。

A

1. 進歩性判断の手順

進歩性判断にあたっては，従来から*134，①本件発明を認定し，②本件発明に最も近い引用発明（主引用発明）を認定し，③本件発明と主引用発明との相違点を認定したうえで，④相違点に係る構成について，副引用例や技術常識を考慮して論理付けができるか否かを判断するという手順が用いられてきました*135。

そこで，進歩性欠如を主張するにあたっては，公知技術の中から，論理付けに最も適した引用発明を選択することが必要となります。調査により見つけた公知技術のうち，本件発明と構成が近いものを選び，そのうえで，本件発明との関係で，技術分野，課題，作用・機能等を検討して選ぶことになります。

実務的には，調査にあたった弁理士や知財部の担当者から説明を受け，技術担当者により技術的観点からの意見をもらい，弁護士により法的観点からの意見を述べ，どのように論理付けができるのかを議論します*136。

---

*133　侵害訴訟と併行して無効審判を行っている場合には，弁護士，弁理士双方が，口頭審理に出席すべきでしょう。技術説明などは，弁理士が行うのが適切であり，審理の進行についての対応は，弁護士がなすのが適切です。弁護士は，日常的に法廷で進行等についての意見を述べているので，手続保障に配慮した，落ち着いた対応が期待できます。

*134　平成12年『特許・実用新案審査基準』以降，審決や訴訟においても，このような手順が用いられています。

*135　進歩性判断の手順の詳細については，第9章第3節「無効審判及び審決取消訴訟」を参照してください。

*136　この検討にあたっては，本件発明の構成要件ABCDと引例の構成を一覧表に整理すると便利です。すなわち，引例中に，構成要件ABCDに該当する記載があるかを，一覧表に記入します。また，引例の技術分野，課題，作用・機能等も一覧表に追記します。このようにして作成した一覧表を用いて，議論するのが効率的です。

2. 容易想到性の論理付け

引用発明を選定した後，本件発明と対比をなし，相違点についての論理付けを試みます。

論理付けの考え方については，従来の『特許・実用新案審査基準』では，進歩性を否定する論理が１つでもあれば（例えば，技術分野の関連性がある），進歩性が否定されるかのような記載[*137]がありましたが，平成27年９月の改訂で，「進歩性が否定される方向に働く諸事情及び進歩性が肯定される方向に働く諸事情を総合的に評価」と明記されています[*138, *139]。

■**論理付けのための主な要素**

進歩性が否定される方向に働く要素		進歩性が肯定される方向に働く要素
・主引用発明に副引用発見を適用する動機付け (1) 技術分野の関連性 (2) 課題の共通性 (3) 作用，機能の共通性 (4) 引用発明の内容中の示唆 ・主引用発明からの設計変更等 ・先行技術の単なる寄せ集め	⇔	・有利な効果 ・阻害要因 例：副引用発明が主引用発明に適用されると，主引用発明がその目的に反するものとなるような場合等

（出典：『特許・実用新案審査基準』第Ⅲ部第２章第２節３「進歩性の具体的な判断基準」）

3. 論理付けの論証

上記の審査基準の進歩性判断基準は，論理付けを論証するための指針になりますが，実際に論理付けを文章で論証するのは容易ではありません。

実務的には，弁理士が論理付けのアウトラインを起案した後，弁護士が，これをもとに論証することが多いでしょう。

この論証にあたっては，当該事案における論理付けのタイプ（例えば，主引用発明に副引用発明を適用する動機づけとして，課題の共通性と作用機能の共通性を主張する場合）と同じタイプの裁判例（特に，審決取消訴訟）を参考に，どのような言い回

＊137　平成27年改訂前の『特許・実用新案審査基準』のいわゆる「進歩性チャート」。
＊138　平成27年改訂『特許・実用新案審査基準』第Ⅲ部第２章第２節「進歩性」。
＊139　裁判所では，従来から，証明責任を意識して，総合判断がなされていました。

しを用いるのが説得的であるかを検討して起案するのが効率的でしょう*[140]。

第7節　自社が特許権侵害で訴えられた場合

Ⅰ　訴訟準備（訴訟チームの形成）

権利者が訴訟提起する場合には，勝訴の見込みや交渉経緯を検討し，他の紛争解決手段も考慮することができますが，自社が特許権侵害として訴えられた場合は，もはや選択の余地はありません。また，答弁書提出期限までにそれほどの時間的余裕もありません。

そこで，早急に，弁護士・弁理士に連絡をとり，訴訟チームを形成することが必要になります。事前交渉がなされていた場合には，交渉を依頼していた弁護士・弁理士に，引き続き訴訟代理を委任します*[141]，*[142]。

弁護士費用・弁理士費用については，着手金・報酬制を採用する場合は，訴額をもとに見積もりをします。タイムチャージの場合は，単価を協議します。また，手数料，日当，実費，預り金などについても，取り決めます。

事前交渉が行われておらず，突然に訴えがなされた場合には，早急に打合せを行い，方針を立てる必要があります*[143]。

Ⅱ　答弁書・準備書面

(1)　訴状の検討

---

*140　同じタイプの裁判例を探すにあたっては，大阪弁護士会知的財産法実務研究会編『特許審決取消判決の分析～事例から見る知財高裁の実務』（商事法務）が，機械・電気と化学・医薬分野の進歩性について，タイプ別に類型化して整理していますので，これを手がかりにするのが効率的です。同じタイプの裁判例がいくつか見つかれば，裁判所ホームページから判決文全文を入手できます。また，図面等の充実した文献として「特技懇誌」に四半期ごとの判例紹介があります。バックナンバーは，下記のサイトから入手できます（https://tokugikon.smartcore.jp/tokugikon_shi）。

*141　委任契約書，委任状の作成については，権利者側の場合（第2章第4節Ⅱ(5)）と同様です。

*142　訴訟に提出される書面（訴状，答弁書，準備書面，証拠）だけではなく，今後，様々な資料（包袋資料，公知資料）を検討することになりますので，大量の資料について，効率的に整理することが望まれます。具体的にはQ2－8を参照してください。

*143　第2章第6節Ⅰ「収集すべき資料」，Ⅱ「専門家への相談」，Ⅲ「検討すべき事項」で述べた点について，検討したうえで，答弁書・準備書面の作成に向けて協議します。

答弁書の作成にあたり，訴訟要件を検討し，訴訟要件を欠く場合には，本案前の答弁を行う点，一般民事の場合と同様です。

本案に関しては，被告代理人は，主要事実と間接事実に分けて，資料を確認しながら，依頼者から，事実関係を聴き取っていきます。特に，被告製品の特定（あるいは，被告製品の構成についての主張）に誤りないし不正確な表現がなされている場合があるので注意を要します。

被告製品が，原告特許発明の技術的範囲に属するか否かを検討し，また，原告特許に無効理由がないかも検討します。さらに，先使用権，通常実施権，消尽等を主張できないかも検討します。

(2)　答弁書の作成

答弁書の記載，すなわち，請求の趣旨に対する答弁と請求原因に対する認否については，一般民事の場合と同様です。

もっとも，請求原因の認否にあたっては，被告製品（被告方法）の具体的態様を否認する場合は，明示義務を負います（特104条の2）。どの段階で，被告対案を提出するかは，準備時間も考慮して検討を要します。

また，原告の主張が，前提から誤っているような場合*144については，事案にもよりますが，認否を留保し，求釈明をなすべきでしょう。当初から，被告が，積極的にその前提の誤りを主張・立証することで，余計に訴訟が混乱してしまうおそれもあるからです。

(3)　準備書面の作成

特許権侵害訴訟においては，計画的に審理*145が進められるので，弁護士・弁理士は，準備書面作成について，役割分担とスケジュールを協議して，効率

---

*144　例えば，原告が被告物件であると主張する物は，被告の製造・販売にかかるものではなく，その一部のみを被告が製造・販売しているような場合があげられます。このような場合は，本来，間接侵害を主張すべき事案であり，間接侵害の要件を満たさない場合には，侵害とはなりません。

事前交渉がなされている場合には，このようなことは起こりませんが，原告が警告なく訴えてきた場合や，被告が警告に対して回答をしなかった場合には，特許権者からすれば被告の行為を正確に把握できていない場合もあります。

その意味で，特許権侵害が問題となる場合に，事前に交渉をなすことは，無意味な紛争を回避するためにも，権利者，被疑侵害者，双方にとり有益といえるでしょう。

*145　計画的審理については，*85のほか，第8章第2節Ⅱ「計画審理」を参照してください。

的に作成していくべきです*[146]。

⑷　具体的な記載について

答弁書や準備書面の具体的な記載については，特許権侵害訴訟に関する実務書が多数出版されていますので，これらの書籍を参考とされるとよいでしょう*[147]。

⑸　閲覧制限

被告としては，自社にとり営業秘密である情報を，訴訟において準備書面や証拠の中で提出せざるを得ない場面*[148]があります。

そのような場合には，必ず，閲覧制限の申立て（民訴92条）を忘れないよう注意が必要です。また，申立てにあたっては，どの部分をマスキングするかについて，依頼者に確認をとり，慎重に検討することも重要です。代理人としては，秘密とは思っていなくても，依頼者としては秘密であると考えている場合もあるからです。

なお，判決書や和解調書についての閲覧制限申立ては，ひと段落したために忘れがちなので，特に注意すべきです。

Ⅲ　被告において特に検討すべき事項

⑴　設計変更の検討

被告としては，万一，特許権侵害訴訟において敗訴すれば，被告製品の製造・販売を差し止められることとなり，営業上の混乱が生じますので，非侵害であることが確実に見込まれる場合は格別，設計変更を検討することになります。

また，損害賠償の点から見ても，万一，敗訴すれば，早く被告製品の販売を中止していたほうが，損害額が低額となります。

＊146　この役割分担とスケジュールの設定には，ある程度の経験が必要となります。特許権侵害訴訟では，技術的範囲の属否や無効の抗弁等を準備書面で主張するだけでなく，その前提となる技術的事項の理解や公知文献調査，さらには，設計変更や無効審判請求の検討も必要となります。これらを迅速に準備し，効率的に進めていくには，かなりの経験がないと困難といえるでしょう。

＊147　実務書の紹介は，第２章第４節Ⅱ⑹「訴状作成」の＊75を参照ください。

＊148　例えば，侵害論では，被告製品の製造方法の資料など，損害論では，被告製品の原価率等です。

設計変更をした場合には，現時点で，被告製品を製造販売していないことだけでなく，今後，製造販売することのないこと，すなわち，「侵害するおそれ」（特100条１項）のないことを主張するとともに，その証拠を，遅くとも侵害論の終了までに提出すべきです。

(2)　公知文献調査

特許権侵害訴訟の被告となった場合は，公知文献の調査は，極めて重要です。新規性・進歩性欠如等の無効理由（特104条の３）が見つかれば，特許侵害訴訟において主張することもできますし，無効審判請求も可能となります。

交渉段階から調査を行っている場合でも，訴訟段階となれば，さらに，バッチリのものがないかを調査するのが通常です。

事前交渉がなされなかった場合には，訴訟提起から調査をはじめることになります。そのため，被告代理人としては，早期に調査について役割分担を協議する必要があります。

また，第１回口頭弁論において，公知文献調査の期間を設定する場合がありますので*149，調査にあたっては，当初からスケジュールを組んで進めるべきです。日本の公報を調査してから，有用なものがなければ米国特許公報を調査するというようなおおざっぱな計画では，時機に後れてしまうおそれもありますので，注意が必要です。

公知文献調査の詳細については，**Q２－15**で解説していますので，参考にしてください。

(3)　無効審判

特許権侵害訴訟の被告としては，原告特許に無効理由があると判断する場合には，無効審判請求をすべきであり，準備が整い次第，早期になすのが妥当です。

無効審判の詳細については，第２章第６節Ｖ「特許無効審判」を参照してください。

＊149　大阪地裁の標準的な審理モデルでは，調査期間として，60～90日とされています。事案により，もう少し長期に設定される場合もありますが，一つの目安とすべきでしょう。

Ⅳ　和解について

(1)　概　　要

特許権侵害訴訟は，企業間のビジネスの一環として行われることから，迅速かつ合理的な解決が望まれるため，和解により訴訟が終了する率は，約30～40%と高くなっています。

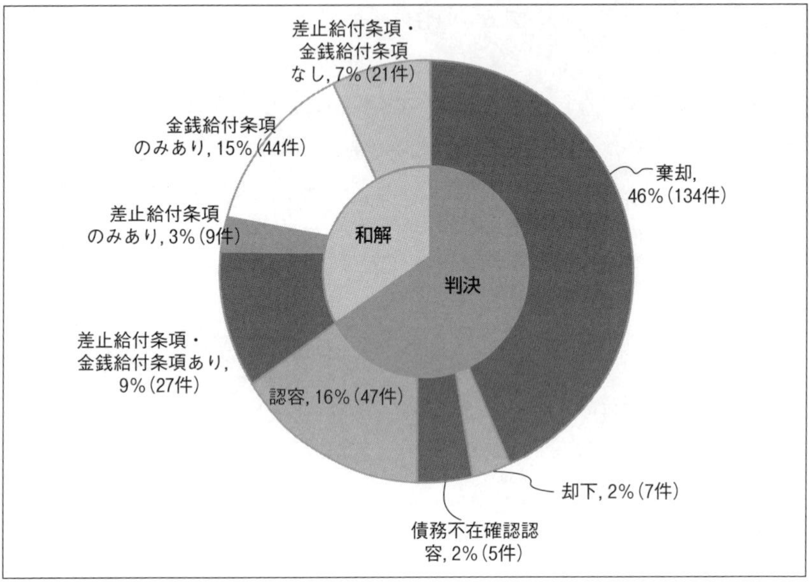

※容認には一部容認を含む。
※棄却には債務不存在確認訴訟の棄却を含む。
（出典：『特許権の侵害に関する訴訟における統計（東京地裁・大阪地裁，平成26～28年）』）＊150

(2)　和解勧試の時期

特許権侵害訴訟においては，侵害論において，原告，被告から，主張・立証が尽きた後，裁判所から，特許権侵害が認められるか否かについて心証開示がなされ，認められる場合には，その後，損害額算定のための損害論に入ります。

このタイミングで，裁判所から，和解の可能性について，両当事者に打診があり，原告と被告それぞれから個別に意見を聴きます。双方が，和解のテーブ

＊150　http://www.ip.courts.go.jp/vcms_lf/2017_sintoukei_H26-28.pdf

ルにつくことを拒否しない場合には，和解成立に向けた調整がなされます。

(3) 和解のメリット・デメリット

非侵害の心証開示の場合には，被告は判決を望む場合が多いため，統計上も，原告敗訴的和解の割合は低く，請求棄却判決の割合が高くなっています。

もっとも，請求棄却の判決がなされると，原告が控訴をする可能性もあり，その場合，費用・労力もかかりますし，知財高裁で逆転敗訴の危険もあります。その意味で，非侵害を前提とする場合も，和解で終了するメリットがあります。

侵害の心証開示の場合は，認容判決以上に，勝訴的和解で解決する場合が多くなっています。

勝訴予定の原告としては，和解により，迅速な解決を図ることができるほか，控訴の負担もなくなります。また，不争条項を入れることにより，無効となる心配を排除できます。解決金の支払も，任意に履行されることが期待できます。

敗訴予定の被告としては，損害額や販売中止時期等について譲歩を得られることが期待できるだけでなく，不開示条項を入れることにより，企業イメージダウンを防止できます。

(4) 和解条項

和解の骨子がまとまれば，和解条項案＊151を作成します。多くの場合は，当事者の一方から提案がなされ，他方が修正案を出し，これを繰り返し，ある程度まとまった段階で，裁判所案が出されて和解成立にいたります。

裁判所から和解案が出され，これを，双方が修正して，和解成立にいたる場合もあります。

代理人としては，依頼者との間で，和解条項案について協議しますが，その場合，依頼者に各条項による効果を，詳細に説明して納得を得ておく必要があります。

なお，和解条項案において，最も問題になるのが，不開示条項の文言です。原告，被告の立場が異なるため，意見が対立しがちですが，原告・被告両名による開示文を作成するなどの工夫により，妥協点を見いだすことも可能と思われます。不開示条項が付されている場合は，和解調書について，閲覧制限申立

＊151　和解条項案の作成にあたっては，東京地裁のホームページに掲載されている「和解条項例集」が参考になります（http://www.courts.go.jp/tokyo/saiban/wakai/）。

て（民訴92条）を忘れないよう注意しましょう。

【室谷　和彦】

第 3 章

表示保護制度の活用とトラブル対策

第１節　表示を保護する法制度

表示を保護する制度としては，大きく２つに分かれます。

一つは，特定の表示（商標）に蓄積された信用を保護する制度です。社名や商品名などの表示（例えば，トヨタ自動車という社名やカローラという商品名（車種名））は，登録がされていない場合でも，特定の者や特定のグループの出所を表示するものとして法的保護が与えられています。そのため，他人の表示を侵害することのないように気をつける必要があります。また，自社のブランドを確立するためには，登録を行うなどして，保護を受けることができるようにする必要があります。そして，実務的には，自社が使用する表示に問題がないかどうか，他人が自社のブランドと類似する表示を使用しているときに使用を止めさせることなどができるかという形で問題となります。具体的な法制度としては，商標法では商標権，不競法では周知表示混同惹起行為（不競２条１項１号），著名表示冒用行為（同項２号）として禁止されています。また，ブランドなどの表示が著作物に該当する場合には，著作権法により著作物として保護されることもあります。なお，本章では，ブランド名などの表示を「表示」，「標章」，「商標」と表記しています。

もう一つは，国産などの原産地を意味する表示や発電能力などの性能や痩身効果などの効能や効果を意味する表示は，消費者が誤解しないように正確に行う必要があります。不正確な表示を行った場合には，使用の中止だけでなく，行政上の制裁を受けたり，最悪の場合には刑事罰を受けたりすることもあります。そして，実務的には，国産と表示したいが問題はないかとか，宣伝広告の内容が誇大になっていないかという形で問題となります。具体的な法制度としては，原産地表示，品質表示については原産地等誤認表示（不競２条１項14号）として禁止されています。また，食品表示法，景表法等の消費者保護を目的とする法令により適正な使用が義務づけられているとともに，違反した場合の罰則等が定められています。

Ⅰ　識別表示の保護

自社のブランド名をまねされたり，類似した同種商品が販売されたりすることで問題となります。

基本的には事業者間の問題ですので，事前の対応としては，商標登録をしておき，権利を確保しておくことが重要です。また，遅くとも商品の発売までに登録まで済ませておくことが望ましいですが，類似商品を発見した後でも出願をしておく価値はあります。

本章では，商標を中心に，自社ブランドの保護の方法や類似品を発見した場合の対応などについて説明します*[1]。

Ⅱ　誤認表示の禁止

商品の原産地や効果，効能を表する場合に，どのような表示をするのが適正か，どのような表示まで許容されるかが問題となります。

事業者間でも問題となりますが，消費者保護の側面もありますので，消費者保護に関する法制について事前に確認をしておく必要があります。そして，不競法は特定の商品やサービスに限定されないで適用されますが，商品等の種類によっては，個別に法令が定められ，ガイドライン等が存在することもありますので，適用される法令等を事前に調査・検討する必要があります。

また，上記Ⅰとは異なり，各法令を所管する官庁から課徴金などの行政処分を受けることもありますので，この点にも注意が必要です。

本章では，原産地（誤認）表示と品質（誤認）表示について，実務上の対応方法や具体的なケースなどを説明します。

Ⅲ　著作権法

著作権法は，思想又は感情を創作的に表現したものであって，文芸，学術，美術又は音楽の範囲に属するものを著作物として保護しています（著2条1項1号）。そして，商品などに付されているキャラクターなどが著作権法上の著作

＊1　商標の基本的な機能として出所表示機能，その派生的な機能として品質保証機能，広告宣伝機能が説明されることが多いです。近時はこれらに加えて商標のサーチ機能を重視する指摘もあります。

物に該当する場合には，著作権による保護の対象となります。ただ，保護期間は，著作者の死後50年などと定められています（著51条〜56条）。保護期間が限定されているという点で，10年ごとに更新することができる商標や識別力を維持している限り保護の対象となる不競法上の周知表示，著名表示と異なります。そして，著作物の保護期間を実質的に延長する手段として，絵本の図柄をそのまま商標登録することが行われていますが，このような方法には批判もあります。

また，商品形状自体が美術の著作物に該当する場合もありますが，実際には応用美術として保護される事例は少なく，著作物と認められた場合もその権利範囲は狭くなることが多いです。

Q３－１　キャラクター

自社で新しくキャラクターを作ることになりましたが，どのようなことに気をつけるとよいでしょうか。

A

１．キャラクターとは

需要者などへの認知度を高めたり，親しみやすいイメージなどをもたせたりするために，自社の商品にオリジナルのキャラクターを付けたりすることがあります*2。また，すでに有名なキャラクターのライセンスを受けて自社商品に使用することもあります。キャラクターの有無により商品の売れ行きが大きく変わることもあります。また，キャラクターにより言葉では伝えにくいイメージや親しみやすさを伝えることができます。

２．キャラクターの法的保護

キャラクターは，単なる人物や動物などの図形そのものではなく，抽象化された人格や人柄などのイメージですが，これを直接保護する法律は存在しません。具体的に絵柄として表現された容貌などは著作権法で保護されますが，抽象的な人格などは著作権法では保護されません。また，キャラクターの特定の容姿を図形商標として登録することはできますが，商標権の及ぶ範囲は同一又は類似の範

＊２　スナック菓子「カール」（株式会社明治）の「カールおじさん」，うがい薬（同前）の「カバくん」などが有名です。

囲に限られますので，その範囲は限られます。さらに，キャラクター自体が周知著名となり，特定の出所を表示するようになった場合には，不正競争防止法により保護されることになります。

このように，キャラクターは，著作権法などにより保護を受けている状態ですので，各法律での保護要件を満たしているのかをそれぞれ確認する必要があります。例えば，商標登録をするのであれば，一つの図形商標だけでなく，複数のポーズなどを登録することが考えられます。また，キャラクター名を文字商標でも登録したり，立体商標としても登録をしたりすることも考えられます。

第2節　商標を出願する場合

I　ブランド戦略

(1)　ブランド戦略の必要性

自社のブランドを構築する必要性について説明します。ノンブランドで商品やサービスを提供する場合には，需要者は製造元や提供元がどこかではなく，専ら価格で選択することになります。そうすると，需要者は低価格の商品を選択するため，大企業などの体力のある者が有利となります。他方，商品などの品質や付加価値で競争する場合，それがどこの商品かわかる目印（識別標，ブランド）が必要となります（出所表示機能）。一度，購入や利用した需要者が再度購入等する場合，商品名などのブランドを手掛かりに探しますので，競合他社と区別することができるブランドがないと，同じものに辿り着くことができなくなります。そして，需要者が繰り返し購入したり，多くの需要者が購入したりすることにより，商品名や企業名などのブランドに高品質や高付加価値などのよいイメージが蓄積されることになります（品質保証機能）。また，高品質などのイメージが定着することにより，ブランド自体が有名になり，広く知られることになります（広告機能）。このようにブランドを確立することにより，ブランドに顧客吸引力が付き，他社の商品との差別化ができたり，価格競争に巻き込まれたりしないことが可能となります。

(2)　具体的な方法

ブランド戦略に関する書籍は多数ありますので，ここでは概要のみ解説します*3。

ブランド戦略は，マーケティング戦略の一つですので，どのような相手（顧客）に，どのようなイメージ，価値を提供するのかを明確にし，それを具体化していく必要があります。

その場合，どのような領域でブランドを立ち上げていくかでいろいろな類型があります。①企業を中心にブランドイメージを組み立てるとき（コーポレートブランド，企業ブランド）と商品を中心にするとき（プロダクトブランド，商品ブランド）があります。また，②企業ブランドでは，１社のみのブランドもありますし，企業グループ（グループブランド）のブランドもあります。さらに，③企業のブランドと商品のブランドを合わせて使用する場合もあります。このような場合，それらのイメージは統一されていて，矛盾が生じないようにしておく必要があります。そのため，企業のブランドイメージは抽象的にしておいて，商品のブランドでそれを具体化するという方法がよくとられます。また，すでに企業イメージが確立しているときには，そのイメージに反しないような商品ブランドを考える必要があります。また，企業ブランドと商品ブランドを結合して使用する場合は，すでに企業ブランドが構築されていると，宣伝広告が効率的に行うことができますが，一方で不祥事などにより企業に悪いイメージがついてしまうと，商品にもその悪いイメージが伝わることになります。他方，企業ブランドと商品ブランドを結びつけないで構築する場合，宣伝広告などに時間や費用を要することにはなりますが，悪い影響は及びにくいという利点があります。この他，④商品のラインナップごとに違うブランドを使用することや国内と海外で異なるブランドを使用することもあります。例えば，高価格品と低価格品でブランド名を使い分けたり，外国語で標記した場合のイメージを考慮して国内とは異なるブランド名を使用したりすることもあります。

また，自社のみでの使用だけでなく，フランチャイズなどで他者にもライセ

＊３　ブランド戦略については，ケビン・レーン・ケラー『戦略的ブランド・マネジメント』〔第３版〕，同『エッセンシャル戦略的ブランド・マネジメント』〔第４版〕，デービッド・アーカー『ブランド論－無形の差別化を作る20の基本原則』，マーケティングについては，フィリップ・コトラー＝ケビン・レーン・ケラー『コトラー＆ケラーのマーケティング・マネジメント』〔第12版〕，競争戦略ついては，マイケル・ポーター『新訂　競争の戦略』を参照してください。

ンスをする場合もありますが，このような場合には商標登録は必須です。

ブランドの立ち上げの経験がない場合には，早い段階から，広告代理店や弁護士，弁理士などの専門家にも相談して進めるとよいでしょう。

Q3－2　ブランド戦略のあり方

弊社では新商品の販売にあたり新しくブランドを立ち上げる予定ですが，どのような点について注意すればよいでしょうか。

A

1． コンセプトの統一

全く新しくブランドを立ち上げる場合や既存のブランドをリニューアルする場合，製造，販売，宣伝などの社内の各部署・各部門において，ブランドのコンセプトについて共通した認識を作っておくことが重要です。例えば，どのようなブランドイメージを目指すのか，年齢や性別などの需要者層，高級品なのか低価格品なのかの価格面などについて明確にするとともに，ブランド全般にわたる基本的な観点・考え方を共有しておく必要があります。そうしないと，各部署で役割分担をして進めても，部署間で齟齬が生じたり，ブランドイメージが不明確になってしまったり，不都合が生じます。

また，具体的な展開（パッケージや宣伝など）においても，そのコンセプトに従った内容にする必要があります。例えば，若者向けにするにしても，高級品か低価格品かで，どのような色彩を使うか，どのような形状にするか，またどのような媒体に広告宣伝を行うのが効果的かに違いがあります。これらの方向性を決める際にもコンセプトは重要な要素となります。

2． ブランド要素

コンセプトが決まったら，次は具体的な名称などのブラン要素を検討することになります。このとき，コンセプトをブランド要素ごとに具体化することになります。ブランドの要素としては，名称（商品名等）のほか，商品デザイン，ロゴマーク（図形），店舗デザイン（立体），キャッチコピー，キャラクター，色彩，ジングル（音）などがあります。例えば，高級品であれば，高級感のある商品名を付けることになりますが，同種商品との差別化も必要となりますので，紛らわしい名前を使用すること自体，イメージが悪いので，仮に侵害にならないとしても避けるべきです。

3．権利化

商品名などの文字は文字商標として商標登録ができますので，遅くとも商品名が決定次第，商標出願を行っておく必要があります。また，商品形状であれば立体商標，ロゴマークであれば図形商標，店舗デザインであれば立体商標として，権利取得することができますので，これらについても権利化しておくほうが望ましいです。さらに，サウンドロゴは音商標として，ブランドカラーは色商標として，商標を取得することができるようになりましたので，登録を検討するとよいでしょう。ただ，音商標であれば，実際には，ある程度，使用されて識別力があるものしか登録されていないようですので，注意が必要です。サウンドロゴの登録例としては，久光製薬の社名，大幸薬品のラッパ音などがあります。また，色彩のみの商標の登録例としては，セブンイレブンの店舗看板の配色，文房具のMONOがあります。

なお，音の商標などの新しい商標については，現在は他社に取得されないために防衛的に取得することが多く，国内では権利行使された事例はありません。

4．顧客吸引力の集中と分散

企業名をブランド名として使用したり，複数の商品に同じブランド名を使用したりすることがあります。他方，同じ企業の同種商品で異なるブランドを使用することもあります。いずれの方針をとるかは各企業の判断ですので，各企業が決定することとなります。実際，いずれの方法でも市場に提供されています。

ただ，企業名をブランドに使用する場合には，すでに企業名が有名なときには宣伝広告費をかける必要がなくなるとか，有名ではなかったとしても宣伝広告を少なくすることができる利点がありますが，他方で，企業に悪いイメージが生じた場合には商品にもその悪いイメージが及んでしまうという欠点もあります。また，商品の種類が多くなり，それぞれに同じ商品名をつけると，企業のブランドイメージがわかりにくくなってしまうという欠点もあります。

反対に，企業名と商品名を分けると，宣伝広告費がかかることにはなりますが，企業の悪いイメージが商品に及ぶことは防ぐことができます。また，同じ商品で複数の異なる商品名を使用すると，同じ企業の商品間で共食いをすることもあります。

Ⅱ　ネーミングでの注意事項

ブランドを確立し維持していくためには，商標登録は不可欠となります。そのため，具体的なブランド名等のネーミングを考える際には，商標登録が可能なものにする必要があります。また，商標登録ができない事由（商標3条・4条）は識別力がないなど，そもそもブランド名としてふさわしくないものを列挙しています。そのため，具体的なネーミングを決める際には，①自他商品識別力があること，②他ブランドと混同を生じないことが重要となります。

また，商標は，特許などとは異なり，それ自体（識別標）には価値がないと考えられています。商標は，使用が継続されることにより信用が蓄積され，初めてブランドとしての価値が生まれます。そのため，全く知られていなかったり，顧客吸引力がない場合には，商標権侵害があったとしても，損害が発生しないとされたり，わずかな損害しか認められなかったりすることがあります。

さらに，商標には，特許などで無効理由とされる冒認（他人の発明を出願する行為）についての規定はなく，先に出願をした者が優先されるのが原則です。そのため，無効理由や取消事由がないかぎりは，他人が先に商標を取得すると，使用することができなくなります。

⑴　識 別 力（積極的要件）

まず，識別力については，商標法3条1項各号では，一般に識別力がない類型を挙げています*4。具体的には，普通名称（商標3条1項1号），慣用商標（同項2号），原産地等表示（同項3号），ありふれた名称等（同項4号），極めて簡単でありふれた商標（同項5号），識別力のない商標（同項6号）です。

これらに該当するようなブランド名を選択して，広告宣伝などに時間や労力や資本を費やしても，本来，出所識別標としては機能しにくいので，結局は自社のみで独占することができず，他社の使用を許すことになったりして無駄に終わることとなります。このような理由から，ブランド名を選択する最初の段階から識別力がなかったり，弱かったりするものは避けるべきです。

商標法3条1項各号の解説は基本書等に詳しいので，詳細はそちらで確認し

＊4　普通名称等が登録できない理由については，識別力がないことのほか，特定人に独占的な使用を許すことは適切ではないという点を考慮する考え方（独占適応性）もあります。

てください*5。また，実際の適用例や具体例については商標審査基準，審判例や裁判例などで確認するとよいでしょう。

Q3－3　建造物の名称

「大阪城」という文字と大阪城の図柄の入った土産物（タオル，Tシャツ，うちわ）を中国で製造して販売していますが，売れ行きがよいので，これを商標登録しておきたいと思っています。土産物自体は大阪で製造していないのですが，このような商標登録はできるのでしょうか。

A

1. 原産地表示の意義

まず，原産地等の表示は，必ずしもその指定商品がその商標の表示する土地において現実に生産・販売されていることを要しないとされ，需要者・取引者がその土地において生産・販売されているであろうと認識されることで足りるとされています*6。

そして，「大阪城」との文字で考えると，「大阪」という地名を意味する文字はありますが，「大阪」の部分は産地を意味しているのではなく，あくまでも「大阪城」という固有名詞の一部にすぎません。したがって，「大阪城」は，形式的には原産地表示に該当することにはなりません。

2. 建造物の名称等

ただ，姫路城近辺で「姫路城」や「白鷺城」という商品名や図柄を付けて日本酒を販売した場合，需要者は，姫路市付近で製造された日本酒と認識することは十分にありえます。

そこで，商標審査便覧では，山岳名，河川名，建造物の名称等に関する商標について，既存の公共建造物の名称又は図形を表示する標章のみからなる商標は，これが著名な観光地として一般の需要者，取引者に認識されているものであって，使用する商品が，当該地で生産され，販売されているものであろうと認識される

＊5　小野昌延＝三山峻司編『新・注解　商標法（上）』，小野昌延＝三山峻司『新・商標法概説』〔第2版〕，特許庁編『工業所有権法（産業財産権法）逐条解説』〔第20版〕など。
＊6　最判昭和61年1月23日裁判集民事147号7頁〔ジョージア事件〕。

ものである場合は，これを当該商品の産地若しくは販売地を表示するものとして取り扱うとして，原産地表示に該当するとの見解を示しています。

したがって，日本酒に「姫路城」や「白鷺城」という文字を使用することは原産地表示に該当する可能性があります。

このように，地名などを含む名称を避けてブランド名を選択すべきです。また，仮に，商標出願をせざるを得ないとしても，地名や地名を含む名称のほか，山岳名，河川名，建造物の名称を商標出願する際には十分に注意が必要です。

(2) 混同等（消極的要件）

商標法４条１項では，商標登録の消極的要件として不登録事由が列挙されています。具体的な不登録事由としては，国際信義や公序良俗に反するものもありますが，他人の商標と類似しているもの（同項10号～12号）や不正の目的での取得（同項19号）が重要となります。

ブランド名やロゴなどを決める際に，国旗に類似したり，公序良俗に反したりするものをあえて選択することは少ないですが，他人の商標に類似するとして，登録が拒絶されることはよくあります。他人がすでに使用している商標やそれに類似した商標を選択する必要はありませんし，仮に過誤などにより登録されたとしても，後に変更を余儀なくされることもあります。そのため，事前の調査が重要となります。また，類似する可能性があるものが発見された場合には，変更するなどの対応を検討するとよいでしょう。

Q３－４　歴史上の人物

「吉田松陰」「高杉晋作」「桂小五郎」などの歴史上の人物名を商標登録しようとしています。弊社とは特に所縁があるわけでもありませんが，登録はできないでしょうか。また，氏名で登録ができないのであれば，「松陰」「晋作」「小五郎」の名前だけであれば登録できないでしょうか。

A

１． 公序良俗違反（商標４条１項７号）

「公の秩序又は善良の風俗を害するおそれがある商標」は，公序良俗に反するとして，商標登録することができません。そして，本号は，商標の構成自体が公序良俗に反する場合（例えば，差別的，他人に不快な印象を与えるような文字，図形）のほか，出願から登録までの経過が考慮されたり[*7]，世界的に著名な画家の略称を遺族の承諾なく登録する場合[*8]などにも適用され，その適用領域が拡大されています。

本問の「吉田松陰」などはいずれも著名な歴史上の人物の氏名ですので，その構成自体が本号に該当することはありません。

2．商標審査基準

しかし，出願経緯や遺族の承諾などによっては，本号に該当することもありえます。商標審査基準では，著名な歴史上の人物名等の商標について，当該人物の著名性・評価を自己の事業のために利用する意図又はその名声を僭用して利益を得る意図があること，地域の産業に悪影響を与え公正な取引秩序を乱すおそれがあること，また，名声や名誉を害するおそれがあり遺族の心情を害するおそれがあることが認められる場合には，本号に該当するとされています。

したがって，「吉田松陰」などの著名性を自己の事業のために利用する意図やその名声を利用して利益を得る意図があるなどとして登録が拒絶されることは十分ありえます。

Q３－５　キャッチフレーズ

キャッチフレーズは，以前は商標登録が難しかったようですが，現在は登録できることもあるようです。どのような場合に登録できるのでしょうか。

A

識別力のない標章は商標登録ができません（商標３条１項６号）。そして，キャッチフレーズなどの標語は出所識別標識ではなく商品又は役務の宣伝文句や企業理念等のみとして認識することが多いことを理由に本号に該当するとされていまし

＊７　東京高判平成11年11月29日判時1710号141頁〔母衣旗事件〕，東京高判平成11年12月22日判時1710号147頁〔ドゥーセラム事件〕。

＊８　東京高判平成14年７月31日判時1802号139頁〔ダリ事件〕。

た*9。現在もこのような考え方は維持されていますが，審査基準が変更され，判断要素について具体的な記載がされるようになりました。そのため，識別標として機能しているかどうかの予測が付くようになりました。

識別力を肯定する要素としては，①商号等の自他商品・役務の識別機能を有する語が含まれていること，②自他商品・役務の識別機能を有する図形等と結合していること，③出願人が出願商標を長期間使用していること，④第三者が出願商標と同一又はそれに類する語を宣伝・広告として使用していないことが挙げられています。

他方，これを否定する要素（商品又は役務の宣伝・広告として認識される事情）としては，①商品又は役務の特性や優位性を認識させる場合，②商品又は役務の購入や使用を誘引していると認識させる場合，③出願商標と同一又はそれに類する語が一般的に宣伝・広告として使用されている場合が挙げられています。

これらを踏まえて登録の可否を判断します。実際にキャッチフレーズであることを理由に識別力が問題となったものの登録された例もありますが，そもそも識別力のある表示でキャッチフレーズには該当しないと判断されたり，長期間の使用実績の結果，宣伝広告とは認識されないような内容でなければ登録は難しいので，出願する場合には専門家に相談し，慎重に判断したほうがよいでしょう。

Ⅲ　権利行使を踏まえた出願で注意すべきこと

ブランドのコンセプトが統一されると，ブランド名やロゴなどを決めることになります。この段階で商標出願をするかどうかも検討することになりますが，商標は基本的には早い者勝ちとなりますので，現在は他人が使用していなくても今後登録されたり使用されたりすることもあります。商標の出願や維持には費用はかかりますが，後で変更する必要が出てきたり，再度新たなブランドを立ち上げたりすることを考えると，早期に出願をしておいたほうがよいです。

そして，商標出願を行う場合には登録可能性も考慮する必要があります。そこで，その際に検討したり考慮したりすべき事項について説明します。

⑴　出願前に検討する事項

＊９　知財高判平成19年11月22日裁判所ホームページ〔新しいタイプの居酒屋事件〕。

まず，具体的なブランド名やその表示を考えるときには，遅くともいくつかの候補に絞られた段階で，他社の使用状況や商標登録の有無，場合によっては海外の状況等についても確認しておく必要があります。このような調査・確認が行われないまま，デザインやロゴなどを決定し，商品の生産や広告宣伝の準備ができてから，最悪の場合には販売，宣伝広告が行われてから，他社の権利侵害の可能性に気づくことがあります。そうすると，再度，初めからブランド名を考え直さなければならないこととなり，それまでに費やした多大な労力や費用が無駄になってしまうことになります。また，販売計画などに影響が生じることもありますので，早い段階から十分に注意しておく必要があります。東京オリンピックのエンブレムについて海外の著作権侵害が問題となったことは記憶に新しいところです。

(a)　どのような商標を出願するか

わが国で登録できる商標には，文字商標，図形商標，結合商標，立体商標などの種類がありますので，出願する商標は文字だけにするのか，ロゴ（図案化，装飾された文字，例えばコカ・コーラのロゴなど）にするのか，文字と図形の組み合わせにするのか，文字や図形に色を付けるのかなどを決める必要があります。

また，すでに使用しているブランドがある場合には，使用しているままで出願するのか，文字だけで出願するのかについても検討する必要があります。

商標登録がされたとしても，同一の商標については商標権者として登録商標を使用する権利（専用権）を有しますが，類似の範囲については他人の使用を排除することができる権利（禁止権）を有するのみで，類似の範囲には使用する権利があるわけではありません。例えば，類似の先願商標があるにもかかわらず，過誤により後願商標が登録されたとしても，後願商標の使用は先願商標により使用の差止めとなったり，無効審判請求により無効とされたりすることがあります。他方，先願商標は，過誤により類似する後願商標が登録されたとしても，登録商標の使用（専用権の行使）として差止めの対象とはならないことがあります。そのため，どのような商標を登録するかは非常に重要ですので，自社の使用状況，今後の使用予定，他社の使用状況のほか，先願商標も考慮して，的確に出願する必要があります。

(b)　権利範囲

文字商標として特殊な字体で出願した場合には，登録されたとしても商標の権利範囲はその字体に限定されることがあります。特に，同じ指定商品で類似の商標が多数登録されている場合には，思っていたよりも狭く解釈されることがありますので，注意が必要です。他の商標と類似と判断されて，登録できないことを考慮して，辛うじて登録できたような場合には，当然，その権利範囲は狭くなります。そのため，折角，登録をしても自社が使用するだけで，他人の使用を止めることができないことになることもありますので，出願前に考えておくとよいでしょう。

このように文字商標の場合には，権利範囲を広くしておくために，実際に使用しているロゴと標準文字の両方で出願するなどの工夫も必要でしょう。

また，複数の単語を結合した商標や文字と図形を組み合わせた結合商標では，文字や図形の一部分が一致していても，そのことのみで直ちに類似とはなりません。特定の文字や図形の構成要素が要部として分離することができない限り，すべてが一致するか，特徴的な部分が一致する必要があります。したがって，結合商標の場合，権利範囲は一般に狭くなります。このように，結合商標は登録しやすいものの，類似の範囲は狭くなってしまうことになります。

出願の際には，一方で実際に使用している商標が他人のブランドを侵害しないように気を付けながら，他方で他人の類似のブランドの使用をどこまで止めることができるかを考えることになります。

(c)　指定商品・指定役務の範囲

商標出願の際には，登録を受けたい商標だけでなく，どの指定商品・指定役務で登録をするかを決める必要があります。そして，指定商品は，実際に使用している商品以外にも今後どのような商品で使用する予定があるかを考えて決定することになります。

指定商品・指定役務は，政令で定められた区分に従って具体的に記載する必要があります。多数の区分で出願をした場合には，使用の証明や使用の予定（使用の意思）について確認をされることがあります。

また，審査の対象は，類似商品・類似役務にも及びますので，出願する指定商品との関係で具体的な類似商品等を確認し，類似する商標が登録されていないかを確認する必要があります。類似商品の判断については「類似商品・類似役務審査基準」があります。商品同士，役務同士や商品と役務が類似するかどうかは，生産部門，販売部門，用途，需要者が一致するかどうかなどが考慮されます。そして，特許庁の審査では「類似商品・類似役務審査基準」に基づいて統一的に判断されます。例えば，商品「建物」と役務「建物の売買」は類似することとなります。

また，指定商品・役務区分は例示ですので，これに掲載されていない特殊な商品の場合やどれに該当するかわからない場合には，「商品・役務名検索」（特許情報プラットホーム内）で検索する必要があります。場合によっては複数の商品にまたがることもありますので，注意が必要です。

⑵　特に注意が必要な事項

実際に出願すると思わぬことで拒絶理由通知がきたりします。そこで，特に注意が必要な事項，ありがちな間違い，勘違いについて説明します。

⒜　商標の色彩

ロゴや図形を出願する場合，実際に使用している色彩のついたロゴなどで出願することがあります。ただ，色つきで出願し，登録がされた場合，登録商標は登録された色彩に限定されることもあります。他人が，色彩のみが異なる商標を登録することは通常はできないと考えられますが，類似範囲の判断に影響を及ぼすおそれはあります。そのため，色彩を限定しないのであれば，色つきではなく色彩がない状態で出願しておいたほうが無難です。

⒝　識別力の低い商標

普通名称や普通名称に地名などが付加されただけの商標は，一般に識別力が低く，文字商標のみを出願すると登録できないことがあります。

このような場合に，商標出願を行う理由としては，①他人による商標登録を阻止することを目的とするときと，②権利を取得して他社を排除する目的でするときがあります。

上記①のときは，社名を付加したり，図形を付加したりして，識別力のある商標にした上で，登録を得ておくとよいです。これにより他社による取得は難しくなります。他方，上記②のときは，社名等を付加して，いったん登録をした上で，登録商標について使用実績を積み重ねた後に，社名や図形のない商標で出願すると登録される可能性は高まります。また，ハードルは高いですが，社名等のない商標で，書体などを工夫して出願する方法もあります。狭い範囲ででも登録が認められると他社に与える影響は大きいので，登録後に有効性が争われることも予想されます。

また，登録を急ぐような場合には，文字商標のみと社名等を付加した商標を同時に出願し，後者のみ確実に登録をしておくという方法もあります。

(c)　指定役務での注意点

指定役務は商標を使用する役務（サービス）のことです。具体的には，不動産取引，電気通信や飲食物の提供などです（指定役務リスト第35類～第45類）。

そして，指定役務での「役務」は，他人のために行う労務又は便益であって，独立して商取引の目的となるものとされています*10。なお，必ずしも営利目的ではなくてもよいとされており，病院や学校などの非営利事業であってもかまいません。

広告（第35類）であれば，広告事業や広告代理店などとして広告に関する事業を行っている必要があり，単に自社のホームページや宣伝広告物に使用しているだけでは，上記の定義にいう役務を行っていることにはなりません。

また，飲食店の情報提供（第43類）を指定役務として登録をしたとしても，単に他社がその店舗の宣伝だけのために商標を使用している場合には指定役務についての使用にはならないため，権利は及びません。

(d)　総合小売業

現在は小売業や卸売業を指定役務として登録することができるようになりました。しかし，個人が総合小売業を指定役務とする場合，法人が総合小売業を指定役務としたが，実際には行っていない場合，類似の関係にない複数の小売等役務を指定した場合などについては，使用の意思について疑問があるとして拒絶理由通知がくることがあります。その場合には，使用の事実や使用意思について証明書等を提出する必要があります。

(e)　将来の使用の可能性がある商標

実際に使用していない商標であっても出願することはできます。また，他人よりも先に出願しておかないと，商標をとることができないこともあります。

---

*10　東京高判平成12年８月29日判時1737号124頁〔シャディ事件〕，東京高判平成13年１月31日判時1744号120頁〔エスプリ事件〕。

そのため，早期に複数の商標出願をするのが望ましいです。

ただ，出願にも費用がかかりますし，多数の指定商品を指定した場合には拒絶理由通知を受けることもあります。また，登録料の納付などの管理を行う必要もありますので，慣れていないと注意が必要です。

そこで，どういう出願を行うのがよいか検討することになります。実際には出願の目的やかけることができる費用などにもよりますが，まずはすでに実際に使用している場合は使用している商標か，それを含む商標を出願しておく必要があります。また，文字だけでなく，文字を含んだロゴや図形のみについても出願しておいたほうがよいでしょう。

次に，実際には使用していない商標については，今後，使用する可能性を考慮して判断することになります。３年以上使用しないと不使用による取消しがされることもありますので，３年以内程度に使用の可能性があれば，出願しておいたほうがよいでしょう。

また，指定商品についても，実際に使用している商品だけでなく，使用の可能性のある範囲で広くしておいたほうがよいでしょう。

(f)　拒絶される可能性がある場合

普通名称や原産地表示など識別力の弱い商標など，予め拒絶されることが予想されるときには，ある程度の使用実績を作ってから出願するという方法もあります。

商標法３条２項では，原産地等の表示，ありふれた氏，極めて簡単でかつありふれた標章の場合であっても，使用の結果，識別力を獲得したものについては登録することができることとなっています。そして，同条の適用を受けるためには，実際に使用している商標，使用開始時期，使用期間，使用地域，譲渡等の数量，営業の規模，広告宣伝の方法，回数等などを資料として提出する必要があります。このとき，実際に使用している商標と出願する商標とは同一である必要があります。また，商標登録されるとその効力は日本全国に及びますので，すべての取引者，需要者が知っていることまでは要求されませんが，一地域に限定されているだけでは識別力を獲得したとは認められません。したがって，出願前に周到な準備を行う必要があります。

(g)　弁理士へのアドバイス

商標出願を弁理士に依頼することは多いですが，登録後の商標権侵害事件については経験の少ない弁理士もいるようです。

商標の登録までは専ら特許庁とのやりとりで審査基準等も整備されており手続は明確ですが，商標権侵害事件は，交渉や証拠資料の収集，訴訟提起など，弁理士の通常業務からは外れることになります。

そこで，侵害事件が予想される出願については，出願段階から商標権侵害事件の経験のある弁護士にも相談しておくのがよいでしょう。どのような商標について登録を目指すか，差止めはできないにしても相手に対するプレッシャーとなるかなどを考慮する必要があり，またその後の侵害訴訟にも影響することもあります。

(3) 立体商標

以前は宣伝広告物が立体商標として登録されることが多くありましたが，最近は商品形状が登録される例も増えてきました*11。そこで，特徴的な形状であったり，形状自体に識別力があったりするような場合には，立体商標として登録しておくことも有効です。ただ，通常，商品には社名や商品名が付されていますので，形状のみで登録することはややハードルが高くなります。

なお，実際に権利行使する場面では，類否などにおいて争いになることがありますので，難しい面もあります。したがって，立体商標，特に商品形状の場合には，権利行使よりも権利を取得しておくことを中心に考えるとよいでしょう。

Q3－6　商標出願に要する費用

商標出願をしたいのですが，どの程度費用が必要か教えてください。また，商標出願は弁理士に依頼しないといけないのでしょうか。商標を取得した後の管理はどうしたらよいでしょうか。

＊11　知財高判平成19年6月27日判時1964号3頁〔マグライト立体商標事件〕，知財高判平成20年5月29日判時2006号36頁〔コカ・コーラ・ボトル立体商標事件〕，知財高判平成22年11月16日判時2113号135頁〔ヤクルト容器立体商標事件〕，知財高判平成23年6月29日判時2122号33頁〔Yチェア立体商標事件〕。

A

商標出願にかかる費用としては，①特許庁に納める費用と，②出願代理人に支払う費用があります。①については，自分で商標出願をしても代理人に依頼しても必ずかかる費用です。ただ，法改正などにより金額が変わることがあるので，事前に確認しておく必要があります。特許庁のホームページ＊12には最新の情報が掲載されていますので，出願する際には確認しておくとよいでしょう。②については，自分で出願する場合にはかかりません。また，代理人に依頼する場合でも，具体的な金額は代理人によって変わることがありますので，事前に確認するとよいでしょう。なお，弁理士費用の目安については，弁理士会のウェブページ＊13で確認してください。

Q３－７　品番等

商標調査をしたところ，アルファベットや数字の文字列が商標登録されているのを発見しました。弊社では商品に「AB123」などの品番や型式番号などをつけていますが，特に商標登録はしていません。このようなブランドとして使用しない数字などの文字列も登録をしておいたほうがよいのでしょうか。

A

商標審査基準では，ローマ字の１字又は２字は極めて簡単でありふれた標章（商標３条１項５号）に該当するため，原則として登録が認められないとされています。また，１～２桁の数字も同様です。したがって，これらの態様では商標登録ができないのが原則です。しかし，これらの標章であっても使用の結果，識別力を獲得した場合には登録が認められることがあります（商標３条２項）。また，ローマ字３字や数字３桁，ローマ字と数字を組み合わせて３文字の場合には，極めて簡単でありふれた標章には該当しないと考えられており，実際に多数の登録がされています。

ローマ字等を品番などとして使用する場合，商標的使用には該当しないことも多いですが，表示の仕方によっては商標的使用とされることもあります。例えば，

＊12　https://www.jpo.go.jp/tetuzuki/ryoukin/hyou.htm
＊13　http://www.jpaa.or.jp/?p=6673

品番として使用されていることが明記されていなかったり，ブランドのような形で表示したりすると，商標的使用と判断されるおそれがあります。

そのため，実務的には，自社が使用している品番等の文字列を，他社に取得されないようにするために商標登録をしておくことも行われています。最近はあえて他社が使用しているような品番等で商標登録をして，高い値段で購入を持ち掛けたり，高額なライセンス料を要求したりすることもありますので，重要な品番や長期間使用する予定の品番などは商標登録することを検討するとよいでしょう。商標登録のためには多少の費用はかかりますが，他社に取得されて紛争になった場合にかかる買取費用や訴訟費用などと比較すると，商標登録をするほうが低額で，紛争の予防にもなります。

また，品番などがついた商品を外国で製造したり，外国に輸出したりする場合には，外国での登録についても検討しておくとよいでしょう。

Ⅳ　調査方法

商標を出願する場合には，事前に同じ商標や似ている商標がすでに登録されていないかを調査する必要があります。この事前の調査で同じ商標などを発見した場合には，出願する商標を変更したり，指定商品などを変更したりすることとなります。また，特許庁からどのような理由で拒絶査定を受けるのかを予測したり，事前にその対応を考えたりしておくことも重要です。

例えば，事前調査で類似となる可能性がある先願商標が見つかった場合であっても，出願段階では少し広めに出願をしておき，拒絶された部分のみを削除する方針としたり，普通名称などを理由に拒絶が予想される場合には出願商標の使用実績を作って，証拠化したりする対策を考えることになります。

登録の可否や拒絶された場合の対応を事前に検討するために，出願前の調査は重要となります。しかし，調査漏れのない完全な調査を行うためには，費用も時間もかかります。そのため，調査にかけることができる費用や登録を急いでいるかなども考えて，調査の方法やかける費用，時間を決めることになります。また，弁護士や弁理士に出願を依頼する場合には，出願前に調査を行ってくれることもありますので，必要に応じて利用するとよいでしょう。

具体的な調査方法は多数ありますが，比較的よく使われている調査は次のとおりです。また，それぞれの調査方法には限界もありますので，その点についても留意が必要です。

(1) 特許情報プラットホーム（J-PlatPat）

特許情報プラットホーム（略称 J-PlatPat＊14）では，産業財産権全般（特許，実用新案，意匠，商標）の調査を行うことができます。商標の場合には，①称呼検索，②図形検索，③周知・著名商標検索などがあります。

①称呼検索は，文字商標を検索するときに使用します。具体的な称呼（例えば，「トヨタ」など）を入力して検索すると，同じ称呼だけでなく類似する称呼も検索されます。ただ，ここで類似する称呼として検出されるものは，機械的に判別されているだけですので，登録の可能性については別途検討する必要があります。

②図形検索では，図形等分類表の分類（大・中・小の三段階の分類）に従って，該当する図形の種類をたどり，同一又は類似する図形商標を探すことになります。例えば，プードルをモチーフとした図形商標であれば，（大分類）３動物→（中分類）3.１四足獣（シリーズⅠ：イヌ科）→（小分類）3.１.８イヌ，オオカミ，キツネとたどっていき，図形等分類を特定し，指定商品や類似群コード，登録日などを入力して検索します。検索結果が多数になる場合には指定商品などを適宜絞り込む必要があります。図形商標が同一となることは少ないと思いますが，文字商標と同様，それぞれ類似の判断をする必要があります。

文字商標と図形商標の組み合わせの場合には，称呼検索と図形検索の両方をすることになります。

③周知・著名商標検索では，防護標章として登録がされている商標や判決等で周知・著名とされた商標について検索することができます。周知・著名商標となっている商標については，これらと類似する場合には登録は難しいです。

なお，すべての商標が検索できるわけではないので注意が必要です。例えば，以前登録がされていたものの現在は登録がされていないものや有名であってもそもそも商標登録がされていないもの，出願中のものなどは，検索ができません。また，検索条件の設定によっては，類似の商標が外れてしまうこともあり

＊14　https://www.j-platpat.inpit.go.jp/web/all/top/BTmTopPage

ます。したがって，文字商標の場合であれば，いくつかのパターンで検索をしてみたり，インターネットでの検索なども併用してみたりするとよいです。

(2)　海外庁での検索サービス

世界知的所有権機関（WIPO），欧州連合知的財産庁（EUIPO），米国特許商標庁（USPTO）などの海外庁のウェブサイトでも商標検索サービスが提供されています。これらの海外庁サービスについては，上記(1)の特許情報プラットホームにリンクが掲載されています。これらを利用することにより，海外での商標登録の状況を確認することができます。ただ，慣れていないと使いこなすのは難しいかもしれません。

(3)　インターネット検索

現在ではインターネットの検索サイトが発達していますので，これを利用する方法もあります。日本語で検索すると検索結果は日本語が優先して表示されますので，使い勝手はよいです。

他社のブランドはすべて登録されているわけでもないので，出願前にはインターネットでの検索も必要となります。そして，商標登録はされていないもののある程度有名な商標がある場合には，登録ができない可能性もありますので注意が必要です。また，外国で登録がされている場合や外国で有名なブランドもありますので，日本語での検索だけでなく，ローマ字表記での検索も行っておいたほうがよいです。さらに，他人の著作物と類似する場合には登録が認められないことや紛争が生じるおそれがあるので，確認しておいたほうがよいです。

インターネット検索サイトでは，グーグル（Google）が有名ですが，文字での検索のほか，画像検索もできます。そして，検索する際は，文字であればひらがなや漢字，ローマ字など複数パターンで検索しておいたほうがよいです。また，検索サイトはそれぞれ検索方法が異なりますので，検索結果に相違があります。１つの検索サイトだけでなく複数の検索サイトを利用することをお勧めします。

特に，海外でも同じブランドを使用することを予定している場合には，予め外国語の意味も確認しておいたほうがよいです。日本語の発音では，外国では異なる意味になったり，ときには卑猥な意味や印象の悪い意味になったりすることもあります。また，外国独特の感性もありますので，世界的に統一したブランドを使用するのか，各国ごとに異なるブランドを使用するのか，検討しておくとよいでしょう。

⑷　専門家による調査

出願前に弁理士や弁護士に登録可能性について調査を依頼することもあります。また，商標出願を代理人に依頼する場合には，代理人で調査を行うことが多いです。ただ，調査の範囲，方法や程度については，早期に出願を行う必要があるか，調査に費用をかけることができるかなどにより，事案に応じて相談することになります。また，専門家による調査であっても，完全に調査することはほぼ不可能で，限界がありますので，注意が必要です。通常，単に商標登録の可否を判断するためであれば，上記⑴や⑶の調査で足りると思われます。

また，調査結果を踏まえて，専門家からどのような商標であれば登録可能かなどの分析や助言を受けることもあります。このような調査・分析を経て，変更が必要な場合には，商標自体を変更したり，指定商品を変更したりすることとなります。

Q３−８　他の商標と類似する可能性がある商標を使用している場合

「○○○」という文字商標（Ａ商標）を出願しようとして，商標調査をしてもらったところ，同じ指定商品で「×××○○○」（Ｂ商標）という登録商標があることがわかりました。

出願する商標は変更したほうがよいでしょうか。また，変更する場合にはどのように変更すればよいでしょうか。

Ａ

まず，Ａ商標をそのまま出願した場合には，Ｂ商標と類似するとして拒絶されることが予想されます。ただ，Ｂ商標の「×××」と「○○○」との組み合わせの外観や観念，称呼などによっては，Ａ商標が登録されることもありえます。そのため，どうしてもＡ商標のまま出願する必要がある場合にはＡ商標のままで出願するという選択肢もありえます。しかし，そのような場合であっても，Ａ商標が拒絶される可能性もありますので，A商標とは違うパターンも併せて出願しておいたほうがよいです。例えば，A商標に文字（△△△）を追加して「△△△○○○」とするとか，A商標に自社名を追加するとか，A商標に図形を組み合わせるとか，登録できる可能性の高い商標も出願するのがお勧めです。

次に，B商標が有名であった場合などには，A商標での登録は難しいため，A商標は諦めて，他の商標に変更する選択肢もあります。そのような場合，A商標とは全く異なる商標にするのか，A商標をもとに修正を加えるのかを検討することになります。

あえて他人の似ている商標を使う必要がないのであれば，A商標とは全く異なる商標としてもよいですが，新しく決めた商標についても別途調査を行う必要があります。

他方，A商標をもとに修正を加えるのであれば，上記のような文字や図形を追加する方法のほか，A商標自体も「●●●」などのA商標に近い文字に変更したり（A’商標），A’商標を特徴のある独特の字体にしたりする方法があります。すでに類似の商標が発見されているので，拒絶されることは予測した上で，拒絶された場合に反論できるだけの根拠（外観，観念，称呼での相違や法的根拠）を予め準備しておくとよいでしょう。

また，B商標に類似した商標が多数登録されているという事情も，A商標が登録される可能性に影響しますので，この点についても調査をしておくとよいでしょう。今回の例であれば，「○○○」かそれに近い商標が登録されている可能性があります。

さらに，すでにA商標の使用実績があり，ある程度有名になっているような場合には，実際に使用していた指定商品に限定することにより登録の可能性を高めることができますので，指定商品についても絞り込むとよいでしょう。

V　審査段階

出願後，通常4～5ヵ月で審査が終わります。登録に支障がなければ登録査定となり，登録料の納付を行います。また，10年ごとに更新を行うと，半永久的に登録を続けることができます。

しかし，審査の結果，登録要件や不登録事由がある場合には，特許庁から

「拒絶理由通知」が送られてきます。登録を目指す場合には，まずは所定の期間内に補正書や意見書を提出します。それでも特許庁の判断が覆らない（登録が認められない）場合には，「拒絶査定」がされ，特許庁に拒絶査定不服審判を申し立てます。さらに，拒絶査定不服審判でも登録が認められない場合には，知的財産高等裁判所に審決取消訴訟を提起することとなります。

(1)　拒絶理由通知に対する対応

拒絶理由通知がきた段階で登録を諦める場合には，特に対応はせず，一定期間が経過すると登録が認められないこととなります。

拒絶理由通知に対しては，分割出願を行ったり，補正書や意見書を提出したりして，拒絶理由の解消を目指します。

複数の指定商品で出願を行っている場合で，一部の指定商品だけについて拒絶理由通知があったときには，拒絶理由通知のなかった指定商品を親出願とし，拒絶理由通知のあった指定商品を分割出願とすることで，分割出願の出願日は親出願の出願日で維持しながら，拒絶理由通知のない親出願は早期に権利化をすることができます。

補正書では，拒絶理由通知のあった指定商品を修正することができます。拒絶理由通知のあった指定商品を削除したり，指定商品を限定したりすることができます。これにより，拒絶理由通知の根拠がなくなった指定商品について登録がされることになります。また，意見書では，出願人から拒絶理由通知に対する反論を述べることができます。特許庁の判断や解釈が判例に合致していないなどの理由を述べることとなります。意見書の内容によっては，特許庁が判断を変更し，登録を認めることもあります。また，特別顕著性を主張するなど，資料を追加して提出することもあります。

ただ，登録実務や判例実務などに基づいた説得的な内容でないと，特許庁が判断を覆すことはありませんし，どのような資料をどのように提出するかを判断する必要がありますので，専門家に依頼したほうがよいです。

また，商標法４条１項11号（他人の登録商標との類似）により拒絶された場合，先願商標に使用事実がなければ，不使用取消審判により取り消すこともできます。ただ，すでに出願商標を使用している場合には，不使用取消審判請求をすることで，こちらの使用が知られてしまうこともありますので，注意が必要です。

(2) 具体的な拒絶理由

よく見かける拒絶理由通知としては，次のものがありますので，出願の際には事前に確認しておく必要があります。特に商標法４条１項11号（他人の登録商標との類似）による拒絶は多いので，事前の商標調査が重要となります＊15。

(3) 商標法３条２項による登録

商標法３条１項３号〜５号（品質等表示，ありふれた名称，ありふれた表示）については，使用の実績により識別性を獲得した場合には登録が認められることがあります。

Q３－９　特別顕著性

これまで長年使用してきたブランドを商標登録しましたが，商標法３条１項１号（商品の産地）に該当するとの拒絶理由通知を受けました。長年使用し続けてきた結果，現在ではかなり有名になっていますので，何とか登録することはできないでしょうか。

A

1. 商標法３条２項の要件

産地表示など（商標３条１項３号），ありふれた名称などの標章（同項４号），極めて簡単でありふれた標章（同項５号）については，使用の結果，識別力を獲得している場合には登録を受けることができます（商標３条２項）。そして，識別力を獲得したといえるためには，①実際に使用していた商標と出願商標は同一であること，②実際に使用していた商標の商品と出願商標の指定商品が同一であること，③需要者が特定の出所を認識していることが必要となります。

上記①，②については，比較的簡単に準備することができますが，③について十分な資料を提出することができるかが重要となります。

③の考慮事由としては，さらに(i)出願商標の構成及び態様のほか，(ii)商標の使用態様，使用数量（生産数，販売数等），使用期間及び使用地域，(iii)広告宣伝の方法,

＊15　他の拒絶理由も含めて，詳細については前掲＊５に挙げた各基本書等を参考にしてください。なお，法改正や新しい裁判例が出たりしますので，最新版で確認するようにしてください。

期間，地域及び規模，(iv)出願人以外の者による出願商標と同一又は類似する標章の使用の有無及び使用状況，(v)商品又は役務の性質その他の取引の実情，(vi)需要者の商標の認識度を調査したアンケートの結果などがあります。いずれの考慮事由も識別力が肯定されるものが重要となりますので，商標が商品にも宣伝広告にも明確に表示されていることや販売数量なども大規模なほうがよいです。さらに，登録されるとその効力は全国に及びますので地域的にも広範囲なほうがよいです。また，特定人に独占を認めることとも関係して，他人が類似商標を使用していないことも必要となります。

２． 立証資料

準備する資料としては，審査基準では①商標の実際の使用状況を写した写真又は動画等，②取引書類（注文伝票（発注書），出荷伝票，納入伝票（納品書及び受領書），請求書，領収書又は商業帳簿等），③出願人による広告物（新聞，雑誌，カタログ，ちらし，テレビCM等）及びその実績がわかる証拠物，④出願商標に関する出願人以外の者による紹介記事（一般紙，業界紙，雑誌又はインターネットの記事等），⑤需要者を対象とした出願商標の認識度調査（アンケート）の結果報告書（ただし，実施者，実施方法，対象者等作成における公平性及び中立性について十分に考慮します）が挙げられていますが，これらに限られるわけではありませんので，識別力を裏づけることになる資料は積極的に提出するとよいでしょう。

また，資料を収集する際には，不利になる内容が含まれていないかも確認しておく必要があります。例えば，出願商標と異なる態様で使用をしていた場合，出願商標と同一の態様で使用していた資料を中心に提出する必要があります。出願商標と異なる態様のものが多くある場合には，使用実績が認められないこととなります。そのため，特別顕著性の獲得を根拠に登録を目指す場合には，出願前から使用商標を統一的に使用したり，商品や広告宣伝では使用商標が明確にわかるように表示したりするなどの注意が必要です。

３． 実際の使用態様

また，実際には社名などの他の商標と組み合わせて使用されていることも多いです。このような場合，社名等も含めて識別力が判断されますので，社名のない商標には特別顕著性がないと判断されることが予想されます。そのため，社名等も含めて出願することを検討したほうが無難です。

商品形状が立体商標として登録される例も増えてきましたが，商品自体には通常，商品名や社名が付されていることも多いので，注意が必要です。審査基準では，商品等の形状そのものの範囲を出ない立体的形状に，識別力を有する文字や図形等の標章が付されている場合は，商標全体としても識別力があるものと判断するとされています。そのため，商品名等が付されている場合に，商品名等のない商品形状のみを登録することは難しいのが現状です。

(4)　拒絶査定不服審判

拒絶理由通知に対して補正書や意見書を提出しても審査官の判断が覆らなかった場合（登録が認められない場合）には，拒絶査定となります。そして，これに不服がある場合には，３ヵ月以内に特許庁に拒絶査定に対する不服審判を請求することになります。

審査官の実体審査は迅速かつ統一的になされる必要がありますので形式的な判断となりがちですが，不服審判では個別具体的な事情を踏まえて実質的な判断がされますので，この段階で登録が認められることも珍しくはありません。したがって，拒絶された理由にもよりますが，不服審判を請求することも検討するとよいでしょう。

なお，不服審判は出願人本人でもできますが，代理人に依頼していない場合には相当の経験や知識がない限りは代理人に依頼したほうがよいです。出願から代理人に依頼している場合には，引き続き受任してもらえることが多いですが，別途，費用がかかりますので，よく確認してください。

Q３－10　拒絶査定不服審判の手続

商標出願をしましたが，特許庁から先願商標と類似するとして拒絶理由通知がきました。事前に商標調査をしていましたが，先願商標とは異なると考えていましたので，意見書を提出しましたが，今度は拒絶査定が送られてきました。そこで，拒絶査定不服審判請求をしたいのですが，どのような手続か教えてください。

A

事案にもよりますが，最近の成立率（認容率）は平均70％前後となっていますので，拒絶査定の理由によっては請求をすることも考えるとよいでしょう*16。

請求できる時期は，拒絶査定謄本が送られた日から３ヵ月以内に特許庁に拒絶査定不服審判を請求する必要があります。時間的な余裕はありますが，審判請求書には具体的な理由や根拠を記載するとともに資料も提出する必要がありますので，早めに準備を開始しておくとよいでしょう。

次に，拒絶査定不服審判の審理は，通常は３人の審判官の合議体で行われることになっています。審判官は審査を担当した審査官とは異なります。

平均の審理期間は統計的には平均６～７ヵ月となっていますが，早期審査の場合は２～３ヵ月と短くなります。

⑸　審決取消訴訟

拒絶査定不服審判でも登録が認められない場合には，特許庁の審決に対して，審決取消訴訟を提起することとなります。出願から拒絶査定不服審判までは特許庁での手続でしたが，審決取消訴訟は知的財産高等裁判所で審理されることになります。

審決取消訴訟の後は，最高裁判所へ上告することができます。

Ⅵ　登録後の使用

無事に登録に辿り着けても，登録後の使用を誤ると，ブランドとしての認知に繋がらなかったり，最悪の場合には登録を取り消されたりすることもあります。また，登録料の支払も必要となりますので，10年ごとの更新手続を行う必要もあります。特許庁からは更新時期について通知等はありませんので，自己管理が必要です。

このように，商標は登録をすることも大事ですが，その後の使用も重要です。きちんとした管理を行うことにより，ブランドへの信頼も蓄積し，価値のあるブランドに成長していきます。

---

*16　『特許行政年次報告書2015年版』38頁によると，平成26年の拒絶査定不服審判の認容率は約71％（処理件数917件，請求成立651件）となっています。

⑴　登録商標の表示

登録商標を使用する場合には，それが登録商標であること，すなわちブランドであることを明確にして使用することが望ましいです。

そのために，登録商標には，登録商標とともに「登録商標第○○○号」と表示することができます（商標73条，商標登録表示）。

米国商標法では，侵害された際に損害賠償請求をする場合，登録商標であることについて事前の警告が必要とされています。そして，登録商標に「®」をつけておくと，登録商標表示であることの警告とされますので，損害賠償請求の際に別途警告をする必要がありません。このことから，わが国でも，登録商標の右上や右下に「®」がつけられることがあります。この「®」は「Registered Trademark（登録商標）」を意味します。登録商標の近くに多くの文字を使用するとデザインが悪くなることを避けるためやスペースなどの兼ね合いから，実際にはこのような表示が使用されることも多いです。

さらに，「TM」や「SM」を使用することもあります。「TM」は「Trade Mark（トレードマーク）」を，「SM」は「Service Mark（サービスマーク）」を省略した表示ですが，「TM」や「SM」は未登録の商標にも使用することができます。

この他，登録商標の右上や右下に「＊」のみをつけて，「＊　○○○は○○社の登録商標です。」などの注記をすることもあります。

これらの表示はいずれも，登録商標であることを示すための表示ですが，統一的に行うこと，正確に行うことが重要です。例えば，「®」を使用するのであれば，商品に付されている場合はもちろん広告宣伝で使用する場合にも同様の表示をするのが望ましいです。また，「®」は，登録商標を示す表示なので，登録商標そのままのものに使用すべきです。例えば，登録商標はロゴであるのに，それと異なる字体につけると，虚偽表示になるおそれがあります。さらに，登録前であったり，指定商品が異なったりすると，「®」は虚偽表示となり，刑事罰も定められていますので，注意が必要です。

特に輸出を予定している場合には，輸出先の法制について事前に調査，検討をしておく必要があります。

⑵　普通名称化の防止

識別力のある商標として登録を受けることができた場合であっても，その後の使用状況によって，識別力がなくなり，普通名称化することがあります。例えば，それまでになかった全く新しい商品（先駆的商品）の場合，その商品の一般名称がないため，登録商標がその商品の代名詞となり，一般名称化することがあります＊17。また，本来は登録商標であったものが，普通名称と同じような使われ方をしたことにより一般名称化することもあります＊18。

このような普通名称化を防止するためには，上記(1)で述べた登録商標の表示を行う方法があります。

また，登録商標とともに，その商品の一般名称を併記することにより，登録商標と一般名称を区別しておくことも重要です。例えば，「商品名　招福巻，商品　巻きずし」と表示することになります。

さらに，他社や消費者の使用状況を確認する必要があります。例えば，登録商標がマスコミや辞書などの出版物で一般名称として使用されている場合には，申入れを行う必要があります。また，消費者がある商品の代名詞として使用しているような場合には，宣伝広告などの際に，登録商標である旨を明示する必要があります。さらに，同種商品を取り扱う他社が使用しているのを発見した場合には，警告を行い，必要に応じて訴訟を提起するなどの対応も必要となります。

このようなことも考慮して，商品名を決める際には，一般名称に近いものではなく，一般名称化しにくい造語にしておくことも有効です。

なお，日本では普通名称化したことで商標登録が取り消されることはありませんが，外国（米国，英国，フランス，ドイツ）では取消事由になっていますので，注意が必要です。ただし，日本でも商標法26条に該当することになるため，差止め等の権利行使をすることができなくなります。

(3)　不正使用取消し

商標登録を受けていても故意に他人の登録商標と紛らわしい使い方をした場合には，登録が取り消されます（商標51条1項）。そして，一度，取り消される

＊17　エスカレータ，ナイロン，魔法瓶など。

＊18　東京高判平成9年11月27日判時1638号146頁〔うどんすき事件〕，大阪高判平成22年1月22日判時2077号145頁〔招福巻事件〕。

と５年は取り消された商標と同じ商標を登録することはできなくなります（同条２項）。

ライセンシーが不正使用した場合には，商標法53条が適用されて取り消されることもあります。そのため，登録商標をライセンスする場合には，使用条件について明確に取決めをするとともに，ライセンシーの実際の使用状況についても継続的に確認し，適切な使用を指導する必要があります。

(4)　不使用取消し

実際に商標を使用していなくても登録を受けることができますが，登録後継続して３年以上，登録商標を使用していないと，登録が取り消されることがあります（商標50条）。なお，登録商標と完全に同一である必要はありませんが，社会通念上同一でないといけません。また，商標権者自身の使用でなくてもよく，専用使用権者や使用権者の使用でも大丈夫です。

使用の有無は指定商品ごとに判断されますので，一部の指定商品については使用実績があるものの，他の指定商品についてはない場合には，使用していなかった指定商品については取り消されることになります。

第３節　自社が他社の商標等を侵害しないために

新しく商品名を決めるときには，他社の商標権，著作権を侵害しないようにする必要があります。また，不正競争防止法も関係しますので，周知表示や著名表示についても考慮する必要があります。

これらの調査を行わないまま，商品名を決定してしまうと，権利者から損害賠償請求や差止請求などの権利行使を受けることになります。その結果，商品名や広告宣伝物の変更だけでなく，商品の回収も行うことになるおそれがあります。そうすると，取引先からの信頼を失うことになります。

また，侵害訴訟を提起されると，訴訟対応への人員を確保したり，弁護士費用などの裁判費用の負担が生じたりしますので，経営に大きな影響が出ることもあります。

さらに，再度，新しいブランドを構築することとなりますので，商標調査や商標登録に余計な時間や費用を費やすことにもなります。また，新たにブランドを立ち上げることになりますので，商品パッケージや宣伝広告をやり直す必要も出てきますし，新しいブランドに信頼が蓄積されるまでに，費用や時間をかけることになります。

このように，他社の権利を侵害したり，そのおそれがあったりすると，わざと他社の権利を侵害する意図はなかったとしても，そのような言い訳は通用しませんので，事前の調査は非常に重要となります。

Ⅰ　調　査

基本的には，商標を出願する場合と同様の調査を行うこととなります。ただ，出願する際は登録できるかどうかが検討の中心ですが，侵害について調査する際は侵害となるかどうかが検討の中心となりますので，それぞれの目的は異なります。そして，識別力のない商標は登録することはできないとしても，反対に他人の権利を侵害することにはなりませんので，商品名として使用するという選択肢もありえます。しかし，他社が同様の商品名を使用しても権利行使はできないこともありますので，その点も考慮する必要はあります。

調査は，商標の登録の有無の調査を行う必要がありますが，すでに述べたとおり出願中の商標をすべて調べることはできません。また，未登録のまま使用されていることもありますので，インターネット検索などで，実際に使用されていないかも調査する必要があります。そして，実際に使用されているものを発見した場合には，周知表示などに該当するのか，著作物に該当するのかの検討も必要となります。さらに，外国での製造や販売を予定している場合であれば，外国語での調査もしておくとよいでしょう。

また，商品の形状が商標登録されている場合や特徴的な場合には不正競争防止法の商品等表示に該当することもありますので，注意が必要です。

Ⅱ　抵触の検討

商標の場合は，商標が同一で指定商品が同一の範囲で専用権があり，商標が類似，指定商品が類似の範囲に禁止権が及びます。したがって，商標や指定商品が同一又は類似の登録商標がある場合には，避けないといけません。

周知表示の場合には，表示が類似しているかどうか，混同のおそれがあるかどうかを検討する必要があります。また，著名表示の場合には表示が類似しているかどうかが問題となりますが，よほど明確な違いがない限りは避けたほうがよいです。

Ⅲ　輸入する場合の注意点

国内では製造はせず，外国から輸入して国内で販売しているだけでも商標権侵害は成立します。そして，正規品（真正品）でない場合には侵害者となります。他方，正規品を輸入しているのであれば，並行輸入として適法となる場合もありますが，正規品でありさえすれば適法となるわけではありませんので，注意が必要です。

適法な並行輸入となるためには，①並行輸入品に付された商標が輸入元（外国）の商標権者から使用許諾を受けた者により適法に付されたものであること，②輸入元（外国）の商標権者と日本の商標権者とが同一人又は同一人と同視しうるような関係にあり，並行輸入品の商標が日本の登録商標と同一の出所を表示するものであること，③並行輸入品と日本の商標権者が登録商標を付した商品とに実質的差異がないことが必要です＊19。

また，商標権者の海外の下請メーカーが契約に違反して横流しした商品については適法とはされていませんので，注意が必要です＊20。

さらに，各国で商標権者が異なる場合には，上記の要件を満たさないこともありますので，この点についても注意が必要です＊21。

並行輸入する際の注意点としては，ブランド品であれば，正規品であることを裏付ける資料（例えば，領収証，保証書，インボイス，パッキングリスト，通関証明書など）で確認をしておく必要があります。

第４節　商標等の侵害を発見した場合の対応

自社の商標権等が侵害されているのを発見した場合，放置しておくとブラン

＊19　最判平成15年２月27日民集57巻２号125頁〔フレッドペリー事件〕。
＊20　東京地判平成15年６月30日判時1831号149頁〔ボディグローブ事件〕。
＊21　大阪地判平成16年11月30日判時1902号140頁〔ダンロップ事件〕。

ドが希釈化されたり，最悪の場合には普通名称化したりすることもあります。また，粗悪品に使用されたりするとブランドイメージが悪化することもあります。さらに，他社にライセンスをしている場合には，ライセンシーの商品と競合し，ライセンス収入の低下などが生じるおそれがあります。

何よりもせっかく築き上げてきたブランドにフリーライドされることを許容していると，ブランドを立ち上げた意義がありません。そのため，常時，侵害品の監視は必要ですし，これを発見した場合には早急に対応する必要があります。

権利者側の選択としては，商標登録をしているのであれば商標権に基づく請求が考えられます。また，商標登録がない場合でも，不競法の周知表示，著名表示に基づく請求があります。さらに，表示によっては著作物に該当する場合には著作権に基づく請求も可能です。

Ⅰ　類似標章を発見した場合

被疑侵害品を発見するきっかけはいろいろとありますが，まずは証拠を収集しておく必要があります。専門家への相談前に，資料収集は終えておくとよいでしょう。

⑴　インターネット

最近はインターネットで被疑侵害品を発見することも多いです。そのような場合には，販売を行っているウェブページを印刷しますが，特定商取引法に基づき販売会社などの表示がされていることも多いです。

また，他の販売サイト（楽天，ヤフー，アマゾンなど）でも販売していることがありますので，調査しておくとよいでしょう。

販売サイトのほかに，販売会社のウェブページがあることもありますので，そちらにもアクセスしてすべて印刷しておくとよいでしょう。

⑵　小売店

小売店の店頭で販売されている場合には，実際に購入することは容易です。また，複数の店舗で購入しておくとよいでしょう。購入時のレシートや領収証等も入手して保管しておきます。

他の系列の小売店でも販売されていることもありますので，調査しておくとよいでしょう。

(3) 侵害者の特定

販売会社の社名やその所在地が特定できれば，商業登記簿を取得することにより，販売会社を特定することができます。商業登記簿には代表者名やその住所も登記されています。また，有料ですが，帝国データバンクや東京商工リサーチから企業情報を入手することもできます。これらの情報から取引先などが判明することもあります。

(4) 商品等の入手

警告等を行う前に，被疑侵害品を購入しておくとよいです。その場合，個人名で購入するなどするとよいですし，請求書，納品書，送り状などの取引書類も残しておきます。また，時期を空けて，何度か購入しておくと，販売期間を立証する場合に役に立つことがあります。

他に，商品の宣伝広告物（チラシなど）やカタログ，価格表などもあれば，入手しておきましょう。

(5) JAN コードなど

被疑侵害品のJANコード（商品バーコードに付された13桁又は８桁の数字）がわかれば，登録年月日から販売開始時期を調査することができます*22。すでに訴訟提起済みの場合には，登録管理機関から，弁護士法23条の２による照会によらなくても，販売期間の特定に役立つ情報（初回の登録年月日や更新年月日）について，代理人からの照会に応じてもらえることがあります。

また，POSデータから販売数量を推測できることがあります。特定の商品の販売数量などのPOSデータは，民間の調査会社から提供を受けることができますが，通常は会員に加入する必要があり，有料となります。権利者側ですでに加入していることもありますので，検討するとよいでしょう。

さらに，マーケティング・リサーチ会社（例えば，GfKなど）では，販売動向などの調査を行っていますので，商品ごとに販売数量を把握していることもあります。費用がかかることもありますが，必要に応じて利用するとよいでしょう。

＊22　JANコードは，一般社団法人流通システム開発センターが登録管理をしています。

Ｑ３―11　入手した資料の使い方

取引先から情報提供があり，弊社の競合会社が被疑侵害品の販売活動を行っていることがわかりました。取引先からは，競合会社の提案書などの資料を入手することはできましたが，裁判を含め外部へ出すことについては了解が得られません。取引先にも迷惑はかけたくはないので，入手した資料をそのまま証拠などとして使用することは考えておりませんが，今後の交渉や裁判などで役立てることはできないでしょうか。

Ａ

1．内部資料

まず，質問のように，取引先などから外部には出さない条件で資料の提供を受けることがあります。取引先との今後の取引や信頼関係もありますので，そのような場合には外部への提出は控えたほうがよいでしょう。また，取引先との将来のトラブルが生じないように，入手先が特定できるような資料については，提供元に使用できる範囲について確認しておくとよいでしょう。なお，法律相談のために，弁護士に見せることは問題ありませんが，取扱いに注意が必要であることは明確に伝えておく必要があります。

2．利用方法

次に，このような資料の利用の仕方としては，訴訟外であれば資料の有無や内容について問い合わせるような照会を行う方法があります。例えば，被疑侵害品について，一般的に問い合わせを行う事項（販売開始時期，販売数量，販売金額，販売先など）とともに，宣伝広告物や取引先へ提供した企画書，提案書，カタログ，パンフレットなどの有無，内容等について回答を求めるとよいでしょう。また，訴訟では，求釈明を申し立てたり，文書提出命令を申し立てたりする方法があります。そして，被疑侵害者からの回答を踏まえて，さらに追加で照会をしていくと，被疑侵害者側から資料が提出されることもあります。取得したい資料がある程度特定されているのであれば，照会の仕方によっては，このような方法が有効となります。

Ⅱ　侵害の検討

被疑侵害品の調査とともに，侵害が成立するかどうかを検討することになります。社内での検討段階では調査と並行して侵害の検討を進めてもよいですが，弁護士などの専門家へ相談をする際には，それまでに一通りの調査や資料の収集は終えておき，相談前に，遅くとも相談時には資料を見てもらいます。なお，弁護士などからの警告書送付後は，資料を入手することが困難となりますので，注意が必要です。

⑴　確認・準備事項

まず，自社の商標について，登録状況や権利が維持されているか確認をしておく必要があります。審査段階で権利化されていない場合には早期に権利化を目指すことになります。また，登録料や更新料が納付されているかを確認することも重要です。商標公報や商標登録原簿を取得すればよいでしょう。さらに，権利範囲にも影響することがありますので，登録までの資料（包袋資料）を入手する必要もあります。他方，他社の商標登録の有無についても確認する必要があります。登録がされている場合は，特許庁では非類似と判断されたこととなりますので，他社の登録商標への対応も必要となります。

次に，不競法との関係では，自社商品の販売開始時期や販売数量，販売金額，宣伝広告の状況，雑誌等への掲載など，周知性，著名性を裏付ける資料を収集し，整理する必要があります。また，他社商品を自社商品と間違って購入した消費者のクレームや小売店からの情報なども収集し，整理しておくとよいでしょう。

⑵　類否判断

商標の場合は，自社と他社の表示を単純に比較するだけでなく，他の類似商標についても考慮する必要があります。類似商標がすでに多数登録されている場合には，自社商標の権利範囲が狭くなっていることもあります。

商標の類否は，外観，称呼，観念，取引実情を総合的に考慮して判断しますが[*23]，実際には称呼が問題となることが多いです。そして，外観や称呼が同一又は類似の場合には，類似といえる可能性は高いでしょう。ただ，結合商標

＊23　最判昭和43年２月27日民集22巻２号399頁〔氷山印事件〕。

の場合には，一部分だけで判断するためには要部として分離できる必要があります*24。

また，類否判断は，取引者・需要者を基準に判断されます。需要者が専門業者の場合は一般消費者の場合と比べて，商品に関する知識は豊富で，購入時には十分な注意をするので，出所を誤認する可能性は低いと考えられています。

さらに，類否判断での観察方法は，比較対照する商標を並べて対比して観察する方法（対比観察）ではなく，時や場所を異にして接する方法（離隔観察）によります。対比観察では外観の細部にまで詳細に見比べることができるため，非類似となりがちです。しかし，実際の取引では，必ずしも比較対照される物が同時に並べられた上で購入の選択をする場面だけではありません。むしろ以前購入した経験から，それを気に入って再度購入するような場面のほうが多いです。そして，商標の基本的な機能は出所表示機能ですので，出所を誤認しているか判断することができる離隔観察により類否判断をすることとされています*25。

類否判断は，裁判でも主たる争点として争われることも多いですが，最終的な結論を正確に予測することは難しいです。この段階では，類似の主張が成り立つか，予想される反論などを検討することとなります。

Ｑ３―12　取引の実情

商標の類否判断では，外観，観念，称呼のほか，取引実情も考慮されるようですが，具体的にはどのような事情が考慮されるのでしょうか。また，登録の場面と侵害判断の場面では異なるのでしょうか。

Ａ

1. 登録の場面

取引実情が問題となる場面としては，登録の場面と侵害判断の場面があります。

＊24　最判平成20年９月８日判時2021号92頁〔つつみのおひなっこや事件〕。

＊25　類否判断（審査段階も含む）については，特許庁『商標審査基準』〔改訂第13版〕，工藤莞司『実例で見る商標審査基準の解説』〔第８版〕，網野誠『商標』〔第６版〕，小野昌延＝三山峻司『新・商標法概説』〔第２版〕などを参照してください。

そして，登録の場面では一般的な取引実情が問題となり，侵害判断の場面では被疑侵害品との関係で個別具体的な取引実情が問題となります。したがって，理論的には考慮する事情が異なりますので，結論が異なることもありうるということにはなります。しかし，実際には同じ結論になるのが通常だと思われます。

商標法４条１項11号が問題となった最判昭和43年２月27日民集22巻２号399頁〔氷山印事件〕では，その商品の取引の実情を明らかにしうるかぎり，その具体的な取引状況に基づいて判断するとされています。そして，『商標審査便覧』では，出願人が出願に係る商標を使用している実際の商品又は役務と引用した登録商標の商標権者が登録商標の使用をしている実際の商品又は役務を比較し，両者の商品又は役務の供給・販売部門が異なっているか否か（例えば，「菓子」の分野では，駄菓子屋向けのビスケットと茶席向けの和菓子では生産業者や流通業者が異なる場合があります），主な需要者層が異なっているか否か（例えば，「布製身の回り品」の分野では，いわゆる高級ブランド品のショールとアニメのキャラクターグッズのハンカチでは主な需要者層が異なる場合があります），用途が異なっているか否か（例えば，「化粧品」の分野では，美容院向けの「パーマネント用液」と一般需要者向けの「香水」では用途及び需要者が異なる場合があります）等の観点からそれらの資料を考察し，商品又は役務の類否を総合的に判断するものとするとされています。なお，調査研究報告書もありますので，参照してください*26。

2． 侵害判断の場面

知財高判平成20年３月19日判時2033号77頁〔ELLEGARDEN事件〕では，ロックバンドの名称が付されたＴシャツなどについて，被告標章は，それ自体の体裁，その現実の使用態様におけるイメージ，実際の販売方法，著名なロックバンドの名称として相当程度の期間使用されてきたという事情等を取引の実情として考慮して，非類似と判断しています。

このように，侵害判断の場面では，実際に被疑侵害品が存在しますので，個別具体的な事情が考慮されることになります。

＊26　商標審決取消訴訟における取引の実情に関する調査研究報告書（https://www.jpo.go.jp/shiryou/toushin/chousa/pdf/zaisanken/2011_14.pdf）。

⑶　想定される反論についての検討

類否以外の点についても争われることがありますので，事前に検討をしておく必要があります。

商標の場合は，商標として使用されていること（商標的使用）が必要となりますので，被疑侵害者の使用態様を考慮して，使用に該当するかどうかを確認します。

また，被疑侵害者が商標登録以前から使用をしている場合には，先使用として使用の継続が認められることがあります。したがって，被疑侵害者の使用状況，使用開始時期や使用されている地域，需要者の認識などについても事前に調査・確認をする必要があります。

さらに，自社の商標が使用されていない場合には，被疑侵害者などから不使用取消審判請求をされることがありますので，自社の使用状況についても確認し，必要があれば，使用実績を作るなどの対応が必要となります。なお，不使用取消審判請求の３ヵ月前から審判請求の登録の日までの間の使用は駆け込み使用となり（商標50条３項），不使用取消しがされる可能性がありますので，この点にも注意が必要です。

⑷　方針の検討

それまでの調査，検討を踏まえて，被疑侵害者に対する対応方針を検討することになります。

侵害の可能性が高い場合には，警告書を送付し，中止しない場合には訴訟提起へと進めることとなります。他方，侵害の可能性が低い場合や侵害の判断が難しい場合には，警告書を送付するかどうかについても，被疑侵害者の反応を予測しながら進める必要があります。

また，侵害の可能性が高くても，侵害行為が始まってから間がない場合やすでに中止したような場合には，他の模倣行為の抑止や費用対効果などを考慮する必要があります。

一般的には，侵害の可能性が高い場合，自社の主力商品の場合，消費者が誤認するなど侵害行為を放置できない場合，ライセンシーがいる場合などには，商標権を行使する必要が高く，訴訟提起まで考えておく必要があります。他方，侵害の可能性が低い場合や侵害行為が短期間に限られる場合には，警告書を送付するかどうか，また警告書に対する被疑侵害者からの反応，反論を見た上で，その後の進め方を改めて検討することとなります。

Q３－13　商標的使用

当社の登録商標が，他社に使われていることがあります。当社商品の広告宣伝となっている場合には問題はないと考えていますが，最近，他社の洋服のデザインや販売促進物（ノベルティ）などにも使われていることを見つけました。今後，権利行使することも考えていますが，どのような場合に認められるのでしょうか。また，侵害にならない場合はどのような場合でしょうか。

A

1．商標の使用

商標の使用とは，商品自体や包装に付したり，これを譲渡したりすることとされています（商標２条３項各号）。したがって，指定商品に登録商標を使用することは，通常は商標の使用，すなわち侵害行為となります。

2．商標的使用

しかし，商標の基本的な機能は出所識別機能にありますので，従来から商標を出所識別標として使用（商標的使用）していないような場合は，商標の「使用」には該当しないとして商標権侵害が否定されていました。そして，現在は，商標権の効力が及ばない範囲（商標26条１項６号）として「需要者が何人かの業務に係る商品又は役務であることを認識することができる態様により使用されていない商標」が明文で規定されています。

これまで商標的使用には該当しない主な類型として，①意匠的使用，②書籍の題号等，③内容物等の表示，④販売促進物への使用などがあります。

3．意匠的使用

①意匠的使用では，商品（衣服）のデザインとして商標的使用が否定された事例もありますが*27，他方，ワンポイントマークなどでは侵害が認められた事例もあります*28。そして，意匠的使用に該当するためには，商品に付された図形や文字

＊27　大阪地判昭和51年２月24日無体集８巻１号102頁〔ポパイ事件〕。
＊28　大阪地判昭和59年２月28日無体集16巻１号138頁〔ポパイマフラー事件〕。

などのデザインが商品の出所を表示しているのではなく，意匠的な効果（面白い感じ）にひかれてその商品の購買意欲を喚起させることを目的として表示されたものであることが必要です。しかし，実際にはこのような判断を正確に行うことは困難ですので，権利行使の際には，この点についても事前に検討をする必要があります。

4．書籍の題号等

②書籍の題号*29，CDのタイトル*30，ゲームソフトの名称*31については，単に書籍等の内容を表しているだけで，出所識別標として使用されているわけではないので，商標的使用とはなりません。ただ，書籍の題号等であればどのような場合でも許容されるということはありません。コンテンツの内容を正しく表示していないような場合には商標的使用が認められ，侵害となる可能性もあります。また，雑誌（定期刊行物）については，商標的使用が認められる余地もあります。

5．内容物等の表示

③内容物等の表示*32では，内容物の名称を包装に記載したとしても，包装についての商標的使用にはならないという裁判例があります。また，特定の機種に対応する商品であることを示すための表示についても商標的使用とならないとした裁判例もあります*33。これらの場合には，いずれも出所識別標としてではなく，商品の中身を表しているために商標的使用が否定されています。そのため，他社の商標を使用せざるを得ない場合であり，このような場合には商標的使用となる可能性は低いでしょう。

6．販売促進物

④販売促進物では，販促物自体が独立の取引対象となっていないことを理由に，商標法上の「商品」への使用が否定された事案があります*34。確かに，販促物自体は広告宣伝の媒体にすぎませんので，これを無償で配布しても侵害は成立しないこともあります。ただ，販促物自体が独立して取引の対象となっている場合や，販促物自体の価値によっては，商標法上の「商品」に該当するという考えもあり

＊29　東京地判昭和63年９月16日判時1292号142頁〔POS事件〕など。
＊30　東京地判平成７年２月22日判時1526号141頁〔UNDER THE SUN事件〕など。
＊31　東京高決平成６年８月23日知財集26巻２号1076頁〔三国志仮処分事件〕。
＊32　福岡地飯塚支判昭和46年９月17日無体集３巻２号317頁〔巨峰事件〕。
＊33　東京地判平成16年６月23日判時1868号139頁〔ブラザー事件〕。
＊34　大阪地判昭和62年８月26日判時1251号129頁〔BOSS事件〕。

えますし，商標的使用にあたるということもできることがあります。このように，販売促進物であることのみを理由に，商標的使用などが否定されるわけではありませんので，権利行使の際には事前に十分な検討が必要です。

Ⅲ　権利行使をする場合

商標権侵害や周知表示と混同のおそれがあると明確に判断することができなかった場合でも，警告書を送付するなどの対応をすることは有効なことがあります。ただ，紛争を回避するために，被疑侵害者が表示を変更したり，使用を中止したりすることがありますが，やみくもに警告書を送付することは慎んだほうがよいでしょう。

また，権利行使する前にその目的（使用の中止，損害賠償），獲得目標を明確にしておくとよいでしょう。被疑侵害者の対応を見ながら進めていくことになりますが，被疑侵害者に振り回されないように，例えば警告書を送付して，中止などの対応がない場合には，次の段階（訴訟や調停）に進むなどの方針をもっているとよいでしょう。

(1)　警告書の送付

(a)　警告書を送付する意義

被疑侵害品を発見してもすぐに訴訟提起は行わず，まずは被疑侵害者に対し警告書などにより通知を行うことが多いです。そして，被疑侵害者の社名や屋号などが侵害となる場合には，変更することは容易ではないことがありますので，警告書を送付しても，強い抵抗を受けることがあります。他方，商品名などの場合には，変更することは容易ですので，警告書を送付することにより，販売の中止や名称の変更が期待できます。

(b)　警告書の送付先

また，被疑侵害品の製造，販売はいずれも商標権侵害となりますので，製造業者，卸売業者，小売業者のいずれも侵害行為となります。しかし，通常は製造業者のみに送付すれば足りますので，小売業者に対しても訴訟提起する必要がない限りは警告書の送付は控えたほうがよいでしょう。小売店や取引業者に対して警告書を送付したものの，後の訴訟で侵害が認められない場合には，営業誹謗となることがありますので，十分に注意が必要です。

(c)　警告書の内容

さらに，通知の内容は，侵害を立証するための資料がすでに揃っているか，侵害の可能性が高いか，使用を中止させることが主たる目的かなどの要素で，具体的な内容を検討することとなります。警告書を送付することにより，被疑侵害品に関する情報が得られなくなったり，入手しにくくなったりすることもありますので，送付前には侵害訴訟を提起できる程度の資料を入手しておいたほうが無難です。なお，刑事罰の対象となる行為は故意による侵害行為のみですので，刑事告訴について記載するかは慎重に検討する必要があります[*35]。

(d)　警告書の作成名義

警告書の作成名義は，①会社名義（代表取締役や部長の肩書付き）とする場合，②代理人名義でする場合の２通りがあります。

警告書を送付する目的で使い分けることになります。例えば，被疑侵害者とも面識はあったり，ライセンスの可能性があったり，被疑侵害品の販売期間が短く専ら販売を中止させることが目的であったりする場合は，最初は会社名義で発送し，相手の対応を見ることもあります。他方，当初から訴訟提起の可能性も高いような場合には，代理人名義の警告書を送付することもあります。

(2)　専門家への依頼

警告書を代理人名義で発送する場合は，専門家に依頼する必要があります。このとき，その後の展開を考えて，警告書（内容証明郵便）のみの作成・発送を依頼するのか，警告書送付後の交渉などの対応まで含めて依頼するのかを相談することになります。

(a)　相談の予約・資料の事前送付

弁護士や弁理士へ相談する際には，予め相談日時を決める必要がありますので，電話等で日程調整を行います。その際，概要程度は伝えることになりますが，相談日までに上記Ⅱ「侵害の検討」に記載しているような資料を送付したり，社内での検討状況など報告したりすると，当日の相談がスムーズになります。場合によっては，弁護士等から追加の資料を求められることもありますので，これらも準備することになります。

＊35　特に弁護士などの専門家の名義で作成する場合には，懲戒事由に該当することもありますので，特別な事情がない限りは控えたほうが無難です。

また，弁護士であれば直近１～２週間の予定がすでに詰まっていることも珍しくはありませんので，相談の必要があればできるだけ早めに連絡をとっておくとよいでしょう。

(b)　弁理士への依頼

商標出願を弁理士に依頼していた場合には，まずは出願代理人の弁理士に相談することも多いです。ただ，紛争関連の事案の経験が少ない弁理士もいますので，そのような場合には，弁護士などを紹介してくれることもあります。

(c)　弁護士への依頼

会社に顧問弁護士がいる場合には，まずは顧問弁護士に相談するとよいです。ただ，知的財産に詳しくない弁護士もいますので，そのような場合には，知的財産に詳しい弁護士を紹介してくれることがあります。

また，弁理士からの紹介の場合には，共同受任することもあります。その場合，弁理士，弁護士それぞれに費用がかかることもありますので，費用等について事前に確認しておくとよいでしょう。

依頼の内容や範囲，事件の難易などによって異なりますが，着手金・報酬金方式が一般的な報酬体系です。この他，時間制（タイムチャージ方式）などもあります。また，通常，交渉段階，第１審，控訴審，上告審，執行手続などが報酬の基準となる事件単位とされていますので，それぞれの段階で費用が発生します。希望すれば見積もりを出してくれますので，利用するとよいでしょう。また，依頼する際には，委任契約書を作成しますが，それぞれの法律事務所で所定の契約書があることが多いです。

訴状に貼付する印紙代や通信費（郵送代）などは，別途，実費として負担するのが通常です。訴額が大きい場合には，印紙の額も高額になることがありますので，概算程度でも確認しておくとよいでしょう*36。

(3)　役割分担・対応体制

依頼者，弁理士，弁護士の役割分担を予め決めておくと，スムーズに進めることができます。依頼者である会社（商標権者など），弁理士は，関連資料の収集，整理を担当することが多いです。弁理士，弁護士は，法的問題の調査，検

*36　訴状の印紙額は，訴額が１億円で32万円，10億円で302万円となります。控訴状ではこれらの1.5倍，上告状では２倍になります。

討，警告書などの文書の起案や発送，被疑侵害者との交渉を担当することとなります。

現在は連絡方法としてメールを使用することが多いですが，連絡窓口，送信先などを決めておくとよいでしょう。また，メールの添付ファイルでデータを送付することも多いですが，営業秘密や重要な情報はパスワードをつけるなどの対応が必要です。

(4)　警告書の送付後

(a)　回答がある場合

警告書送付後の進め方は事案によりますが，警告書に対する回答があれば，書面のやりとりを行うことになります。

回答の内容にもよりますが，被疑侵害者が侵害を認めるような場合には和解を前提に，使用の中止や損害賠償，在庫の確認，廃棄などの条件を話し合うことになります。ただ，明らかに侵害となる場合を除き，最初の段階から侵害を認めることは少ないです。また，和解の条件で調整がつかず，訴訟前の和解がまとまらないこともあります。

他方，被疑侵害者が侵害を認めず争う場合は，被疑侵害者の主張について検討することになります。被疑侵害者の主張が訴訟でも認められる可能性が高いときには，その後の対応について改めて考える必要があります。また，予想していた反論とは異なる反論があれば，その点について改めて確認，調査が必要となります。反対に，被疑侵害者の主張が成り立たない可能性が高い場合には，その後のやりとりを継続する必要があるかどうかを考えて，平行線となることが見込まれるのであれば，早期に訴訟提起をすることもあります。

被疑侵害者とのやりとりをどの程度継続するかは事案によって異なりますが，双方に代理人が就くと，２週間から１ヵ月間隔で数回程度は行われます。そして，その過程で被疑侵害者からの反論内容がわかりますので，これに合わせて訴訟での対応を事前に検討しておくことになります。

(b)　回答がない場合

警告書に対する回答がなければ，回答期限経過後に，再度，回答を求めるなどの内容の警告書を送付することが多いです。書面での回答でなくても何らかの返答があれば，すぐに訴訟提起することはありませんが，通常，２回警告書を送付しても何らの返答もない場合には，訴訟提起をするかどうかを判断することになります。

(c)　被疑侵害者の対応の確認

警告書送付後の被疑侵害者の対応を確認する必要もあります。例えば，販売の中止，ホームページへの掲載の中止や取引先への説明などから，被疑侵害者の対応をうかがうことができます。ただ，販売などを中止したとしても，専門家に相談して単に争いを避けるために中止することもありますので，必ずしも侵害を認めたことにはなりませんので，予断をもたないほうがよいです。

また，警告書が到着した後は，被疑侵害者は警戒をしますので，商品の入手ができなくなったり，ホームページへの掲載を止めたりすることがあります。そのため，警告書送付後に入手が難しくなるような資料は，事前に入手しておいたほうがよいでしょう。

Q３－14　警告書（書式例　商標権侵害）

弊社の登録商標が他社の商品に使われていることを発見しました。弊社の主力商品ですので，直ちに対応をとりたいと考えています。どのような内容の通知を送るとよいでしょうか。

A

権利者が被疑侵害者に対して侵害行為をやめるように求める文書を警告書といいますが，その内容は事案によって異なります。侵害行為（被疑侵害品の製造販売）の中止と販売数量等の開示を求める場合の一例として，次のような内容の警告書を送付するとよいでしょう。

■例文――本文のみ

弊社は，下記商標権（以下「弊社登録商標」といいます。）を有しています。

登録番号	第○○○号
出願日	平成○年○月○日
登録日	平成○年○月○日
登録商標	○○○（標準文字）

指定商品　　第○類　○○○，第○類　○○○

この度，貴社が製造販売する商品（「○○○」，以下「貴社商品」といいます。）に「○○○」という商品名が使用されていることを発見しました。そして，貴社商品に使用されている「○○○」との文字は，弊社登録商標と外観上，字体が若干異なるものの，実質的には同一又は類似しております。

つきましては，弊社は貴社に対し直ちに貴社商品の製造販売を中止するよう求めます。また，本書到達後14日以内に「○○○」の文字を使用した貴社商品のすべてについて，販売開始時期，販売先，販売先ごとの販売数量，販売単価及び売上額（利益額，利益率）を書面により開示して頂きますようお願い致します。

なお，貴社にご対応頂けない場合には，弊社は貴社に対し法的手続をとることもありますので，ご承知おきください。

Q３―15　警告書（書式例　不競法）

商標登録がされていなかったり，登録商標の指定商品と被疑侵害品の商品が異なったりする場合には，不競法上の周知表示に基づく請求をすることになります。この場合の例文は次のとおりです。

A

■例文――本文のみ

弊社は，平成19年１月に，「△△△」という商品名で△△△（以下「弊社商品」といいます。）の製造販売を始め，現在まで全国の消費者に広く受け入れられ，「△△△」は周知な商品等表示となっています。

この度，貴社の△△店，インターネットサイト（URL……）において，貴社が「△△△」という商品名で△△△を販売しているのを見つけました。そして，貴社商品の商品名「△△△」は，弊社の上記周知表示「△△△」と類似し，混同のおそれがあります。

つきましては，貴社に対し貴社商品の販売の中止をして頂きますようお願い致します。

Q３－16　商品知識と経営学について

類否判断や誤認混同のおそれでは，取引実情も考慮されますが，どのようなことを調査するとよいでしょうか。

A

実務家は，単に法律や判例に関する知識だけでは事件処理はできません。例えば，会社関係の事件をするのであれば，その業種の商慣習，取引の流れ，帳票類，決算書などの一般的な知識は必須です。

このことは知財事件でも同様です。特に，商標などの分野の事件に取り組むのであれば，商品や販売に関する知識，マーケティングなどについてもひと通りの知識は必要です。例えば，同じお菓子でも，スナック菓子のようにスーパーやコンビニで棚置きされて販売しているのか，高級和菓子のように百貨店などで対面販売されているのか，商品の種類によって取引実情は様々です。経営学では，販売戦略などにおいてこれらのことを分析していますので，参考になります。

また，コンサルタントなどの他分野の専門家から支援を受けることもあります。法律家とは違う観点，意見は重要ですので，必要に応じて支援を受けるとよいでしょう。

Q３－17　表示の離隔観察の実務上の実行上での工夫

「隔離観察」とは，「時と所を異にして両商標を観察する方法」と説明されています。これに対する観察法として「対比観察」は，「両商標を同じ場所で同じ時に対比して類否を観察する方法」と説明されています。このような違いを裁判所にわかってもらえるようにする工夫はあるでしょうか。例えば，「対比観察」であれば，対比する写真を左右にはりつけて提出すれば済むと思いますが，「隔離観察」の場面であるのに，対比する写真を左右にはりつけて提出するような提出の仕方には問題があるように感じています。いつも気になっていたところです。意識しておくことは大切だと思いますので，この際何か工夫などがあるか教えていただければと思い質問しました。

A

1. 写真の有用性

商標や周知表示などの場合，訴状や準備書面では，主として文章で表現しますが，実際には文章ではわかりにくいことも多いです。文字商標であれば文章で表現することもある程度は可能ですが，図形商標や結合商標では反対にわかりにくくなってしまうこともあります。そのため，証拠として，原告商品と被告商品の写真を提出したり，準備書面にも画像を引用したりすることは有用です。

2. 提示方法

写真を証拠として提出する場合には工夫が必要となります。撮影する角度や写真の大きさ，明るさなどによっては印象が異なることもあります。

また，離隔観察すべき場合には，離隔観察に近い状態となるように工夫する必要があります。この点は，それぞれの実務家で苦労しているところですが，例えば，原告商品だけの写真ではなく，陳列棚全体や原告商品と被告商品以外の同種商品も写真撮影してみるとか，陳列状態を動画で撮影してみるなどの方法があり得ます。商品の種類などにもよりますので，それぞれの商品に適した方法を考えるとよいでしょう。

ただ，知財専門部の裁判官は専門知識を有していますし，基本的な判断枠組みなどは理解していますので，意図的になったり，恣意的になったりすると，印象が悪くなることもありますので，その点の配慮も必要でしょう。

第５節　警告書が届いた場合の対応

商標権者などから，自社が製造や販売をしている商品について，侵害警告が来ることは，通常は予想していません。そして，警告書を送付してきた真意もわからないことが多く，回答期限も２週間程度と短いので，すぐに対応しないと回答期限が経過し，訴訟に発展することもあります。そのため，警告書が届いた場合には，速やかに対応する必要があります。

警告書が送付される主な類型としては，①商標権者からの警告，②弁理士等の専門家からの警告，③グループが分裂した場合の他のグループからの警告があります。また，①商標権者からの警告の場合には，さらに商標権者が商品の製造販売を行っているときと商標権者自身は商品の製造販売を行っておらず商標権の取得のみを行い，ライセンスや買取りを要求してくるとき[*37]があります。

そして，いずれの場合でも，直ちに専門家に相談し，無効理由がないか，権利濫用にならないか，商標法26条の適用除外に該当しないか，類似するかなどについて検討することになります。また，上記①の後者の場合（商標マフィア）には，すぐには警告書の発送者とは連絡をとらず，無効理由等について十分に調査をした上で対応をしたほうがよいでしょう。さらに，③の場合（グループの分裂）には，権利行使が権利濫用となることもありますので，分裂前からの経過などについて詳しく整理しておくとよいでしょう。

なお，専門家への依頼等については，第４節Ⅲと同様です。

Ⅰ　収集すべき資料

権利者が警告書でどのような法的根拠で請求をしているかによりますが，まずは権利者が主張している権利等に対応して調査することになります。また，警告書には記載されていなくても，今後，追加して主張される可能性があれば，さらに広い調査が必要となります。

⑴　被疑侵害品

まずは，自社の被疑侵害品について，販売開始時期，販売数量，販売額，販売先などの基本的な事項を確認する必要があります。このとき，被疑侵害品となっている特定の商品だけでなく，同種商品（警告書の対象にはなっていないが，問題となっている表示が使用されている商品）がある場合には，それについても追加されることがありますので，同種商品についても合わせて調査しておいたほうがよいでしょう。

また，商品名の場合であれば，命名の由来やシリーズ商品の有無，被疑侵害品に自社名の表示があるかなどについても確認が必要です。

⑵　商標権

次に，商標権侵害が主張されている場合には，商標の登録状況や権利者を確認する必要があります。また，登録経過の調査も必要です。そして，登録されている商標と，被疑侵害品の表示が類似するかどうかを検討することになります。

＊37　商標マフィア，トロールなどと呼ばれることがあります。また，外国企業で商標取得目的が把握しにくいときもあります。

他方，被疑侵害品やその表示について，自社で商標登録をしているかどうかも確認が必要です。

⑶　周知表示・著名表示

さらに，不競法の周知表示や著名表示に基づく請求の場合には，権利者の商品の販売開始時期などについても調査し，周知性，著名性を備えているかを調査する必要があります。また，他社商品を含めて，どこからどのような商品が販売されているかについても確認する必要があります。すでに類似した商品が多数販売されている場合には，識別力が問題となることもあります。

Ⅱ　検 討 事 項

⑴　侵害・非侵害

⒜　商 標 権

権利者や登録商標については登録原簿や商標公報で確認することができます。警告書が商標権者ではなく，通常使用権者の場合，販売中止の請求（差止請求）は認められないことがあります。

警告書で指摘された商標の自社での使用態様についても確認する必要があります。仮に，商標自体が類似するとしても，商標的使用にあたらない場合には侵害とはなりませんので，どのような商品にどのように使用していたかを確認し，侵害の成否を検討します。

類否の判断では，商標が類似するかどうか，商品が指定商品と類似するかどうかを検討します。複数の類似する商標が登録されている場合には，その類似範囲は狭くなります。また，自社で商標登録がある場合には，特許庁では非類似と判断されていることになりますので，包袋資料を取り寄せるなど出願経過についても確認をする必要があります。さらに，商標に識別力のある部分とない部分がある場合には，識別力がある部分が要部として分離されることがありますので，単に全体を比較するだけでなく，要部の有無，要部との類否についても検討が必要です[*38]。

＊38　最判昭和38年12月５日民集17巻12号1621頁〔リラ宝塚事件〕，最判平成５年９月10日民集47巻７号5009頁〔SEIKO EYE 事件〕，最判平成20年９月８日判時2021号92頁〔つつみのおひなっこや事件〕。

⒝　周知表示・著名表示

周知表示の場合は，周知性を獲得しているか，表示に識別力があるか，誤認混同が生じているかを検討することになります。

周知性は，その商品の需要者での問題となりますので，まずは需要者を特定します。そして，その商品の需要者は一般消費者か，女性などの特定の消費者か，特定の業者のみかなどにより，周知性があるかを判断します。

また，周知性は，一地域で周知であれば足りるとされていますが，飲食店やサービス業であれば特定の地域に限定されることもありますが，一般消費者向けの商品をインターネット上で販売を行っているような場合には，全国的な周知が必要になることがあります。

⑵　回 答 書

調査，検討の結果を踏まえて回答をすることになります。侵害の可能性が高い場合でない限り，侵害を認める前提での回答は控えるようにします。また，侵害を事実上認めるような場合でも，その後の和解交渉が決裂することもありますので，表現，書きぶりには注意が必要で慎重にしておいたほうがよいです。

侵害の可能性が低い場合には，単に応じられないと回答するか，侵害しないが中止する，変更するという表現になります。

また，交渉での解決を希望する場合には，交渉の余地があることが伝わるような内容としておかないと，権利者にすぐに訴訟提起されるおそれがあります。このような場合，代理人から侵害を明確に否定する回答書を送付するとともに，電話などで権利者の代理人と連絡をとり，権利者の真意，交渉の余地や和解の概要などについて打診することがあります。また，交渉の進め方は，代理人の個性や性格などによりますが，通常は交渉での解決を申し出れば，一応は話し合いに応じることが多いです。

⑶　変更・販売中止

侵害の可能性の有無にかかわらず，紛争を回避するために，被疑侵害品の表示を変更したり，損害賠償額を増やさないために販売を中止したりすることは多くあります。

明らかに類似しないなどの場合でない限り，変更したり，いったんは中止したりするほうが無難です。

在庫が残っている場合，少量であれば販売を中止して廃棄することもできますが，大量に残っているときには，侵害の可能性などを考慮して短期間で売り切ってしまうか，廃棄するかの選択をすることになります。なお，警告書で店頭の在庫まで回収を求められることがありますが，すでに小売店等に販売済みの場合，返品されない限りは，被疑侵害者が買い戻すことまでは行わないことが多いと思われます。

(4)　訴訟前の和解交渉

権利者に使用料を支払って，使用許諾を受ける方法もあります。権利者の主力商品のブランドであれば可能性は低いですが，他にもライセンスを行っている実績があるような場合には，ライセンスを受けることによる解決もありえます。ただ，ライセンスの条件について交渉する必要がありますので，交渉を通じて折り合いをつける必要があります。

(5)　商標出願

侵害の可能性が極めて低く，どうしても使用を継続したいような場合，被疑侵害品の商品名やパッケージ全体について商標出願をする方法もあります。商標登録できれば，特許庁では非類似と判断されたことになりますので，使用しやすくなります。ただ，訴訟で類似と判断される余地はありますので，留意が必要です。先願商標と類似であれば本来は登録ができないはずですが，過誤により登録されることもあります。そのような場合，訴訟で登録商標を保有していることを主張すると，非類似の主張や登録商標行使の抗弁として考慮はされます。しかし，過誤による登録として類似と判断されたり，上記の抗弁が認められなかったりすることもあります。

(6)　アサインバック

警告書が送付された場合に限りませんが，被疑侵害者からの出願では商標権者の登録商標と類似するとして商標登録ができない可能性があるときに，商標権者が出願していったん登録を受けた後，商標権者から被疑侵害者に商標権を譲渡する方法（アサインバック）があります。これは，訴訟提起前の和解交渉でのライセンスと商標出願との中間的な方法となります。

特許権と異なり商標権の場合には，異なる需要者間では棲み分けが成立しますので，商標権者との間で合意ができれば，このような方法も可能です。

(7) 無効理由調査・無効審判請求

商標に無効理由がある場合には，権利行使制限の抗弁を主張することができます（商標39条）。ただし，無効理由のうち無効審判を請求することができる期間が定められているものについては，無効審判を請求することができません。そのため，侵害訴訟でも期限経過後は権利行使制限の抗弁としては主張することができません。しかし，権利濫用（民１条３項）の主張は許されるとされます*39。このように，侵害訴訟では期限経過後も無効理由がある場合には，抗弁として認められることもあるものの，どのような場合に権利濫用の抗弁が認められるかについては定説はありませんので，無効理由について早期に十分な調査が必要です。

そして，権利者の商標に無効理由を発見した場合，無効審判請求を行い，商標自体を無効とする選択肢もあります。実際に，無効審判請求を行う時期としては，権利者からの権利行使（訴訟提起）を待つことが多いですが，無効となることが確実であったり，早期に無効にしておく事情があったりする場合には，権利行使を待たずに無効審判請求を行うことも可能です。

なお，特許権は，一時期，無効とされることが多い時期がありましたが，商標権が無効となるケースは一般には多くはありません。

(8) 不使用取消審判請求

権利者やライセンシーが継続して３年以上，商標を使用していない場合には，不使用取消審判を請求することができます。権利者の使用状況を確認し，使用実績がないようであれば，取消審判という選択肢もありえます。ただ，権利者の使用状況を事前に正確に把握することは困難ですので，仮に使用実績が確認できなかったとしても，過度に期待はできないです。

なお，取り消す旨の審決が確定すると，審判請求の登録日に消滅します（商標54条２項）。

---

*39　最判平成29年２月28日裁時1671号１頁〔エマックス事件〕。

Q３−18　**回答書（書式例）**

警告書に対して，回答書などの形式で応答をすることになります。その場合，警告書の内容や侵害の可能性などを検討した上で，回答書を作成します。

A

■侵害が明らかな場合の回答案――本文のみ

貴社から弊社宛の平成○年○月○日付け「ご連絡」と題する書面（以下「貴社書面」といいます。）を拝受しました。
弊社商品（商品名　○）を確認しましたところ，貴社書面でご指摘の表示があることが判明しました。弊社商品名を決める際には十分に注意しておりましたが，結果的にこのようなことが生じてしまい，大変遺憾に思っております。
弊社としましては，弊社商品から商品名「○○○」の使用を直ちに中止するとともに，店頭在庫を回収し，在庫商品も含めてすべて廃棄する予定です。
（弊社商品は平成○年○月に販売を始めたばかりで，販売実績はほとんどない状態です。つきましては，以上の対応をもってご容赦頂ければと存じます。）

■非類似の場合の回答案――本文のみ

貴職からの警告書によりますと，弊職依頼者である○○株式会社が製造販売する○○の商品名「×××○○○」（以下「弊社商品名」といいます。）は，貴職依頼者の登録商標（以下「貴社商標」といいます。）を侵害するとのことです。
しかし，貴社商標は「○○○」からなる文字商標ですが，弊社商品名は上記のとおり「×××」と「○○○」の２語からなる文字で，一連一体に表示されています。そして，「○○○」と「×××○○○」を比較しますと，両者の外観も観念も称呼もいずれも異なりますので，非類似です。
したがいまして，貴職依頼者のご要望にはお応えできませんので，その旨ご回答致します。

第６節　訴訟対応

Ⅰ　訴え提起

警告書に対する応答が全くなく被疑侵害行為を継続しているような場合，警告書に対する応答があったものの回答書の内容がおよそ成り立ちにくい場合や被疑侵害品が権利者の主力商品と競合し売上が実際に減少している場合などには，訴訟提起することが多いです。そして，訴訟提起する場合には，管轄や相手方の選択，仮処分を行うかどうか，どのような法的根拠に基づき，どのような請求を行うのかを検討する必要があります。

(1)　商標権侵害訴訟

(a)　管　　轄

商標権侵害訴訟では，普通裁判籍による管轄（民訴４条），財産権上の訴え等についての管轄（民訴５条）のほか，東京地方裁判所や大阪地方裁判所にも管轄が認められます（民訴６条の２）。

例えば，商標権者が東京で，被疑侵害品の販売（侵害行為）が九州で行われている場合，原告所在地として東京地方裁判所にも，被疑侵害行為が行われている地として大阪地方裁判所にも管轄が認められます。

知的財産権に関する訴訟は弁護士に依頼することがほとんどですので，会社の所在地と裁判所が遠方になると，日当や旅費がかかり，訴訟が長期化すると，それらの費用も嵩みますので，どの裁判所に訴訟を提起するのかは重要です。

また，東京地方裁判所や大阪地方裁判所には知的財産権訴訟を担当する専門部がありますので，訴訟の審理は計画的に進められ，審理が遅延することは少ないです。特殊な事案であっても，適正な判断が期待できます。

(b)　相手方の選択

侵害品の製造も販売も侵害行為となりますので，製造会社，卸売会社，小売業者はすべて侵害者となります。ただ，小売業者は権利者の取引先でもあることがありますので，通常は警告書を送付することはありません。他方，侵害者側で製造，販売，小売をそれぞれ別会社で行い，役割分担をしていることもあります。

そのため，訴訟の相手方を適切に選択することも必要となります。なお，訴訟提起後も，新しい相手方に対して訴訟を提起することはできますが，これは別訴（別事件）となりますので，前訴とともに審理をしてほしい場合には，前訴と併合するか，事実上並行して審理をしてもらう必要があります。

また，侵害行為が特に悪質な場合などには，侵害者として会社とともに，会社の代表者個人に対しても訴訟を提起することがあります。

(c)　仮処分・本訴

侵害行為を緊急に差し止める必要がある場合などには，販売禁止の仮処分を申し立てることがあります。仮処分事件では侵害の有無のみが判断されますので，本案よりは迅速な判断が期待できます。ただ，東京や大阪の知財専門部では，本訴の提起をしている場合には，仮処分事件とともに審理されることが多いので，本訴が差止請求のみの場合との差異は大きくはないです。また，仮処分事件で認容されても，担保を立てる必要があります。

仮処分で認容されても本訴で棄却されると，結果的に根拠なく差止めをしたことになりますので，被疑侵害者から反対に損害賠償請求をされることもありますので，注意が必要です。

商標権侵害の訴状（書式）は，東京地方裁判所のホームページに掲載されています*40。

(イ)　差止請求　　まず，訴状で差止めの対象とする標章の特定は，「別紙被告標章目録記載の標章」などとして，訴状に別紙を添付する形式で特定します。通常は，被疑侵害者が商品等に付している標章をそのままコピーして，画像として貼りつけます。

次に，差止めの対象となる行為は，「別紙被告標章目録記載の標章付し，又は同標章を付した○，○を販売し，若しくは販売のために展示してはならない」などとします。被疑侵害者が実際にしている具体的な侵害行為を列挙することが多いです。

さらに，訴訟提起後に被疑侵害者が標章を変更した場合や新たに発見した場合には，訴えの追加的変更により訴訟の対象に加えることができます。なお，追加で印紙が必要となることがあります。

被告標章が簡単に商品から取り外すことができる場合には，商品全体の販売を差し止めることが過剰な差止めと判断されることがあります。その場合は，「被告標章を取り外さない限り販売を差し止める」などの判決主文となります。

(ロ)　損害賠償請求　　商標法にも損害額の推定規定があり，権利者（原告）側で使い分けることができます。通常は権利者の利益（商標38条1項）が最も高くなりますが，権利者の利益率を明らかにする必要があります。また，侵害者

---

*40　http://www.courts.go.jp/tokyo/saiban/syosiki/index.html

の利益（同条２項）の場合は，訴訟提起段階では，販売額や利益率は大雑把にしかわからないことが多いので，これらの資料を収集する必要があります。なお，訴訟が進行し，侵害論で侵害が認められ，損害論に進むと，文書提出命令などにより資料を提出させることはできます。

また，商標権は登録されていると全国に及びますので，差止めは国内全体に及びますが，権利者の登録商標にブランドとしての価値が蓄積されていなかったり，権利者が一地域のみで営業をしており，侵害者との営業範囲には及んでなかったりする場合には，大幅に推定が覆されたり，減額がされたりすることがあります。

(ハ)　廃棄請求　　差止請求とともに，侵害物の廃棄や侵害の予防に必要な行為を請求することができます。請求の趣旨には，「別紙被告標章目録記載の標章を付した○，○を廃棄せよ。」などと記載します。ただ，差止請求の場合と同様，被告標章が容易に除去できるような場合には，商品全体の廃棄は認められません。

(ニ)　不使用取消対策　　権利者が登録商標を使用していない場合，被疑侵害者などから不使用取消審判がされることがあります。また，この審判請求がされると，審判請求から遡って３ヵ月前までに登録商標の使用をしても，使用実績とは認められません（商標50条３項，駆け込み使用）。したがって，不使用取消審判が請求されると，取り消されてしまうおそれがある場合には，警告書を送付する前には使用実績を作っておく必要があります。

また，登録商標の使用は，登録商標と社会通念上同一のものでよいとされています。しかし，登録商標と同一ではないものを使用しているような場合には，不使用取消しとなる可能性はありますので，注意が必要です。

登録商標と同一のものを使用していない場合には，不使用取消対策も兼ねて，実際に使用している商標を新たに出願しておくという方法もあります。ただ，商標登録までには６ヵ月程度は要しますので，必要に応じて早めに対応をとっておいたほうがよいでしょう。

(ホ)　被疑侵害者による商標登録の監視　　被疑侵害者が使用している商標を商標出願することもあります。被疑侵害者が商標出願をしても，直ちに把握することはできませんが，常に監視しておく必要があります。商標登録後２ヵ月以内に限り，登録異議の申立てができますので（商標43条の２），被疑侵害者が商標出願をする可能性がある場合には警告書送付後は定期的に商標公報を確認するなどして，監視する必要があります。また，登録異議申立てができる期間が経過しても，無効理由がある場合には無効審判請求をすることができます。

被疑侵害者の使用している商標が商標登録されると，特許庁では非類似と判断されたこととなります。侵害訴訟での裁判所の判断は，これに拘束されることはありませんが，事実上影響を与えることはありますので，十分に注意が必要です。

⑵　周知表示・著名表示

(a)　管　　轄

周知表示の場合，地方ではある程度は有名であるものの東京や大阪ではあまり知られていないときは，周知性に関しては地元の地方裁判所のほうが有利なこともあります。管轄は原告で選択できますので，まずはどこに管轄があるのかを検討した上で，上記のような諸事情を考慮し，もっとも有利になる裁判所を選択することになります。

なお，相手方に不利な管轄で訴訟提起した場合には，移送の申立てがされて争われることがあります。このようなときは，まずは本案前の移送の要否について審理がされますので，すぐには本案の審理に入りません。したがって，迅速な審理を希望している場合には，相手方に不利な管轄では申し立てないほうが無難です。

(b)　相手方の選択

商標権侵害訴訟の場合と同様です。通常は製造元や販売元を相手方として，小売店に対しては訴訟提起を行わないことが多いです。

(c)　不正競争行為差止等請求訴訟

不競法（周知表示）の訴状（書式）も，上記の東京地方裁判所のホームページに掲載されています。

㈠　原告表示の特定　　商標権の場合は，原告の商標はすでに登録されているため，原告の表示の特定を検討する必要はありません。しかし，不競法の周知表示の場合，どの表示を原告表示するかから検討する必要があります。そして，どのような原告表示にするかによって，識別力の判断，周知性の立証，類否判断に影響があります。

原告表示をブランド名のみとすると，普通名称に近いブランド名の場合は，それだけで識別力があるのかが問題となります。他方，商品全体やパッケージを原告表示とすると，通常，識別力はありますが，周知性との関係で，広告宣伝の際に商品全体が掲載されているかが問題となります。また，商品全体であっても，それぞれの構成要素は一般的に使用されている言葉や表現，色彩などであれば，被告表示と全体として類似しているのかが問題となります。このように，ブランド名だけのほうが，権利範囲が広くなりますが，識別力などで問題が生じ，他方，商品全体であれば識別力の問題は少ないですが，周知性などで問題が生じます。

以上を踏まえて，原告表示は，原告商品と被告商品以外の同種商品を比較し，また原告商品の宣伝広告費用だけでなく，実際の宣伝広告物（チラシ，カタログ，新聞広告，インターネットでの掲載など）での表示の仕方などを確認した上で決定することになります。ただ，訴訟提起段階では，ブランド名か商品全体か，いずれかを選択することは困難な場合もあります。そのような場合は，同一商品であっても原告表示を２種類（以上）で構成することもあります。

(ロ)　周知性立証の準備　　遅くとも訴訟提起段階では，周知性を立証するための資料を準備する必要があります。資料の収集や提出すべき資料の選択，整理に時間を要しますので，できれば警告書を発送する段階から準備を始めるとよいでしょう。原告表示の特定でも述べたとおり，原告表示と証拠が整合しているかについては十分に注意が必要です。こちらから提出した資料が，かえって使用態様が統一されていないことなどの証拠として評価されることもあります。

また，各種媒体での広告などは大部になることもありますので，写しの準備などについても代理人と依頼者で役割分担を打合せしておくとよいでしょう。テレビCMなどの動画は，CD-Rなどで動画データとして提出するとともに，重要なシーンをカラー印刷するなどして見やすくする工夫が必要です。

(ハ)　混同のおそれ　　「混同のおそれ」の立証では，実際の混同事例の有無は重要になります。例えば，消費者が間違って購入し，その後返品がされたり，被疑侵害者の商品に対するクレームの連絡が原告のほうへ来たりすることがあります。警告書の送付前の段階から，このような事例がないか，社内で調査を行っておくとよいでしょう。その際，連絡のあった日時，購入場所，連絡のあった内容，対応者の氏名や連絡先などを記録に残しておいたほうがよいです。

ただ，事実として実際に混同が生じていることと混同のおそれがあるという法的評価は異なりますので，混同事例があれば，自動的に混同のおそれが立証できるわけではありません。

また，混同のおそれを立証するために，アンケート調査を行うことがあります。ただ，質問事項や調査方法等について，信用性が争われることもありますので，事前に十分に準備をして行う必要があります。また，裁判所は，混同のおそれに関しては，アンケート結果をあまり重視しないこともありますので，注意が必要です。

㈡　新たな出願　　すでに登録をしている商標では，被疑侵害者の標章と非類似と判断される可能性が高いような場合や指定商品が異なる場合は，新たに商標出願する方法もあります。新たに商標出願しても，登録までに6ヵ月程度は要しますので，警告書を送付する段階から，検討しておき，早めに対応しておくとよいでしょう。

ただ，被疑侵害者の標章がすでに周知となっている場合には，その範囲では先使用権が認められ，継続して使用ができることになります。

⑶　著作権侵害訴訟

⒜　著作物性

商品のパッケージデザイン全体など創作性のある表現部分には著作権が成立しますので，著作権を根拠に差止め等を請求する方法もあります。ただ，ありふれた表現やその組み合わせの場合には，創作性自体が否定され，著作物に該当しないこともあります。また，応用美術であるとして著作権が成立しないという反論が予想されます。量産品であることのみを理由に著作権の成立が否定されることは通常はありませんが，このような場合，著作権が成立しにくいことも確かですので，応用美術に関する裁判例を事前によく検討して，理論構成を考えておく必要があります。

パッケージデザインに創作性が認められ，著作物となるとしても，その権利範囲には注意が必要です。被疑侵害品がデッドコピーやそれに近い表現であれば，複製又は翻案に該当する可能性は高いです。しかし，多少の共通点はあり似てはいるものの多数の相違点がある場合には，翻案ということができるかは慎重に判断する必要があります。例えば，類似商品でも使用されている表現やありふれている表現には著作物性が否定されることがあり，ありふれた表現などの組み合わせにすぎない場合には，デッドコピー以外には権利が及ばない（翻案とは認められない）こともあります。TRIPP TRAPP事件では，幼児用椅子について著作物性は認めたものの，類似しないとして，著作権侵害を否定しています*41。

(b)　著作権者

著作権者（権利者）についても確認が必要です。商品パッケージを外部に委託して製作したような場合，譲渡を受けていないと，著作権は委託先が保有したままになっていることもあります。また，商品写真の場合，職務著作となるような場合を除き，写真の撮影者に著作権が帰属することになりますので，注意が必要です。

Q３－19　不正使用取消審判

商標登録はしてはいるのですが，その登録商標を少し変えて，弊社の登録商標に近い形で使用しています。弊社からはそのような形での使用はやめるように伝えていますが，そのままの状態です。商標権侵害で訴訟提起することも考えていますが，そのような商標の登録が残っていることについても問題があると思っています。何か対策はないでしょうか。

A

侵害行為に対する手段ではありませんが，非類似として商標登録されているものの，実際の使用態様によって誤認や混同が生じている場合には，不正使用取消審判を請求することができます（商標51条１項）。これは，登録商標を誤認するような態様で使用した場合の制裁で，不正使用が認められて取り消された場合には５年間は同じ商標の登録を受けることもできなくなります（同条２項）。不正使用

＊41　知財高判平成27年４月14日判時2267号91頁〔TRIPP TRAPP事件〕。

で取り消された後に，こちらで商標登録をしておくと，今後は登録もできなくなりますので，有効な対策になります。また，ライセンシーが誤認や混同が生じる態様で使用した場合にも，同様の制裁があります（商標53条）。

事例としては多くはありませんが，被疑侵害者も商標登録をしている場合には，ライセンシーも含めて実際の使用態様等を確認しておくとよいでしょう。

Ｑ３―20　裁判にかかる費用

当社のブランドの真似をする業者が多いため，訴訟提起をすることを考えています。ただ，裁判には多額の費用がかかると聞いています。そこで，裁判費用は被疑侵害者に請求できるのでしょうか。また，損害賠償で裁判費用くらいは回収できるのでしょうか。

Ａ

裁判にかかる費用としては，①着手金，②報酬金，③日当，④実費などがあります。①～③はいわゆる弁護士費用といわれる費用で，民訴法上の訴訟費用とは違います。具体的な金額は事案に応じて決まりますが，委任契約書には具体的な金額や計算方法が明記されます。弁護士費用の一部は，損害として認められることはありますが，通常は認容額の10％程度です。そのため，実際の弁護士費用よりも低額になることが多いです。④実費は，訴状に貼付する印紙代や予納郵券（切手）代，交通費などです。これらは，訴訟費用といわれるもので，認容された割合に応じて各当事者で負担することになります。

以上のように，④実費の一部は勝訴すれば被告の負担とされますが，裁判にかかる費用のうちのごく一部です。

また，損害賠償の額は，商標権などの場合，特に著作権の場合には，侵害が認められたとしても，予想以上に低額となることがあります。

このように，商標権侵害事件の場合は，顧客吸引力が非常に強い著名な商標でない限りは，損害額は低額となり，裁判にかかった費用にも満たないことは珍しくはありません。

ただ，類似品の出現を放置していると，ブランドの価値は高まりません。また，ライセンスをしている場合には，ライセンシーとの関係もありますので，信頼関係が崩れないよう，きちんとした対応が必要です。

Ⅱ　訴えられた場合

⑴　訴状の送達

原告（権利者）が訴訟提起すると，裁判所で訴状審査が行われます。印紙不足など形式的な補正が行われた後，原告（代理人）と裁判所の予定を調整して，第１回弁論期日が決定されます。そして，訴状，書証（甲号証）とともに，呼出状が被告へ特別送達されます。

すでに代理人に依頼している場合は，訴状を受領したら直ちに，代理人へ連絡をとり，訴状等（の写し）を代理人に送付します。

訴状を受領した段階でまだ代理人に依頼していない場合には，早急に代理人を選任する必要があります。なお，知的財産に関する訴訟も手続的には本人訴訟で進めることはできますが，専門的な内容の訴訟となりますので，代理人に依頼する場合がほとんどです。

⑵　答弁書の提出

訴状とともに，原告の請求を認めるかどうかなどについて，裁判所の照会文書も同封されていることが多いですが，代理人を選任する場合には，これらの同封文書も含めてすべて渡して，代理人に対応してもらうとよいでしょう。

呼出状には第１回弁論期日が記載されていますが，通常は訴状の送達の日から１～２ヵ月後に指定されています。そして，答弁書の提出期限は，第１回弁論期日の１週間前に設定されています。

一般民事事件では答弁書には「原告の請求を棄却する。」などとのみ記載して，請求原因に対する認否や反論は「追って主張する。」とすることが多いです。しかし，知的財産に関する訴訟，特に専門部では計画的に審理が進められますので，第１回口頭弁論期日の１週間前に提出する答弁書で，認否や反論について実質的な内容を記載することも多いです。また，訴訟前の交渉経過である程度原告の主張が出ており，訴訟でも同内容の主張がされているような場合には，実質的な答弁をするために，通常以上の準備期間を与えられないこともあります。

⑶　第１回弁論期日

第１回弁論期日は，原告（代理人）と裁判所の予定で決められますので，被告（代理人）は事前に答弁書を提出しておけば，出頭する必要はありません。ただ，第１回弁論期日から審理の進め方などについて意見交換がされることもありますので，代理人にはできる限り出頭をしてもらったほうがよいです。

また，裁判所が遠方の場合は，電話会議による弁論準備手続も利用できます。どうしても旅費や日当などの負担ができない場合はやむを得ないですが，電話では裁判官や原告代理人の言動を把握することには限界がありますので，代理人にはできるだけ出頭してもらうようにしたほうがよいです。

⑷　その他

明らかに侵害とならない場合や確実に権利者の商標が無効となることが見込まれる場合ではない限り，被疑侵害品の製造販売は中止し，表示を変更するのが実務的な対応としては無難です。なお，警告後や訴訟提起後の被疑侵害品の販売等については，故意による商標権侵害が認定され，刑事罰が適用されるおそれもありますので，慎重に判断する必要があります。

⑸　著作権

⒜　著作権者の確認

商品のパッケージ全体やキャラクターなどの著作権を根拠に差止め等を請求されることがあります。しかし，著作権については，登録制度自体はありますが，権利の発生に登録が要件とされていないため，ほとんどの著作物については登録されていません。そのため，被疑侵害者側で著作権者を確認することは，方法が限られており，また正確な調査を行うことも困難です。

また，海外の著作物についても，ベルヌ条約等により一部の未締結国（北朝鮮）を除き国内でも保護がされている場合がほとんどです。

⒝　模　　倣

著作権侵害となるためには，権利者の著作物を「模倣」している必要があります。そして，模倣は，「依拠していること」と「類似性」から認められます。

「依拠」については，有名な著作物であれば，被疑侵害者が具体的にいつ，どこで接したかはあまり問題にはなりません。しかし，一般には知られていない著作物や特に海外の一部でしか知られていないような場合は，依拠についても争うことができる余地があります。

また，「類似性」については，創作性のある部分に限らず著作物を全体的に比較する方法と創作性のある部分のみを比較する方法があります。

Ⅲ　不存在確認訴訟

通常は商標権者などの権利者が被疑侵害者に対して差止めなどの訴訟を提起します。しかし，これ以外も，被疑侵害者側から，差止請求権や損害賠償債務の不存在確認を求める訴訟を提起することも可能です。権利者から被疑侵害者の取引先などへも警告書が送付されたり，非侵害の判断を早期に得たりしたい場合に，検討することになります。また，有利な管轄をとるために，先に被疑侵害者側からこのような訴訟を提起することもあります。

ただ，確認訴訟となりますので，確認の利益が必要となります。権利者から販売中止を求める内容の警告書が送付されているような場合には，確認の利益が認められますが，それ以外の場合には事前に検討が必要です。

なお，不存在確認訴訟を提起後，権利者が反訴で侵害訴訟を提起すると，本訴を取り下げない限り，不存在確認訴訟は訴えの利益がなく，判決では却下されることになり＊42，反訴において侵害の有無の判断がされることになります。

Q３−21　アンケートの利用価値と利用方法

「類似性」や「誤認混同のおそれ」があるか否かなどの様々な場面においてアンケートの利用が考えられると思うのですが，実際に実施していく場合にどのような点を手始めにどのような点について留意していけばよいでしょうか。

A

1． アンケート

例えば，周知性を立証するために，需要者に対してアンケート調査を行い，その結果を証拠として提出することがあります。その場合，アンケートを行った対象，方法や質問に偏りがあったり，恣意的であったりすると，結果にバイアスがあるとの反論があります。そこで，アンケート調査の方法等については，統計学

＊42　最判平成16年３月25日民集58巻３号753頁。

等を参考にできるだけ客観的な手法に従って実施し，証拠価値について争いが生じないように工夫する必要があります。

なお，取引先などから証明書を取得することもありますが，その場合も同様です。例えば，同文の証明書が提出されても，証拠価値が低く見られることがあります。

2. 裁判例

立体商標の識別力について，アンケート結果を有利に採用した事例もあります[*43]。他方で，アンケートの方法などに問題があることから，証拠価値がないなどとして採用しない事例も多数あります。

3. 利用場面

統計学などの手法に従って調査を行った場合，事実認定としての側面が強い，識別力の有無，周知性，著名性，普通名称該当性，品質表示該当性については，証拠価値が認められる余地は十分にあると思われます。

他方，混同のおそれや類似性については，法的評価の問題や前提事実の捉え方もありますので，採用されにくいと考えられます。例えば，消費者が混同しているという事例が多数あったとしても，単なる不注意によるものか，すでに普通名称となっており権利者の商品のシェアが大きいことによるものかについては，アンケートだけでは判断できません。そのため，混同のおそれや類似性についてアンケート調査を行う場合には，前提となる問題（普通名称該当性など）にも配慮して，質問を作成するなどの工夫が必要となります。

Ⅳ　無効審判請求

被疑侵害者側からの対抗措置として，商標の無効審判請求をする方法があります。侵害訴訟での権利行使制限の抗弁とともに，特許庁へ請求することになりますが，無効理由がある場合には早期に申立てを行っておいたほうがよいでしょう。なお，無効理由の中には，期間が制限されているものもありますので，明らかに期限を経過してしまっている無効理由については無効審判請求をする必要はないでしょう。

権利者から侵害の警告書が届いている場合には，代理人に依頼していること

＊43　知財高判平成20年5月29日判時2006号36頁〔コカ・コーラ・ボトル立体商標事件〕，知財高判平成22年11月16日判時2113号135頁〔ヤクルト容器立体商標事件〕。

が多いと思われますが，通常は同じ代理人に無効審判請求も依頼することになります。また，弁護士と弁理士が共同受任することも多いです。

Ｖ　和　　解

訴訟提起前に交渉がされていることが多いので，訴訟提起直後に裁判所から和解を勧められることはありません。しかし，すでに被疑侵害品の製造販売を止めていたり，原告の主たる目的が差止めであったりすると，審理の状況に応じて，話し合いでの解決が可能か，打診されることがあります。タイミングとしては，訴訟の早い段階か，双方の主張立証が終わり証人尋問前の裁判所の心証ができた段階が多いように思います。

和解の際には，裁判所から心証を明らかにされる場合もありますが，あくまでも暫定的な心証として示されることもあります。代理人としては，最終的には依頼者の利益になることもありますので，和解のテーブルに着くこと自体は依頼者を説得したほうがよいです。もちろん，和解の成否は，その内容にもよりますので，裁判所や相手の条件だけでなく，その理由についてもよく理解しておく必要があります。

代理人個人の見解と相違することもありますが，依頼者のためになるように，また紛争全体の一回的解決を目指して交渉を行うことになります。また，場合によっては，依頼者の説得も必要となりますので，日ごろから依頼者と信頼関係を築いておくことが重要です。

Ⅵ　仮　執　行

第１審（地方裁判所）判決で差止請求や損害賠償請求が認容された場合，仮執行宣言が付けられることが多いです。その場合，判決が確定しなくても，仮執行を行うことが可能です。損害賠償請求の場合，銀行口座や不動産の差押えをすることができます。また，差止請求では，間接強制を申し立てることになります。

しかし，仮執行の後，控訴審で敗訴した場合には，結果的に仮執行は違法な執行となりますので，被疑侵害者に生じた損害を賠償する必要があります。

Ⅶ　執行停止

他方，被疑侵害者は仮執行がされると，事業に支障が出るような場合，例えば，手形の決済口座が差し押さえられることにより不渡りを出してしまうおそれがある場合などには，執行停止を申し立てる必要があります。執行停止の発令のためには担保を立てることが要求され，最低でも認容額の80％程度，多い場合には満額の担保が必要となります。

Ⅷ　控　訴　審

控訴裁判所は，第１審の地方裁判所の管轄裁判所となります。東京地方裁判所の場合は知的財産高等裁判所，大阪地方裁判所の場合は大阪高等裁判所になります。高等裁判所での審理は，第１回口頭弁論期日までに控訴理由書とそれに対する反論書面の提出期限が設定され，１回目の期日で結審されることが多いです。ただ，第１審での主張立証が不十分な場合や控訴審で新たな主張がされた場合などは，審理が継続することもあります。

いずれにしても，第１審で充実した審理が求められていますので，必要な主張立証は第１審ですべて済ませておくことが必要です。

Ⅸ　上　告　審

控訴審の判決に不服がある場合には，最高裁判所に上告，上告受理申立てをすることができます。ただ，上告理由は，憲法違反などに限定されています。また，上告受理の理由も限られています。そして，一般の民事事件でも同じですが，上告審で結論が変更されることは極めて少ないです。

第７節　インターネットにおける注意点

自社商品が転売業者のウェブサイトで販売されていることもあります。正規品ではなかったり，中古品や並行輸入品であるにもかかわらず明記されていなかったりして，消費者からのクレームが発生することもあります。そこで，このような場合，転売業者に販売を中止するなどの警告を行うと，掲載を中止したり，表示を変更したりすることも多いです。なお，その他の対応方法については，本書第５章第１節Ⅲ(3)(b)を参照してください。

他方，自社のホームページなどで他社の商品を紹介したり，販売したりすることがありますが，そのときにも他社の商標を侵害することがあります。

Ⅰ　他社商品の販売を目的とする場合

(1)　商品名

自社のホームページで他社の商品を販売する際に，商品名や商品写真などを掲載することがあります。商品名は商品自体を識別するものなので，販売している商品を示すことは商品名が商標登録されていたとしても可能です。

また，並行輸入品の販売自体は許されます。しかし，正規代理店が販売しているような表示などをすると，不競法上，問題がありますので，並行輸入品であることを明示するなどして購入者に誤解を与えないような表示をする必要があります。

さらに，オークションサイトなどで中古品を販売するような場合には，中古品である旨を明確に表示するとともに，キズや不具合などの有無やその内容などの瑕疵にあたる事情，大きさなどの商品情報は，トラブルを防止するために明記しておく必要があります。

(2)　写　　真

商品写真も，商品名と同様，パッケージについて商標登録されていたとしても，画面に表示することは同様に可能です。

ただし，商品を単に正面から撮影しただけの商品写真であっても，他のホームページなどからコピーして使用することは，著作権侵害にあたる可能性が高いので，避けるべきです*44。また，商品を複数配置したり，商品以外の物を使ってディスプレイされたりしている写真は，著作権が成立している可能性が高いので，使用すべきではありませんし，これらと似た配置で改めて撮影をしても著作権侵害となるおそれがあります*45。

オークションサイトに出品する場合も同様です。

(3)　商品説明

---

*44　東京地判平成27年１月29日判時2249号86頁〔IKEA 事件〕。
*45　東京高判平成13年６月21日判時1765号96頁〔スイカ写真事件〕。

商品の説明については，単に商品の内容，分量，種類を説明するだけであれば著作権の問題はありません。しかし，キャッチコピー，宣伝文句，宣伝広告物のレイアウトなどの使用は商標権侵害や著作権侵害の危険がありますので，避けましょう。

⑷　メタタグ，タイトルタグ

他社の商品を取り扱う場合であっても，メタタグやタイトルタグに登録商標を使用した場合，商標権侵害となることがあります＊46。

Ⅱ　自社商品の販売を目的とする場合

⑴　比較する場合

自社商品を販売する場合，他社商品を比較して表示することがあります。比較広告自体は違法でありませんが，適切な表記をしないと，品質誤認表示等に該当し，違法になることがあります。なお，詳細は本章第９節の「品質等誤認表示について」を参照してください。

⑵　おとりにする場合

有名な他社商品のブランドを利用して自社のホームページに誘導し，自社商品の購入に導くことはおとり広告として認められないことがあります。また，他社の有名ブランド商品を実際に販売していたとしても数量が極端に少ない場合やそもそも在庫がなく注文を受けてから仕入れるような場合もおとり広告となるおそれがあります。

Q３―22　検索連動型広告

検索エンジンで当社の登録商標（文字商標）を検索すると，当社の商品を取り扱っていない業者のウェブページが上位に表示されています。当社の商品を取り扱っているのであればまだしも，取り扱っていないのであれば単に当社のブランドを利用して集客をしていることになりますので，このようなことをやめさせたいと思っています。このようなことはできるのでしょうか。

＊46　大阪地判平成17年12月８日判時1934号109頁〔中古車の110番事件〕，東京地判平成27年１月29日判時2249号86頁〔IKEA 事件〕。

A

1. 検索連動型広告

検索連動型広告とは，インターネット上の検索エンジンで，インターネットの利用者が検索したキーワードに関連した広告を検索結果表示画面に表示するものとされています。そして，ユーザーが検索サービスを利用して，自らの関心がある事柄についてキーワードによるウェブ検索をした際に，広告主があらかじめ登録したキーワードが使用された場合，その検索結果を表示するページに，広告主の広告が表示されることになります。

そうすると，商標などがキーワードとして検索された場合，商標などの出所表示機能や顧客吸引力を利用しているのではないかが問題となります。

そして，検索連動型広告では，検索サービスを提供する者（グーグルやヤフーなど）と広告主（上位表示されるキーワードを設定する業者）が関係し，それぞれ立場や関与の仕方が異なりますので，それぞれ分けて検討する必要があります。

2. 広告主

外国では，広告主について，取引上の商品等に関する使用であり，商標の機能を害するとして商標権侵害が認められた事例もあります*47。他方，わが国では，商標の使用に該当しないとした事例*48，移動後の表示画面において加盟店が提供する商品が陳列表示され，検索結果表示画面への表示とリンク先の表示画面を一体に捉えた場合には，出所識別標識として用いた広告にあたる余地があることを認めた事例（石けん百貨事件）*49があります。

また，検索者が周知著名商標と混同するおそれを認識しながらキーワードを検索した結果，検索者が実際に商品を当該画面から購入した場合は，商標権侵害は成立しなくとも不法行為による損害賠償を認める余地があるとの見解*50，検索エンジン提供者も広告主である競合他社も商標の本質的機能である顧客吸引機能（出所表示機能）を意思を通じ合って利用しているのであり，不法行為を教唆したり，幇助する行為も共同不法行為とみなされることからすると（民719条2項），検索エ

＊47　欧州司法裁判所2010年3月23日判決。なお，検索サービス提供者については商標権侵害を否定しています。

＊48　大阪地判平成19年9月13日裁判所ホームページ〔カリカセラピ事件〕。

＊49　大阪地判平成28年5月9日裁判所ホームページ〔石けん百貨事件〕。ただし，本件では，検索サービス提供者のみが被告とされています。

＊50　外川英明「サイバー空間における商標の使用」パテント62巻4号205頁。

ンジン提供者と広告主は，共同で，商標法2条3項8号の「広告を内容とする情報に標章を付して電磁的方法により提供」していると評価すべきであるとする見解*51があります。

このように，広告主について商標権侵害が成立するかは意見が分かれていますが，意図的に他社の顧客吸引力を利用しているような場合には侵害が成立する余地はあると思われます。

3.　検索サービス提供者

次に，検索サービス提供者について，上記石けん百貨事件では，広告主と一体に捉えることができるためには，被告が本件広告を表示するにあたり，移動後の表示画面で石けん商品が陳列表示されることを予定し，利用していると評価しうることが必要であるとしましたが，本件では加盟店の出店ページにおいて規約等に違反してキーワードが使用され，楽天市場リスト表示画面にそのキーワードを用いた商品が陳列表示されるというのは，本来予定されていない，想定外の事態であるとし，侵害を否定しています。また，すでに上記のような想定外の事態が生じていることが判明している場合には，そのような事態が継続するのを防止する注意義務を負うとしましたが，適切な対応をしていたことから注意義務違反はないとしました。

このように，検索サービス提供者について商標権侵害が成立する余地もありますが，広告主の場合と比べて，侵害が認められる条件としてはやや厳しい状況です。なお，上記石けん百貨事件での検索サービス提供者は，インターネット上のショッピングモールを運営している者でしたが，グーグルやヤフーのように，インターネット上の情報全体について検索サービスを提供しているような場合には，商標権侵害を認めることはさらに困難になると思われます。

第8節　原産地表示について

Ⅰ　問題となる場面

原産地表示が問題となる場面としては，①自社が商品に使用する場合，②他

*51　溝上哲也（http://www.mizogami.gr.jp/news/ne_back/jim2407M29.htm）。

社が使用している場合があります。①では，例えば，自社の商品に「国産」と表示することに問題はないのかを検討することとなります。②では，他社が「国産」と表示しているが，実際にはそうではないときに，その使用をやめさせたりすることができるのかが問題となります。

Ⅱ　実務上の対応

⑴　原産地の特定

まずは，その商品の原産地がどこの国又は地域になるかを検討する必要があります。その際には，不競法や景表法，原産地表示に関する法令等*52を参考にするとよいでしょう。また，消費者庁のウェブページにも詳細な解説がありますので，参照するとよいでしょう*53。国内でデザインがされたり，手が加えられたりしている場合には「国産」と表示してもよいと思われる場合もありますが，あくまでも取扱業者や消費者が誤解するような表示にならないように注意する必要があります。

⑵　資料の入手

次に，原産地を証明することができる資料を入手しておく必要があります。仕入先から，原産地証明書，通関書類，インボイスなどの原産地が記載された書類をもらっておくとよいでしょう。なお，書類は原則としてコピー（写し）ではなく原本を入手するようにしましょう。また，外国語で作成された書類には翻訳もつけておいたほうがよいです。

⑶　表示の方法

最後に，表示の仕方によっては不適切な表示となることもありますので，具体的な表示の方法についても注意が必要です。

原産地表示として誤っていなくても，その他の表示などから品質等誤認表示となることもあります。例えば，「○○直輸入」の表示とともに原産地表示をした場合，実際には他の業者を介して輸入しており，直輸入したものではないものであれば，原産地表示の部分については問題がなくても，品質等誤認表示

＊52　「商品の原産国に関する不当な表示」，「生鮮食品品質表示基準」，「加工食品品質表示基準」，「家庭電気製品製造業における表示に関する公正競争規約」など。

＊53　http://www.caa.go.jp/

に該当するとされることがあります*54。

また，製品の一部に国産品が使用されていたとしても，製品全体が国産品と受け取られるような表示をすることは許されません*55。

さらに，地名を意味する表示を商品のイメージとして使用する場合，通常，消費者はその表示を商品の原産地と受け取るので，そのような表示はできません*56。

ただし，原産地表示とそれと異なる地名の表示がある場合であっても，消費者がその表示をブランド主体の所在地と理解できる場合には，許されることもあります*57。ただ，あくまでも例外的な場合に限られますので，このような表示をする際には十分に注意が必要です。

また，直接的に表示をしなくても，日本をイメージする図柄（国旗，富士山，桜，日本の地名などを商品名として表示すること）などにより，日本国産であることを誤解させるような表示は，原産地を誤認させる表示に該当します。ただし，土産物など，必ずしも国産品であることを前提に購入されるものではない商品については許容されることもあります。例えば，大阪の土産物屋で販売している通天閣の形状をしたキーホルダーが中国産であったとしても原産地誤認表示には該当しないものと考えられます。

(4)　ま と め

最近は原産地に対する消費者の関心が高くなり，また消費者保護の傾向も高まっていることから，事業者に対しては原産地を適切に表示することが求められています。不適切な表示をした場合には，消費者の信頼を失い，最悪の場合には刑事罰の対象にもなりますので，十分に注意するようにしましょう。

Ⅲ　表示の内容

原産地表示の表示方法については，品目ごとに基準が定められていることがありますので，それぞれの基準に即した表示を行う必要があります。また，業

---

*54　東京高判昭和53年5月23日刑裁月報10巻4＝5号857頁〔原石ベルギーダイヤ事件（刑事事件)〕。

*55　東京地決昭和39年2月22日〔石油ストーブ事件〕。

*56　東京地判平成6年11月30日判時1521号139頁〔京の柿茶事件〕。

*57　大阪地判平成13年2月27日裁判所ホームページ〔中国製カバン事件〕。

界での自主基準として公正競争規約が定められている場合もあります。そのため，適切な原産地表示をするためには，それぞれの基準等を調査するとともに，基準に則った表示をする必要があります。

Ⅳ　競業者との関係

不正競争防止法は，事業者間の公正な競争を確保するためのものであるので，同法上の原産地誤認表示（不競２条１項14号）についても，競争事業者からの差止請求や損害賠償請求が認められます。なお，損害賠償請求については，推定規定があてはまらない場合もありますので，注意が必要です。

また，原産地誤認表示には消費者保護の側面もあるので，民事上の責任だけではなく，罰則も設けられています。

Ⅴ　消費者保護の観点

景表法は，一般消費者の保護を目的としています。そのため，原産地について不当表示がなされた場合には，消費者庁長官から違反した事業者に対し行政上の処分として排除命令などの措置命令や課徴金が課されることもあります*58。

また，食品表示法の食品表示基準違反などには個別の法律に罰則が定められています。

さらに，消費者保護の観点から，特に食品に関する表示（原産地だけでなく，遺伝子組み換えの有無，アレルギー物質など）については，表示事項や内容を拡大する方向での改正がされることも多いので，最新の法令，ガイドラインなどを確認する必要があります。

Ｑ３－23　一般的な事例――洋服

洋服のデザインは日本で行い，生地は中国で調達し，縫製はカンボジアで行

＊58　景表法７条（措置命令），８条（課徴金），29条（報告の徴収及び立入検査等）の条文上は，「内閣総理大臣」が主体となっていますが，消費者庁長官にその権限が委任されています（景表33条１項）。また，消費者庁長官は，委任された権限の一部を公正取引委員会に再委任できます（同条２項）。

っています。このような場合，どのような原産地表示をすればよいですか。また，どのような点について気をつける必要がありますか。

A

1. 判断基準

まず，洋服は家庭用品に該当し，家庭用品については，原産地の表示義務はありません（家庭用用品品質表示法）。家庭用品は，「一般消費者が通常生活の用に供する繊維製品，合成樹脂加工品，電気機械器具及び雑貨工業品のうち，一般消費者がその購入に際し品質を識別することが著しく困難であり，かつ，その品質を識別することが特に必要であると認められるもの」とされていますが，具体的に①繊維製品として，コート，セーター，シャツ，ズボン，ハンカチ，マフラー，スカーフ，床敷物，毛布，膝掛けなど，②合成樹脂加工品として，食事用，食卓用又は台所用の器具，盆，水筒，たらい，籠，バケツ，洗面器など，③電気機械器具としてエアコンディショナー，テレビ，電気パネルヒーター，電気毛布など，④雑貨工業品として，ティッシュペーパー，トイレットペーパー，衣料用，台所用又は住宅用の漂白剤，塗料，サングラスなどが挙げられています。

表示義務の有無に影響し，また改正があることもありますので，家庭用用品品質表示法やウェブページ*59で確認する必要があります。

2. 景表法との関係

次に，法律上の表示義務はありませんが，表示する場合には適切な表示を行う必要があります。この場合，景表法上の不当表示に該当しないかどうかを検討することとなります。

3. 自主基準

また，洋服の場合は，業界団体で定めた業界内での自主基準があります。例えば，一般社団法人日本アパレル・ファッション産業協会では「原産国表示マニュアル」を定めて，景表法に適合した表示の基準を決めて，公開しています*60。

これらの業界内での基準は，法的拘束力をもつものではありませんし，またこの基準に従った表示であれば違法とはならないことを保証するものではありませ

＊59　家庭用用品品質表示法について http://www.caa.go.jp/hinpyo/index.html
＊60　http://www.jafic.org/projects/infrastructure/origin/

ん。しかし，明確な法律上の基準がない分野ですので，業界内での基準に従った表示を行っていれば違法となる可能性は低くなりますし，またあえてこの基準には従わない場合であっても，どのような点を考慮して原産地を表示すればよいかの参考にはなりますので，業界内の基準についても調べて，理解をしておく必要があります。

そして，上記「原産国表示マニュアル」では，ジャージ衣類や縫製仕様のニット衣料については縫製を行った国とされています。なお，ボタン付けや付属品の追加縫製は実質的な変更とならないとされていますので，単にタグをつけただけでは原産国とはならないと解されます。他方，ホールガーメントやリンキングのニット衣料については編立てを行った国とされています。

4. 結　論

したがって，質問の「洋服」は，デザインは日本で，生地は中国製のものを使用していますが，ジャージ衣類や縫製仕様のニット衣料であれば，原産地は縫製を行った国，すなわちカンボジアとなります。

Q3−24　生鮮食品の場合――精米

日本産の精米と外国産の精米を混ぜて，ブレンド米として米を販売しています。どのような表示を行えばよいでしょうか。

A

精米は，食品表示法により原産国表示が義務づけられています。また，「玄米及び精米品質表示基準」が定められており，これに従った原産国を表示する必要があります。

まず，上記基準によると，産地，品種，生産年が同一である証明のある原料玄米を精米した場合は，「単一原料米」と表示するとともに，産地，品種及び生産年を併記する必要があります。

次に，上記以外の場合には，「複数原料米」などの表示をするとともに，生産地及び使用割合（原料玄米の重量の割合）を併記する必要があります。また，使用割合の多い順に生産地，使用割合を記載しなければなりません。なお，産地について証明を受けていない原料玄米を使用している場合には，産地と使用割合の後に「未検査米　○割」と記載することができます。

したがって，原料玄米の重量割合に従い，「○○産　○割」，「○○産　○割」との表示をしなければならないこととなります。

Q３－25　加工食品の場合――瓶詰

蜂蜜漬けをしたナッツ類を瓶詰にして販売しようとしています。蜂蜜，ナッツ数種類の産地はそれぞれ異なります。この場合，どのような表示をすればよろしいでしょうか。

A

まず，加工食品については加工食品品質表示基準があり，特定の加工食品については原産地の表示義務，表示内容について規定があります。そして，現在，表示義務のある加工食品は22食品群，４品目あります。また，農産物漬物，野菜冷凍食品，うなぎ加工品及びかつお削りぶしについては個別に品質表示基準が定められ，原産地表示が義務づけされています*61。

本問の蜂蜜漬けをしたナッツ類の瓶詰は，上記基準における「加工食品」（別表１・５果実加工品）に該当するため，基準に基づく表示（名称，原材料名，内容量，賞味期限，保存方法，製造業者等の氏名又は名称及び住所）を記載する必要があります。他方，果実加工品は，上記基準の別表２で記載された「対象加工食品」には該当しないため，原料原産地を表示すべき義務までは負いません。ただし，輸入品については，「原産国名」も表示する必要があります。したがって，蜂蜜漬けをしたナッツ類の瓶詰は，輸入品の場合は原産国名を表示する義務がありますが，国産品の場合にはその表示を行う必要はありませんし，原料の原産地を表示する必要はありません。しかし，原産地を誤認させるような文字や絵，国旗などの表示を

*61　平成29年中に，すべての加工食品について原産地表示を義務付ける改正が行われる予定です。加工食品の原料原産地表示制度に関する検討会では，対象の拡大により，現行の国別の重量順の表示のほか，例外として一定の条件で①可能性表示（Ａ国又はＢ国），②可能性表示（Ａ国又はＢ国又は国産），大括り表示（輸入），③大括り表示＋可能性表示（輸入又は国産），④中間加工原材料の製造地表示（Ａ国製造）が許容されるとの中間取りまとめが公表されています（http://www.caa.go.jp/policies/policy/food_labeling/other/pdf/food_labeling_other_161213_0002.pdf）。

行うことは許されません。

また，上記のとおり加工食品については，個別の品目ごとに個別の品質基準が定められていることもありますので，十分に注意することが必要です。

Q3－26　外食の場合

飲食店を経営していますが，メニューには産地を書いているものもあれば，書いていないものもあります。すべてのメニューに原産地を表示することは困難ですが，問題はありませんか。

A

外食業界では，常に同じ産地の原材料を仕入れるわけではなく，また複数の原材料を使用することが多く，さらにその都度メニューなどの表記を変更することには費用がかかるなどの理由で原産地表示の義務化について消極的でした。現在は「外食における原産地表示に関するガイドライン」*62があり，ガイドラインには法的な拘束力はありませんが，これに沿って適切に表示することが望ましいです。例えば，メニューの主たる原材料，メニュー名に用いられている原材料，こだわりの原材料については，原産地を表示する原材料とされています。そして，表示する原産地の名称については，国産であれば都道府県名，市町村名，地域名，その他一般に知られている地名，輸入品であれば原産国名に代えて州名，省名，その他一般に知られている地名を表示することとなっています。

なお，今後，外食についても原産地表示が義務化される可能性もありますので，確認が必要です。

Q3－27　家電製品の場合——パソコン

CPUやメモリー，液晶画面などの主要部品は国産のものを使用していますが，その他の部品はその都度，安価な外国製のものを使用し，組立ては中国で行っています。このような場合，日本製と表示してもかまわないのでしょうか。

＊62　http://www.maff.go.jp/j/shokusan/gaisyoku/gensanti_guide/g_guide/pdf/guide_line.pdf

A

家庭電機製品については，業界団体で取り決めたルール（製造業表示規約など）が景表法上の公正競争規約として定められています[*63]。この規約では，原産国は，国産品を除き，原産国名を明瞭に表示しなければならないとされています（規約８条）。そして，「原産国」とは，その家電品に本質的な性質を与えるために充分な，実質的な変更をもたらす製造又は加工を後に行った国とされています。

パソコンは上記規約の対象となっていますので，これに従った表示が必要となります。そして，パソコンでは，処理速度などの機能や性能が重視されるため，通常は単なる組立てが行われた場所が実質的な変更をもたらした国ということはできないとも思われます。他方，通常は主要部品によりパソコンの機能や性能がほぼ決まり，主要な部品の製造国を原産地と表示することも許容される場合もあると考えられます。

ただし，高級時計などの精密機械の場合，職人的な技術を要し，組立ての善し悪しにより，故障や不具合の発生に影響が出ることもありますので，そのような場合には組立てが行われていない部品等の製造国を原産国とすることは不適切だと思われます。

第９節　品質等誤認表示について

Ⅰ　問題となる場面

品質等誤認表示に関する規制は，原産地表示と同様，事業者間の競争秩序を維持するというよりは，消費者保護の側面があります。そして，問題となる場面としては，①自社の商品や広告宣伝に品質等について表示を行う場合にその表示が適切な内容となっているかという場面，②他社の広告宣伝が正確に表示されているかという場面があります。

不競法２条１項14号では，品質等誤認表示として，商品や役務（サービス）について，原産地のほか，品質，内容，製造方法などが規制の対象となっています。また，景表法では，不当表示が禁止されており，有利誤認表示，優良誤

＊63　https://www.eftc.or.jp/code/code_info/index.php

認表示，その他の誤認表示の類型があります。この他，食品，家庭用品，住宅など商品ごとに個別の法令や条例も存在します。

このように，品質等の表示については，規制自体が多岐にわたっており，また改正や新たな規制の追加などの変化も多いので，その都度，最新の情報を確認する必要があります。以下では主要な内容のみ概説します。なお，景表法やガイドラインについては，消費者庁のホームページに詳しい解説があります*64。

Ⅱ　実務上の対応

(1)　品質誤認表示

(a)　具 体 例

まず，不競法上の品質誤認表示となる典型的な例としては，虚偽広告，詐欺広告が挙げられます。そして，全くの虚偽とはならないとしても，「牛肉100%」と表示しているにもかかわらず牛肉以外の肉が含まれているような場合には，需要者の購入判断を誤らせることとなりますので，品質誤認表示に該当します。このように，品質誤認表示では，需要者に誤認を惹起させる表示行為が問題となります。

誤認惹起表示行為としては，直接的に，虚偽の品質や品質を誇大に表示する場合のほか，公的な認証を受けたかのような表示，中古品を新品と表示すること，低級品を一流品と表示することなどがあります。また，商品自体への表示だけでなく，広告宣伝，看板などの表示でも同様です。

(b)　比較広告

自社商品が他社商品よりも優れていることを表示して宣伝することがあります。このような比較広告自体は違法ではありませんが，その内容が不適切であれば品質誤認表示に該当することもあります。例えば，自社商品が他社商品よりも優れている客観的な根拠がない場合や限られた場面での恣意的な比較をしている場合には，品質誤認表示に該当します。

そして，比較した他社からは，差止めや損害賠償を請求されることになります。

＊64　http://www.caa.go.jp/

(c)　留 意 点

品質誤認表示とならないためには，正確な表示をすることが第一です。そのとき，直接的な表現だけでなく，間接的なイメージにも気を遣う必要があります。宣伝広告では，できるだけ自社商品が優れているとか，よいイメージをもたれるような内容にしますが，やはり需要者が誤解を受けるような表示は避けるべきです。

また，その業界で一般的に使われているような表現であれば問題となることは少ないと予想されますが，必ずしもすべてが適法となるわけではありませんので，慎重な判断が必要となります。

自社で製造している商品であれば，表示の客観的な裏付け（認証の取得事実，実験結果や実証実験など）を予め準備しておきましょう。また，他社から仕入れた商品を販売する場合でも，仕入先などからこれらの資料を入手しておく必要があります。

健康食品や健康器具などの販売では，「個人差があります。」や「個人の感想です。」などの注意書きを付記することがありますが，誤認表示に該当するかどうかは，最終的には宣伝広告の全体も考慮して判断されますので，これらの注意書きを過信するのはお勧めできません。

以上のとおり，客観的な裏付けと適切な表現が重要ですので，自社だけでの判断だけでなく，社外の意見も聞いたり，特に比較広告の場合には比較される側（他社）の立場でも考えるなどするとよいでしょう。

(2)　優良誤認表示

(a)　具 体 例

景表法では，優良誤認表示とは，商品等の品質について，実際のものよりも著しく優良，他の事業者のものよりも著しく優良な表示で一般消費者による合理的な選択を阻害するおそれのあるものとされています。品質誤認表示になるような表示は，優良誤認表示にも該当することが多いですが，具体例としては，中古自動車の走行距離，予備校の合格実績，コピー用紙の古紙配合率などがあります。そして，対象となる表示は，商品自体，チラシやパンフレットに限られず，宣伝広告物，インターネット上の広告，販売時のセールストークなども含まれます。

(b) 不実証広告

合理的な根拠がない効果や効能の表示は，不実証広告として禁止されています。例えば，ダイエット食品で痩身効果を広告に表示したり，美容施術による即効性・持続性のある小顔効果を表示したりした場合，消費者庁は事業者に対し一定期間内（15日）に合理的な根拠の提出を求めることができます。そして，そのような資料を提出できなかったり，資料を提出しても合理的な根拠がないと判断されたりした場合，消費者庁により不実証広告として表示を禁止する措置がとられます。

(c) 留 意 点

消費者庁からこのような資料の提出を求められると，それから準備をしても間に合いませんので，事前に，論文などの資料を収集しておくとともに，実験や検証を行い，資料を作成しておくことが必要です。また，自社での実験等では，合理的な根拠と認められないこともありますので，公的な機関による試験や検査を行っておくことも重要です。

また，業界で公正競争規約が定められている場合には，その内容についても確認し，規約に沿った対応が必要です。

(3) 有利誤認表示

(a) 具 体 例

景表法では，有利誤認表示とは，商品等の取引条件について，他の事業者のものよりも著しく有利と誤認され，一般消費者による合理的な選択を阻害するおそれのある表示とされています。例えば，携帯電話の料金について最安値と表示したり，サービスの利用に別途追加費用を要するのにこれを表示しなかったりするものが典型です。

(b) 二重価格表示

値下げをしたことを強調するために，定価や通常の販売価格と割引した価格を表示することがあります。このような二重価格表示自体は許されていますが，最近相当期間にわたって販売されていた価格との比較でない場合には，不当な二重価格表示として有利誤認表示に該当することがあります。実際に販売した実績もない価格とともに，特別割引などを表示して販売価格が示されていた場合，消費者は通常よりも安値で購入できると誤解することがありますので，そのような誤解を与える二重価格表示を禁止しています。そして，「最近相当期間にわたって販売されていた」とは，当該価格で販売されていた期間が，当該商品が販売されていた期間の過半を占めているときとされています（不当な価格表示についての景品表示法上の考え方）。

(c)　留 意 点

他社との取引条件の比較，値引きや販売価格，必要な追加費用，通信速度など，消費者が購入の際に判断要素となる重要な取引条件については，できるだけ正確に表示する必要があります。また，消費者が誤解をするような表示や表現も避けるべきでしょう。

優良誤認表示と同様，公正競争規約の確認も必要です。

(4)　その他の誤認表示

(a)　具 体 例

景表法では，上記３つの誤認表示のほか，その他の誤認表示として，無果汁の清涼飲料水等，原産国，消費者信用の融資費用，不動産のおとり広告，有料老人ホームについては個別に告示がされ，規制されています。特に社会的に問題となった分野について，個別に定められており，各分野に応じて個別具体的な規制内容となっています。これらの告示等の詳細も消費者庁ホームページに掲載されています＊65。

(b)　おとり広告

広告，ビラ等における取引の申出に係る商品が実際には申出どおり購入することができないものであるにもかかわらず，一般消費者がこれを購入できると誤認するおそれがある表示や，取引の申出に係る商品又は役務の供給量が著しく限定されているにもかかわらず，その限定の内容が明瞭に記載されていない場合のその商品についての表示などが，不当表示となるおとり広告とされています。おとり広告では，商品自体に問題があるわけではありませんが，事業者は，広告，ビラ等において広く消費者に対し取引の申出をした広告商品等については，消費者の需要に自らの申出どおり対応することが必要で，何らかの事情により取引に応じることについて制約がある場合には，その旨を明瞭に表示

＊65　http://www.caa.go.jp/

することが必要であるとの考えに基づいています。

(c)　留 意 点

多数の申込みが予想されたり，数量が限定されていたりする場合には，その旨を表示しておく必要があります。また，単に数量が限定されているだけでは足りず，具体的な数量まで表示しておかないといけません。

Q 3－28　機能性表示食品

当社が製造販売する商品（食品）に，整腸作用があることがわかりました。「おなかの調子を整えます」などの表示をしたいと思いますが，準備する必要のあることや気をつけることはありますか。

A

1. 特定保健用食品との違い

機能性表示食品のほかに，食品の機能を表示する制度として，「特定保健用食品」（トクホ）があります。

特定保健用食品の場合は，国（消費者庁）による審査があり，許可を受けるためには最終製品によるヒトでの試験を実施し，科学的に根拠を示す必要があります。そのため，取得するまでに時間を要したり，多額の費用がかかったりします。許可された場合は，商品に消費者庁許可のマーク（特定保健用食品）を表示することができます。

他方，機能性食品表示の場合は，最終製品によるヒトでの試験又は文献や論文を引用することによって科学的に根拠を示す必要がありますが，許可は不要で届出で済みます。ただし，事業者が届出内容を公開することが義務付けられています。なお，商品には「機能性表示食品」であることを表示することはできますが，消費者庁許可のマークはありません。

消費者の健康志向の高まりにより，特定保健用食品の許可をとると，売上の増加が見込めますが，取得費用や商品のライフサイクルなどを考慮して，機能性食品表示と使い分けをするとよいでしょう。

2. 機能性表示食品での注意事項

機能性表示食品の広告については，「機能性表示食品の届出等に関するガイドライン」*[66]がありますので，このガイドラインに即した表示を心掛ける必要があります。例えば，届出表示を省略したり簡略化したり，届け出た機能性関与成分以外の成分の機能を強調したりすることは，景表法，健康増進法にも反するおそれがありますので，十分注意してください。

3. 具体的な表示等

本問では，整腸作用のある成分を含む食品ですので，食品自体ではなく，食品に含まれる特定の成分に整腸作用があることを表示する必要があります。また，それを裏付ける科学的な根拠（文献や論文）も必要です。さらに，消費者庁に届出を行い，届出内容の詳細を公開する必要があります。

Ⅲ　自主規制

(1)　公正競争規約

公正競争規約とは，消費者庁長官などの認定を受けて，事業者団体などが表示などに関する事項について自主的に設定する業界のルールです。規約の参加事業者は，規約の内容を遵守している限り，景表法上問題とされることがありません。なお，規約に参加していない事業者には，公正競争規約は適用されませんので，景表法が直接適用されることになります。

公正競争規約の詳細等については，一般社団法人全国公正取引協議会連合会のホームページに掲載されています*[67]。

(2)　公正取引協議会

各業界，各地域で公正取引協議会が設立され，現在約80の公正取引協議会が存在し，多くの業種に存在します。規約に参加することにより，景表法上の問題を別途検討する必要はなくなりますので，参加することも検討するとよいでしょう。また，参加しない場合には景表法が適用されますが，業界での規約の内容は参考にされますので，規約の内容については確認しておく必要があります。

---

*66　http://www.caa.go.jp/foods/pdf/food_with_function_clains_guideline.pdf

*67　http://www.jfftc.org/index.html

Ⅳ　措置命令

景表法では優良誤認表示等の違反があった場合，消費者庁は，その行為の差止めやその行為が再び行われることを防止するために必要な事項又はこれらの実施に関連する公示その他必要な事項を命ずることができます（景表７条１項）。これを措置命令といいます。措置命令の具体的な内容としては，違反したことを消費者に周知徹底すること，再発防止策を講じること，違反行為を将来繰り返さないことなどがあります。

このように，違反行為があった場合には，商品の表示や広告宣伝物の変更だけでなく，消費者へ周知されることになります。そのため，費用がかかるだけでなく，将来の事業に多大な影響が生じます。

Ⅴ　課徴金制度

優良誤認表示や有利誤認表示，不実証広告（課徴金対象行為）については，課徴金が課せられることもあります。課徴金の額は，対象商品の売上額に３％を乗じた額になります。

課徴金対象行為を自主的に申告した場合には，所定の要件を満たすと，課徴金の額が半分に減額されます。

また，返金措置として，所定の手続を経て，購入者に購入額に３％を乗じた額以上の返金を行った場合には，課徴金が減額されることがあります。

Ⅵ　不競法

品質誤認表示は不競法２条１項14号にも該当しますので，他の事業者から差止めや損害賠償請求がされることがあります。ただし，損害額の推定規定のうち一部（不競５条１項（侵害者利益），同条３項（使用料相当額））は適用されませんので，注意が必要です。

【井上　周一】

第 4 章

デザインの活用とトラブル対策

I　デザインを保護する法制度

デザインや商品形態を保護する法制度として中心となるのは意匠法ですが，意匠法以外にも，不正競争防止法（商品の形態模倣からの保護を規定する２条１項３号，商品等表示として保護する２条１項１号及び２号），商標法における立体商標制度，そして著作権法があります。

まず，不正競争防止法２条１項３号は，いわゆるデッドコピーからの保護が目的とされています。しかし，その保護は日本国内で最初に商品が販売された日から３年間に限定され，また，善意無重過失の譲受者については適用除外となるという制限があり，この規定による保護は必ずしも十分なものではありません。もっとも，商品のライフサイクルが短く意匠権をとるまでもない場合や，意匠登録出願中でまだ意匠登録されていない場合には有用といえます。実際，この規定に基づく裁判例は多数あり，実務ではとても多用されている根拠規定です。

次に，不正競争防止法２条１項１号及び２号は，識別標識としての商品等表示を保護するものであり，本来はデザインそのものを保護するものではありません。そして，保護を受けるためには商品等表示が周知性・著名性を有することが要求されるため，保護のハードルは結構高いといえます。そのため，一般にこれらの規定をデザイン保護目的に利用することは難しいといえます。

また，商標法で規定される立体商標制度も，デザイン保護が目的ではなく，あくまでも商標を保護するものです。商標権の一種ですので，いったん商標登録が認められれば更新する限り半永久的に存続する権利となり，その点ではかなり強力です*[1]。しかし，特許庁の審査実務では，商品等の機能又は美感に資する目的のために採用されたものと認められる場合は，通常，商品等の形状そのものの範囲を出ないとして識別力がないと判断され，登録が拒絶されます*[2]。また，識別力のある文字や図形を立体的形状に付して出願すれば登録を受けることができますが，侵害訴訟の場では立体的形状部分には識別力がないとの主張を受けることになり，立体的形状部分が識別力を有することの立証

＊1　立体商標の商標権侵害が肯定された裁判例として，東京地判平成26年５月21日裁判所ホームページ〔エルメス・バーキン事件〕があります。

＊2　特許庁『商標審査基準』〔改訂第13版〕第１の五の４。

が求められることになるでしょう。そのため，立体商標制度をデザイン保護目的で利用するのも，かなりハードルは高いといえます。

最後に著作権法ですが，著作権で工業製品のデザインを保護することについては，従来から意匠法との切り分けという大きな論点として議論されているところです*3。裁判実務では，著作権法による保護を受けられるか否かの基準として，製品の形態が専ら美を追求して制作されたか否か，純粋美術と同視できるか否か，といった基準が用いられており，保護のハードルは極めて高いのが実情です*4。もっとも，最近，このような従来の解釈を否定し，著作権法による保護を肯定するような裁判例*5も現れていますが，まだ裁判所の解釈が完全に変更されたとまではいえない状況です。そのため，現時点では，著作権による保護を期待するのは現実的でないといえます。

以上の点を考えると，デザインの保護は意匠権の活用を中心とし，不正競争防止法による保護を補助的に利用するのが現実的といえます。

Ｑ４－１　意匠権，商品形態模倣，著作権法等の相互関係⑴――事例１：意匠登録なし，国内販売から３年以上経過

弊社は，10年前から大阪城を忠実に模した置物やキーホルダーを土産物として製造販売しています。最近，類似品が多く出回り，弊社の売上が減少しています。弊社は意匠登録をしていませんが，類似品の販売をやめさせることはできないでしょうか。

Ａ

この事例では意匠権を取得していないので，まず，不正競争防止法による保護を検討することになります。

しかし，10年前から販売をしており，国内での最初の販売日からすでに３年を経過していますので，形態模倣（不競２条１項３号）による保護を受けることはで

＊３　中山信弘『著作権法』〔第２版〕163頁。

＊４　神戸地姫路支判昭和54年７月９日無体集11巻２号371頁〔仏壇彫刻事件〕，東京地判昭和56年４月20日無体集13巻１号432頁〔ティーシャツ事件〕，京都地判平成元年６月15日判時1327号123頁〔佐賀錦袋帯事件〕などの裁判例を参照。

＊５　知財高判平成27年４月14日判時2267号91頁〔TRIPP TRAPP 事件〕。

きません（不競19条1項5号イ）。

次に，商品形態が商品等表示としての保護（不競2条1項1号・2号）を受けるには，①商品の形態が客観的に他の同種商品とは異なる顕著な特徴を有し（特別顕著性），かつ，②その形態が特定の事業者によって長期間独占的に使用されるか，又は強力な宣伝広告や爆発的な販売実績等により，需要者の間にその形態を有する商品が特定の事業者の出所を表示するものとして周知になっていること（周知性）が要求されます*6。この事例では，大阪城を忠実に模しただけの置物やキーホルダーということですので，基本的にはその形態が商品自体として周知著名性が認められるのは困難でしょう。ただし，形態を忠実に再現したものであっても，その再現の仕方に特別顕著性が認められるようなものであれば，周知著名性が認められる可能性があります。

また，著作権について検討しても，大阪城を忠実に模した置物やキーホルダーでは，通常は新たな創作的表現がなされたとは考えられないので，通常は著作権で保護を受けるのは難しいでしょう。ただし，この場合についても，再現の仕方について創作的表現といえるものが含まれていれば，著作権による保護を受けられる可能性があります。

以上のように，通常の場合では，意匠法，不正競争防止法，及び著作権法に基づいて類似品の販売を差し止めることはできないと考えられます。

なお，他社による類似品の製造販売行為が「法律上保護される利益」を侵害するものと評価できる特段の事情があれば，不法行為（民709条）が成立するとして損害賠償の対象となる場合があります*7。もっとも，この場合でも，可能性があるのは損害賠償請求までで，販売差止めが認められるのは難しいと考えられます。

Q4－2　意匠権，商品形態模倣，著作権法等の相互関係⑵――事例2：意匠登録あり

弊社は有名デザイナーがデザインした化粧品容器を使用した化粧品を販売し

＊6　東京地判平成11年6月29日判時1693号139頁〔プリーツ・プリーズ事件〕，知財高判平成27年4月14日判時2267号91頁〔TRIPP TRAPP 事件〕などを参照。

＊7　最判平成23年12月8日判時2142号79頁〔北朝鮮映画事件〕は，著作権法6条所定の著作物に該当しない著作物の利用行為について，「同法が規律の対象とする著作物の利用による利益とは異なる法的に保護された利益を侵害するなどの特段の事情がない限り，不法行為を構成するものではないと解するのが相当である。」と判断しています。

ております。そして，この化粧品容器については意匠登録を受けています。最近，これと似た形の容器を使用した類似品を発見しました。類似品を販売する業者に対してどのような請求ができるでしょうか。

A

化粧品容器について意匠登録を受けているとのことですので，意匠権に基づく請求をすることになります。同種の容器に化粧品を入れて販売する行為は，意匠に係る物品の製造，使用，譲渡等であり，意匠の実施行為に該当します（意2条3項）。したがって，類似品の容器の形状が登録意匠と類似するものであれば，意匠権の侵害となり，差止請求及び損害賠償請求をすることができます。

もっとも，損害賠償における損害額の算定では，類似品の販売で侵害者が得た利益をすべて損害額とするのは困難と考えられます。寄与率による調整がなされるか，実施料相当額程度の損害額となると考えられます。

当該形態が著作物と認められうるものであれば，著作権に基づく請求を合わせて行うことも考えられます。

また，当該容器の形態が商品等表示として周知・著名なものとなっているときは，不正競争防止法2条1項1号又は2号による請求も可能です。

なお，最初の国内販売から3年を経過していない場合は形態模倣に基づく主張も可能ですが，意匠権の権利範囲（類似範囲）が形態模倣における実質同一の範囲より狭いとは考えられませんので，通常は，意匠権を有する場合は意匠権に基づいて請求をすることになるでしょう*8。

Ⅱ　意匠登録出願

(1)　意匠登録出願の概要

意匠登録出願は，所定の様式に従った出願書類を特許庁に提出して行います。具体的には，出願人の情報や物品の名称等を記載した願書に，意匠を表した六面図を添付して行うことになります。

願書等のひな形のデータは特許庁から提供されており，インターネット上で

*8　もっとも，侵害者から意匠登録の無効を主張される場合に備えて，併せて形態模倣の主張をしておくことがあります。

入手することができます[9]。

なお，意匠登録出願を検討している意匠の試作品や図面は，原則として，守秘義務のない者に開示しないようにすべきです。例外はありますが，意匠登録を受けるための要件として，公然と知られた意匠でないことが必要とされているためです（意３条１項）。例えば，出願前に取引先に対して意匠を開示する必要がある場合は，事前に秘密保持契約を締結しておくべきです。

⑵　出願前の先行意匠調査

特許出願や商標登録出願の場合，特許庁の出願審査で引用される先行文献のほとんどは特許公報や商標公報等の公報です。そのため，これらの出願をする際には，権利取得の可否を検討するために先行出願や先登録権利の調査をするのが一般的です。なお，この調査には，一般的には独立行政法人特許情報・研修館が提供する「特許情報プラットフォーム」（J-PlatPat）[*10]が使われます。

これに対し，意匠登録出願の場合は，「特許情報プラットフォーム」を使って先登録意匠（公知意匠）の調査をすることは可能ですが，実は，実益はそれほど大きくありません。というのは，意匠の類否は公知意匠全体との関係で判断されるものですので，１個の先登録意匠との比較だけでは判断できませんし，また，意匠登録出願の場合は，審査過程で引用される文献は意匠公報だけでなくカタログ等の非公報資料もかなり多いので，現実問題として調査しきれないからです。

そのため，結局，これから出願をしようという場合は，費用と時間のかかる先行調査をするよりもさっさと出願してしまったほうが，時間的にも，労力的にも，そして費用的にも得策という場合が多いのではないかと思います。

⑶　何の物品について出願すべきか？

単に出願して意匠権を取得するだけなら，どのような物品について出願しても意匠登録を受けることはできます。しかし，いかなる「意匠に係る物品」として意匠権を取得するか，という点を誤ると，後に他社に模倣されても裁判で勝てないという事態が起こりえます。

＊９　「電子出願サポートサイト」（http://www.pcinfo.jpo.go.jp/site/）で書式のWORDファイルや電子出願用のソフトウェアをダウンロードすることができます。

＊10　https://www.j-platpat.inpit.go.jp

例えば，最終的に販売される製品（完成品）の部品の形状について出願する場合は，注意が必要です。意匠法上の物品は，一般に，①互換性を有し，②独立して取引対象となることが必要と解されています。自動車のタイヤやホイールのように，部品であっても市場で取引されているものであれば，問題なくこれらの要件を満たしているといえますので，意匠登録の対象になりますし，同一・類似の製品を製造する侵害者に対して裁判を起こし権利侵害成立の判決を得ることができます。

しかし，これらの要件を満たさない部品については，安易にその部品を「意匠に係る物品」として出願するのは危険です。このような部品を「意匠に係る物品」として出願しても，同一・類似の意匠がなければ意匠登録が認められることは多いのですが，いざ侵害訴訟で戦う場面になると問題が発生します。仮に被告が類似意匠を実施していても，その物品が上記①②の要件を満たしていなければ意匠権侵害は成立しない，ということになってしまうのです*11。

また，外部から認識できない形状を部品の意匠や部分意匠として出願した場合も，意匠登録は認められる可能性はありますが，裁判では権利侵害が否定されるという事態が生じえます。意匠法の趣旨から，流通に乗った際に看者が認識できる意匠であることが必要とされるためです*12。

このように，願書の「意匠に係る物品」をどのように設定するか，どの部分の形状について権利化するのか，という点は権利行使の場面を見据えて検討しなければなりません。

⑷　全体意匠か部分意匠か

物品の一部の形状にのみ特徴があり，その特徴ある部分だけを保護したい場合は，部分意匠として意匠権を取得することができます。

＊11　満田重昭＝松尾和子編『注解　意匠法』110頁〔斎藤暸二〕参照。裁判例としては，名古屋地判昭和59年３月26日無体集16巻１号199頁で「意匠法における物品とは，登録された意匠に係る物品であっても，はたまた侵害していると主張される物品であっても，経済的に独立して取引の対象とされるものをいうと解される」とされています。また，東京高判平成15年６月30日裁判所ホームページ〔減速機付きモーター事件〕では，「意匠権侵害の有無の判断に際しては，流通過程に置かれた具体的な物品が対象となるものというべきである。」とされています。

＊12　満田重昭＝松尾和子編『注解　意匠法』122頁〔斎藤暸二〕。この点について参考になる裁判例として，東京高判平成15年６月30日裁判所ホームページ〔減速機付きモーター事件〕，東京地判平成16年10月29日判時1902号135頁〔ラップフィルム摘み具事件〕があります。

前述したような，独立して取引対象とならない部品の意匠について意匠権を取得したい場合は，部分意匠としての出願を検討すべきことになります。この場合，物品は部分意匠を含む全体の意匠に係る物品としますので，前述の独立取引性の問題はクリアすることができます（例えば，タイヤやホイールの例では自動車を「意匠に係る物品」とすることになります）。もっとも，部分意匠についても，外部から認識できる形状であることは必要になります。

また，部分意匠として出願する部分は，全体の意匠における他の部分と明確に区別できる部分について出願する必要があります。他の部分との区別が判然としないにもかかわらず，全体の意匠の一部分を恣意的に切り取って出願すると，意匠権を取得しても侵害訴訟で戦えないことになります＊13。

⑸　図面か写真か

意匠登録出願には，意匠を特定するために図面を提出することが原則とされていますが（意６条１項），図面に代えて，写真，ひな形，見本を提出することも認められています（同条２項）。もっとも，ひな形や見本が用いられるのは稀で，図面か写真が用いられるのがほとんどです。

図面と写真の使い分けについては，どちらを使っても問題はありませんが，出願する意匠に応じて，特徴が表れやすいほう，特徴を強調しやすいほうを選択するのがよいと思います。

図面の場合は，意図する形状を強調しやすいのがメリットといえます。例えば，写真では表現しにくい凹凸や線を強調したい場合は，図面を使うと線として明確に表現することができます。他方，写真の場合は，例えば衣服やぬいぐるみなど柔らかな素材や，生地の表面の素材感を表現しやすいのがメリットと

＊13　部分意匠の事件ではありませんが，東京地判平成16年10月29日判時1902号135頁〔ラップフィルム摘み具事件〕が参考になります。この事件では，ラップフィルム製品の包装用箱に備えられていた「つまめるフラップ」というラップフィルムを摘みやすくする部分について，意匠に係る物品を「ラップフィルム摘み具」とする意匠権の侵害が成立するか，という点が争われました。結論として意匠権侵害は否定されました。まず物品が非類似とされ，また，利用関係についても否定され，その中で「原告包装用箱の『つまめるフラップと横長矩形部で構成された部品』部分は，……特定の部分のみを，恣意的にハサミで切り離して，分離させたものにすぎないのであって，原告包装用箱の他の部分と截然と区別して看取できるということはできない。」と判断されました。かかる判断を考慮しますと，部分意匠に係る意匠権で侵害成立とされるためには，少なくとも，被疑侵害品においても他の部分と明確に区別されることとなる部分について意匠権を取得しておく必要があるといえます。

いえます。このように，図面と写真は提出する意匠に応じて使い分ければよいと思います。

特許事務所に出願を依頼した場合は，図面や写真を内製している事務所もありますが，専門業者への外注も一般的に行われています。通常の物品の場合，図面でも写真でも１件について数万円程度から作成してもらえます。

なお，自分で撮影した写真を使って出願することもできなくはありません。ただし，六面図相互に矛盾が生じないようにサイズや角度を合わせるなど，出願に適した写真を作成するのは非常に手間ですし，専門業者が作成した写真とはやはりできが違うことが多いです。不備があった場合は，出願や権利行使の段階で不都合が生じるおそれもありますので，図面や写真の作製は専門業者に任せるのが無難と思います。

⑹　有色か無色か

出願においては，出願に係る意匠を色彩と結合したものとすることも，色彩と結合しないもの（すなわち，形状のみを構成要素とする意匠）とすることもできます。模様についても同様です。

色彩と結合した意匠とした場合は，出願における審査や権利行使の場面において色彩を含めて類否判断が検討されることになります。これに対し，色彩と結合しない意匠とした場合は，専ら形状に基づいて類否判断が検討されることになります。

したがって，出願しようとする意匠が色彩に特徴があるものである場合は色彩と結合した意匠として，そうでない場合は色彩と結合しない意匠として出願するのがよいでしょう。

⑺　参考図面

意匠登録出願では，使用状態を示す図などの参考図面を入れることができます。一般に，このような参考図面については類否判断に影響を与えないものと理解されていますが，少なくとも使用状態に関する認定には影響を与えると思われ，実際に判決に影響があったと考えうる事例もみられます。参考図面であっても，図面に入れる場合は慎重に検討すべきです。

⑻　関連意匠を利用した出願戦略

創作した意匠についてより強い保護を得たい場合，関連意匠制度を利用する方法があります。関連意匠制度とは，選択した一の意匠（本意匠）と類似する意匠について一定条件のもと意匠登録を認める制度です（意10条）。この関連意匠制度を利用することにより，より強い保護を得ることができます。

具体的には，本意匠を構成する各部の意匠を抽出し，各部の意匠について様々なバリエーションの意匠を創作します。そして，それらの意匠について関連意匠制度を利用して出願していくのです。本意匠を中心にその周辺は関連意匠で埋め尽くされてしまい，他社は本意匠だけでなく関連意匠の類似もすべて回避しないといけなくなり，その結果，本意匠に近い意匠の利用を断念せざるを得なくなります。

このように，関連意匠制度を利用することで，より強く意匠の保護を図ることができます*14。

⑼　出願費用

特許事務所に意匠出願を依頼した場合，特許庁に納める印紙代のほか，弁理士報酬が必要となります。弁理士報酬は決まった報酬額があるわけではなく，あくまでもそれぞれの特許事務所との合意で決めることになります。

Ⅲ　他社とのトラブル予防――これから商品を販売する場面

⑴　トラブル予防のための事前調査

新たに商品の販売を始める際には，その商品の形態が他社の権利を侵害するものでないかを調査しなければなりません。次のＱ４－３の事例に従って，調査のポイントを簡単に説明します。

Ｑ４－３　商品化における他社製品の調査

中国の見本市に行くと，おしゃべりするぬいぐるみを見つけました。日本でよく売れそうです。是非輸入して販売したいのですが，注意することはありますか。

＊14　実際の関連意匠制度を利用した登録例として，特許庁が公表している「部分意匠の関連意匠登録事例集について」（https://www.jpo.go.jp/shiryou/kijun/kijun2/bubun_isyou.htm）が参考になります。

A

1．調査の必要性

自ら新商品を開発して販売する場合だけでなく，外国で開催された見本市で見つけた商品を輸入販売する場合や日本国内で他社から仕入れて販売するだけの場合でも，他社の権利を侵害しないか調査する必要があります。意匠法に限らず，不正競争防止法，商標法，著作権法でも，輸入行為や販売行為で侵害が成立するとされているためです。

特に外国の見本市や展示会で見つけた商品を，何の調査もせずに輸入するのは非常に危険です。そのような場所ではデッドコピー商品が売られていることがあり，輸入後に他社から警告や訴訟を受けてトラブルになるケースが多いためです。

もっとも，闇雲に調査をしても効率が悪いだけですので，以下のような調査をしていくのも一案と思います。

2．類似商品の有無

まず，販売予定の商品と類似した商品が実際に市場で流通していないかを調査すべきです。実際，海外の商品見本市で売られている商品は，すでに市場で類似する商品が売られている例が多いです。

方法としては，まず，インターネットを使って調査します。具体的にはGoogle等の検索エンジンでの調査や，Amazonや楽天等の大手通販サイトでの販売の有無等の調査をすることになります。インターネットでの調査に加えて，可能であれば，実際に店頭に出向いて調査することも検討すべきです。

また，一般に，類似商品の有無は同種商品を扱う流通業者や同業者に聞くのが早いです。

先行して流通する類似商品が発見された場合は，その商品パッケージの表示等から販売者等を確認します。そして，その者が意匠権をもっていないか特許情報プラットフォームで確認します。商品には法人名で表示されていても，権利としては代表者等の個人名で取得している場合もありますので，注意が必要です。

3．意匠権の調査

意匠権の有無は，特許情報プラットフォームで確認できます。特許情報プラットフォームでは，意匠権の有無以外にも，「経過情報」として，意匠権の存続の有無，消滅理由などの情報が提供されています*15。ただし，出願された意匠が公開されるのは意匠登録後ですので，出願中の意匠は調査できない点に注意が必要です。また，秘密意匠も公開されないため，調査することはできません。

販売予定の商品と近い登録意匠が発見された場合は，まず，その登録意匠に係る意匠権が現在も存続しているかを確認します。現在も権利が存続している場合は類否を検討し，販売を実行するのか断念するのか，あるいは設計変更が可能か等を検討することになります。他方，類似する意匠の意匠権が登録料不納や存続期間満了で消滅している場合は，比較的安心して販売できます。意匠権が消滅した意匠と同一・類似の範囲では誰も意匠権を取得することができないため，その意匠は誰もが使用できる自由意匠であると推測できるためです。もっとも，この場合でも，商品形態が他社の商品等表示として周知・著名となっているときは不正競争防止法による保護の可能性があるため，注意が必要です。

なお，特許情報プラットフォームでは，商標権についても権利の有無や経過情報の調査ができますが，不正競争防止法や著作権については調査できません。

4. 発売日

類似商品を発見した場合，国内で最初に販売された日を調査します。この発売日から３年を経過していることが確認できると，少なくとも不正競争防止法２条１項３号の例外規定の適用を受けられるためです。

具体的な方法としては，商品紹介ページのサイト更新日や，Amazonの商品ページに掲載されている取扱開始日，商品に言及している業者や一般消費者のブログの投稿日付等を確認する方法があります。

5. 主　体

類似商品を発見した場合，複数の主体が類似品を市場に流通させているのか，それとも１社だけが流通させているのか，について調査します。確実ではありませんが，複数の主体が類似商品を販売している事実から，当該商品の形態については権利が存在しないと推測することができます。これに対し，類似する商品を１社しか販売していないような場合は，何らかの権利が存在する可能性が考えられるため，注意が必要です。

6. よく売れているか

---

*15　最終的には登録原簿で確認する必要がありますが，まずは特許情報プラットフォームで確認します。

類似商品を発見した場合，その商品がよく売れている商品か否かも確認しておいたほうがよいでしょう。もし類似商品がよく売れているにもかかわらず販売主体が１社だけであるような場合は，不正競争防止法２条１項１号・２号の適用を警戒する必要があります。

７． 方針の検討

類似商品が見つかった場合や意匠権が存在する場合は，他社の権利侵害となるおそれがないか具体的に検討することになります。意匠法の場合でも，商標法，不正競争防止法，著作権法の場合でも，権利侵害の成否については高度な専門的判断が要求されますので，一般に知的財産法に詳しい弁護士等の専門家に依頼することが必要になります。

そして，専門家に詳細な検討を依頼するとそれなりの費用がかかりますので，輸入販売予定の商品がその費用に見合うものかを検討することになるでしょう。

検討の結果，権利侵害のおそれが高いと判断された場合や，類似商品や意匠権が発見されたがコスト的に詳細な検討が行えない場合は，輸入販売自体を諦めるか，商品形態を変更して侵害を回避できるかを検討することになるでしょう。

これに対し，類似商品は発見されたが，その意匠権は発見されず，かつ，最初の発売日から３年が経過している場合は，その商品デザインが周知・著名なものでない限りは，輸入販売しても問題ないと判断できるでしょう。最初の発売日から３年を経過している事実からは，不正競争防止法２条１項３号に該当するおそれがないだけでなく，通常，意匠登録出願は出願から半年～１年程度で結果が出るため，意匠権が存在しないということも推測できるためです。

⑵　侵害成否の基準

権利侵害の成否の基準は，それぞれの法律の目的に応じて異なります。

Ｑ４－４　侵害成否の基準

意匠権，形態模倣，周知表示の保護，商標，著作権について，侵害の成否の基準はどのように考えればよいですか。

A

1．意匠権・形態模倣についての侵害の成否

意匠権侵害は，物品が同一・類似で，かつ，意匠が同一・類似の場合に成立します（意23条）。侵害訴訟の場では，物品の同一・類似が問題となることや意匠が全く同一であることはそれほどありませんので，通常は意匠が類似するか否かで侵害の成否が決まります。

形態模倣については，他人の商品形態を模倣した商品を販売等した場合に権利侵害が成立するとされ（不競２条１項３号），「模倣する」とは「他人の商品の形態に依拠して，これと実質的に同一の形態の商品を作り出すこと」と定義されています（同条５項）。そのため，侵害訴訟の場では，商品形態が「実質的に同一」か否かが侵害成否の基準になります。

意匠権と形態模倣については，権利主張に係る形態と被疑侵害物に係る形態とを文章により特定したうえ，共通点と差異点を抽出し，それらが全体に与える影響を検討するという判断手法がとられる点で共通しています。形態模倣における実質的同一性については，全くの同一である必要はなく，それなりの差異がある場合でも同一性が肯定されることがあります。意匠権の類似範囲と似ていますが，両者の判断基準の違いについては裁判例を学ぶことで感覚を体得していくしかないでしょう＊16。

2．商標・周知表示の保護についての侵害の成否

商標については，権利者でない者が登録商標と同一・類似の商標を指定商品・指定役務と同一・類似の商品・役務について使用した場合に権利侵害が成立します（商標25条・37条１号）。商標の類似性は，一般に，外観，称呼及び観念の３要素の近似性を検討しつつ，出所の混同が生じるほどに両商標が近似するものか否か，が基準になります。

周知表示（商品等表示）の保護の主張（不競２条１項１号）についても，周知表示と同一・類似か否かが基準となりますので，基本的に商標と同様の考え方になります。ただし，商品等表示に該当する要件として，商品の形態が客観的に他の同種商品とは異なる顕著な特徴を有していること（特別顕著性）と，周知性が要求さ

＊16　多数の意匠権侵害訴訟例が掲載された資料として，牛木理一『意匠権侵害－理論と実務－』が参考になります。また，形態模倣に関する裁判例が掲載された資料としては，大阪弁護士会友新会編『最新　不正競争関係判例と実務』〔第３版〕が参考になります。

れます。

商標や周知表示の同一・類似の判断についても，やはり先例となる裁判例を学ぶことによって感覚をつかむしかありません*17。

3. 著作権についての侵害の成否

著作権侵害の成否については，他人の著作物に依拠し（依拠性），その著作物の本質的特徴を直接感得する（類似性）表現を無断で利用した場合（利用行為）に，著作権侵害が成立するとされています。依拠性が必要とされており，同一・類似の表現物を使ったとしても既存の著作物と関係なく創作したものであれば侵害が成立しない点が，意匠権などとは異なっています。

著作権侵害の成否の基準についても，先例となる裁判例から感覚をつかんでいくしかありません*18。

Ⅳ　意匠権者が類似品を発見した場合

⑴　収集すべき資料・弁護士の確認すべき事項

意匠権者が類似品を発見した場合，まずは情報収集から始めることになります。相談を受けた弁護士の立場でも，必要な資料の収集を指示することになります。

収集すべき資料としては，①権利者側の情報と，②被疑侵害者側の情報とがあります。

(a)　権利者側の情報

(イ)　意匠公報　　まず，意匠公報を入手します。意匠公報は登録意匠の図面（写真）が掲載されており，権利の内容を示す公的刊行物という位置づけとなります。意匠公報は特許情報プラットフォームからPDFファイルとして入手できます。

後に裁判になった場合には，この意匠公報の図面を画像編集ソフトで切り取って物件目録の作成などに利用します。

(ロ)　出願の包袋（出願書類一式）　　また，警告など権利行使をする前に，意

*17　知的所有権問題研究会編『最新商標権関係判例と実務』が参考になります。
*18　参考文献として，知的所有権問題研究会編『最新著作権関係判例と実務』，小泉直樹ほか編『著作権判例百選』〔第5版〕などがあります。

匠登録出願の過程における書類一式（いわゆる包袋）を入手して検討しておかなければなりません。この包袋は，出願を担当した弁理士からコピーをもらうか，特許庁から取り寄せることになります。

意匠登録出願の場合は，出願して何事もなくそのまま意匠登録が認められることも多く，そのような場合は包袋はそれほど重要ではありません。しかし，先行意匠に類似するとして拒絶理由通知が発せられ，これに対して意見書を提出して反論しているような場合には，その先行意匠の内容や意見書の主張内容は後に権利範囲の解釈において参酌される可能性がありますので，その内容を確認しておく必要があります。

(ハ)　実施品　　登録意匠の実施品があれば，これも準備します。実施品が登録意匠と同一形状である場合は，類似品との対比を実物で行えますのでイメージがしやすくなりますし，裁判になった場合に参考品として提出することもあります＊19。

(b)　被疑侵害者側の情報

(イ)　類似品現物　　類似品の現物を入手します。色・大きさが異なるシリーズ商品が存在する場合は，可能な限りこれらも入手しておきます。類似品の現物に基づいて，登録意匠との共通点・差異点を検討していくことになります。

また，類似品が登録意匠の実施品のデッドコピーか否かも確認しておきます。

(ロ)　類似品が掲載されたウェブサイト，パンフレット等　　類似品が掲載されたウェブサイトやパンフレット等の印刷物も収集しておきます。ウェブサイトの場合は，後に抹消されることもあるので，プリントアウトやPDFファイル化しておきます。

これらの資料から，実施行為の態様，製造者，販売者，販売開始日等の情報を確認します。特に，類似品の販売開始が意匠登録出願より後であることは確認しておくべきです。万一，類似品が出願前から販売されていたときは，その意匠権には無効理由が存在することになりますので，権利行使は断念するしかありません。

＊19　参考品は，実施品等の実際の製品を裁判所に提出するものです。裁判官は実際に手に持ったり使ってみたりして観察しますので，裁判官の具体的なイメージ形成に重要な役割を果たします。なお，実施品は，特許権等の他の権利に関する裁判でもよく提出されます。

⑵　意匠の類否

⒜　類否判断の手法*20

意匠権の侵害は，物品が同一・類似で，かつ，意匠が同一・類似の場合に成立します。

まず，物品の同一・類似は，物品の機能及び用途の同一性に基づいて判断されます。

次に，意匠の同一・類似は，侵害訴訟の場では登録意匠と被疑侵害品（権利者が類似品と考える物）に係る意匠の構成がそれぞれ文章で特定されます。文章による特定にあっては，通常，両意匠の基本的構成態様（意匠を大摑みに把握される態様）と具体的構成態様（意匠を詳しく観察して把握される態様）とを，それぞれ文章で特定します。そして，それぞれの構成態様を対比して，両意匠の共通点と差異点を抽出します。

そのうえで，需要者の立場から見て，注意を惹く部分が共通するか差異があるかなどの観点から，類似するか否かを検討し主張していきます*21。

⒝　要　　部

意匠権侵害訴訟においては，類否判断の際に，登録意匠の要部がどこにあるのか，について主張を争うことになります。この「要部」の概念については，多くの裁判例で同じような言い回しで説明されています。具体的には，「意匠の類否を判断するに当たっては，意匠を全体として観察することを要するが，その際には，意匠に係る物品の性質，用途，使用態様，さらに公知意匠にはない新規な創作部分の存否その他の事情を参酌して，取引者・需要者の最も注意を惹きやすい部分を意匠の要部として把握し，登録意匠と相手方意匠が，意匠の要部において構成態様を共通にしているか否かを観察することが必要である。」*22というような言い回しで説明されます。

---

*20　類否判断の手法については，牧野利秋＝飯村敏明編『新・裁判実務大系⑷知的財産関係訴訟法』375頁〔山田知司〕，寒河江孝允編『意匠法コンメンタール』〔第２版〕397頁〔高橋淳〕が参考になります。

*21　裁判実務における意匠の特定について，『知的財産紛争の最前線－裁判所との意見交換・最新論説－』（別冊 L&T １号）29頁以下が参考になります。

*22　大阪地判平成29年２月14日裁判所ホームページ。他にも同様の言い回しが示されている判決として，東京地判平成28年４月15日裁判所ホームページ，大阪地判平成27年12月22日裁判所ホームページなどが挙げられます。

意匠権者は，被疑侵害品の意匠が登録意匠の要部を備えており類似すると主張していくことになります。逆に，被疑侵害者は，被疑侵害品の意匠は要部を備えていないので非類似である，と主張をしていくことになります。

⑶　権利行使

⒜　権利行使の方法

収集した資料に基づく検討の結果，意匠権侵害が成立すると判断した場合，権利行使の方法を検討することになります。具体的な方法としては，警告書の送付，侵害訴訟・仮処分申立てが考えられます。

⒝　警告書の送付

警告書を送付する場合は，通常は配達証明を付けた内容証明郵便を使用します。警告書では，意匠権を特定する事項（登録番号，登録日，出願日，意匠に係る物品等），被疑侵害品を特定する事項（商品名，型番等），被疑侵害品の意匠が登録意匠と同一・類似である旨，及び要求事項を記載します。

要求事項としては，製造販売の中止，金型・在庫・半製品の廃棄及び廃棄証明を記載するのが一般的です。また，厳密にいうと意匠法上の根拠はありませんが，損害賠償額を検討する前提として，販売開始時期，販売数量，在庫数量の開示を要求することも一般的に行われています（次頁以下の記載例参照）。

⒞　訴訟・仮処分申立て

複数のルートで多数の類似品が市場に出回っており，今後の類似品対策上裁判所の判断を得ておきたい場合などは，警告書を送付することなく，いきなり訴訟や仮処分申立てを起こすこともあります。

もっとも，意匠権に限らず知的財産法分野の侵害差止仮処分申立ては，侵害の成否が容易に判断できないため，迅速な判断を得ることを期待できないのが実情です。できるだけ早く判断を得たいということであれば，まずは差止請求のみの裁判を起こすことも選択肢の一つです。

⑷　形態模倣の場合

不正競争防止法２条１項３号（形態模倣）に基づき主張する場合も，基本的には意匠法の場合と同様の検討をすることになります。ただし，形態模倣の場合は，国内で最初に販売した日から３年以内に限定される点，善意無重過失の取得者に対しては主張できない点に注意が必要です（不競19条１項５号）。

警告書の一例

通　　知　　書

冠省

当職らは，株式会社○○の代理人として，貴社に対し，以下のとおり通知致します。

1　当社意匠権

さて，当社は，次の意匠権を有しています（以下「当社意匠権」といい，当社意匠権に係る登録意匠を「当社意匠」といいます。）。意匠公報及び登録原簿の写しを別途お送りしますので，ご確認ください。

【当社意匠権】

登録番号：第○○○○○号

登録日：平成○○年○月○日

出願日：平成○○年○月○日

意匠に係る物品：○○

2　貴社の侵害行為

貴社は，商品名「○○○○」という○○（以下「貴社商品」といいます。）を，貴社のウェブサイト（URL　省略）上で掲載し，インターネット通販サイト「○○」（URL　省略）や小売店において販売しております。

貴社商品は当社意匠に係る物品と同一であり，貴社商品に係る意匠は当社意匠と類似するものです。

したがって，貴社の上記行為は，当社意匠権の侵害に該当するものと思料致します（意匠法23条，２条３項）。

3　貴社に対する要求事項

つきましては，当社は，貴社に対し，次の事項を要求致します。

(1)　侵害行為の中止等

①　貴社商品の販売を直ちに中止すること

②　上記ウェブサイトから，貴社商品の情報を全て抹消すること

　③　貴社商品の在庫及び製造用金型を廃棄するとともに，廃棄証明を当職まで提出すること

⑵　使用状況の開示

　貴社商品に関する下記の事項を開示すること

　ア　製造者

　イ　販売先

　ウ　販売開始時期

　エ　販売個数

　オ　本書到達時点における在庫数量

4　結　　語

　当社は，貴社から開示された上記事項に基づき損害賠償請求について検討致します。

　もっとも，当社としましては，貴社との間で徒に紛争を生じさせるのは本意ではございません。可能であれば，話合いによって，円満に解決するのが望ましいと考えております。

　貴社におかれましては，本書到達の日から２週間以内に，前記３に記載した事項についてご回答いただくとともに，貴社のご見解をお聞かせいただきますようお願い申し上げます。

草々

平成〇〇年〇〇月〇〇日

東京都
被通知人　〇〇株式会社
代表取締役社長　〇〇　〇〇　殿

大阪市
通知人　株式会社〇〇
　代理人弁護士　弁　護　太　郎
TEL：〇〇－〇〇〇〇－〇〇〇〇
FAX：〇〇－〇〇〇〇－〇〇〇〇

そのため，被疑侵害品の国内の最初の発売日を確認しておく必要があります。この発売日は，損害賠償の計算や差止請求の可否に影響しますので，請求内容を検討する際に考慮されることになります。

また，善意無重過失か否かについては，権利主張する商品の販売実績や広告量等の事情が関わってきますので，これらについても確認しておくべきです。警告書を送付した場合は，少なくとも相手が警告書を受領した日以降は悪意ないし重過失であると主張することができます。

V　意匠権者から警告書が届いた場合

(1)　弁護士への相談

意匠権者から意匠権侵害の警告書を受け取った場合，すぐに実質的な回答ができることはほとんどありません。意匠権の権利範囲は先行意匠を前提に解釈されるため，登録意匠と被疑侵害品とを単に見比べただけでは判断しようがないためです。

被疑侵害者が弁護士に依頼した場合，弁護士は，とりあえず，「事実関係を調査中。調査完了次第，改めて回答する。」とだけ回答しておき，ある程度時間をかけて対応を検討するのが一般的です。

(2)　費用対効果の考慮

先行意匠の調査は，特許情報プラットフォーム，外国特許庁のデータベース，ネット検索，カタログ，業界紙，マニア向け書籍など，全世界のあらゆる資料が対象になります。意匠の類否判断のために，これらの資料を調査していくことになります。

ただ，このような調査には，多大な労力，費用，時間を要することになります。そのため，調査するとしても，警告を受けている被疑侵害品の重要性に鑑み，費用対効果を考えてどこまで調査するのかを検討することになります*23。

(3)　将来の中止が可能な場合

販売数量や在庫数量がそれほど多くないなど，将来の製造販売を中止しても差し支えがない場合は，廃棄要求に応じたり，将来の不実施を約束したりする

＊23　被疑侵害品が1回きりの仕入で在庫数量もほとんどないような場合は，調査自体をしないというケースもありえます。

ことで，損害賠償や裁判を回避する方針をとることも多くあります。

意匠権者の側からは，被疑侵害者が交渉を引き延ばしながら在庫を売り切ろうとすることがあるので，注意すべきです。

⑷　将来も製造販売を継続したい場合

販売数量や在庫数量が多い等，将来においても製造販売を続けたい場合は，その方策を検討することになります。

⒜　侵害成否の検討

まず，先行意匠の調査や包袋の検討を行い，意匠権侵害が成立する可能性を検討します。先行意匠調査は本格的に行うとかなりの労力・費用・時間を要しますので，この段階ではある程度の調査にとどめる場合もあります。

ここで，意匠登録の無効を確信できるほどの先行意匠が発見された場合は，意匠権者の要求に応じない旨を回答することになるでしょう。

⒝　設計変更が可能な場合

意匠権侵害が成立しないとの確信が得られない場合は，意匠を変更する設計変更も検討します。設計変更をすることで意匠権侵害を回避できれば，将来の損害賠償額の増加を防止しつつ販売を継続できるためです。

⒞　設計変更ができない場合

設計変更による侵害回避が困難な場合は，裁判を見据えて先行意匠調査を進めるか，製造販売の継続を断念するか，権利者に実施許諾を申し込むか，などを検討することになるでしょう。

Ⅵ　訴 訟 対 応

⑴　意匠権侵害訴訟の流れ

⒜　裁判所の審理モデル

意匠権侵害訴訟については，東京地裁と大阪地裁の知的財産権専門部で審理モデルが作られており，概ねこれに沿った流れで進行します*24。

⒝　侵害論と損害論

意匠権侵害訴訟では，特許権侵害訴訟等の場合と同様，まず侵害が成立する

＊24　大阪地裁のウェブサイトでは，「意匠・商標権侵害事件，不正競争（1号，2号，3号）事件の審理モデル」が掲載されています（http://www.courts.go.jp/osaka/saiban/tetuzuki_ip/）。

か否かの点についての審理（侵害論）を行います。その結果，裁判所が意匠権侵害成立との心証を得た場合にのみ，損害額についての審理（損害論）に進みます。したがって，侵害論終了と同時に弁論が終結されると，非侵害の判決となります。もっとも，差止請求のみの場合はもともと損害論がないため，原告勝訴もありえることになります。また，この時点で，裁判所から和解の提案がなされることも多くあります。

(c)　侵 害 論

(イ)　原告の主張　　原告（意匠権者）において，まず，被疑侵害品を品番・商品名等で特定します。そして，被疑侵害品の意匠（裁判では，被告意匠やイ号意匠などと呼ばれます）を図面や写真等で特定したうえで，登録意匠の構成態様と被告意匠の構成態様を文章で特定します。これを前提に，登録意匠と被告意匠を対比して共通点・差異点を列挙し，被告意匠が登録意匠と同一・類似であり，意匠権侵害が成立することを主張します。

これらの事項は，すべて訴状に記載することになります。

(ロ)　被告の主張　　これに対して，被告（被疑侵害者）は，まず，訴状の請求原因について認否します。そして，公知意匠の調査を行い＊25，非類似主張や無効主張を組み立てていくことになります。

公知意匠調査と並行して，原告による両意匠の構成態様の特定について検討します。原告による特定は原告の主張に有利になされており，被告の主張に必要な構成態様や差異が捨象されていることがよくありますので，これらがきちんと網羅された対案を作成して提出します。

先行意匠調査が完了し，発見された公知意匠に基づいて非類似主張や無効主張の組立てができたら，被告の側でも両意匠を対比し，共通点・差異点を抽出して，これに基づき両意匠が非類似である旨を主張します。

(ハ)　視覚的説明の重要性　　意匠は物品の美的外観ですので，文章だけで説明・主張するには限界があります。図面や写真を使いながら視覚で示したほうが直感的に理解でき，効果的です。

そのため，原告側も被告側も，主張書面の中で図面や写真を挿入して主張し

＊25　大阪地裁の審理モデルでは公知資料等の収集期限は60日と設定され，第１回期日から60日後の第３回期日には公知資料等の立証終了と設定されています。

ていくことがよくあります。その一つの方法として，意匠のマップ化がなされることもあります。つまり，被告側の立場でいうと，マップの中で登録意匠と公知意匠の相対関係を明らかにします。この関係において，登録意匠と被告意匠との間に公知意匠が存在すれば（つまり，被告意匠よりも登録意匠に近い公知意匠が存在すれば），意匠登録の有効を前提とすれば非類似，登録意匠と被告意匠の類似を前提とすれば無効，と判断せざるを得なくなるはずです。この主張を視覚的に訴えていくのです。なお，原告の側でも，被告とは逆の観点から意匠マップを作成します＊26。

(d)　損 害 論

損害論では，意匠法39条の損害推定規定に基づいて主張されるのが通常です。１項に基づいて損害額が算定される場合は，原告側で単位数量当たりの利益額を立証するための資料の提出，被告側で販売数量を示す資料の提出がなされます。また，被告は，競合製品の存在や原告商品の市場シェアなどを主張立証することにより，仮に被告商品の販売がなくても原告商品の購買につながらないことを主張していくことになります。

(2)　公知意匠調査

これまでにも述べましたが，意匠権の権利範囲（類似範囲）は出願前から公知となっている意匠との関係で決まってきますので，侵害訴訟では公知意匠の調査が非常に重要になってきます。

(a)　被告の立場から

被告の場合は，訴状が届いたら（場合によっては警告書が届いた時から），できるだけ早く先行意匠の調査に着手する必要があります。先行意匠の調査は，特許情報プラットフォーム，外国特許庁が提供するデータベース，ネット検索，カタログ，業界紙，マニア向け書籍など，あらゆるものが対象になります。特許情報プラットフォームや外国特許庁のデータベースについては，意匠公報の検索だけでなく，特許出願や実用新案登録出願の図面も調査の対象になります。また，書店や図書館を渡り歩き，近似する意匠資料を収集します。そして，収

＊26　侵害論の観点から作成されたものではありませんが，特許庁のウェブサイトで意匠マップの例が紹介されています（http://www.jpo.go.jp/shiryou/s_sonota/isyou_map/suihanki/sui_idx.htm）。

集した公知意匠に基づいて，非類似ないし無効のストーリー構築を進めることになります。

(b)　原告の立場から

原告としては，裁判になると被告に徹底的に調査されることを理解しておかなければなりません。訴え提起前に被告と同じレベルで調査をすることはあまりないかもしれませんが，登録意匠と同じ分類に属する公知意匠の中で登録意匠がどのような位置づけにあるのか（どのような特徴があるのか）を把握する程度の確認はしておいたほうがよいでしょう。その結果を踏まえて，構成態様の特定や要部の主張を構築していきます。無効理由となりうる先行意匠が発見されたような場合は，訴えの提起自体を再考することになるでしょう。

初めて登録意匠の六面図と被疑侵害品を比べた時には間違いなく意匠権侵害が成立するとの印象でも，後に公知意匠の調査をしてみると，当初考えていたよりも類似範囲が狭いことが判明することがよくあります。当初の印象があまりあてにならないところに，意匠権侵害訴訟の難しさがあります*27。

(3)　形態模倣の場合

形態模倣の裁判においても，まず侵害論から審理し，侵害判断の場合のみ損害論に入るのは意匠権の場合と同じです。また，両形態の構成態様を特定し，共通点及び差異点を抽出して検討する点についても，意匠権の場合とほとんど同じです。

ただし，意匠権侵害の成否の基準が類似か否かであるのに対し，形態模倣の場合は実質的同一か否かですので，実質的同一の観点から論じていくことになります。この違いは，意匠法の趣旨と不正競争防止法で禁止される形態模倣の趣旨*28との違いによるものです。

---

*27　形態模倣の場合にも同様の難しさがあります。

*28　形態模倣の規制の趣旨は，近年の複製技術の発達や商品ライフサイクルの短縮化等によって模倣を極めて容易に行うことができ，模倣者は商品化のためのコストやリスクを大幅に軽減することができる一方で，先行者の市場先行のメリットは著しく減少し，模倣者と先行者の間には競争上著しい不公正が生じており，個性的な商品開発や市場開拓への意欲が阻害されるため，他人の商品形態のデッドコピーは競争上不正な行為として位置づける必要がある，と説明されています。このような趣旨から，わずかな改変があっても実質的に同一の範囲内であれば形態模倣として禁止されることになります。訴訟の場においては，この観点から主張していく必要があります。

(4) 商標権侵害訴訟・周知表示の場合

また，商標権侵害訴訟（立体商標）や周知表示（商品形態）の裁判においても，まず侵害論から審理し，侵害判断の場合のみ損害論に入る点は，意匠権の場合と同じです。

もっとも，共通点・差異点の論じ方は，意匠ほど詳細には検討されません。商標権や周知表示の場合は出所の混同が生じるか否かが問題となりますので，その観点から類否の主張をしていくことになります。

また，商標権の場合は登録商標という明確な保護対象が存在しますが，周知表示の場合は，いかなる態様を周知表示と主張するのか，という点から検討する必要があります。例えば，他社が自社商品と近似したパッケージの商品を販売している場合，周知表示として商品名のみを主張するのか，パッケージの形状のみを主張するのか，それとも商品名表示や形状を含めたパッケージデザイン全体を主張するのかなど，主張の組立て方は何通りも考えられます。商品等表示を構成する各構成要素の近似性，組み合わせ，配置，色彩などが周知性や類似性の議論に影響しますので，まずはいかなる表示を商品等表示として主張を組み立てるかという点は十分に検討する必要があります。

(5) 著作権の場合

著作権の場合も，まず侵害論から審理し，侵害判断の場合のみ損害論に入る点は，意匠権等の場合と同じです。

ただ，著作権侵害の成立には，依拠性と類似性が必要になります。類似性が高く著作物へのアクセス可能性がある場合は依拠性があることは推認されることになりますので，著作物の創作的表現が被告（被疑侵害者）の表現物から直接感得できるか，との観点を中心に論じていくことになります（第５章で詳述）。

(6) 意匠の侵害訴訟の組立て方

意匠権侵害訴訟における主張構成（意匠権者側）を具体的にイメージしやすいように，以下では，訴状の一般的な記載事項（主に請求の原因に記載される項目）について説明します*29。

＊29　具体的な主張内容は，近時の意匠権侵害訴訟の判決文を見ればイメージできると思います。また，特許庁・日本弁理士会『特定侵害訴訟の実務　下巻（意匠・商標・不正競争・法曹倫理）』に意匠権侵害訴訟の訴状のイメージが掲載されています。

Ｑ４－５　意匠の侵害訴訟の組立て方

意匠権侵害訴訟の訴状には，具体的にどのような事項が記載されますか。

Ａ

1．訴　　状

a.「第１　当事者」

原告・被告の説明を記載します。法人の場合は，法人登記簿の目的の欄に従って，「原告は，○○を目的とする法人である。」等と記載されることが多いです。

また，この項で，被告が意匠法における実施行為（意２条３項）に該当する行為をしていることを主張します。具体的には，被告が被疑侵害品を製造販売等していることを記載します。被疑侵害品の特定は「別紙被告物件目録記載」とし，別紙目録に商品名や品番等を記載して特定するのが一般的です。

b.「第２　本件意匠」

まず，本件意匠権の特定を記載します。具体的には，登録番号，意匠に係る物品，出願年月日，登録年月日，登録意匠の内容によって特定します。登録意匠の特定に関しては，「意匠公報（甲○）に記載のとおり」と記載するのが一般的です。そして，本件意匠権が原告に帰属することの証拠として，特許庁から登録原簿を取り寄せて提出するのが通常です。

また，ここで，本件意匠の構成態様（基本的構成態様・具体的構成態様）を文章で特定します。意匠の構成態様の特定は，曖昧な表現や主観的評価は避けて，できる限り客観的表現で特定すべきです。例えば，意匠を構成する左辺と右辺の長さの差が大きいことを特定する場合は，単に「左辺より右辺が著しく長い」といった表現を使用せず，「左辺と右辺の長さの比は１：５である」といった客観的表現を使うべきです。

併せて，本件意匠の要部を記載します。要部については，後に被告から出された先行意匠の主張により変更しなければならないこともありますので，記載の仕方には細心の注意を払うべきです＊30。

＊30　訴状において登録意匠の要部を書く必要があるか否かについては，議論があるところです。この点については，『知的財産紛争の最前線－裁判所との意見交換・最新論説－』（別冊 L&T １号）29頁以下が参考になります。

【請求の原因における一般的記載事項】

第１　当事者
　１　原告
　２　被告
　　⑴　被告について
　　⑵　被告の行為
第２　本件意匠
　１　本件意匠権
　２　本件意匠
　　⑴　基本的構成態様
　　⑵　具体的構成態様
　　⑶　本件意匠の要部
第３　被告意匠
　１　基本的構成態様
　２　具体的構成態様
第４　本件意匠と被告意匠の類似
　１　物品同一
　２　意匠類似
　　⑴　共通点及び差異点
　　　ア　共通点
　　　イ　差異点
　　⑵　検討
　　⑶　小括
第５　損　　害
　１　意匠法39条１項により損害の額とされる金額
　　⑴　被告製品の譲渡数量
　　⑵　被告による侵害行為がなければ販売することができた物品及びその単位数量当たりの利益の額
　　⑶　損害額
　２　弁護士費用
　３　小括
第６　結　　語

c.「第３　被告意匠」

次に，被告意匠の構成態様（基本的構成態様・具体的構成態様）についても，文章で特定します。

ここで，被告意匠を具体的に表した図面や写真は，別紙目録として訴状に添付するのが一般的です。

d.「第4　本件意匠と被告意匠の類似」

意匠権の侵害は，物品が同一・類似であり，かつ，意匠が同一・類似の場合に成立します。

そのため，まず，物品が同一・類似であることを記載します。具体的には，用途や機能が同一であることなどを主張します。

次に，両意匠が類似することを主張します*31。まず，先に特定した両意匠の構成態様の対比によって抽出された共通点・差異点を列挙します。そのうえで，両意匠の類否を検討し，両意匠が類似することを主張します。具体的には，抽出された共通点から要部が共通していることを主張するとともに，差異点が類否に与える影響は小さいことを主張し，看者に全体として共通する印象を与える類似の意匠であること主張をします。

e.「第5　損害」

上記の項目例では，意匠法39条1項に基づいて主張する場合の項目例を記載しています。

また，意匠権侵害訴訟等の知財分野の訴訟においては，弁護士費用も損害と認められることが多いので，記載するのが一般的です*32。

f.「第6　結語」

最後に，一般の訴訟と同様に，いわゆる「よって書き」を記載します。

2．訴額について

訴額は，損害賠償請求の場合は請求額，差止請求の場合は裁判所が定めた計算式によって算出される金額とされますので，注意が必要です*33。

【面谷　和範】

---

*31　侵害訴訟の場では，両意匠が同一である事例はほとんどありません。そのため，ここでは類似の場合の説明だけを記載しています。

*32　弁護士費用は，認容額の10％程度とされることが多いですが，それ以上の損害額が認定される例もありますし，弁護士費用のみを損害として主張して認められる例もあります。

*33　東京地裁・大阪地裁のウェブサイトに，訴額の算定方法が掲載されています（【東京地裁】http://www.courts.go.jp/tokyo/saiban/sinri/ip/index.html【大阪地裁】http://www.courts.go.jp/osaka/saiban/tetuzuki_ip/uketuke_sogaku_santei/index.html）。

第 5 章

著作物の活用とトラブル対策

第１節　著作権制度

著作権は扱った経験も少なくわかりにくいという声を法務や知財の実務担当者からよく聞きます。

著作権法は，第１条の目的規定に「文化的所産の公正な利用に留意しつつ，著作者等の権利の保護を図り，もつて文化の発展に寄与することを目的とする」とあり，文化法といわれています。そして，その「文化」性は著作物の定義（著２条１項１号）にも「文芸，学術，美術又は音楽の範囲に属するもの」という形で反映されています。しかし，その範囲は広範であり，プログラム（著２条１項10号の２・10条１項９号）やデータベース（著２条１項10号の３・12条の２第１項）のように産業上広く利用されるものも含まれます。また，次の「産業財産権との異同」で述べるように産業財産権とは建て付けが大きく異なっていますので，「わかりにくい」，「とらえどころがない」といった声になるのでしょう。

Ⅰ　産業財産権との異同

(1)　保護される対象

著作権や著作者人格権の客体となる「著作物」は，「思想又は感情を創作的に表現したもの」（著２条１項１号）です。知的な精神作用の成果であっても，その「思想」や「感情」自体ではなく，これを具体的に「表現したもの」が保護対象となります。これは特許権の対象となる「発明」や実用新案権の対象となる「考案」が「自然法則を利用した技術的思想の創作」（特２条１項，実２条１項）で，技術的アイデアを保護対象としているのと対照的です。

(2)　無方式主義

「著作者人格権及び著作権の享有には，いかなる方式の履行をも要しない」（著17条２項）とされ，著作権及び著作者人格権は，原則として著作物を創作した時に自動的に発生し，出願や登録等の方式を踏む必要はありません。そして，原則として著作物を創作する者を「著作者」（著２条１項２号）として著作者人格権（著18条～20条）及び著作財産権（著21条～28条）の権利を専有する者とします。この点で，方式主義をとる産業財産権とは大きく異なっています。

⑶　人格権の側面の存在

著作権法には財産権としての著作権（著作財産権）とは別に，著作者の一身専属権（著59条）としての著作者人格権（著18条～20条）が明文で定められていることも特色の１つです。

Ⅱ　他の知的財産法との交錯

⑴　知的財産関係法をトータルに把握する

制度の建て付けが異なる著作権は他の知的財産権との重畳適用や抵触が問題となることが実務では珍しくありません。

実務でこのような場面にいきあわせた場合には，著作権と他の知的財産権の行使の得失を検討する必要が出てきます。

例えば，Ａ社の製造販売するあるキャラクター人形があります。この人形とよく似たＢ社製の人形が市場に出回りました。このＡ・Ｂ人形をめぐる知的財産関係法としてはどのようなものがあるでしょうか。

この人形のキャラクターが著作物ということになれば，著作権法上の処理が可能です。

この人形がＡ社の有する特別な方法あるいは装置によって製造されているような場合には，特許権等あるいはノウハウに関係する問題が出てきます。

次に，この人形のデザインが斬新なものであれば意匠権が取得されているのかも視野に入れなければなりませんし，人形の形態が周知のもの，あるいは形態模倣となれば不正競争防止法上の保護を受けることができるかもしれません。

また，このキャラクターの姿態が製造標・販売標として付されている場合には商標の問題ともなります。

このように一つの事例に対して，著作権法を含め知的財産権に関係する法律をトータルにながめ，相互の脈絡を意識する視点が大切です（本章第５節Ⅱ⑵参照）。

⑵　表示保護制度との関係

著作物を吊り札，織ネーム等として商標的使用をする場合に著作権法と商標法との抵触問題や重畳適用の問題が大きくクローズ・アップされます。

後に改めて触れます（本章第３節Ⅱ参照）。

⑶　デザイン保護制度との関係

意匠登録の可能性のある著作物であれば，物品を特定し出願することになるでしょう。そして登録されるまでの間を著作権法でカバーすることになります。あるいは登録可能性があり意匠の対象にはなるが著作権法の保護が受けられるような創作的表現でない場合であったり，さらには意匠出願はせず著作権法のみで保護を求めるなどデザイン保護と著作権との関係がしばしば実務で問題となります。

これらの点は応用美術に関連する問題として後に改めて触れます（本章第３節Ⅲ参照）。

第２節　創作段階において注意すべき点

ここでは著作権で保護される著作物を創作する者（著作者）の立場から創作段階において注意すべき点に触れます。

Ⅰ　創作による権利発生

先に触れましたように著作権及び著作者人格権は，無方式で，原則として著作物を創作した時に自動的に発生します。

したがって，「創作」によって権利が発生するので，表現物が「創作」によって制作されたかに該当するか否かがキーになるのがわかります。

Ⅱ　他者の権利を侵害しないために

⑴　自ら独自に創作した場合

⒜　自ら創作したことを立証するための対策

「創作」が著作権等の権利発生の根源です。相手方から本当に当該表現物を「創作」したのかと争われた場合をイメージしてみてください。意識しておかないと見落としがちになる大切な点です。

㈠　創作過程の資料管理　　「創作」は事実行為ですから創作過程を明らかにできるようにしておくことが何よりも大切です。

創作過程の資料とその保存，日付などの時点立証（公証人の確定日付証明や資料のやりとりについてタイムスタンプ等の利用方法を知っておく必要があります）が大切になります。

後に述べるコンテンツの整理・保管をどのようにしておくべきかと関係します（本章第４節Ⅲ参照）。

(ロ)　著作者・著作権表示　　著作権法14条の推定規定を利用した著作者表示を意識することが大切です。

「著作物の原作品に，又は著作物の公衆への提供若しくは提示の際に，その氏名若しくは名称（以下「実名」という。）又はその雅号，筆名，略称その他実名に代えて用いられるもの（以下「変名」という。）として周知のものが著作者名として通常の方法により表示されている者は，その著作物の著作者と推定する。」（著14条）との規定を積極的に利用していくものです。本章第４節Ⅱ(1)を参照してください。

(ハ)　登録制度の利用　　著作権法75条３項の推定規定を利用した文化庁への実名登録を検討します。

実名登録されている者は，当該登録に係る著作者と推定される（著75条３項）との規定を積極的に利用していくものです。本章第４節Ⅱ(5)を参照してください。

(b)　創作した表現がたまたま他の著作物に類似しても，「依拠」がなければ著作権侵害になりません（相対的権利）。

「依拠」とは，他人の著作物（表現）に基づいて自己の著作物（表現）を作成することをいいます。

著作権や著作者人格権の侵害行為に対し，著作者や著作権者は差止請求権（著112条）や損害賠償請求権（著114条，民709条）等が認められます。ただ，侵害行為は当該著作物に「依拠」して行われなければならず，表現が同一であっても依拠性のない「偶然の暗合」は著作権侵害とはなりません*1。

特許権，意匠権，商標権等が，登録発明等の存在の知・不知にかかわらず原則的に侵害を排除しうるとともに，先願主義の原則によって同一の出願に対して二重に権利が発生することがないという意味で絶対的排他権（絶対的独占権）

---

*1　最判昭和53年９月７日判時906号38頁〔ワン・レイニー・ナイト・イン・トーキョー事件〕。

といわれるのに対して，「依拠」がなければ侵害にならない著作権は相対的排他権（相対的独占権）といわれています。

つまり，次のようにも換言できるでしょう。自ら独自に創作した表現物については，他の先発の著作物との関係では原則，調査は不要，しかし当該表現を商標的使用やデザインとして使用するような場合には，商標権や意匠権と抵触するおそれがありますので，それらを払拭するために調査は必要になるということです。

Q5－1　「依拠」の意義と必要性の理由

⑴　著作権侵害には「依拠」が必要とされています。なぜ「依拠」が必要とされるのでしょうか。
⑵　「依拠」があるとする立証としては，どのような点を考えればよいのでしょうか。

A

設問⑴については，著作権法には著作物の権利の公示制度がなく無方式主義の下で権利が発生しますので，無方式で成立した権利により第三者（他の独自創作者）に不測の損害を与える可能性があります。そこで，「依拠」のないものを非侵害とすることで，後発者の表現の創作活動に影響を与えず創作の自由度を確保するのが理由になります。また，他人の著作物と表現がたまたま近似するというような偶然はたびたび起こることではなく，「依拠」のない場合に非侵害と扱っても権利者に与える影響は少ないといえるでしょう。

設問⑵については，相手が争うときには，相手方の表現物が権利者の著作物に「依拠」していることを直接立証することは多くの場合困難です。そこで，①相手が当該の著作物に接しうる機会の有無（アクセスの機会の有無）と，②結果の酷似性・近似性・類似性などの間接事実を積み上げることによって「依拠」を事実上推認させる立証活動を行うことになります。相手の表現物中に著作者のプロフィールや権利者側の著作物の紹介があることや権利者の著作物が市場で容易に入手可能なことは，①に関する重要な間接事実になります。また，不自然なまでの表現上の一致（バグや誤記などの無意味な部分の一致）があることは②の重要な間接事実となるでしょう。不必要な部分の酷似というためにダミーを権利者側の表現中に入れておくというのも「依拠」の立証を意識したものです。

(2)　他者の表現物を「参考にする」場合と「利用する」場合

「参考にする」と「利用する」と書きましたが，この両者の違いを著作権における取扱いの上で意識することは実務上極めて大切です*2。

(a)　両者の区別

この両者の区別は，侵害か非侵害かの分岐点をどのように判断するかにかかわってきます。そこで，実際に訴訟で争いとなった際にどのように侵害・非侵害が判断されているのかを見て，それをフィードバックして「参考にする」と「利用する」の違いを考えます。

相手（Y）表現物から権利者（X）表現物についての「表現上の本質的な特徴を直接感得」させなければ，Y表現物に複製権・翻案権・同一性保持権の侵害はなく*3，結局，Y表現物はX表現物とは別個の著作物で非侵害という判定をするのが裁判実務上の考え方です。このY表現物を見聞してX表現物の「表現形式上の本質的な特徴を直接感得させる」かという判定基準は，わかりづらい表現ですのでもう少し分解して説明します。

「何が」感得される前提となるかというと，まず第1に「表現上の」ものであることが必要です。これは，アイデアは対象外であるということを意味しています。第2に「本質的特徴」に関してであることが必要です。これは非本質的特徴は対象外であることを意味します。すなわち，非本質的である「ありふれた表現」，「誰が行っても似かよる表現」が類似していても非類似というわけです。

表現上の本質的特徴で「ない」部分≒アイデア部分＋創作性がない表現部分（≒「ありふれた表現」）→これらの部分が同一又は類似でも非類似という流れに

---

*2　法律論を離れ，芸術における「まねぶ」と「まなぶ」と「まねる」の関係をどう考えるかは興味が尽きません。

*3　翻案権侵害の基準として，言語著作物について最判平成13年6月28日判時1754号144頁〔江差追分事件〕，漫画の原作者（言語）と作画者（絵画）との間について最判平成13年10月25日判時1767号115頁〔キャンディ・キャンディ事件〕，また同一性保持権侵害との関係で写真著作物について最判昭和55年3月28日判時967号45頁〔パロディ・モンタージュ事件〕があります。さらに要約につきこの基準によって判断した最判平成10年7月17日判時1651号56頁〔本多勝一反論権（「諸君！」）事件〕があります。

なるわけです。

事案によっては表現とアイデアの区別境界は難しく，本質と非本質の区別境界は難しいと感じる事案も珍しくはありません。しかし，「単に似ているといえば似ている」，「よくみると違いもある」という見方ではなく上記のような判定基準があることを念頭に置いて事案をみることが大切です。

(b)　他者の表現物を「参考にする」場合

他者の著作物に含まれるアイデアを単に使用することは著作権の及ぶところではありません。また，ありふれた表現が似ていても侵害にはなりません。

既述の判定基準に即して述べますと，他人の表現の「表現上の本質的特徴」が維持されていない著作物の創作は，複製権にも翻案権にも著作者人格権の同一性保持権のいずれの侵害にもあたりません。そのためにこのような局面で他者の表現を「参考にする」のは，全く問題がないといえますし，ある意味で先達の文化的所産である表現を大いに参考にして自身の創作意欲を触発させる創作活動を行うことは，著作権法の勧めるところといってもよいのです。

(c)　他者の表現物を「利用する」場合

他人の既存の著作物を修正・増減・変更しても，その修正変更部分に何らの創作もない場合は法的にはコピーしたのと同じ「複製」になり，修正変更した付加部分に創作性が認められる場合は既存の表現に「翻案」したことになり，いずれの場合も無断で行うと複製権あるいは翻案権の侵害となります（著21条・27条）。また，これらが著作者の意に反する修正であれば，同一性保持権の侵害となってしまいます（著20条）。なお，無断で改変された二次的著作物については氏名表示権も主張できるでしょう（著19条１項２文）。

これを図示すると，次頁の**図表１**のようになります。

権利者の創作部分が，被疑表現物に含まれていれば，被疑表現物から権利者の著作物の「表現上の本質的特徴を直接感得できる」場合が多いといえるでしょう（ただ表現上の本質的特徴の直接感得性という基準と創作部分の存否が表裏一体的に即応するかは未だ検討を要します）。

なお，他者の著作物を利用しても著作権法の制限規定（著30条～50条）に該当する場合は，適法になり侵害とはなりません。したがって，制限規定を意識した利用も大切です。

図表１　複製権・翻案権・同一性保持権の侵害判定基準と関係

①複製権の侵害／②翻案権の侵害／③同一性保持権の侵害に共通する判定基準＝「表現上の本質的特徴を感得できるか」否か。 ⇩ ①②③の関係 既存著作物 ＋ 修正・増減・変更〈プラスα〉 ・付加創作性なし →複製権侵害（①） ・付加創作性あり →翻案権侵害（②） （①②）同一性保持権侵害（③）

第３節　著作物の活用

Ⅰ　本来的活用

⑴　著作物の利用とは

著作権者は，他人に対してその著作物の利用を許諾することができます（著63条１項）。ここでいう「利用」は，著作権の内容を構成する著作物を著作権法21条～28条の支分権の対象となるような方法で利用することをいい，63条はこれを確認的に明確にしたものです。

この許諾と支分権の行使を介して，権利者は著作物の化体した物品（書籍・美術品・プログラムなど）をコントロールすることになります。

小説を執筆して出版し印税を得る，音楽を作曲してCDの販売を許諾して許諾料を得る，プログラムをネット上で許諾料を得て送信する等が本来的な活用法の例といえるでしょう。

⑵　利用許諾の方法及び条件

著作権者が他人に著作物の利用許諾を行う方法については特に限定はありません。通常は著作物利用許諾契約として，著作権者と利用者との合意により，対象著作物，利用の方法，期間，場所的範囲，許諾対価支払の有無などを定めます。特許権などの独占的通常実施権と同様に，著作権者が特定の利用者との間で，契約により他の第三者に対して許諾内容と同一の許諾を与えない旨の合意をする独占的利用許諾も可能です。

著作物の利用許諾を得た者は，その許諾に係る利用方法及び条件の範囲内において許諾に係る著作物を利用することができます（著63条２項)。

もっとも著作権法は，著作物の利用許諾に伴う許諾を受けた者の利用権について登録制度や特許法のような当然対抗制度をとっていません。そこで，利用許諾を受けた者は，著作権者以外の者に対してその法的地位を主張することができないと解されているので注意が必要です。

相対する契約による場合の注意点については，本章第４節Ⅰ⑴を参照してください。

⑶　二次的利用

ここでいう二次的利用とは，著作物自体の複製，上映，頒布などの本来的な利用以外の利用で，二次的著作物の部分的な利用及び映画著作物における劇場用映画・放送用映画の二次的利用をも含む広い用法で使っています。

前者の例としては，小説を映画化する，漫画をアニメ化したり立体化した人形・ぬいぐるみを制作するというようなケースを想定しています。

このような二次的利用には，**図表２**に示すように著作権法28条（二次的著作物の利用に関する原著作者の権利）により，原著作物の著作者である権利が及んでいます。

図表２　二次的著作物の利用に関する権利

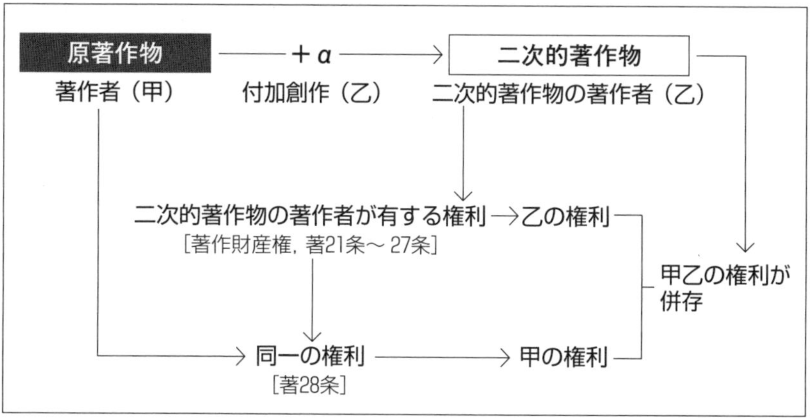

したがって，原著作物の著作者は，これまで述べたのと同じ要領で二次的利用により自己の著作物を活用することができるのです。

後者の映画著作物における劇場用映画・放送用映画の二次的利用については，劇場用映画をビデオグラムやテレビ放映，インターネット配信する態様があり，放送用映画については放送事業者の局制作か外部プロダクション制作かによって権利の帰属態様が異なり，それを踏まえた再利用の場面における権利処理となります*4。

なお，市販の著作物を購入して再利用する場合（デザインハンカチを購入して電気スタンドを作る，書籍を購入して合本を作るなど）については，いわゆる消尽論とも関係し未解決領域が多いため，慎重に対応する必要があります。

Q5－2　キャラクターのかまぼこ

どこを切っても切り口に有名なキャラクターの漫画主人公の顔が現れるかまぼこを考案しました。漫画の作画者に許諾をもらう必要がありますか。

A

漫画の作画者に許諾をもらう必要があります。キャラクターの具体的な漫画の姿態の表現は，美術的著作物の一種です。著作物が表現される素材自体は，著作権法上，何の限定もありません。食品かまぼこ上に表現されても一向に差し支えないのです（壁への絵画，氷の彫刻，ヘアスタイルや入れ墨など人体に関するものでも可能です。東京地八王子支判昭和62年９月18日無体集19巻３号334頁〔陶壁画事件〕，東京地判平成23年７月29日裁判所ホームページ〔入れ墨画像事件〕など）。ただ，表現する素材からの制約で個性的な表現が難しいといった著作物性の認定上の問題や素材の保存性から著作物性の立証に制約が生じるという面は出てくるでしょう。しかし，いずれにしても設問では漫画の作画者との間で権利処理をする必要があります。

(4)　本来的活用を促進するために

著作権に公示制度がない以上，第三者から見て，著作物に誰がどんな権利を

＊4　三山裕三『著作権法詳説』〔第10版〕（勁草書房）201～205頁。

有しているかを知ることは困難です。つまり，誰を相手にどのような権利処理をすればよいのかが利用する側の第三者から見ると分明ではありません。

著作物の利用を促進するためには，第三者に知ってもらうべく著作物の公表公開の必要性が出てきますが，そうすると無断利用につながりやすくなります。このジレンマをどのように工夫して克服していくべきでしょうか。著作物は実に様々で著作者や著作権者のスタンスもちがいます。個人や一企業レベルではネットを利用した積極的な利用促進策も検討に値しますが，著作物の種類に応じ団体やクリエータの参加する協会などを形成し対処するなど個人のレベルを超えた対応も必要になります（本章第4節Ⅲ⑴，⑵参照）。

Ⅱ　識別標識として活用する場合

著作物を一種の目印にして識別標識として顧客吸引力を期待する領域での活用策です。例えば，キャラクターや特徴のある図形などは，著作物の対象ともなりますし，使用の仕方によっては自他識別のマークとして商標登録の対象ともなります。

商標出願は商品や役務を指定して行いますが，例えば，出願との関係を意識して，ホームページに静止画や動画としてどのように掲載すると識別標識として認識されるのに有効か，といった目配せが必要になってきます。

著作権の保護期間と商標権の永久権としての存続期間との関係，著作物の使用態様とその商標としての特定と指定商品等との関係，維持コストなどを踏まえて実務上の活用策を検討します。

著作権と商標権の権利が分属するような事態が生じると，両者の権利の抵触（商標29条）が生じます。

著作権制度と商標権制度の根幹に関わる問題を内包していますが，課題中心アプローチからは，現行法に即した方策を模索していくことになります*5。

＊5　例えば，著作権の保護期間が満了してパブリックドメインに帰した漫画について，必ずしも使用する予定のないものを含め様々な姿態を多くの指定商品等に商標登録し，商品化事業の堡塁とする行為をどのように評価するか。問題解決アプローチからは制度論を含め議論されるべき点は多く指摘できます。

Ⅲ　商品デザインとして活用する場合

著作物としての表現を商品のデザインとして活用する場面としては，例えば，制作したイラストをＴシャツにプリントして製造・販売したり，本の装丁として表紙のブックデザインをしたり，商品の包装紙や看板に著作物を表現する，あるいは特徴的なデザイン形状の椅子を製造・販売するというようなケースが考えられます。

これらのケースは，応用美術の領域の検討課題として扱われてきました。

実務では，応用美術に関係するケースが著作権法がらみで最も多い相談事例の一つといえるでしょう。したがって，応用美術における対処法として，応用美術に対する現況の考え方をある程度しっかりと把握しておく必要があります。

⑴　応用美術とは

応用美術の著作物性は，どのように捉えられるのでしょうか。

応用美術は，「純粋美術」に対置して使用され，実用品に純粋美術の技法を応用したものといった程度の意味合いで使用されてきました（この定義自体必ずしも一定していません）。しかし，著作権法には「美術」という用語が使用される条文はありますが，純粋美術という語も応用美術という語も使用されていません。

そして，実用品という応用美術の著作物の創作性判断は，純粋美術という概念を引き合いに行われてきたといってよいでしょう。そこで行われる判断は純粋美術を梃子に第三者との関係で実用品に表された表現の独占の範囲と後発表現の自由度の確保のバランスをはかることでした。応用美術の範囲とその創作性の有無・程度を著作権法の制度目的から適切に定めうるかが課題になってきたのです＊6。

また，著作権法と意匠法との関係も問題とされてきましたが，各法の要件を

＊6　知財高判平成27年４月14日判時2267号91頁〔TRIPP TRAPP 事件〕は，実用品デザイン（応用美術）の保護範囲について，実用品の応用美術の著作物性を肯定するのに慎重であった裁判例の傾向から踏み出し，幼児用椅子の応用美術の著作物性を肯定しました。この傾向が続くか見守る必要がありますが，実用品の酷似的な表現の模倣に対する法的保護のあり方に問題を提起しています。この知財高裁の考え方では，実用品の形態のそっくりそのままの模倣形態（ファブリック家具・ジェネリック家具などともいわれます）については，当該実用品の形態のいずれかの部分に創作性が認められれば，著作権侵害を問えることが可能となります。しかし，同判決後に現れた複数の裁判例では，従前の流れに戻っているようです。

充たせば保護の効果（依拠・過失の推定など）は異なりますが，二重保護の可能性があるだけで，意匠法により著作権法の適用範囲を謙抑的に解釈する必要はないと思われます。意匠法の存在意義から著作物の創作性の程度が決せられるのではなく，著作権法の存在意義から創作性の程度が導かれると考えてよいでしょう。

(2)　応用美術に対するとりあえずの実務での対応策の考え方

応用美術の著作物性をめぐる実務の現況をこれまでに集積された応用美術に関する裁判例を踏まえて整理すると，次のように要約できると考えられます。

すなわち，「実用に供された」美的表現は，制作が鑑賞目的であろうと実用目的であろうと，一品制作であろうと量産であろうと，あるいは制作者が画家・デザイナー・一般人であろうと，すべて応用美術の範囲に属すると割り切り，裁判例における応用美術の類型化としては，①「模様」，「図案」のケース（創作性自体が否定される傾向にあります。例えば帯図柄・化粧紙・デザイン文字など），②表現が物品の実用性から大きく制約を受けるケース（純粋美術と比肩する程度の創作性があるかのテストを要します。例えばペットボトルや建築資材等のデザインなど），③表現が物品上の制約を受け難いケース（美術著作物に準じて判断します。例えばTシャツのプリント絵柄・便箋封筒の絵柄・ポスターやカレンダー・書籍表紙のブックデザインなど）があることに着目して対処することができます。

最も悩ましいのは，②の類型の応用美術品の保護の射程です*7。

この領域における実用品（例えば，筆記具・自動車・花瓶など）の制作において通常行われる程度の美的処理の創意工夫（例えば，持ちやすさなどの使い勝手や見た目の重厚感や軽快感など実用性の観点から凝らす創意工夫）の中で通例行われる範囲の美的表現は著作物性（創作性）が否定されます。それは，実用性を発揮するという機能の範囲における表現の域，あるいは誰でも思い巡らす実用機能の範囲内における個性の表出とまではいえない表現の域，を出ないものだからです。また，この領域の範囲内の表現は，後発表現の自由度のためにも確保しておく必要があるといえるでしょう。これが実務の裁判例におけるこれまでの大きな傾向といってよいでしょう。

＊7　前掲＊6のTRIPP TRAPP事件も②の領域の応用美術の保護が問われた事案でした。

Q5－3　著作物性（特に創作性について）

当社（X）は次の商品に工夫したデザインを施して，商品を市場に出しました。著作権での保護はどの程度受けることができますか。

⑴　地域おこしのため当該地域の昔話をモチーフにして人形（量産品）の容貌姿態を洗練された造形にしておみやげとして売り出しました。

⑵　書家Aの運筆になる漢字と平仮名の書体を使用した文字を使い，タオルの前面に大きく文字を表しスポーツ用品として販売しました。

⑶　花瓶に持ちやすさ等の使い勝手のよさと重厚感のある落ち着き感を出して当社オリジナル花瓶として売り出しました。

A

1. 設問⑴について

これまでの裁判例の多くからは「純粋美術と同視し得る程度の美的創作性」があるか等という基準からその射程を見極める事案になります。もっとも人形の造形上の表現は，実用品という制約から受ける部分は狭く，通常の美術著作物の創作性判断と大きくずれるものではないと考えられます。

2. 設問⑵について

書家Aの手になる「書」自体の著作物性は美術の著作物ということで保護の対象になるでしょう。その「書」そのものをタオルという実用品に使用しているので応用美術の問題とも考えられますが，「書」という美術の著作物の複製の対象がタオルだったというだけで，特に応用美術としての論点にとり込む必要性はないと考えてよいと思われます。したがって，書家Aの「書」をそのまま複製していれば複製権の侵害となります。

しかし，「書」そのものではなく，ある一定の規則に則って作成されるフォントとしての「書体」を使用している場合は，単なるアイデアのレベル問題か，複製又は翻案の問題となるか，ストレートに侵害判断はできず慎重に考える必要があります*8。

---

*8　東京地判昭和60年10月30日無体集17巻3号520頁〔動書事件〕，東京地判平成元年11月10日無体集21巻3号845頁〔動書書体事件〕，大阪地判平成11年9月21日判時1732号137頁〔商業書道デザイン書体『趣・華』事件〕，最判平成12年9月7日判時1730号123頁〔ゴナ書体事件〕など。

3. 設問(3)について

実用品である花瓶の制作において持ちやすさなどの使い勝手や見た目の重厚感など実用性の観点から凝らす創意工夫は，通例行われる域での美的処理の創意工夫にすぎず著作物性（創作性）が否定される場合が多いでしょう。

第４節　著作権管理

本節では，著作物に関するトラブルを未然に防止するための対策について触れていきます。

Ⅰ　利用許諾*9

利用許諾に関しては，既に著作物の活用（本章第３節Ⅰ参照）で触れました。ここでは著作権管理の観点から，利用者・被利用者の双方から各著作物に共通して注意すべき事項について説明します。

(1)　相対の契約による場合

(a)　許諾対象物及び権利の特定

産業財産権は方式主義が採用され権利内容が公示され，専用権・排他権（禁止権）というシンプルな権利で構成されています。ところが，著作権は多くの支分権と著作者人格権が束になって構成され，どの対象表現物にどのような権利が関係するかを意識しなければなりません。

第１に，許諾対象物及びその範囲が当事者間で明確に特定されていないと，トラブルの種になります。著作権に関する利用許諾（ライセンス）において，契約書上，利用を許諾する対象物の特定については，当事者双方注意を払う必要があります*10。

第２に，当事者間では，利用許諾を求める者がどのような利用を想定しているのかについて明確にし，当該利用目的のために必要な支分権（複製権，公衆送

＊9　本書で述べる留意点のほか，著作権のライセンス契約に関する留意点について，TMI 総合法律事務所編『著作権の法律相談Ⅱ』141頁以下〔大江修子＝古西桜子〕，その余の全般につき山上和則＝藤川義人編『知財ライセンス契約の法律相談』を参照。

＊10　例えば，商品化許諾業務のライセンスでは，許諾商品の特定が厳格に細分化して取り決めることが珍しくありません。

信権等）は何かを意識しなければなりません＊11。包括的に著作権の利用を許諾しつつ，「ただし，次に掲げる支分権はこの限りではない。」と記載する方法も考えられます。

許諾された利用態様以外の行為は，契約違反とともに著作権侵害となる場合がありますので，被許諾者が当該著作物を用いて「何ができて」，「何ができないのか」（特に何ができないのか）を当事者間で明確にすることが重要です。

(b)　契約締結の際の注意点

著作権関係での契約では著作権法に特別な定めがあることに留意しなければなりません。当事者が契約で特別触れなければ，この特別の定めに従うことになります。そこで，どのような特別な定めがあるかを念頭におく必要があります。その例をいくつかを挙げておきます。

(イ)　特掲なき場合の留保推定　　著作権法27条（翻訳権，翻案権等），28条（二次的著作物の利用に関する原著作者の権利）所定の権利については，これらが譲渡の目的となることを特掲＊12しておかないと譲渡人に留保されたものと推定されてしまいます（著61条２項）。

(ロ)　同意推定　　一定の場合に著作者が別段の意思表示をしない限り，定められた公表に同意したものと推定されます（著18条２項）。それは未公表著作物の著作権の譲渡（同条同項１号）と未公表の美術の著作物又は写真の原作品の譲渡（同条同項２号）及び映画の著作物について29条によってその著作物が映画製作者に帰属したとき（同条同項３号）に定められています。

(ハ)　放送・有線放送の利用許諾と録音・録画の利用許諾　　著作物の放送又は有線放送について利用許諾を行う場合には，契約に別段の定めがない限り，当該著作物の録音又は録画の許諾を含まないものと解されます（著63条４項）。

(ニ)　送信可能化権の許諾と回数に関する条件等の違反に関する同権利侵害の否定　　著作物の送信可能化について利用許諾を得た者が，その許諾に係る利

＊11　例えば，複製権の許諾を得ても，譲渡権の許諾を得ていなければ，複製物を販売することは譲渡権侵害となりできません。

＊12　契約条項の例として，例えば「本件プログラムに関する一切の権利（著作権法27条，28条所定の権利を含む）は，第○条に定める対価の支払と同時に甲から乙に移転するものとする。」など。東京地判平成15年12月26日判時1847号70頁〔どこまでも行こう事件〕，東京地判平成18年12月27日判タ1275号265頁〔パチンコゲーム機等映像事件〕。

用方法及び条件（回数，自動公衆送信装置に関するものを除く）の範囲内において著作物の送信可能化を行う限り，直ちに公衆送信権（著23条1項）侵害を生ずることにはなりません（著63条5項）。

⑵　相対の契約による以外の場合

⒜　著作権等管理事業者等から許諾を受ける場合

著作権等管理事業法による管理事業者から許諾を受ける場合，当該事業者のウェブサイト上で利用申込みや使用料を公開していますので（管理事業法15条），まずはウェブサイトを確認します*13。

管理事業者ごとに，著作権者から管理委託を受けている事項と受けていない事項とがありますから，当該団体が許諾できる事項と許諾できない事項とがあることにも注意します。

これらの管理事業者以外に利害関係を共通にする者が任意に協会や団体を組織し，使用規定や使用料金を公表している場合があります。著作権の帰属者は誰で，どのような立場でこのような協会や団体が許諾について法的に事務処理する関係にあるのか，権限が真に認められるのか等を確認して処理を進める必要があります。

⒝　裁定制度

利用したい著作物の著作権者が不明な場合（孤児著作物など），文化庁長官の裁定を受け，補償金を供託することで適法に著作物を利用することができます*14。しかし，同制度を利用するには，相当な努力を払っても権利者と連絡することができない場合であることを要し，裁定を受けることができた後は補償金の供託が求められるなどします。手続が煩雑で，実務上は，一企業一個人レベルで利用されることはほとんどありません*15。

---

*13　代表的な管理事業者として公益社団法人日本複製権センター（http://www.jrrc.or.jp/）やJASRAC（一般社団法人日本音楽著作権協会）があります。

*14　文化庁ホームページ（http://www.bunka.go.jp/seisaku/chosakuken/seidokaisetsu/chosakukensha_fumei/）上で，裁定制度に関する利用方法等について，申請書の書式のほか，裁定制度の手引きが公開されています。

*15　裁定制度の過去の実績については，文化庁ホームページ上に具体的な掲載があります（http://www.bunka.go.jp/seisaku/chosakuken/seidokaisetsu/chosakukensha_fumei/results.html）。

Ⅱ　著作者・著作権表示及び登録等

著作権を管理する点から権利の公示制度のない著作権法の下で，どのような著作者あるいは著作権表示が実務上検討されるべきか，現行の著作権法上の登録制度をどのように著作権管理上利用すべきかについて，そのポイントに触れていきます。

⑴　著作権法の規定（14条，75条３項）を意識した著作者表示の工夫

著作者は，著作物を創作する者であり（著２条１項２号），著作者が誰かは，著作者であると主張する者が著作物の創作過程を示すことで認定されます。創作活動の立証は経年や多数者関与等の理由から容易でないことが多く，著作権法の規定を上手に生かす工夫が必要です。

ここでは14条に基づく著作者表示の留意点を挙げておきます。

⒜　表示の付される対象と機会・場面

同条では「著作物の原作品」に関してとあるので複製物は対象となりません。

そして，「著作物の公衆への提供若しくは提示」とありますので，演奏や演劇を上演する機会は「提示」にあたりますので，その際に配付されるチラシ・パンフレット・プログラムやポスター上における表示，CDジャケットや楽譜の販売の際における表示，興行の立看板や吊り広告上の表示などはこれにあたります。ネット上での興行案内上の表示も含まれるでしょう。

また，書籍やレコードあるいはCD・DVDなどの販売・頒布や貸与などの行為は「提供」にあたりますので，出版物の奥付けや背表紙あるいは表紙タイトル上の表示，CDジャケットやレコード上における表示あるいはネット音楽配信上における表示が，ここにいう表示となります。

⒝　著作者の表示

「その氏名若しくは名称（以下「実名」という。）又はその雅号，筆名，略称その他実名に代えて用いられるもの（以下「変名」という。）として周知のもの」とあります。雅号，筆名，略称は例示ですから俳号や芸名，シコ名，ニックネームなどでもかまいません。名称あるいはその略称とあるから自然人のほか法人を含み法人格なき社団等も含まれます（著２条６項）。

⒞　表示の方法

「著作者名として通常の方法により表示されている」ものですので，一般に

社会慣行として行われている方法ということになるでしょう。

絵画のカンバス（画布）の落款や筆名，銅像の台座部分への制作者記入＊16，仏像彫刻における仏像体内や足ほぞへの制作者の墨書＊17，出版物の奥付けや背表紙あるいは表紙タイトル上の表示，CD ジャケットやレーベル上の表示，映画の冒頭又はエンディングのスクリーン上の表示＊18，演奏会のプログラムの表示などがこれにあたります。

(d)　留意点

(イ)　同時期や異なる時期に著作者の表示が一定しないと不利益を受ける場合がありますので，その意味を踏まえて行動することが大切です。

(ロ)　著作権法75条３項にも実名登録による推定規定があります。実名登録の表示と14条の著作権者表示が一致していることが肝要です。不一致だと推定の利益が受けられない事態が考えられます＊19。

(ハ)　14条の推定は単独著作権者か共同著作者かといった事実や一次的著作物の著作者か二次的著作物の著作者かといった事実までには及びません。

(2)　任意に工夫した著作権者表示

出版物の奥付けや背表紙，CD ジャケットやレーベル上に，あるいはウェブサイト上の利用規約等に無断利用・無断転載を禁ずる旨，ユーザーの違法行為により損害が生じた場合には損害賠償請求をする旨の表示をこまめに，かつ丁寧に記載しておくことは案外効果があります。

また，後記の©（マルシー）表示等の表記を活用するのもよいでしょう。

＊16　知財高判平成18年２月27日裁判所ホームページ・同一審東京地判平成17年６月23日裁判所ホームページ〔ジョン万次郎像事件〕。

＊17　知財高判平成22年３月25日判時2086号114頁・同一審東京地判平成21年５月28日裁判所ホームページ〔駒込大観音事件〕。

＊18　旧著作権法下で公表された映画著作物での表示ですが，最判平成21年10月８日判時2064号120頁〔チャップリン事件〕，知財高判平成21年１月29日判タ1304号282頁〔松竹映画（「醜聞（スキャンダル）」「白痴」）事件〕，知財高判平成20年７月30日裁判所ホームページ〔黒澤映画事件〕。

＊19　著作権表示の推定と実名登録の推定の内容が齟齬する場合，双方とも推定されるということになり，それは双方とも推定されないのと同じであり，通常の挙証責任のルールに戻り，主張する者が挙証責任を負うと考えるべきであるとする見解（原則回帰説。中山信弘『著作権法』170頁）と，登録を確認する者は少なく著作権登録は誰でも簡単にできて僭称も容易であることから75条３項推定より14条推定が優先すると見解（14条優先説。田村善之『著作権法概説』〔第２版〕402頁）があります。

(3)　©（マルシー）表示

日本国内において，万国著作権条約３条１項に根拠を有するいわゆる©（マルシー）表示*[20]を著作物に付すことは，著作権の発生・不発生に何ら影響を与えません。しかし，©表示をすることには一定のメリットが存在します。Ⓟ（マルピー）表示についても同様です*[21]。

適切な©表示を付すことで当該著作物について誰が著作権者であるかを社会に明示することになります。そのため，著作権侵害に対する警告的効果を有するとともに，侵害者に対する損害賠償請求時に，少なくとも侵害者には著作権侵害について「過失」（民709条）があったということに関する立証の容易化に資することが期待できます。

また，著作権侵害に対するウェブサイト上での知的財産権侵害申告のフォームやテレサ書式（後記のⅤ(1)(b)(イ)を参照）を利用した削除請求等の場合に，自社が著作権者であることを裏付ける有用な資料となりえます。

なお，©表示は，既述の14条の推定は働かないと考えて実務上は対応したほうが無難といえるでしょう*[22]。

(4)　現行の著作権法上の登録制度の利用

著作物についても登録*[23]という制度があります*[24]。しかし，登録されたか

---

*20　方式主義の国において，©表示をしていれば，著作権の保護を受けることができるようになります。方式主義を採用する国は少なくなっています。条約に加盟国については，公益社団法人著作権情報センターのウェブサイト内「著作権関係条約締結状況」（http://www.cric.or.jp/db/treaty/status.html）により確認できます。万国著作権条約に規定された©表示の適切な記載方法は「©の記号」と「著作権者氏名」，「最初の発行の年」をそれぞれ相互に近接した場所に表示することです。©の国際的意義等の詳細については，TMI総合法律事務所編・前掲＊９・255頁以下〔中村勝彦〕参照。米国では著作権侵害に関する訴訟時，©表示が付されているか否か等で法的に明瞭な有利不利がありますので別途注意が必要です。

*21　実演家等保護条約（隣接権条約）あるいはレコード保護条約に基づくもので，レコード製作者や実演家の権利の保護の条件として方式主義を採る国において，Ⓟ表示をしていれば，レコードに関するレコード製作者や実演家の権利も保護されます。実演家等保護条約11条，レコード保護条約５条。

*22　三山裕三『著作権法詳説』〔第10版〕184頁は，奥付け等に©表示として記載されている者は一応は著作者としての推定を受けるとしています。もっとも書籍の奥付けに「著者○○△△」とともに同頁内に，例えば「©2012 ○○△△ Printed in Japan」などと記載されていることがあります。このような表示には，もちろん14条の推定は働きますが，これは©表示によるものではないでしょう。

*23　登録制度の内容や申請・申請書式について詳しい記述のあるものとして，文化庁ウェブサイト（http://www.bunka.go.jp/seisaku/chosakuken/seidokaisetsu/toroku_seido/）のほか，書籍として，TMI総合法律事務所編・前掲＊９・273頁以下〔升本喜郎＝金子剛大〕。

らといって，登録されている作品に著作物性が認められたり，真の著作権者であると認められたりするわけではありません。しかし，実名の登録を行えば著作者であることの推定が働きます（著75条３項）。自己が著作者であるという立証に資し，自己が著作権者であることを疎明する資料として利用することに役立ちます。実体審査はなく簡便であり，登録費用*25や事務手続のコストの負担も大きいものではなく，実務上もっと利用されるべき制度です。しかし，一般的に利用が低調なのは不思議です*26。

Ⅲ　コンテンツの保管・整理

先の「本来的活用を促進するために」（本章第３節Ⅰ(4)）で触れたように，ネットによる著作物の公表公開は無断利用につながりやすくなります。

自社のウェブサイト上の著作物や情報コンテンツのユーザーによる無断使用のリスクを軽減するため，企業で保有ないし利用する著作物（コンテンツ）について，予め整理しておくことがベターでしょう。特に，著作物を有力資産として運用している企業はその必要性が高いといえます。

管理する情報としては，著作物の内容（著作物自体の画像などを添付すると明確でしょう），著作物の種類，著作権の取得原因（職務著作か譲受けか），創作者名，創作年月日，譲受年月日（契約締結日），譲受けに際して締結した契約書内における著作者人格権不行使条項の有無，契約書内における第三者知的財産権非侵害保証条項の有無，契約書内における侵害警告受領時の通知条項の有無，現在の利用方法態様の概要，ライセンスの有無，ライセンス契約締結日，ライセンス契約の有効期限などがあります。

実際の作成段階において，権利処理が不十分と考えられるものや，権利関係

＊24　登録著作権については，文化庁ウェブサイト「著作権等登録状況検索システム」（http://www.bunka.go.jp/eGenbo4/）により検索できます。

＊25　登録免許税法別表第一「課税範囲，課税標準及び税率の表」の10項ないし12項参照。

＊26　実名登録の登録件数自体は驚くほどに少ないといえます。登録原簿謄本（抄本）の交付や原簿の閲覧も少ないといえます（公表資料として昭和46年から平成10年の間のこれらの件数については，文化庁監修／著作権法百年史編集委員会編著『著作権法百年史資料編』1164頁参照。文化庁への問合せでは，平成11年度41件，12年度13件，13年度38件，14年度43件，15年度53件，16年度51件，17年度50件，18年度36件，19年度59件，20年度44件，21年度99件，22年度34件，23年度29件，24年度55件，25年度30件，26年度35件，27年度64件，28年度75件で，平成11年から平成28年にかけての実名登録件数も年間で100件を超えた年はありません）。

が不明確なものも出てくることがあります。そのような著作物については，利用によるリスクを把握することにもつながります。

なお，リンクを張られることについても，信用できない会社等にリンクを張られることでマイナスイメージを公衆に対して与えるおそれがあるようであれば，ウェブサイト上でリンクを張ることの禁止を明示し，リンクを希望する際には問い合わせるよう表示しておくことも検討します。

Q５－４　リンクと著作権法上の問題

リンクの種類と態様に応じた著作権法上の問題を教えてください。

A

リンクの種類，態様如何によっては著作権法や商標法，不正競争防止法の関係で一定の問題を生起する可能性があります＊[27]。

発リンク＊[28]は，原則として，当該リンク先のウェブサイト上に存在する著作物の複製も公衆送信も行わないことから，著作権侵害にはなりません＊[29]。しかし，いわゆるフレームリンク＊[30]やIMGリンク＊[31]による場合においては，リンク元である自己のウェブページの一部にリンク先のウェブページのデータが表示されることになるため，例えばリンク先では表示されていた著作者名がリンク元である自己のウェブページ上で表示されていない態様になると，氏名表示権（著19条１項）侵害となるおそれがあります。また，リンク先のウェブページの一部し

＊27　参考になるものとして，齋藤浩貴＝上村哲史編著『情報・コンテンツの公正利用の実務』（青林書院）120頁以下〔佐々木奏〕。

＊28　自己のウェブサイト上に外部ウェブサイトのリンクを張ることをいいます。

＊29　ただし，リンク先が著作権侵害をしているウェブサイトであることを知りながらリンクを張るケースなどでは，リンク先の著作権侵害を幇助したとして責任を問われる可能性があります。

＊30　自己のウェブページの画面をいくつかのフレームに分割して，特定のフレームに当該フレームと対応づけられたリンク先のウェブページを表示させる態様のリンクをいいます（齋藤浩貴＝上村哲史編著・前掲＊27・121頁〔佐々木奏〕）。

＊31　リンク元である自己のウェブページの一部にリンク先のウェブサイトの画像等を表示するものであり，この点ではフレームリンクと共通しますが，フレームリンクと異なり，リンク元である自己のウェブサイトをユーザーがダウンロードすると，ユーザーのクリックなどの行為を要せずに，自動的にリンク先のウェブページの画像等が表示される態様のリンクをいいます（齋藤浩貴＝上村哲史編著・前掲＊27・122頁〔佐々木奏〕）。

か表示しない以上著作物の一部だけを表示したもので改変にあたるとして同一性保持権（著20条１項）侵害となるおそれもあります。リンク元の内容や表示如何によっては，名誉声望を害するものとして，著作者人格権とみなされる（著113条６項）おそれもあるでしょう＊32。このようにフレームリンクやIMGリンクの場合は，著作権侵害となる可能性があるため，リンク先の当該ウェブサイト運営者に対し問い合わせ，リンクを張ることについて承諾を得ることが無難です。それ以外の態様によるリンクであっても，無断でリンクを張ることで当該ウェブサイト運営者から何らかの申出（警告）がくる可能性があることは含み置くべきです。

自社のウェブサイト上のコンテンツがリンクを張られる場合（被リンク）にも注意が必要です。被リンクされたところ，リンク元自体やリンク元の記事などが好ましいものではなく，被リンクにより自社に悪いイメージが与えられるおそれもあります。そこで，事前に被リンク自体を容認するかどうか検討します。仮に被リンクを認めないのであれば，自社ウェブサイト上で一切のリンクを禁じ，リンクを求める場合には問い合わせるようウェブサイト上で明記しておくべきでしょう＊33。そのうえで，無断被リンクの事案が発生すれば，事前の警告を理由に被リンク削除を行うよう，適時適切に申出を行っていくことになります。企業によっては被リンク対策として，被リンクを一般的に禁じ，リンクを張ることを望むのであれば申し出る旨明示し，当該ウェブサイト上で発リンクの申込み窓口を設定しているところも見受けられます。

Ⅳ　外注の著作権の処理

企業が商品に用いるイラストデザインや写真などを外注することは，広く行われています。しかし，外注先に頼んだイラスト等の著作物の権利の帰属や当該著作物について第三者から著作権を侵害していると警告を受けるなどのトラブルに見舞われるケースもあります。そのため，著作権が生じうるものを外注する際には，権利処理を適切に図り，事前にリスクを予防し分散できるようにしておくべきです。

＊32　他法との関係について記載したものとして，齋藤浩貴＝上村哲史編著・前掲＊27・123頁〔佐々木奏〕。

＊33　もっとも，このような禁止は，警告的意義を有するにとどまり，必ずしもリンクを張ろうとする者を拘束するものではないことに留意する必要があります。

外注先の創作によって発生した著作権の処理については，当該著作物の利用目的などに応じて，著作権の譲渡を受ける場合と特定の利用目的に限り一定条件の下で許諾を受ける場合があります。

(1)　譲渡を受ける場合

自社が著作権の譲渡を受ける旨規定します。著作権の譲渡を受けるタイミングとしては，「代金支払時」とされることが多いでしょう。そして，契約書に単に「著作権」の譲渡と記載しただけでは不十分で，必ず「著作権（法第27条，第28条を含む。）」などと記載するようにします。そうでなければ，著作権法27条，28条の各権利は，承継されず外注先に留保されてしまうことになるからです（著61条2項）。

次に，著作者人格権は人格的な権利であり，譲渡を受けることができません（著59条）。そこで必ず，外注先は自社に対して著作者人格権を行使しない旨規定するようにします。このような著作者人格権の不行使条項を忘れてしまうと，著作権を譲り受けても，著作者人格権を行使されることで著作物を自由に利用できなくなるリスクが潜在的に残ります。

(2)　利用許諾を受ける場合

著作権の譲渡を受けず利用許諾のみを外注先から受けた場合，侵害者対応は著作権者である外注先に依存することになります。そこで，著作権を外注先に留保し，利用許諾を受けるにとどまる旨の契約を締結するのであれば，こちらの求めに応じて，外注先が必ず侵害者対応をするという旨の規定を設けてもらうよう求めることになります。

なお，このような不便を解消するために，利用期間に合わせて著作権の期限付きの一時譲渡契約*34を締結することもあります。

(3)　その他保証条項

さらに，上記いずれの場合においても，外注先の作成した完成物が，第三者の知的財産権（著作権等）を侵害していないことを保証するよう求めるべきです。この規定があれば，仮に第三者から著作権侵害等の警告を受け，解決金や損害賠償を支払うことになったとしても，契約違反を理由に経済的負担について当

---

*34　利用期間終了後に譲渡者に権利を戻す再売買予約付きの再移転，あるいは解除条件付き著作権譲渡とするかなど構成には工夫が必要です。

該外注先に負担させる契機となり，損害金の全部又は一部を補塡してもらえる余地が残るため，リスクの転嫁ないし軽減効果を期待できます（本章第５節Ⅳ⑵⒝参照）。

第５節　著作権侵害についてのトラブル対策

Ⅰ　模倣品を発見した場合

著作権侵害のトラブルとして多い模倣品の製造販売は，複製行為等が日本で行われた場合には，各著作物の複製権（著21条）や翻案権等（著27条）の侵害となります。海外での違法複製物であっても，これを頒布の目的をもって日本に輸入する行為は著作権侵害とみなされます（著113条１項１号参照）。また，違法複製物の販売行為は譲渡権（著26条の２第１項）の侵害（映画の著作物については頒布権侵害（著26条）。以下同じ）となります。本節Ⅰにおいては，模倣品に関するトラブルについて取り上げ，その対策について説明します。

⑴　入手すべきもの

⒜　模倣品等の入手

入手方法としては，インターネット上で実際に購入する場合は，自社の従業員個人名義で自宅宛てに購入するなどします。会社名義で購入すると，こちらの動き（模倣品に対する権利行使の準備）が相手方に知られる可能性があるからです。

購入する際，注文書や領収書等，当該商品の商品名や商品番号，販売価格，販売日時，販売者などが記載されている書面を入手するよう努めます。実店舗での販売であれば，購入時に，上記の各項目を領収書上に記載してもらうようにします。ウェブストアにおける購入の場合，模倣品購入時に「注文書」，「納品書（控）」のような被疑侵害者発行に係る文書をインターネット上で取得できることが多いので，取得のうえ保存します。これらが，いつの時点で誰が何を販売していたのかを証する資料となります。

なお，模倣品は，できれば複数個入手しておくのがよいでしょう。後々，専門家に相談に行く際に現物を預けたり，訴訟のなかで「証拠」として提出する可能性があり，複数あると便利だからです。

⒝　関連資料

当該模倣品販売に関するカタログなどが入手できそうであれば，販売状況に関する裏付け資料となりますから併せて入手します。ウェブサイト上に新商品情報などとして掲載がある場合には，当該ウェブページをプリントアウトするなどして確保しておきましょう。特にウェブサイト上にアップロードされている資料は，削除や修正が容易ですので，適時適切に保全しなければなりません。

販売の事実に関する証拠保存方法の一例を紹介します。各ウェブストアにおける各商品の販売に係るウェブページを販売商品（商品番号），販売者（当該ウェブサイトにおける販売者の「会社概要」，「特定商取引法に基づく表記」に関するものを用います）がわかるよう，複数のウィンドウに表示するなど一つのスクリーンに表示します（このとき，各ウィンドウ上のウェブサイトの同一性を示すため，複数の各ウィンドウのURLが表示されるよう注意します）。そのうえで当該スクリーンをスクリーンショットして保存します。販売状況に関する証拠保存のため，相手方が運営する各ウェブストアすべてについて，このような侵害品の販売状況を保存しておくべきでしょう。

⑵　確認すべき事実

(a)　著作権の確認

自社の当該著作物について「いつ」「誰により」作成されたものか，職務著作として自社が著作権を有しているか，外注したものであれば，外注先との関係で著作権（著27条・28条を含む）の帰属等についてどのようになっているのか，権利帰属の事実関係を確認します。

(b)　模倣品の販売開始時期との関係性の確認

模倣品が販売された時期につき，カタログへの掲載時期やウェブサイト上の掲載などから，ある程度販売開始時期を調査して割り出します。同時に，自社の著作物の作成時期や当該著作物を用いた商品の販売時期などとの先後関係に照らし合わせ依拠性の判断に目安をつけます。

(c)　ウェブストアの確認

通販サイト上で商品を販売する業者は，ウェブストアが1店舗のみではなく，複数の大手通販サイト内にそれぞれ1店舗ずつ（複数店舗）ウェブストアを開設し，模倣品販売をしているケースがしばしば見られます。そこで，ウェブストア上で模倣品が販売されているケースでは，他の大手通販サイト内に同じ運営者のウェブストアで，同じような模倣品が販売されていないか確認しましょう。

(d)　模倣品の流通（商流）の確認

模倣品の販売が商流の末端の業者の場合，末端業者に対し個別に警告することも検討しますが，十分な効果が得られない場合もあるので，商流を遡って大本の業者に対する権利行使を検討するため，できる限り商流を明らかにすべく調査確認することが大切です。

Ⅱ　権利侵害についての検討

(1)　専門家への相談

可能であれば著作権法関係の事件に明るい弁護士等に相談するのが無難です。

専門家との打合せでは，事前に収集した資料を必ず持参します。相談前に資料の写しと併せて，Ａ４判用紙１枚程度に事案の概要を（従前の経緯や現在の状況などを時系列とともに）まとめた文書を作成の上，事前に弁護士等に渡しておくと充実した打合せができるでしょう。

また，著作物の性質如何によっては創作者など当該著作物の制作に詳しい者から説明をしないとわからないこともあります。これらの者が同行し，相談に臨むことも重要です＊35。

(2)　様々な観点からの検討

著作権法が問題になる事案では，他にも商標権侵害や意匠権侵害，不正競争防止法違反，民法上の不法行為など様々な法からの検討が重要になります（本章第１節Ⅱを参照）。

商標権や意匠権は登録により権利が生じていることから，権利の内容や権利者が明確です。また，当該著作物が特定人のものとして需要者の間に広く認識されているなど，識別表示として機能するに至っている場合には，不正競争防止法２条１項１号などの適用も検討しますが，周知性の立証のハードルがあり

＊35　特にデータベースやプログラム著作物にその必要性が高いといえます。また，制作者がどの点に時間などをかけて「こだわったか」，類似表現と比べてどの点が違うのか，など説明を受けると「こだわり」ある部分は，結果として，表現上も個性が発揮されている部分と重なるケースが多いといえます。しかし，法的スクリーニングをかけるとズレる場合も珍しくなく，著作権の射程を見極めるための十分な打合せが必要です。

ます。法律構成については詰まるところ，それぞれの利害得失を踏まえベターな手を打つことが重要で，ケース・バイ・ケースで選択することになるでしょう。

さらに，不法行為に基づく請求も考えられます。この場合の請求は，差止請求が認められない点に注意が必要です。そして，実際に不法行為が成立しうるかは，裁判例*36を検証しながら当該ケースにあてはめた射程を見極めます。

(3)　著作権侵害の検討

この段階では少し早いかも知れませんが，侵害性を検討判断する場合のポイントをいくつか挙げておきます。

(a)　著作物の種類と性質（著作物性と保護範囲）

著作物性の検討には，当該著作物の種類を意識することが大切です。権利を主張する側は，自己の権利を大きく評価しがちです。ここは冷静な見極めが大切です。一般論として，作成過程にあらかじめ定められたルール・記号を使用する制約の中で創作の幅が狭い著作物（プログラム・地図や学術的な性質を有する図面など）や実用的な使用に供する制約から似かよった表現になる部分が多いと考えられる実用品の形態の表現は，権利の保護範囲は狭くなります。これに対して，イラストなどの著作物は，ルールや対象物から受ける制約は少なく自由な表現が可能で個性が入り込む余地が大きく権利の範囲も必然的に広くなります。このように侵害性を見極めるために著作物の種類（権利範囲の広狭の傾向）を念頭におくことは大切です。

(b)　模倣品の表現との対比の仕方

著作物と模倣品との表現を比較し，どの点がどう似ているかなどについて確認します。デッドコピーであれば対比は簡単です。しかし，模倣品はどこか表現が少し変えられている事案が多く，そのような場合には，どのように対比し

---

*36　東京地判平成13年５月25日判タ1081号267頁〔自動車データベース事件〕，知財高判平成17年10月６日裁判所ホームページ〔読売オンライン事件〕等は，多大の労力と費用をかけた点などを考慮し，不法行為の成立を肯定していましたが，最〔１小〕判平成23年12月８日判時2142号79頁〔北朝鮮事件〕において，著作権法６条の各号所定の著作物に該当しないものについて「著作物の利用による利益とは異なる法的に保護された利益を侵害するなどの特段の事情がない限り，不法行為を構成するものではない。」として不法行為の成立を否定し，著作権による保護が否定された場合に，不法行為のみに基づいて損害賠償請求が認容されるケースを限定しています。

て侵害を判定するかの対比方法の母型を知っておくと役立ちます。

代表的な方法として次の２つがあります。①「二段階テスト」は，権利者側の著作物のみに着目してどこにどのように創作性があるかを判断し，そのうえで相手側の表現物を観察して，その創作的な表現の認められる部分が相手方の表現物にあるか否かを二段階作業で検討する方法です*37。権利者側の著作物と同一の分野に属する複数の著作物（市場における競合品など）とを比較して，「他の類似の著作物と当該著作物とのどこが違うのか」という視点から当該著作物の特徴的な部分（表現）をあぶり出すことも考えます。また，②「濾過テスト」は権利者側と相手方双方の共通している表現上の要素を取り出し，抽出した当該表現部分が創作的と認められるかという吟味を行う方法です*38。

「二段階テスト」も「濾過テスト」も侵害判断のための便宜的な手法です。

①と②の方法とは，対象がどのような種類の著作物かで，有効性が異なります。例えば，実用的な機能を有する著作物では②の方法に比して①の方法のほうが優れています。この種の著作物に「濾過テスト」を用いると類似点が多く見出され，その類似点の表現内容の検討に手間がかかるからです。

「二段階テスト」を念頭において，権利者である著作物の創作性を把握する場合，次の点にも留意が必要です。

権利者側の著作物中の個別要素に着目して創作部分を分解して抽出し，全体表現の中の当該特定部分に創作部分があるか検討する方法（個別要素分解対比手法）は，木を見て森を見ずの弊害を伴う場合があります。創作部分（表現上の本質的特徴）をある程度まとまりのある表現の塊としてみないと細分化すればするほどに当該部分は単なるアイデアや事実になってしまいます*39。個々の表

---

*37　①の判断手法を用いたと考えられるものとして，東京高判平成11年９月30日判タ1018号259頁〔古文単語語呂合わせ事件〕，知財高判平成23年２月28日裁判所ホームページ〔恋愛の神様事件〕，東京地判平成23年１月28日判時2133号114頁〔株価チャートプログラム事件〕など。

*38　②の判断手法方法を用いた考えられるものとして，最〔１小〕判平成13年６月28日判時1754号144頁〔江差追分事件〕など。

*39　この点を検討させる裁判例として，例えば，大阪地判平成21年３月26日判時2076号119頁〔マンション読本事件〕があります。この事件では，各イラストが一見してよく似ているとの印象が得られるとしながらも，人物描写のうち本質的な特徴は，顔部を含む頭部に顕われた特徴に限定して，同部分の顔の輪郭・髪型・目の黒目の部分など細分化して各パーツを比較し，同部以外の部分の構成要素及びこれら各部分との関係を含めた全体から受ける印象や効果を対比から排除しています。

現上の構成要素は，看る者に対して与えようとした印象効果を実現するものとして創作者が熟慮を重ねて表現しますが，表現上の諸要素は，個々に部分が独立して表現上の特徴をなすだけではなく，それ以上に相互に関連性を有するまとまりのある一体的な表現として当該著作物を特徴づけるのです。部分は全体の中にあって意味を有し，部分は全体あっての部分となります。個々の部分が組み立てられた有機的一体としての表現作品全体における表現上の創作性を見る視点（一体的・全体的観察手法）も重要になってきます。これらの点は著作物性について争う相手方からの反論点にもなるところです。

なお，この点は意匠法では部分意匠制度が設けられていますので，部分を部分として保護することが可能になっています。

(c)　依拠性

依拠性については，本章第2節ⅡのQ５－１ですでに触れましたので同所を参照してください。

Ⅲ　権利行使の検討

(1)　著作権の特殊性

(a)　費用対効果の問題

著作権法は，産業財産権と異なり，弁護士費用などを考慮すれば法的手続をとると採算が合わず，費用対効果の問題がシビアに出てくる場合が珍しくありません。したがって，権利行使の段階を踏まえどこまで行うかを常に意識して検討していく必要があります。

(b)　個人的な思いへの共感

著作者は，自分が世に生み出した著作物に特別の思いを寄せていることが珍しくありません（著作権法も著作者に著作者人格権という人格権を認めています）。また，それは自然なことですが，時にその思い入れが強すぎ，費用対効果を度外視した権利行使に及ぶケースがまま見受けられるところです。この点は，経済財としての側面が強い産業財産権とは異なる点ですが，機会に応じ，繰り返し権利行使の意義を反趨する必要があります。

(2)　警　　告

(a)　方針の検討

当該警告で何をどこまで求めるかについて検討しておきます。

警告を送る相手方も様々です。悪意のある商業利用をもくろむ便乗者から，ついうっかりまねてしまった個人まで様々です。また，権利者側も企業から自己利用していない個人まで様々な立場と考え方がありますから，既述の費用対効果なども踏まえ，警告で相手方の対応も予想しながら権利行使の段階を相手方の反応を踏まえ臨機に検討しておきます。

(b)　警告手段の検討

書面による警告のほか，相手方のメールアドレスがわかる場合などはメールにより警告することもあります。メールで警告する場合であっても，基本的には後述の(c)「警告書の内容」の記載の流れに従って文書を作成することが多いでしょう。ただ，警告を受け取った相手方に与える心理的圧力は内容証明郵便による文書に比べて低いといえます。相手方に強い態度で臨み，強く著作権侵害を主張する場合には，書面によるほうがよいでしょう。結局は，自己の方針や相手方との関係性，書面送付の難しさなどの諸般の事情を考慮しながら，ベターと考えられる警告手段を選択します。段階別に警告の強弱を強めていくこともあります。

(c)　警告書の内容

書面で侵害者に直接警告する場合，以下の流れで記載するのがパターンの一つです。しかし，記載方法・内容は，事案によって個別具体的に検討します。

①　自己が特定の著作物について著作権を有していること（著作物の特定と権利者であることの表明）

②　相手方が特定の模倣品を販売するなどしている事実の指摘（模倣品と利用行為の特定）

③　②の行為が①の著作物の侵害行為（複製，譲渡，翻案等）に当たること（権利侵害性）

④　侵害行為を停止すべきこと及び一定の情報（例えば相手方製造に係るかどうか，販売先，販売数量，販売金額，販売期日（期間），在庫数量など）を明らかにすべきこと（請求内容の明示）

⑤　書面により一定の期間内に回答すべきこと（回答方法，期限の指定）

なお，仮にライセンスを付与することを考えている場合には，ライセンスの可能性を示唆する記載も入れることがあります。

(3) 権利行使の方法

(a) 通販サイト内の知的財産権侵害に関する申告窓口の利用

通販サイトにおける模倣品販売のケースは，当該通販サイト内に設けられている知的財産権侵害についての申告窓口の利用を検討します。同手続によれば個別に警告書を送るのに比して，低コストで済みます。この方法を採る場合には，通販サイトに申告した事実及び内容，その日時などについて証拠保存の観点から書面化しておきます。

通販サイトの書式等に則り適切な情報提供を行うことができれば，相応の対応がなされるケースが多く，それなりの実効性があります。

各サイトにより申告の形式（書式）面は異なりますが，大要，権利者名，担当者氏名，連絡先，侵害されている権利の種類（著作権か商標権かなど），模倣品販売に係るウェブページのURL，商品名，商品番号などの情報を入力するとともに，権利者が会社である場合には商業登記簿謄本（登記事項証明書），侵害されている権利（著作権など）を保有していることを証する資料の添付などが求められます。その資料については，①著作物等の発行・販売等にあたって著作権者等の氏名等が表示されている場合にはその写し，②申告をなす以前に一般に提供している商品，カタログ等であって申告者が著作権者であることを示す資料の写しなどを検討されるとよいでしょう。

(b) 法的手段（訴訟・仮処分）

(イ) 訴　訟　　相手方からの反論を想定した再検討と準備が必要です。

警告による相手方の対応を踏まえ，費用対効果など権利者側の訴訟提起によるメリット・デメリットも考量しつつ，著作権法上の権利制限規定（著30条以下参照）により，著作権侵害の主張が排斥される余地がないか（どのような否認，抗弁が主張されるか）についても検討し，請求原因が成り立つか，案文をドラフトしていきます。

ドラフトができ上がった段階で再度原点に戻り，権利者側の訴訟提起の意味を確認します。訴訟提起までは，その意義を考え抜くのです*40。

なお，損害賠償請求額の試算については，どの程度の金額を損害額として主

---

*40　訴訟提起後の具体的な流れや訴訟上問題となりうる論点については，髙部眞規子『実務詳説著作権訴訟』等を参照。

張するかについても検討しますが，損害額算定の基礎となりうる被疑侵害商品の販売価格や譲渡数量といった情報は相手方の手の内にある情報ですから，通常訴訟の検討時点では不明です。警告書のやりとりから明らかになった情報や事業規模などから著作権法に規定された推定規定等を使って合理的な範囲で請求せざるを得ないでしょう。著作権法114条２項に基づく損害賠償請求における実務の裁判例の傾向[*41]を把握しておかなければなりませんし，同条３項に基づいてライセンス料相当額の賠償請求を行うことも検討します。同条１項に基づく損害額の推定については，代替物に関する権利者の単位数量あたりの利益額が算定式に必要である以上，自己利用をしていないケースでの適用は難しいでしょう。

いずれにしても種々検討してベターな損害論の主張を組み立てていきます。

(ロ)　仮処分の利害得失　　仮処分手続は，満足的仮処分を得るもので，デットコピーのような悪質で侵害性が明らかでないケースでは相手方への影響も考え，要審尋となることが通例です。そうすると本案訴訟の侵害論の審理とそれほどに大差が生じないようにも感じられます。なお，それでも違いがあるとすれば，次のような点でしょう。

①本案訴訟に比べて申立費用が2000円と低廉です。②本案訴訟と異なり，取下げも一方的に行えます（民訴261条２項本文，民保18条）。③手続も非公開です。また，④決定は告知により直ちに執行可能です（民保43条２項・３項）。⑤もっとも，仮処分による場合，裁判所の決定する金額の担保を積む必要があります。

なお，仮に本案訴訟において権利者が敗訴した場合，当該仮処分により損害を被ったとして，相手方（被疑侵害者）から不法行為に基づく損害賠償請求を受

＊41　東京地判昭和53年６月21日判タ366号343頁〔日照権事件〕，東京地判平成11年10月18日判時1697号114頁など多くの裁判例は，同条同項は，売上減少による逸失利益額の推定規定であるとして，権利者が当該著作物を利用していない場合には２項の適用はないとしています。もっとも知財高判平成24年１月31日判時2142号96頁〔まねきTV事件・差戻審〕は，「原告らは，本件番組等の提供を含む放送事業を継続することを通じて，利益を得てきたとの経緯に照らすならば，被告が本件サービスを提供することは，原告らに対して，そのような利益を得る機会を喪失させた可能性を否定することはできない。したがって，被告主張に係る，原告らが本件サービスと全く同種の役務を提供していないとの事実のみによっては，同条同項の規定の適用を排除することはできないというべきである」と判示し，全く同種の利用まで求められるものではないと考えられます。ただ，自己利用していないケースでも同条項の適用を認める裁判例もあります。例えば，東京地判昭和59年８月31日判時1127号138頁〔藤田嗣治事件〕，東京地判平成17年３月15日判時1894号110頁〔グッバイキャロル事件〕など。

けるリスクがある点に留意が必要です。

これらを踏まえなお，仮処分申立てによるメリットがあれば仮処分の申立ても選択肢の一つとなります。

(c) 税関における水際規制の利用

著作権法上，海外で製造された著作権侵害物品を日本に輸入する行為は，一定の場合に著作権を侵害するものとみなされます（著113条1項1号*42）。海賊版商品など著作権侵害性が明確な物品については，税関で差し止められます*43。そこで，積極的に輸入差止申立制度*44の利用を検討する余地があります。

著作権侵害物品については，偽キャラクターグッズ，特にスマートフォンケースなどの輸入がここ数年多いことが指摘されています。

次に，輸入差止申立てについての直近の状況は，次頁の表のとおりです*45。

輸入差止申立全体の件数及び著作隣接権に関する件数自体は減少傾向にあり，著作権に関する申立ても増加していないことがわかります。

もっとも，著作権に関して輸入差止申立てがなされているものの内実を見ますと，権利の内容を映画の著作物とし，侵害物品の品名をDVD（その他の記録媒体）とするものが圧倒的に多く*46，還流CDなどについては歌手のアルバムなどについて音楽出版社から申し立てられているものが目立ちます。このこと

---

*42　詳しい要件，内容等については，条文のほか，中山信弘『著作権法』〔第2版〕646頁以下，島並良＝上野達弘＝横山久芳『著作権法入門』〔第2版〕（有斐閣）297頁以下〔上野達弘〕，TMI総合法律事務所編『著作権の法律相談Ⅰ』249頁以下〔五十嵐敦＝古西桜子〕などを参照。

*43　同制度の最近の実績や傾向等については，財務省ウェブサイト内「知的財産侵害物品（コピー商品等）の取締り」（http://www.mof.go.jp/customs_tariff/trade/safe_society/chiteki/index.html）。平成28年度でいえば，申立件数ではなく立件されたものとしては，商標権侵害の案件が全体の98.2%と公表され圧倒的に多く，次いで著作権侵害の案件が全体の1.2%（件数としては312件）と公表されています。もっともこの数値はいずれも実績値であり，後述の輸入差止申立てに基づくものがどの程度含まれているかは明らかではありません。

　財務省ウェブサイト内「平成28年の税関における知的財産侵害物品の差止状況」（http://www.mof.go.jp/customs_tariff/trade/safe_society/chiteki/cy2016/20170303.htm）。

*44　詳しい内容や手続，書式については，財務省関税局ウェブサイト「知的財産侵害物品の取締り」内の記載が参考になります（http://www.customs.go.jp/mizugiwa/chiteki/）。書籍として，TMI総合法律事務所編・前掲*42・255頁以下〔五十嵐敦＝古西桜子〕などを参照。

*45　本文中の表の情報については，平成25年度～平成28年度までの，財務省発表に係る各年度「知的財産侵害物品の差止状況（詳細）」を参照。

*46　上記財務省関税局のウェブサイトにて，輸入差止申立受理済み分が一覧として公表されており，権利種別ごとに検索が可能です。著作権のうち還流CD等関係詳細を除くものについては本文のとおりです。

	平成25年度	平成26年度	平成27年度	平成28年度
全体申立件数	764件	742件	733件	693件
著作隣接権に関する申立件数	316件（全体構成比41.3%）	263件（全体構成比35.4%）	208件（全体構成比28.3%）	143件（全体構成比20.6%）
著作権に関する申立件数	96件（全体構成比12.5%）	96件（全体構成比12.9%）	96件（全体構成比13.1%）	95件（全体構成比13.7%）

からも，同制度の利用主体（差止申立者）は，著作権を理由とする申立てについては，映画著作権を有する企業や音楽出版社などの少数特定の企業による利用が多い現状を把握できます。

費用については，税関への輸入差止申立自体には手数料などはかかりません[*47]。もっとも，被疑侵害品が輸入されたケースにおいて担保の供託を命じられることがあります。

この制度は効を奏すれば，国内で流通するものを個別に押さえるよりも結果として大きな効果を生みます。

Ⅳ　警告を受けた場合

警告を受けた場合，交渉のテーブル設定の段階から具体的な対応方法について，その留意点などを説明します。

(1)　相手方の警告方法と折衝交渉のテーブルの設定

著作権に関する案件では，個人から自己が権利者であるとして公開のFacebookやTwitterなどのSNSで警告がなされるケースがあります。

しかし，交渉経緯が公開の場で行われることは通常好ましくありません。相手方からの警告がSNSの場合には，当該SNSの個別にメッセージを送付できる機能を利用し，会社の住所，メールアドレス等連絡先を明記のうえ，文書での交渉や個別のメールでの交渉のテーブルを設定するようにします。なお，安易に相手方の主張を認めるかのような誤解されかねない対応は慎まなければな

＊47　差止申立関係について，財務省関税局の「知的財産侵害物品の取締り」と題するウェブサイト上では，Q&A内で有益な情報が掲載されています（http://www.customs.go.jp/mizugiwa/chiteki/pages/qa_001.htm）。

りません。

(2) 具体的な対応方法

(a) 権利侵害性に関する検討

警告の内容を端緒にして事実確認を行います。事実確認及び資料の収集については，本章第５節Ⅰ・Ⅱと基本的に同じです。

初動でどこまでチェックしておくかはケースによりますが，侵害品と主張されている自己の販売商品の制作経緯，商流，当該商品の事業における重要性，販売時期，販売価格，販売先，販売数量，在庫数量などがチェック項目です。

以上の事実確認の上，権利侵害性について検討します。この点についても本章第５節Ⅱと基本的に同じです。

(b) 外注先への経済的負担転嫁の可能性の検討

著作権侵害と主張されている対象物を制作委託契約などに基づき外注先が制作している場合，契約書を確認し，制作品が著作権を含む第三者の知的財産権を侵害しない保証条項がある場合には，侵害による経済的負担を外注先に転嫁できないかも検討します（本章第４節Ⅳ(2)参照）。なお，外注先との契約において，第三者から知的財産権侵害である旨の警告を受けた場合には，外注先へ通知するよう求められ，通知を怠れば責任転嫁できないと規定されているケースも稀ではありません。そのため条項に沿った対応をしておきましょう。

経済的負担の交渉のタイミングとしては，相手方との交渉前又は同時並行的に外注先と話を詰めることが望ましいでしょう。何らかの賠償額が決まってから責任転嫁の交渉をしたのでは，同額の賠償額で外注先との関係でも話がまとまるとは限りません。

(c) 方針決定

限られた資料の下での検討になるかも知れませんが，以上の確認・検討後，対応方針を決定します。方針決定における重要な判断要素としては，当該商品の事業における重要性，著作物部分の差替えの容易性やコスト，支払う損害額の可能性（第三者への経済的負担の転嫁の可能性を含みます）などが挙げられます。著作物の重要性がさほど高くない，差替えが容易であるなどの理由により，使用停止方針を採る場合もありえます。当該商品が主力商品で譲れないという場合，警告書に対する回答内で，明確な根拠をもって侵害性を否定することで相手方の敗訴リスクを適切に指摘し，少なからず提訴されるリスクを低減できないかなど模索します。警告に対して何らの応答もしないという対応では，先方から訴えられるリスクが高まります。

⑶　使用停止方針の場合

相手方の侵害主張に確信がもてない場合でも「貴殿が真の著作者・著作権者であるか否か及び著作物性は必ずしも明らかではありませんが，当方は貴殿との無用な紛争を好むものではなく，円満な解決を望むため使用を止めます。」という旨の回答をすることも課題中心アプローチの視点における解決からは望ましいケースもあります。実務上は権利侵害が否か多少グレーであっても，当方のコストや煩しさを回避するために話をまとめることも大いにありうるのです。

回答の際，販売数量等の情報開示を求められる場合もありますが，この段階で情報を開示すべき法的義務はありません。情報を開示するかどうかは，開示又は不開示の各得失に基づいて決定します。例えば，被疑侵害商品の売上がほとんどなく，想定される損害額が少ない場合には，積極的に開示することもあります。段階的に開示するということもありうるでしょう。そもそも相手方が真の著作権者であるか否かが不明確で権利侵害性も不明確なケースでは，情報開示は控える傾向にあるでしょう。

使用を停止した証明方法としては，例えばウェブストア内で販売しているケースであれば，サイト内検索の機能などを用い，当該商品名などを入力しても当該商品が表示されていない検索結果画面をスクリーンショットする方法を用いることが考えられます。また，在庫商品の廃棄証明書を確保する場合には，当該商品と廃棄商品とのつながりが明確になるよう，廃棄業者などが発行する廃棄証明書等に，商品名，商品番号，数量などを明記してもらうよう注意しましょう。

⑷　使用継続方針の場合

(a)　ライセンス等を求める方針

ライセンスを求める場合，警告に対する回答でライセンスを希望する旨明記するなどして交渉に入ります。ライセンス契約は，真の権利者との間で締結しなければ有効なものとはなりません。そのため，相手方が著作権者である資料の開示を求めて確認していくことになります。権利者と主張する者に，著作権者であることの表明保証を求めることも考えられます。後に権利者でないことが明らかになった場合の既払いライセンス料の返還条項を求めることもあります。

著作物の買取交渉をすることもありえます。この場合でも，相手方が真の著作権者か否かを確認することは必須ですし，他社にライセンスしていないかなどの確認も必要です。また，対抗要件を備えるため，著作権の移転登録（著77条1項）を受けるかも検討します。

ライセンスは，相手方の権利を認めた上で相手方と一定期間関係をもつ前提での対応となりますし，相手方にもライセンス方針がありますので，この方針の採用にあたっては慎重に見極める必要があります。

(b)　抗戦する方針

相手方の主張について抗戦しようと考える場合には，仮に訴訟になった場合に訴訟を戦い抜けるかどうか，相手方の立場からも見て証拠等も精査し徹底的に検討します。仮に相手方が真の著作権者か否かについて争う余地があるのであれば，事前に真の著作権者であることを基礎付ける資料の提示を要求し事実の確認を徹底します。そのうえで，自社に著作権侵害が成立しない理由を詳しく相手方に回答することを考えます。著作権侵害が成立しないことについて十分な説得力のある書面を相手方に提示することで，相手方の敗訴リスクを適切に突き，提訴されるリスクを低減できないか模索するのです。

証拠書類等を相手方にどの程度具体的に示すかの当否についても慎重に検討します。

事実関係を調査検討する時間を要する場合は，相手方に検討が終わり次第連絡する旨内容証明郵便などで返答しておくのがよいでしょう。

V　著作権侵害の個別トラブル対策の留意点

(1)　インターネット上の著作権侵害について

(a)　特殊性

インターネット上ではコンテンツの発信が容易である上，著作物がアップロードされると不特定多数の人々に一瞬にして拡散し損害が大きくなります。また，デジタル化された当該著作物の複製物は劣化せず，改変も容易です。一度侵害されると，二番手三番手の侵害追従者が現れます。

現実のケースでは，匿名の掲示板や動画投稿サイトなどに投稿され，侵害者の特定が困難な場合も多く侵害者が国外に住む外国籍の者である場合も少なくありません。侵害者の特定や警告方法（「英語」によるメールか国際郵便による文書か）にも相当のコストを要することがあります。

(b)　動画や音楽，漫画などを無断でインターネット上に掲載しているケースに関する対応

匿名の掲示板に無断でこれらの著作物がアップロードされているとき，これらを①削除し，②違法アップロードした者に対し損害賠償請求をしたいと考えた場合の対応を検討してみます。

(イ)　①の削除請求の方策について

(i)　削除請求の相手方　　ユーザー自身がアカウントを開設するなどして運営しているブログやウェブサイトであれば，ユーザー自身が削除権限を有する場合が多いですので，発信者に対する削除請求も有効ですが，匿名電子掲示板や口コミサイトでは，単に投稿を行っただけのユーザー（発信者）は記事の削除，修正ができない場合があり，このような場合，削除修正権限はウェブサイトの管理者やウェブサイトが設置されているサーバーの管理者がもっています。そのため，これらの者に対して削除請求をすることになります。

(ii)　削除，発信者情報開示対象の特定　　削除対象が明確に特定できなければ削除を求められた側としても削除できないので削除対象を厳格に特定しなければなりません。その特定は，URL によることを基本として，投稿日時，表記内容，掲示板などであればスレッドの URL とレス番号などにより特定します。発信者情報開示の対象となる箇所の特定についても同様です。

(iii)　資料の収集・侵害状況の証拠化　　著作権者を裏付ける資料については，一般社団法人テレコムサービス協会（以下，「テレサ」といいます）のプロバイダ責任制限法ガイドライン等検討協議会が公表しているガイドライン＊48が参考になります。

次に，侵害状況をスクリーンショット機能を活用するなどして丁寧に証拠化しておくことが重要です。この点については，本章第５節Ⅰ(1)に既述のとおりです。

＊48　プロバイダ責任制限法ガイドライン等検討協議会著作権関係 WG『プロバイダ責任制限法著作権関係ガイドライン』〔第２版〕８頁参照。

(iv)　通信ログの保存等　　後述の発信者情報開示請求も併せて行う場合には，当該記事等が削除される場合に，「通信ログ」（IP アドレス，タイムスタンプ）が併せて削除されてしまう可能性があるため，発信者情報開示請求をする予定あるいは現にしているから保存しておいてほしい旨インターネットサービスプロバイダに対して請求しておくべきことに留意してください。

(v)　削除請求手段のメリット・デメリット

ⓐ　テレサの書式（ガイドライン）を利用した書面による請求　　多くの大手プロバイダがテレサの会員となり，テレサの公表する書式及びガイドラインに基づく処理が行われています*49。これらの書式，ガイドラインはインターネット上で公開されています*50。この方法では，書面を先方に送付してから１ヵ月程度で回答されることが多く，現在では削除対応の迅速性ある手段の一つといえるでしょう。

ⓑ　動画投稿サイト等内における知的財産権侵害申告窓口の利用　　本章第５節Ⅲ(3)(a)で触れたとおりです。ただ，匿名掲示板に対する削除請求では，申告内容が当該掲示板内において曝されるリスクもあります。また，申告内容を適切に管理していないウェブサイトにおいては十分な対応を期待できません。そのため既述のテレサの書式に準じて，テレサの会員でないプロバイダの場合でもネットによる申告だけでなく書面による請求を同時並行的に行うことも検討すべきです。

ⓒ　訴訟手続（仮処分，訴訟）　　削除請求の仮処分*51が認められれば，決定書が削除権限を有する者に送達されます。ただ，当該掲示板を運営しているものが海外法人の場合，裁判所での法的手続は，送達に始まり，相当の人的・物的・時間的コストを要し，費用対効果の問題は避けられません。

訴訟と仮処分については，本章第５節Ⅲ(3)(b)を参照してください。

(ロ)　②の損害賠償請求の方策　　発信者を特定できた場合，当該発信者に対

＊49　2017年２月９日現在，テレサの会員企業数は290社となっています（http://www.telesa.or.jp/about/members）。

＊50　テレサウェブサイト内「プロバイダ責任制限法ガイドライン等検討協議会」（http://www.telesa.or.jp/consortium/provider）。

＊51　具体的な書式，手続の流れについて参考になるものとして，清水陽平＝神田知宏＝中澤佑一『ケース・スタディ　ネット権利侵害対応の実務－発信者情報開示請求と削除請求－』（新日本法規）44頁以下。

して損害賠償請求していく場合があります。しかし，個人に対する請求になるため勝訴したとしても，賠償金の回収可能性という問題が起こりえます。そこで，動画投稿サイト運営者や掲示板運営者に対する請求も検討します。この場合には，一個人を相手にする必要がなく，発信者情報開示手続を経る必要もありません。損害賠償請求のみを考えるのであれば，投稿者（発信者）の著作権侵害行為に対するウェブサイト運営者の教唆ないし幇助を理由として，損害賠償請求をする余地もあるでしょう。

侵害行為の差止めまで求める場合には，動画投稿サイト等の運営者（運営会社）等に対して責任追及できるか（運営会社等が著作権侵害の主体と評価できるか）については規範的主体性に関する裁判例*52を踏まえて，当該ウェブサイト運営者が侵害主体であるとの主張立証を組み立てなければなりません。

(ハ)　発信者情報開示請求（プロバイダ責任制限法４条１項）　　侵害の相手方を特定する手段として，発信者情報開示請求について触れておきます。

発信者情報開示請求を行う場合，その手段としては，①当該ウェブサイト設置のウェブフォームなどによるネット上での請求，②テレサの書式及びガイドラインなどを利用した任意開示請求，③弁護士会照会，④仮処分の申立て，⑤本案訴訟の提起などが考えられます。

しかし，①や③の手段では，相手方がプロバイダ責任制限法を理由に照会や回答に応じない場合があります。②についても，インターネットサービスプロバイダ（接続プロバイダ）に対する発信者情報開示請求では，開示してもらえないことも珍しくありません。そこで，④と⑤の手段を検討することになり，コンテンツプロバイダに対する通信ログ（IP アドレス，タイムスタンプ）の開示請求時に仮処分を提起し，またインターネットサービスプロバイダに対する通信ログを消去しないよう求める仮処分を提起し，さらには同プロバイダに対する発信者情報開示の本案訴訟を提起することになります。特に通信ログは，イン

---

*52　最判昭和63年３月15日民集42巻３号199頁〔クラブキャッツアイ事件〕，最判平成13年２月13日判時1740号78頁〔ときめきメモリアル事件〕，最判平成13年３月２日判時1744号108頁〔カラオケリース（パブハウス G7）事件〕，最判平成23年１月18日民集65巻１号121頁〔まねき TV 事件〕，最判平成23年１月20日民集65巻１号399頁〔ロクラク事件〕，知財高判平成22年９月８日判タ1389号324頁〔パンドラ TV 事件〕，東京高判平成17年３月３日判時1893号126頁〔２ちゃんねる事件〕等。

ターネットプロバイダがそもそも保存していない，保存していても３～６ヵ月ほどで削除してしまうケースが多いためタイムリミットがあり，手続が間に合わないリスクも包含しています。また，発信者情報の開示を受けることができたとしても，職場からの投稿やインターネットカフェなどからの投稿であれば，発信者個人を直ちに特定できず，さらなる調査を要する可能性があり，最悪のケースでは発信者個人を直ちに特定できない場合もあります。

上記のリスクを念頭に，費用対効果の観点から発信者情報開示請求手続を検討することになります。

(c)　フリー素材の利用に関する著作権侵害について

インターネット上では，主にイラストや写真などを無料で利用できる，いわゆるフリー素材を提供しているウェブサイト等があります*53。これを利用する場合の著作権法上の対応について検討しておきます。

フリー素材としてのイラストや写真には，著作権が生じていると考えるべきでしょう。そして，著作権を放棄する旨の明示がない限り，「フリー」の意味を「著作権の放棄」と考えるべきではなく，原則として「一定の条件のもとにおける制限的な無償利用許諾」と考えるべきです（現実には，著作権の放棄を明示しているケースはあまり見られません）。そうすると著作権者の指定する「一定の条件（利用規約等）」に違反する利用行為は，著作権侵害となることになります。したがって，一見して利用許諾範囲や条件が不明確なものの使用は避けるべきです。

利用規約で許諾範囲を限定されている以上，まずは利用規約を読み，個別の許諾を求めずとも無償で使用できる範囲を確認します。使用制限例としては，「商業目的での利用禁止」や「出版物に利用することの禁止」のほか「クレジット表記*54の要求」，「加工や改変の禁止」などがしばしば見受けられます。また，人物写真については，被写体（モデル）の肖像権やパブリシティ権などの権利が適切に処理されているかも問題となります。インターネット上で

---

*53　インターネットにおけるフリー素材の提供については，作者が指定した一定の条件を守る限りにおいて自由に著作物を使用してよいとの一定のルールを策定し，著作物の利用について「クリエイティブコモンズライセンス」を与える活動をしている団体も存在します（クリエイティブコモンズ（https://creativecommons.jp/））。

*54　ここでは著作者や作品に関する情報の表記（著作権に関する表示）を指します。

の著作物の利用に関して，裁判例のなかには，権利者において著作権等が侵害された事実を立証すれば，被疑侵害者による当該著作物の具体的な取得方法を立証しなくとも，被疑侵害者において著作物の権利関係について調査・確認を怠らなかったことを立証しなければ，被告側に未必の故意による損害賠償責任が認められうる旨判示したものがあり*55，インターネットにおける著作物の利用については，訴訟上利用者に損害賠償責任が認められやすい方向性を示唆するものがあります。フリー素材におけるインターネット上の利用規約は，容易に改変可能なものである以上，利用者の与り知らぬところで一方的に不利に改変されることもありえます。このことに起因するリスクを避けるために，利用時の利用規約は，印刷するなど必ず書面化して証拠保存しておくようにします*56。「タダより高いものはない」の言葉どおり，フリー素材を使用するときは慎重に対応することが肝要です。

⑵　言語著作物の著作権侵害について

⒜　言語の表現物のうち著作物性について留意すべきもの

(イ)　スローガン・キャッチフレーズ・語呂合わせ　　スローガン・キャッチフレーズなどは思想・感情を表明するにはあまりにも短文で簡潔にすぎ，そのような制約の中で表現上の創作性があるか否かを考えると著作物には該当しないと考えられる場合が多いといえるでしょう。仮に著作物性が認められる場合にも，その射程は相当狭いといえます*57。

(ロ)　ビジネス文書・契約書式（取扱説明書など）　　ビジネス文書や契約書式の著作物性については，どのような順序，書式で，どのような内容をどのような表現で盛り込むかについては，単なるアイデアやありふれた表現としてある程度共通して定型化される部分も多く，そのような部分には著作権は成立しません。要は，文書の特徴に即し，その表現内容に即して判断されることになります*58。

⒝　ニュース記事等のデータ化

＊55　東京地判平成27年４月15日裁判所ホームページ〔アマナイメージズ事件〕。

＊56　フリー素材の利用に関して詳しい記載のあるものとして，林いづみ「インターネット・サイトからのコンテンツ利用上のリスクと対応」知管66巻12号（2016）1606頁以下。

＊57　東京地判平成13年５月30日判時1752号141頁〔交通標語事件〕，東京高判平成11年９月30日判タ1018号259頁〔古文単語語呂合わせ事件〕など。

会社内部で情報を共有するため，会社の所有の書籍や自社に関するニュース記事・雑誌記事をPDFファイルにしたりイントラネットでデータ化する場合，著作権侵害のリスクが生じます*59。

新聞社や出版社あるいは既述の著作権侵害等管理事業者から許諾を受けるなど許諾を希望する者のほうで当該著作物の著作権者を調査したうえ，個別に許諾を受けなければならず多大な人的・物的コストがかかるのが一般的です*60。

いずれにしても個別交渉のうえ，許諾を受けることは実際には手間がかかり，そのような処理済みの情報をイントラネットによりグループ会社間で共有するための仕組みを構築するにはそれなりの情報選択を行うなど工夫が必要です。

(3) 音楽・映画の著作物の著作権侵害について

(a) BGMとしての利用・販促への音楽利用

飲食店などの店舗内で音楽を再生するケースでは，適切に権利処理がなされていなければ，JASRACなどから音楽使用料を支払うよう警告書が届くといったトラブルを生起します。上演・演奏には当該著作物を録音録画したCDやDVDを再生することが含まれ（著2条7項），録音・録画の再生による上演，演奏については，すべて上演権，演奏権の対象となっています。

BGM利用などの場合，日常的に音楽を使用する以上個別の許諾を得るのは煩雑であり，業者と有線放送の契約をするケースがほとんどかと思われます。

(b) 自社の新商品や新事業PRなどのPR用動画（テレビCMなどで公開目的のもの）

---

*58　著作物の否定例として，東京地判昭和40年8月31日判時424号40頁〔船荷証券の用紙事件〕，東京地判昭和62年5月14日判時1273号76頁〔土地売買契約書事件〕，東京地判平成21年3月30日裁判所ホームページ／知財高判平成21年9月16日裁判所ホームページ〔催告書事件〕，東京地判平成23年4月27日裁判所ホームページ〔手続補正書事件〕，大阪地判平成23年12月15日裁判所ホームページ〔商品取扱説明書事件〕。肯定例として東京地判平成23年12月22日裁判所ホームページ〔火災保険契約説明書事件〕，大阪地判平成28年7月7日裁判所ホームページ〔パン切断装置取扱説明書事件〕，東京地判平成28年7月27日裁判所ホームページ〔乳幼児用浮き輪取扱説明書事件〕。

*59　会社の行為を想定していることから，私的使用ではなく，著作権法30条の適用はありません。また，同一構内にとどまらずデータを送受信すれば，公衆送信権の侵害となるでしょう。

*60　インターネット上で申込みを受け付けている会社もあります。例えば日本経済新聞社では「記事利用・リプリントサービスのご案内」として，申込みフォームを設けています（http://reprint.nikkei.co.jp/）。読売新聞社では，記事等の利用に関する案内や利用条件，記事等利用申込書がウェブサイト上に掲載されています（http://www.yomiuri.co.jp/policy/application/20130711-OYT8T00805.html）。他にも，朝日新聞社（http://www.asahi.com/shimbun/chizai/）。

広告目的の動画制作を外部に委託する場合には，著作権の譲渡を受けるか利用許諾にするかは勿論，どのような態様（テレビでの放映のほか，ウェブサイト上でも配信できるようにするのか等）でどのような期間広告するのかにつき，検討します。制作委託（外注）段階において利用態様や範囲を十分に検討し合意しておく必要があります。当初の使用目的及び使用期間の範囲で使う限り，外注先の広告代理店などとの契約上，外注先が適切な権利処理をすることになっているのが通常です（実演家に関する権利処理も実務上は，実演家が所属するプロダクションなどを通じて処理されます）。企業では自社商品の販促に音楽を用いるケースもあるでしょう。このようなケースでも同様です。

外注し，制作品の引渡しを受けた場合，引渡しを受けた制作品を当初の目的以外に使用する場合についても改めて適切に権利処理されなければ，トラブルを生じかねませんので注意が必要です。

(4)　美術著作物の著作権侵害について

(a)　書・デザイン文字・書体

裁判例の傾向は，比較的はっきりしています。実務ではその線にそって検討します。

「書」については，著作物性を認めつつもその著作権の及ぶ範囲は非常に限定して認定する傾向が読み取れ，装飾的なデザイン文字（文字の形状を図案化したロゴなど）については，著作物性を厳格に認定して否定的に考える傾向があります。そして，「書体」については，著作物該当性を否定するのが一貫した傾向です。

(b)　キャラクター*61

(イ)　キャラクターの著作物性と種類　　漫画や劇画は，その絵画的部分については美術著作物，言語的部分については言語著作物といえますが，キャラクター自体は，抽象的な存在であって著作物性がなく，著作権保護の対象とはなりえないというのが，裁判所の確立された判例となっています。

キャラクターには２種類あり，漫画や劇画のように視覚によって表現されるものをファンシフル・キャラクター（例えば，ミッキーマウス，ポパイ，スヌーピー）

---

*61　キャラクターに関するライセンス契約について記載のあるものとして，大阪弁護士会知的財産法実務研究会編『知的財産契約の理論と実務』746頁以下。

と呼び，小説のように文字によって表現されるものをフィクショナル・キャラクター（例えば，明智小五郎，シャーロック＝ホームズ）と呼んで区別しています。

キャラクターに著作物性がない以上，フィクショナル・キャラクターについては，その人物の容貌・姿態・性格などのイメージを組み立てて，そのキャラクターと本質的特徴の合致する絵を描いても，また，そのキャラクターを主人公とする新小説を書いても著作権の侵害には直結しませんが（ただし，二次的著作物として評価されることはありえます），ファンシフル・キャラクターについては，容貌や姿態の枝葉に若干の変更を加えて新しい漫画を描いても原著作物の再製であると感知できる場合には，必ずしも全く同一のものでなくてもこれが個々の漫画の著作権侵害となり，結果的にファンシフル・キャラクターが保護されるのとある程度同じ状態を導く結果になります。

(ロ)　キャラクターの名称　　キャラクターの名称（「ポパイ」など）は著作物とはいえず，著作権の保護対象とはなりません。キャラクターの名称は，それだけでは感情の創作的表現物とは認められず，さらに文芸・学術・美術又は音楽の範囲に属するものともいえないからです。

名称の保護は，商標法や不正競争防止法などによって図られるべきでしょう。したがって，名称については著作権が及ばないことを前提にしますとキャラクターの名称については，著作権と商標権との間に抵触問題を生じないことになるでしょう＊62。

(c)　応用美術

本章第3節Ⅲ(1)・(2)で触れたとおりです。

(5)　写真の著作物の著作権侵害について

写真自体の著作物性と写真著作物の著作権侵害が問題となる場合に，写真が作り上げる過程のどの局面に創作性を認めるかによって侵害・非侵害の判断が大きく分かれることを実務上は意識しておかなければなりません＊63。

＊62　大阪高判昭和60年９月26日判時1182号141頁〔ポパイマフラー事件（控訴審）〕。

＊63　東京地判平成11年12月15日判タ1018号247頁／東京高判平成13年６月21日判時1765号96頁〔スイカ事件〕では，一審は非侵害，二審は侵害として結論が分かれました。まず，①具体的な撮影方法（アングル・光量・シャッターチャンス・絞りの方法等），次に，②撮影後の現像や仕上げ処理方法（トリミング等），さらには③被写体自体の創作性（被写体の選択・構図のとらえ方等）までを含めて，著作者の思想又は感情の創作的表現と評価できるかですが，一審は①②に，二審は③を含めて創作性を判断しました。

例えば，街頭の模様を機械的に一定時間ごとに撮影するというような映像は，①具体的な撮影方法（アングル・光量・シャッターチャンス・絞りの方法等），②撮影後の現像や仕上げ処理方法（トリミング等），③被写体自体の創作性（被写体の選択・構図のとらえ方等）のいずれの局面にも創作性が認められず写真著作物とはいえないでしょう。また，自然物を撮影するような場合は，③の局面は捨象されるでしょう*64。③の局面が大きく関わるのは，人工物や配置を自由に選択できる被写体の場合です。家族の父子の姿をとらえた構図などにも創作性を認める要素が出てきます*65。シャッターチャンスをつかみ一瞬の情景を切りとり，構成や構図，その情景の雰囲気をどのように写真に表現するかは，撮影者の個性の発揮される部分であり，当該写真の被写体を含め写真には著作物性が認められ，同写真に依拠して水彩画を制作し，この水彩画から同写真の表現上の本質的特徴を直接感得することができると認められると翻案したことになってしまいます*66。このような態様の侵害行為には，特に留意しなければなりません。

(6)　プログラムの著作物の著作権侵害について

(a)　プログラムの無断複製使用

(ｲ)　事業者がコスト削減のためにソフトウェア（ここでは「プログラム」とほぼ同義なものとして使用します）を１枚購入し使い回したり複数枚のCD-Rなどに違法複製して利用するケースやインターネット上に違法複製されたソフトウェアを利用する（従業者が会社の与り知らぬところで行うケースもあります），あるいは従前ソフトウェアをライセンスしていたライセンシーが契約終了後も当該ソフトウェアの使用を継続していたというようなケース*67が後に判明して大きな問

*64　知財高判平成23年５月10日判タ1372号222頁〔廃墟写真事件〕では，「被写体が既存の廃墟建造物であって，撮影者が意図的に被写体を配置したり，撮影対象物を自ら付加したものでないから，撮影対象自体をもって表現上の本質的な特徴があるとすることはできず，撮影時季，撮影角度，色合い，画角などの表現手法に，表現上の本質的な特徴がある」とし，表現手法を対比して翻案等を否定しています。

*65　東京地判平成18年12月21日判時1977号144頁〔東京アウトサイダーズ事件〕。

*66　東京地判平成20年３月13日裁判所ホームページ〔祇園祭写真事件〕。

*67　著作権法上，ソフトウェアがプログラムの著作物として保護される場合には，PCへのダウンロード行為は，権利者の許諾がない限り複製権侵害となります。これに対し，ソフトウェアを使用する行為は，原則として著作権侵害とはなりませんが，違法複製に係るプログラムを業務上使用する行為は，使用する権限を取得したときに違法複製に係るプログラムであることを知りながら行う場合については，著作権を侵害する行為とみなされます（著113条２項）。

題となる場合が見受けられます。

まず，会社で購入したソフトウェア数と会社内のパソコンにインストールされているソフトウェア数とが合致していることが重要です。日頃から会社で購入しているソフトウェア名，バージョン，数量を把握するとともに，会社内のパソコンで用いられている各ソフトウェアの名称，バージョン，インストール年月日，数量は把握して整理しておくことが大切です（具体的には社内見取り図を作成し，どのデスク・場所にパソコンが配置されていて各パソコン内にはどのようなソフトウェアがそれぞれ蔵置されているかを図示すると便利です）。また，従業員が自宅などから会社に，業務に使用するため，違法複製ソフトウェアを持ち込んでインストールして使用するような行為も厳に避けなければなりません。日頃から従業員への指導も適切に行うべきです。

侵害発覚の契機としては，内部通報や共通の取引先が無断複製使用の事実を知り権利者に報告するなど様々です*68。しかし，無断複製が判明して不誠実な対応をとることは，権利者から証拠保全の手続がとられる事態になり，コンプライアンス欠如の信用のない企業と悪評価されるリスクがあります。これを契機とした企業信用の確立と再発防止策をとる社内見直しの好機と考えて解決をはかるべきでしょう。

なお，正規品のインストールについては，非正規品の証拠隠滅とならぬよう，適切に証拠保存をしながら行います。証拠保存方法の一例を紹介しますと，どのパソコンの画面かわかるよう，番号等を記載した付箋をパソコン脇に貼るなどしてパソコンを特定したうえで，当該パソコン内の非正規品のインストール一覧を画面に表示し，カメラで撮影するなどします（非正規品のインストール状況に関する証拠の保存）。その後正規品のインストールについても，各手順ごとに撮影して保存します（非正規品のアンインストール及び正規品のインストール状況に関する証拠の保存）。この作業を関係のあるパソコンについて行うという方法が考えられま

---

*68　アドビやマイクロソフトなど多数の企業が加盟するBSA｜ザ・ソフトウェア・アライアンス（以下，「BSA」といいます）では，ソフトウェアの不正コピーについて通告するフォームをウェブサイト上で設けており，通告者には報奨金を支給する旨明示しています。BSAウェブサイト内「組織内不正コピー『提供窓口』」（https://reporting.BSA.org/r/report/add.aspx?src=jp&ln=ja-JP&_ga）。ACCS（一般社団法人コンピュータソフトウェア著作権協会）でも同様な活動を行っています。

す。

(ロ)　現在では権利者がネット上でライセンス制をとってプログラムを受送信する方法で供与し，ネット上で無断複製や契約上の違反行為あるいは契約終了時の措置をコントロールする方法が工夫され，上記(a)の侵害態様は少なくなりつつあるのが実情のように思われます。

Q5－5　例示著作物でない表現物について

著作権法には著作物の種類が例示されていますが（著10条１項），著作物の種類に例示されていない「ゲームの著作物」や「影像とプログラムが相互に関連するゲーム影像」等も著作物になり著作物性が肯定されるでしょうか。例示されていない著作物を主張することのメリットとデメリットがあれば教えてください。

A

例示著作物以外の著作権侵害を主張し被疑侵害表現物と対比をする場合をイメージしてみてください。その際にどのように対比するか例示以外の場合に困難を感じます。例示にないゲーム著作物あるいは映（影）像著作物というカテゴリーをもって説明しても，侵害事件にあてはめてその意味を考えるとき，まず，自己の著作物がゲームあるいは映（影）像の著作物であることを立証主張し，他方，相手方の表現物が，ゲームあるいは映（影）像の著作物であり，原被告の両ゲームあるいは映（影）像表現物を対比して類似を主張することになります（ゲーム著作物については東京高判平成11年３月18日判時1684号112頁〔三國志パートⅢ事件〕，映像著作物については東京高判平成５年９月９日判時1477号27頁〔三沢市市勢映画未編集フィルム事件〕，パラメータやコマンドなどが一体となったゲーム映像については大阪高判平成11年４月27日判時1700号136頁〔ときめきメモリアル事件（控訴審）〕などが参考になります）。これがデメリットかも知れません。一方，対外的にわかりやすく自身の著作物のポジションを説明する際には，わざわざ例示著作物に無理矢理あてはめて説明することのほうがわかりづらくなるかも知れませんので，例示以外の通用する用語を使って説明するメリットはあるでしょう。

(7) 著作隣接権の侵害について——パブリックドメインに帰した著作物の利用など

(a) 無方式主義による権利の発生

著作隣接権も，著作権法の保護を受けるためには，著作権及び著作者人格権の場合と同様（著17条2項），いかなる方式の履行も必要とせず（著89条5項），「無方式主義」を採用しています。

したがって，著作隣接権は，実演者については当該の「実演」行為が行われた時，レコード製作者については当該の「レコード製作（音の最初の固定）」が行われた時，放送事業者等については当該の「放送」，「有線放送」という行為が行われた時点で，自動的に権利が発生します。

(b) 著作隣接権の留意点

著作隣接権は，著作物や著作権と密接な関係にあるにしても，著作隣接権者の各行為は必ずしも著作物の存在を前提とはしていません。著作物を前提としないパントマイムや奇術手品といった実演や自然音のレコード製作あるいは事故災害の放送などの非著作物の情報の伝達活動そのもの，あるいは保護期間が満了しパブリック・ドメインに帰した著作物の伝達活動そのものを著作隣接権として著作権制度の中で保護しているのです。

(イ) 「実演」は，著作物を，演劇的に演じ，舞い，演奏し，歌い，口演し，朗詠し，又はその他の方法により演ずること（これらに類する行為で，著作物を演じないが芸能的な性質を有するものを含む）をいい（著2条1項3号），「実演家」は，俳優，舞踊家，演奏家，歌手その他実演を行う者，及び実演を指揮し，又は演出する者をいいます（著2条1項4号）。著作物を演ずる者に限定されていません。著作物でないもの（保護期間が切れてパブリック・ドメインに帰した著作物や非著作物であるが，芸能的な性質を有するもの）を演じる者も含まれます。

(ロ) 「レコード製作者」は，レコードに固定されている音を最初に固定した者で，「レコード」とは，磁気テープ，レコード盤，CD，DVD，HDなど媒体を問わず，「音を固定したもの（音を専ら影像とともに再生することを目的とするものを除く）」です（著2条1項5号）。レコードに固定される音は，必ずしも既存の著作物を前提としているわけではありません。野鳥や昆虫の鳴き声，あるいはSLの蒸気音や都会の雑踏音などの効果音といわれるような非著作物の音を録音する場合も含まれます。

(ハ)「放送事業者」は，放送を業として行う者で（著２条１項９号)，「放送」とは，公衆送信のうち，公衆によって同一の内容の送信が同時に受信されることを目的として行う無線通信の送信をいうとされています（著２条１項８号)。

放送の対象物は，必ずしも既存の著作物であることを前提としているわけではありません（例えば，自然の風景の放送や事故災害状況の放送，公園の彫刻など公開の美術の著作物等の利用（著46条）による放送など)。放送行為によって放送された音又は映像が保護され，放送行為そのものが著作隣接権として保護されるといわれることがあるのは，放送されたすべての音や映像が保護対象になっているということを示す表現です。

(c)　著作隣接権の侵害の立証とその効果

著作権者の有する複製権と著作隣接権者の有する複製権は，その対象が異なるので留意しなければなりません。放送で説明すると，放送される情報を複製すると，放送されるコンテンツが著作物性を有する情報であれば，放送をコピーすると当該著作物の著作権者との間で複製権侵害が生じますが，コンテンツが非著作物であれば著作権者との間では複製権の侵害問題は生じようがありません。ところが，放送事業者（著作隣接権者）の立場からは，放送自体はその内容が著作物性を有するか否かを問わず（非著作物でも）著作隣接権として保護されるので，これを複製すると放送事業者の複製権を侵害することになります。

例えば，放送データをサーバーに蓄積保存（複製）し，後日多人数がこれを使い回して視聴する装置は，著作権侵害という点からは個別に蓄積されたデータの著作物性を立証しなくてはなりません。しかし，著作隣接権侵害という点からは蓄積データが放送されたものであるとの立証で足りるということができます。

著作隣接権者の各行為は，必ずしも著作物の存在を前提とはしないこととの関連で，立証の難易や法的効果を考える必要があります。

【三山　峻司＝矢倉　雄太】

第 6 章

職務上の従業者をめぐる知財に関する処理

産業財産権と著作権とでは，職務上の従業者のなした発明や著作物の取扱いは大きく異なります。「職務発明」と「職務著作」に分けて実務上の留意する点を踏まえ説明します。

第１節　職務発明

発明は，職務上なされることが圧倒的に多いといえます*[1]。企業にとって発明の特許権取得は競業市場での優位性を獲得する確実な防御のための堡塁であり最大の攻撃手段となります。

職務発明制度では，発明の帰属が企業か従業員か，争いになった場合の相当対価（相当利益）額の多寡にばかり関心を向けるのではなく，社会に寄与する企業内発明の活性化をいかにはかり，企業内の発明を発掘して発明提案を特許出願にスムーズにつなげる奨励制度をどのように完備していくかが何よりも大切でしょう。従業員である発明者をどのように鼓舞する制度にするかが原点のはずです。

ここでは「職務発明の要件」を説明した後，争いにまでなったときに相当対価（相当利益）の算定の基本はどのように考えられているかについて言及し，最後に「職務発明規程」のいくつかの留意点について説明します。

Ⅰ　職務発明の要件

実務上，留意すべき職務発明の要件（特35条１項）について指摘しておきます。

⑴　従業者等の発明であること

従業者等とは，労働を提供して報酬を受ける者で，報酬（賃金）を受けている限り嘱託・顧問・常勤・非常勤の別は問いません。

法には，「法人の役員」とあり雇用関係だけでなく，少なくとも内部関係者であれば委任関係も含めて「従業者等」になります。

出向社員や派遣労働者については，誰との間（出向元か出向先か，派遣元か派遣

＊１　特許出願のうち９割以上を占めるのは法人からの出願であり，個人発明の個人からの出願や官庁からの出願は数％にすぎません（特許行政年次報告書の「出願人別出願出願件数表」などを参照)。

先か）で職務発明性が必要なのか争いの生じる余地があります。特に出向社員や派遣労働者が特定の技術を有し，特定の開発に携わるために採用される場合は，出向元・出向先，あるいは派遣元・派遣先及び従事者である社員や派遣労働者の間で予め内容を取り決めて書面化すべきかを検討すべきです*2。

また，グループ会社や関係会社双方の役員の兼務者が双方の会社の職務発明という評価を受けるケースもありえます。このような場合，将来のトラブルを回避するために関係者間で持ち分などを含め契約で取り決めを行う場合もあります。

⑵　使用者等の業務範囲に属すること

個人経営や国・地方公共団体に定款はなく，法人でも定款の事業目的の範囲に付帯する事業を広く含むとするのが実務です。現実に行われている具体的な事業活動から業務範囲を決するほかはなく，⑵の要件で職務発明性が左右されるケースはほとんどないでしょう。

⑶　使用者等における従業者等の職務に属すること

「職務」とは，従業者等が使用者等の指示・要求に応じて行う業務で，具体的に命令・指示を受けた場合のみならず，その職務発明から判断して当該発明をなすことが当然に予定・期待される場合も，職務に属すると認められます。従業者等の職場における地位・仕事内容に応じて具体的に判断されることになります。

「契約，勤務規則その他の定め」（特35条３項）の中には，従業員の同意を得ないまま使用者等において定めた職務発明規程等もこれに含まれ，従業員がこれを知りうるような合理的な方法で明示されていれば足りるとされています。職務発明の権利承継等に関して明示の契約，勤務規則等が存在しない場合でも，一定の期間継続して，職務発明について，特許を受ける権利が使用者等に帰属するものとして，使用者等を出願人として特許出願をする取扱いが繰り返され，従業者等においても，異を唱えることなくこのような取扱いを前提とした行動をしているような場合には，同条同項にいう「契約」に該当するものとし，

＊２　派遣労働者の場合，派遣先が派遣労働者を指揮命令しうる根拠は，派遣先との間に雇傭関係が生じるからではなく労働者派遣契約にあり，派遣就業条件は派遣先との関係で定められ，派遣労働者は派遣先のために従事するものですから（派遣２条１号・２号），三者で取り決めた書面が仮になくとも，派遣先との関係で職務発明性を問題とすれば足りることが多いでしょう。

従業者等との間での黙示の合意の成立を認めうるとする裁判例[*3]もあります。中小企業に比較的多く見られるケースといえるでしょう（次のⅢ(1)のQ&Aも参照してください）。

「現在又は過去の」職務に属するとは，同一企業内において職務を変わった場合，転任前の職務に属する発明を転任後にした場合も職務発明になることを明らかにしたものです。発明完成後に退職し，その後出願する場合にも職務発明に属するわけですから，実務では発明過程を明らかに記録しておくことが肝要です[*4]。

Ⅱ　職務発明の法的効果と相当対価（相当利益）請求

(1)　職務発明の法的効果

(a)　原始使用者帰属（平成27年改正法の法制）

職務発明について，契約・勤務規則等においてあらかじめ使用者等に特許を受ける権利を取得させることを定めたときは，その特許を受ける権利は，その発生した時から使用者等に帰属する（特35条３項）と定められました。企業の共同研究の場合の権利共有の処理の問題や二重譲渡問題による権利帰属の不安定性への対応が改正の立法趣旨[*5]です。

使用者等は原始使用者帰属をとるか，原始従業者帰属をとるかを選択できます。要は特許法35条３項による使用者等への原始帰属の定めを行うのが自社にとって得策か否か，従前職務発明規程がある場合の移行において障害があるかないか，大きな障害がなければ原始使用者帰属の定めによる職務発明規程を是非検討すべきでしょう。これにより帰属問題を一律に解消できるメリットは非常に大きいといえます。ただ，原始使用者帰属をとっても米国特許の出願を

＊３　東京地判平成14年９月19日判タ1109号94頁〔青色LED中間判決〕。自ら明細書を作成し出願手続をして褒賞を受領したケースにつき東京地判平成12年９月27日，同控訴審東京高判平成13年３月15日裁判所ホームページ〔経皮吸収性抗炎症剤配合のハップ剤事件〕。

＊４　退職前に着想していただけか，発明が完成していたかが争いとなることがあります（名古屋地判平成８年９月２日判時1609号137頁〔傾床型自走式立体駐車場におけるフロア構造事件〕）。

＊５　立法趣旨で指摘された問題点は，従前から指摘されていました。煩わしい問題ですが，企業は意識して紛争化しないように工夫して対処してきました。立法の根底には，やはり在職中の発明に対して相当対価を求める訴訟を起こすケースが多発したことがあり，従来制度を企業側に有利に変えたいという意思が強く働いたからでしょう。

行う場合には，制度のちがいから発明にかかわった雇用者から「譲渡証」を提出してもらっておく必要性がありますので，この点には配慮がいります。

(b)　原始従業者帰属（平成27年改正前の法制）

(イ)　発明者主義　　特許を受ける権利は，原則，発明を行った自然人たる発明者に帰属します（特29条１項柱書）。特許法35条１項は従業者等に特許を受ける権利が帰属するという発明者主義を前提としています*6。発明者主義は，従業者等に発明意欲を増進させると説明されています。

そして，この趣旨に鑑み，従業者等の明示の意思表示がある場合や黙示の意思を推認できる明白な事情が認められる場合は別として，特許を受ける権利又は特許権を会社に帰属させることが従業者等の合理的意思に合致すると軽々に推認すべきではないとする裁判例*7があることに留意が必要です。譲渡意思の有無が争われた事例は珍しくありません*8。実務ではいかに発明者からスムーズに譲渡を受けるか，譲渡意思を明らかにしておく工夫が極めて重要なのです（そのような煩わしさから解放しようというのが平成27年改正の原始使用者帰属の制度でしょう）。

(ロ)　法定の無償通常実施権の発生　　使用者等は，職務発明について設定行為を待たずに対価の支払不要の無償の法定通常実施権が与えられます（特35条１項）。

使用者等は，従業者等の発明完成に至るまでの間，原料・設備や研究費，労働の対価等を提供し従業者等に研究させた結果，発明が完成されたという使用者等の貢献を考慮して公平の観点から法定されたものです（特許法98条で登録しなくとも99条の効力が認められます）。

実施権の範囲は特許権全部であり場所的あるいは時間的制約のないものと考えられています。その理由は，使用者等に従業者等との利益調整上の公平の観点から，少なくともこの程度の内容の権利は認められるというものです。

＊6　東京高判平成６年７月20日知財集26巻２号717頁〔信号復調装置事件〕。

＊7　東京高判平成６年７月20日知財集26巻２号717頁〔信号復調装置事件〕。

＊8　例えば，東京高判平成14年３月12日判決速報324・10673〔放電加工液および放電加工法事件〕，東京地判平成14年４月17日判決速報325・10766〔出願人名義変更協力請求事件〕，東京地判（中間判決）平成14年９月19日判時1802号30頁〔日亜化学工業事件／特許権持分確認等請求事件〕。

(ハ)　発明完成前の予約承継　　予約承継とは「あらかじめ使用者等に特許を受ける権利若しくは特許権を承継させ又は使用者等のため専用実施権を設定することを定め」ることで，予約承継の定めができるのは職務発明だけです。職務発明以外の発明についての予約承継は無効となります（特35条２項）。

予約承継の法的性質について，使用者等の予約完結権の行使さえあれば移転は完了するとする説（一方の予約説）と，使用者等の予約完結権により従業者に承諾義務が生じ，承諾することで移転が完了するとの説（片務予約説）があります。これらは予約承継を民法上の予約と考える立場です。これに対して，従業者の発明の完成を停止条件として特許を受ける権利等が自動的に使用者に移転されるとする説（停止条件付譲渡説）があります。

一方の予約説では，使用者等の予約完結権の一方的な行使により承継が行われますから使用者等の保護に欠けることはありません。従業者等の発明といっても価値の低いものや不必要なものもあり，使用者等がすべてを必要とするわけではありません。従業者のなした発明のセレクトや承継の時期を使用者の意思にまかせる一方の予約説が当を得ています。

ケースによりますが，停止条件付譲渡説の立場を明確にとった裁判例もあります*9。この立場の考え方は平成27年改正による原始使用者帰属制度と現実にはほとんど変わらない結果を導くことになるものと思われます。

(2)　相当対価（相当利益）請求

(a)　法律の改正と適用関係の場合分け

職務発明の相当対価（相当利益）請求に関係する事案は，平成27年改正法（現行法といいます）の適用を受けるもの，平成16年法（前法といいます）改正の適用を受けるもの，同改正前の法律（旧法といいます）の適用を受けるものがあります。

現行法施行後（平成28年４月１日）に原始使用者帰属か原始従業者帰属かを選択した場合に現行法の適用を受ける相当利益請求の場面となります。この場面の紛争が顕在化するのは特許権の成立と存続期間中の経緯が関係してもう少し先の時期となるでしょう。次に，前法施行（平成17年４月１日）後に特許を受け

＊９　大阪地判昭和54年５月18日特許ニュース5210・211。

る権利若しくは特許権を承継し又は専用実施権を設定した場合には，前法の適用を受ける相当対価請求の場面となります。そして，前法施行前に特許を受ける権利若しくは特許権を承継し又は専用実施権を設定している場合は，旧法の適用を受ける相当対価請求の場面となります。職務発明等の対象になる特許権等の存続期間を考えると，今後とも前法・旧法が適用される訴訟がしばらく続くでしょう。

このような３本のラインで処理が行われますが，いずれの場合も相当利益や相当対価の決定過程が不合理であったり，職務発明規程による定めがない場合に相当対価（相当利益）請求の紛争が顕在化します。

いずれの場面においても相当対価（相当利益）の決定に至る過程の手続に重点を置きつつ，対価額の決定内容をも含めて算定と支払が不合理でないならば，多くの紛争の解決がはかれると思われます。紛争の焦点は，相当対価（相当利益）算定の決定過程の手続（現行法35条５項で例示されている３つの手続の状況）を中心に，その手続の定めによる支払が不合理であったか否かに移っています（従業者等に相当対価［相当利益］の額を含め決定過程の手続が保障され納得の上で支給を受けたのであれば，解決済みとの効果を認めてよく，そう取り扱うのが公平な扱いです。これは旧法下も前法下でも同じでしょう）。現行法の35条６項も同条５項の手続の適正（「相当の利益」を付与する手続の不合理性）に関する考慮事項について，経済産業大臣が指針ガイドラインを定めて公表*10しています。このガイドラインに即する手続は不合理性に係る法的予見性を高めます。

また，現行法35条７項，前法35条５項には「その発明に関連して」とあり，旧法４項の「その発明がされるについて」との文言が修正されていますので，発明完成までに限らず発明完成以降の時点の事情も考慮することに争いはなく，さらに旧法４項の「使用者等が貢献した程度」の文言が，現行法７項，前法５項では，「使用者等が行う負担，貢献及び従業者等の処遇その他の事情」と諸事情を広く参酌できる文言になり，発明完成後の人事上の処遇や事業化におけるリスクも考慮できることを明らかにしています。金銭に限らないインセンティブを高める処遇の工夫も必要です*11。特に昇給や昇格による処遇面での非

＊10 「特許法第35条第６項の指針（ガイドライン）」特許庁ホームページ（https://www.jpo.go.jp/seido/shokumu/files/shokumu_guideline/guideline_02. pdf）。

金銭的な報奨は，わが国ではもっと工夫されてもよいはずです*12。

旧法が適用される場合には，前法や現行法の遡及的適用はありません。しかし，改正の前後で額の算定が不公平にならないようこれら解釈に起因する差は小さくなるのではないかと考えられます。

(b)　相当対価（相当利益）の算定要素と算定上の留意点

(イ)　算定上での留意点　　訴訟になった場合の考え方の大筋は次のとおりです。

(i)「使用者等が受けるべき利益の額」（特35条７項，前特35条５項，旧特35条４項）の意味　　「使用者等が受けるべき利益の額」は，発明を実施することによって受けることになると見込まれる利益ではなく，発明の実施を排他的に独占しうる地位を取得することによって受けることになると見込まれる利益あるいは当該発明を実施する権利を独占することによって得られる利益（独占の利益）と解するのが裁判例の一貫した立場です。使用者は，職務発明に無償の通常実施権を有しており，「使用者等が受けるべき利益」とは，通常実施権から受けることになると見込まれる利益を差し引いたものになるからという理由です。

(ii)「相当の対価（相当の利益）」の意味　　相当対価は，「独占の利益」の使用者と従業者間の単なる取り分の分け前ではなく，競争法の側面から主として特許等の帰属する使用者等の競争力を奪うことなくむしろ帰属した発明等による企業の競争力の確保をはかりながらも，発明を行った従業者の発明意欲のインセンティブを剥ぐような額とならないようにするという視点から定められるものです*13。

職務発明等の条項は単なる労働法規的性格をもつものではなく，「相当の対価」は特許を受ける権利の売買代金でも等価交換の原則からの客観的な市場価値でもありません*14。

---

*11　「特許法第35条第６項の指針（ガイドライン）」第三，一，１。経済的価値を有すると評価できないものとして，表彰状等のように相手方の名誉を表するだけのものは含まれないとしています。

*12　例えば研究部署・部門内でのライン上の職位・職階やスタッフ部門を増すなどして目に見える形でのポジショニングをはかることは企業内発明奨励の大きなインセンティブとなります。

*13　青色 LED 事件の東京高裁知財３部の和解勧告書（「和解についての当裁判所の考え」と題する書面）判時1879号141頁。「使用者等の貢献度」の割合を高く設定する傾向がうかがえます。

*14　東京地判平成16年２月24日判時1853号38頁〔味の素アスパルテーム事件〕。

(ロ)　算定の前提となる場合分けと算定方法

(i)　職務発明の実施態様　　実施態様としては，まず当該発明を①実施している場合と，②実施していない場合に大別できます。

①の場合は，さらにⓐ自己実施のみ，ⓑ他者への許諾実施のみ，ⓒ自己実施と実施許諾をともに行っている場合に分けて考えることができます。

②の場合は，ⓐ関連代替技術を実施している場合，ⓑ当該発明自体及びその関連代替技術をも実施していない場合に分けることができます。

そして，上記の各場合分けに共同発明の場合や包括ライセンス契約を行う場合，外国の特許を受ける権利*15の場合や当該発明に無効のリスクがある場合あるいは当該発明が実施化の準備段階などのバリエーションが加わり，類別化が細分され計算の算出の基準や方法がより複雑化します。問題は，既述した相当対価（相当利益）の意味を踏まえ算出基準や方法が当事者にとって予想可能で合理的なものか否かという点に尽きます。

(ii)　前記②ⓑの場合（当該発明も関連代替技術も不実施の場合）　　この場合，裁判所が当該発明について口頭弁論終結の時点で事後的に現実化した実績結果に基づいて評価すれば，「使用者等が受けるべき利益の額」は現実にはなく実績による対価の評価も零になるでしょう。

承継した特許を受ける権利を会社都合で出願しなかった場合も同様になると考えられます。実施の実績を反映させた相当対価の算定をすれば足りますから，出願していれば収益が上がったとか同業他社なら利益がもっと出たなどの仮定的な主張を考慮する必要はないと思われます。

(iii)　前記②ⓐの場合（当該発明は不実施で関連代替技術を実施の場合）　　当該特許自体は現実には実施していないが，当該発明の独占排他的な地位を保有していることによって競業者が関連代替技術に近寄れないという抑止力をどのように評価するかが問題になります。対価算定が最も難しい局面の1つです。

次の(iv)で述べる自己実施のみの場合の独占の利益の算出方法を採用した上で当該発明と関連代替技術の関係を踏まえ，当該発明等を実施していない点を場合によっては低減要素として加味し算出することになると考えられます。

---

*15　最判平成18年10月17日民集60巻8号2853頁〔日立製作所事件〕は旧特許法35条3項，4項の類推適用を認め相当対価請求できるとしています。

(iv)　前記①ⓐの場合（自己実施のみの場合）　使用者が自己実施するのみで他者に実施許諾していない場合，使用者の「独占の利益」をどのような角度から把握するか２つの捉え方があります。

第１は，他者に仮に実施許諾した場合を想定し，その場合に得られるであろう実施料収入を独占の利益と算出するものです（「仮定実施料収入高方式」と呼べます）。第２は，他者に対し当該発明の実施を禁止できる効果に起因し，使用者が市場において優位な立場で売り上げえた売上額のうちの上記効果による超過売上高を独占の利益とみるもの（「超過売上高方式」と呼べます）です。

(v)　前記①ⓑの場合（自己実施兼他者実施許諾の場合）　上記(iv)の算出方法を参考に自己実施による超過売上高に第三者からの実施料を加算したものになるでしょう。

(ハ)　相当対価（相当利益）の対価算定のごく基本的な考え方は以上のとおりです。具体的ケースに即して算出すると様々な不明確要素が出てきますが，実務では基本に戻って説得的な筋道の示せる金額を探っていくことになります。

Ⅲ　職務発明規程等

(1)　職務発明規程等の概要

職務発明規程等については，職務発明の要件(3)で説明しましたように「契約，勤務規則その他の定め」を作成するか作成しないままにしておくか。作成するとして原始使用者帰属を選択するのか，原始従業者帰属を選択するのか。作成する場合どのような内容とするのか。作成内容としては相当対価（相当利益）の額を含め決定過程の手続をどのように定めておくかがポイントとなります。それらがポイントであることは，これまでの説明で自然とわかるでしょう。

相当対価（相当利益）の決定過程の手続については，先に述べたガイドラインを参考に作成していきます。

Q６－１　**小零細企業の職務発明規程**

当社は従業員数も50名余りの小零細企業です。技術的には自負できるものがあり，特許権も複数取得し当社製品に実施しています。

ただ幸いこれまでトラブルもなく，職務発明規程なるものはお恥ずかしいことですが作っておりません。従業員の意識も変わってきているようにも思います。やはり規程は作成しておくべきでしょうか。

A

同じような会社は中小企業には案外多いようです。特許権が関わる製品を製造販売しているのであれば，是非作成しておくことをお勧めします。作成作業を大きく負担に考える必要はありません。最初はできるだけ複雑にせずシンプルなものでよいのではありませんか。特に特許権の帰属については，原始使用者帰属を選択すれば作成してあるのと作成していないのでは，争いになってから大きな差が出てきます。

法文上は「契約，勤務規則その他の定めにより」作成することができますので，できるだけ会社の実情にあわせコンパクトかつスムーズに定められる方法で行ってください。多くは，会社のイニシアチブの下に職務発明規程で行うことが多いでしょう。

作成要領については，特許庁が中小企業向けに職務発明規程ひな形案*16がネットから見られますので，それも参考にされるとよいでしょう。

(2)　規程上のいくつかの個別問題

ここでは規程上いくつかの実務で悩ましい個別の問題に触れておきます。

(a)　ノウハウ*17の問題

ノウハウを特許に準じて取り扱う規程を作る場合，実施化する可能性のある評価の対象となるノウハウか否かを選別する工夫が必要です。発明の届出後，出願するか秘匿化するかを手続過程で明らかにしておき，特許の場合のどの実績補償の定めにあてはめて準じる扱いをするのかを明らかにしておくことが大切です。

(b)　支給単位及び支給対象の問題

請求項の数が複数であっても１出願を１件としたり，変更出願，分割出願，

＊16　特許庁ホームページ（https://www.jpo.go.jp/seido/shokumu/pdf/shokumu/10. pdf）。
＊17　法文上は「発明」とあり登録されることは要件となっていません。

数ヵ国に出願する場合の出願補償・登録補償・実績補償の支給単位を定めておくことが望ましいでしょう。特に数ヵ国に出願する場合の実績補償については，対象国における実施について実績補償の対象とすることが原則となるでしょう。

(c)「物の発明」「製造方法の発明」「単純方法の発明」の実績補償金の算出方法

特に「製造方法の発明」「単純方法の発明」の実績補償における「特許権により会社が受けた利益」については，単純に対象商品の売上高に利益率を乗ずるだけでは足りず，発明を実施することによる開発工数・生産工数・製品品質等の改善によって生じる利益であり，これを「合理化による利益」として指数化してレベル分けする工夫を要します。なお，「物の発明」における対象製品の一部にのみ関係する場合，あるいは複数の特許等が関与する場合，特許の部分寄与率の設定など目安となる段階を設けて明確化しておくとよいでしょう。

(d)　退職者の問題＊18

退（離）職者の退（離）職後の住所変更や死亡に伴う相続人に対する実績補償の支払義務は，ある程度の規模の企業になると負担になる場合があります。退（離）職時に死亡時の支払先窓口を届け出てもらうケースもありますが，退（離）職時あるいは死亡時に予め当該従業者と意見聴取の上協議したルールに従って一括支払する方法を検討すべきでしょう。退職金規程と連動させる方法もあるでしょう。

(e)　特許が無効化した場合の措置＊19

支払済みの補償金の返還を求めることができるかが問題となることがあります。特許が無効になる理由にもよります。冒認の場合と新規性や進歩性の欠如の場合とを分けることは可能でしょう。冒認は従業員自招ともいえる場合があ

＊18　「特許法第35条第６項の指針（ガイドライン）」第三，四。

＊19　職務発明の対価算定における裁判例において無効とされる可能性があることを対価の算定の要素とすることは認めています。例えば東京地判平成11年４月16日判時1690号145頁〔ピックアップ装置事件〕，同控訴審東京高判平成13年５月22日判時1753号23頁，大阪地判平成14年５月23日判時1825号116頁〔希土類・鉄系合金からの有用元素の回収方法事件〕，大阪地判平成18年３月23日判時1945号112頁〔NEC マシナリー事件〕，大阪地判平成19年３月27日裁判所ホームページ，大阪地判平成19年７月26日裁判所ホームページ。知財高判平成21年11月26日判タ1334号165頁。

＊20　東京地判平成19年４月18日裁判所ホームページ。

るのに反し，新規性喪失や進歩性欠如による無効は，承継・出願時には必ずしも明らかでない場合も多く，公平の点と事実上の独占の地位にあったことをどう考えるかによって返還を求める妥当性が問われます*20。

(f)　企業のグループ化と知財管理体制との関係

グループ企業の誰が権利主体となって管理を行うかと職務発明規程の整合性が問われることがあります。子会社従業員への補償金支払義務は，子会社に発生するのが原則ですが，それをグループ内のホールディング会社（持ち株親会社）が保有するのか，傘下の関係する事業を行うグループの一員（事業子会社）が保有するのか，グループ内の特定の構成員が信託管理する形にするのかによって，職務発明規程の実績補償の有り様に疑義の生じないようにしておく必要があります。

Q6－2　実績補償金の見直しの是非

当社は職務発明規程を完備しています。次のような案件が出てきました。規程上は明確ではありません。どのように考えて処理すればよいでしょうか。

当社（X）と相手（Y）との間で包括クロスライセンス契約を締結しました。クロスとしてXの特許権３本（a，b，c），Yの特許権６本（d～i）が対象となり数年が経過しました。契約締結時のa，b，cの評価はYのd～iの特許権の許諾を受ける利益を評価して，平等にその1/3として各発明者に実績補償金を支払ってきました。

最近Xのa，b，cの内のaが存続期間の満了によって消滅しました。この場合b，cの評価は見直す必要はあるでしょうか。関連して仮にXのa，b，cは存続するとしてYのd～iの一部がやはり存続期間の満了によって消滅する場合，a，b，cの評価は見直す必要があるのでしょうか。なお，包括のクロスライセンスの終期は対象となっているすべての特許の存続期間が満了するまでとなっています。

A

いくつかの考え方ができるでしょう。実務上の処理の結論として，第1の方法はともに評価は当初のまま固定し，前者についてはaは存続期間満了により支払停止，ｂ，ｃについては従前どおりの額を支弁し，契約の満了まで現状を維持するというものです。後者については，第１はｄ～ｉの中で消滅したものにより，重み付けの問題はありますが，評価を見直した額の1/3に減額するもの，第２は減額せずに従前のままの支弁額とするものです。契約締結時の評価方法が固定的に定められているか非固定的に定められているかによっても変わってくる面があるかと考えます。また額が変更される場合は，従業員への説明もいるでしょう。支弁額も相当高額になる場合もあり，このような案件が出てきた場合は，改めて規程を補充し見直すよい機会になるでしょう。

第2節　職務著作

職務著作（著15条）は，１項と２項に分かれます。１項は著作物全般についての規定で，２項はプログラム著作物のみに限った規定です。

プログラム著作物を除く著作物一般について，法人その他使用者（法人等という）の著作物が成立する要件は次の４つです。プログラム著作物については，③の要件を不要としています。

①　法人等の発意に基づくこと

②　法人等の業務に従事する者が職務上作成すること

③　法人等が自己の著作名義の下に公表するものであること

④　契約上別段の定めがないこと

職務著作の効果として，法人等は当該著作物の著作者となります。したがって，著作物の地位から生ずる権利（著作財産権・著作者人格権）を原始的に取得することになるのです。この点は特許法の扱いと大きく異なります。

特に，②の要件の「法人等の業務に従事する者」の該当性について争いになることが多く，「雇用関係の存否が争われた場合には，同項の『法人等の業務に従事する者』に当たるか否かは，法人等と著作物を作成した者との関係を実質的にみたときに，法人等の指揮監督下において労務を提供するという実態にあり，法人等がその者に対して支払う金銭が労務提供の対価であると評価できるかどうかを，業務態様，指揮監督の有無，対価の額及び支払方法等に関する具体的事情を総合的に考慮して，判断すべきものと解するのが相当である」とし，雇用契約に伴う在留資格の種別，雇用契約書の存否，雇用保険料，所得税等の控除の有無等といった形式的な事由のみによって判断すべきでないとした最高裁判決*21が指針となります。この事件は，中国（香港）国籍を有するXが観光ビザで２回，就労ビザで１回，わが国に入国し，アニメーション等の企画・撮影等を業とする株式会社Yの下でデザイン画作成等の業務に従事し，そこで作成された著作物に関する著作権の帰属や著作者の表示に関して争いになった事案です。雇用関係の存否を前提としつつその基準を指揮監督や労務対価の支払等の実質関係に求めたと解されます。実務の運用はこの基準を念頭に置いて行われます。いずれにしても争いとなる要件ですので，予め職務上作成したことが明らかになる記録を残しておいたり，当事者間で確認をとっておくことが望ましいといえます。

以上とは異なり，外注して著作物の製作依頼を行う場合は，著作物の制作について指揮監督関係がない場合が多く外注先が原則どおり著作者となります。したがって，発注した側に著作権を確保しておきたいという場合には，予め帰属を定めておくか個別の譲渡交渉を行うかという対応が必要になります。

次に③の要件を満たさなければ，「発意」や「職務上作成」が認められても職務著作とはいえません。著作名義は一見して明らかであるので，評価として争いのない要件であるゆえに見落としのないように実務上は特に留意すべきです*22。

Q6－3　パッケージデザインの外注先対応

当社（X）は当社取扱い飲食品（甲商品）のパッケージデザインの作成を日頃からつきあいのあるY社に依頼しました。

甲商品の売れ行きはよく順調でした。Y社と疎遠になり他社に当社のデザインの一部のリニューアル修正を依頼するようになったところ，Y社から甲商品のパッケージデザインの著作権はY社にあるから，リニューアルして使用を続け

＊21　最判平成15年４月11日判時1822号133頁〔RGB アドベンチャー事件〕。

＊22　例えば，東京地判平成18年２月27日判時1941号136頁〔計装士講習資料事件〕では，計装士の技術維持のための講習資料に講師名として従業員の氏名が表示されているときは，雇用者である会社の著作名義で公表されたとはいえないので職務著作物とはならないとしています。

るのであれば使用料を支払うか，著作権を買い取れと言ってきました。Y社に依頼した当時の契約書を見るとデザイン発注契約書が出てきました。デザイン依頼料としてはやや高値ですが著作権の処理については何も書かれていません。

A

実務上，このような相談は珍しくありません。パッケージデザインが応用美術に属するもので，著作物性が真に認められるか否か気にかかるところです。売れ筋商品でもあり公に紛争にされること自体が企業活動としてマイナスのイメージになってしまうので，対応に苦慮することになります。Y社との交渉による額にもよりますが，紛争になった場合のリスクとの比較で現実的な対応をせざるを得ないでしょう。

単なるデザインの外注の場合であれば，Y社に原則的に著作権があるとの前提に立たざるを得ないでしょう（勿論，当時のY社の従業者が作成したものか，再外注したものでないことなどの事実調査はいるでしょう。また，黙示の譲渡があったかも検討します）。依頼の当初であればデザイン発注契約書に一行著作権の帰属関係に言及しておいたり，デザイン料の受領書に著作権の処理を付言するような工夫ができたでしょう。知識とちょっとした工夫で後々の煩わしさが大きく変わってくるものです。

【三山　峻司】

第 7 章

営業秘密と情報の管理対策

第１節　営業秘密の保護

Ｉ　はじめに

(1)　営業秘密の保護の重要性

企業内で秘密としている情報は，他社に知られていないからこそ価値をもつものです。いったん外部に漏えいすればその価値が失われ，被害回復は困難なものとなります。また，あらゆる情報がデジタルデータで管理されている現状からすると，企業内で秘密としている重要な情報を容易にかつ大量に持ち出すことが可能となっています。

そのため，企業にとって，自社の営業秘密を漏えいしないように管理することは，極めて重要な課題です。

(2)　情報セキュリティ（情報漏えい対策）

近時，情報技術の発展及び普及に伴い，企業における円滑な企業活動のためには適切な情報セキュリティ対策が必要といわれています。

情報セキュリティとは，一般に「情報の①機密性，②完全性及び③可用性の３要素を維持すること」と定義されています[*1]。機密性とは，アクセスを認められた者だけが情報にアクセスできるようにすること，完全性とは，情報及び処理方法が完全・確実であることを保護すること，可用性とは，認められた者が必要に応じてアクセス・利用しうることをいいます。例えば，外部からの不正なアクセスによって改ざんされたり，コンピュータウイルス等によりシステム障害を及ぼされたり，内部者による不正流出行為等を防止しようとする対策のことです。

情報セキュリティについて，法令上管理体制を構築することが要求されるものもあります。例えば，個人情報の保護に関する法律（以下「個人情報保護法」といいます）によって，個人情報取扱事業者[*2]は，個人データの安全管理措置を

＊１　「情報セキュリティ関連法令の要求事項集」（http://www.meti.go.jp/policy/netsecurity/docs/secgov/2010_JohoSecurityKanrenHoreiRequirements.pdf）に情報セキュリティと法令に関して詳しく記載されています。

＊２　個人情報取扱事業者は，平成27年改正により，取り扱う個人情報の数が少ない事業者も，個人情報取扱事業者に該当することとなりました（個人情報保護法２条５項）。個人情報等の定義についても，後記＊３のガイドラインが詳しいので，参照してください。

講じること[*3]（個人情報保護法20条），従業者の監督（個人情報保護法21条）や委託先の監督（個人情報保護法22条）が求められています。

情報セキュリティと類似の表現として，サイバーセキュリティというものがあります。サイバーセキュリティ[*4]とは，サイバー攻撃により，情報の漏えいや，期待されていたITシステムの機能が果たされない等の不具合が生じないようにすることをいいます[*5]。

何らかの情報セキュリティ対策を行っていたとしても，ある情報に関して不正競争防止法上の法的保護を受けるためには，当該情報が不正競争防止法上の営業秘密としての要件を満たす必要があります。

Ⅱ　営業秘密保護のための法制度の概要[*6]

(1)　差止請求・損害賠償請求

ある情報が，不正競争防止法上の営業秘密（不競２条６項）に該当すれば，一定の行為については「不正競争」（不競２条１項柱書・４号～10号）として，不正競争行為に対する差止請求，損害賠償請求を行うことができます（不競３条・４条）。

例えば，元従業員や元取締役が，競合する別の新会社（設立した会社や転職先を含みます）において，会社の顧客情報や価格情報等の営業情報を記憶媒体に

＊３　具体的な安全管理措置については，個人情報保護員会が発表している「個人情報の保護に関する法律についてのガイドライン（通則編）」（http://www.ppc. go.jp/files/pdf/guidelines01.pdf）の「講ずべき安全管理措置の内容」（87頁以下）に詳しく記載されています。

＊４　サイバーセキュリティ基本法２条では，「この法律において『サイバーセキュリティ』とは，電子的方式，磁気的方式その他人の知覚によっては認識することができない方式（以下この条において『電磁的方式』という。）により記録され，又は発信され，伝送され，若しくは受信される情報の漏えい，滅失又は毀損の防止その他の当該情報の安全管理のために必要な措置並びに情報システム及び情報通信ネットワークの安全性及び信頼性の確保のために必要な措置（情報通信ネットワーク又は電磁的方式で作られた記録に係る記録媒体（以下『電磁的記録媒体』という。）を通じた電子計算機に対する不正な活動による被害の防止のために必要な措置を含む。）が講じられ，その状態が適切に維持管理されていることをいう。」と定義されています。

＊５　情報セキュリティとサイバーセキュリティの内容について，論者によって定義が異なる場合があります。ここでは，サイバーセキュリティはサイバー空間における安全対策を指し，情報セキュリティとは情報の媒体にかかわらず，情報資産の安全対策（情報漏えい防止対策）という趣旨で用いています。

＊６　裁判例等の詳細については，小野昌延＝松村信夫『新・不正競争防止法概説』，渋谷達紀『不正競争防止法』，田村善之『不正競争法概説』〔第２版〕等を参照してください。

複製したものを使用する場合や会社の設計図面や実験データ等の技術情報を新会社で使用する場合があります。このような場合に，会社としては営業情報や技術情報の使用の差止請求や損害賠償請求をすることになります。

また，差止請求権は，営業秘密の保有者が営業秘密の不正使用行為（不競２条１項４号～９号）を知った時から３年間で時効により消滅します（不競15条前段）。営業秘密の不正使用行為の開始から20年間の除斥期間もあります（不競15条後段）。損害賠償請求権は，民法の一般不法行為の時効規定に従います（民724条）。

⑵　刑事罰

営業秘密に対する一定の侵害行為に対しては，営業秘密侵害罪として刑事責任（不競21条１項１号～９号・３項１号～３号及び４項）が課せられます。民事的救済だけでは不十分で違法性の高い行為が，刑事罰の対象とされています。

例えば，従業員が営業情報や技術情報を記憶媒体にコピーし，他社に流出させるなどの例があります*7。

⑶　契約による保護

不正競争防止法上の「営業秘密」に該当しない場合であっても，従業員や取引先等と別途秘密保持契約をしていれば，契約を根拠に差止請求及び損害賠償請求ができる場合があります。契約を結ぶことには，契約書記載の秘密情報について秘密保持義務を負う当事者となることで，損害賠償等による抑止効果や契約書記載の情報の管理について意識を高める効果があります。

例えば，業務委託先との間で交わす秘密保持契約や，会社内の秘密保持義務を規定した就業規則や，入社時や退職時に提出してもらう秘密保持誓約書（契約）等があります*8。

Ⅲ　保護対象となる営業秘密

⑴　情報の類型

＊７　東京地判平成27年３月９日判時2276号143頁。

＊８　秘密保持契約は，公序良俗（民90条）に反しない限り，不正競争防止法上の営業秘密よりも広く保護することは可能です。他方で，秘密保持契約によれば，契約当事者に対してのみ請求が可能ですが，不正競争防止法上の営業秘密に該当すれば，秘密保持契約当事者以外の者に対しても一定の場合は，差止請求及び損害賠償請求をすることができます（不競２条１項５号・６号・８号・９号及び10号）。

企業内の情報には，外部に開示する（あるいは，開示しても問題のない）情報と，企業が外部に対し開示しない情報があります。後者の情報（企業秘密）としては，経営戦略に関する情報（経営計画，新規事業計画など），顧客に関する情報（顧客個人情報など），営業に関する情報（仕入先情報，営業ノウハウなど），技術に関する情報（図面，製造技術情報など）や管理に関する情報（社内システム情報，人事情報など）等があります。

企業秘密のうち，不正競争防止法により保護の対象となるのは，不正競争防止法２条６項の要件を満たすものに限られ，いかに主観的に重要な情報であっても，その情報が同項の要件を満たさない場合には，不正競争防止法による保護を受けることはできません＊9。

⑵　不正競争防止法２条６項

不正競争防止法２条６項は，「この法律において『営業秘密』とは，秘密として管理されている生産方法，販売方法その他事業活動に有用な技術上又は営業上の情報であって，公然と知られていないものをいう」と規定していますので，これらの要件を満たす必要があります。

(a)　秘密管理性＊10

秘密管理性要件（「秘密として管理されている」）の趣旨は，事業者が秘密として管理しようとする対象（情報の範囲）が従業員や取引先（従業員等）に対して明確化されることによって，従業員等の予見可能性，ひいては，経済活動の安定性を確保することにあります。

したがって，営業秘密を保有する事業者（保有者）が当該情報を秘密であると単に主観的に認識しているだけでは十分ではありません。保有者の秘密管理意思（特定の情報を秘密として管理しようとする意思）が，保有者が実施する具体的状況に応じた経済合理的な秘密管理措置によって従業員等に対して明確に示され，当該秘密管理意思に対する従業員等の認識可能性が確保される必要があります。具体的に必要な秘密管理措置の内容・程度は，企業の規模，業態，従業

＊9　契約による保護の場合は，不正競争防止法上の営業秘密に限られません。契約上で特定した情報が秘密の対象となります。

＊10　「営業秘密管理指針」（http://www.meti.go.jp/policy/economy/chizai/chiteki/pdf/20150128hontai.pdf）３～５頁に秘密管理性の趣旨について記載されています。

員の職務，情報の性質その他の事情等によって異なります＊11。

従来の多くの裁判例は，客観的に秘密として管理されていると認められるには，①情報にアクセスできる者が制限されていること（アクセス制限），②情報にアクセスした者に当該情報が営業秘密であると認識できるようにされていること（客観的認識可能性）＊12が必要と考えられてきました。

営業秘密管理指針においては，①，②の要件は，別個独立した要件ではなく，「アクセス制限」は「認識可能性」を担保する一つの手段であるとの整理がなされています。そのうえで，情報にアクセスした者が秘密であると認識できる場合に，十分なアクセス制限がないことのみを根拠に秘密管理性が否定されることはないとされています＊13。

(b)　有用性＊14

「生産方法，販売方法その他の事業活動に有用な技術上又は営業上の情報」としては，具体的には製品の設計図・製法，顧客名簿，販売マニュアル，仕入先リスト等が挙げられます。ここでいうところの「有用な」とは，財やサービスの生産，販売，研究開発に役立つなど事業活動にとって有用であることを意味します。「有用性」の要件を満たすためには，当該情報が現に事業活動に使用・利用されていることを要するものではないですが，当該情報自身が事業活動に使用・利用されていたり，又は，使用・利用されることによって費用の節約，経営効率の改善等に役立つことが必要です。この「有用性」は保有者の主観によって決められるものではなく，客観的に判断されます。

したがって，「有用性」が認められるためには，その情報が客観的にみて，事業活動にとって有用であることが必要です。一方，企業の反社会的な行為などの公序良俗に反する内容の情報は，「有用性」が認められません。

＊11　『逐条解説不正競争防止法－平成27年改正版－』（以下「逐条解説平成27年改正版」といいます）（http://www.meti.go.jp/policy/economy/chizai/chiteki/pdf/28y/full.pdf）。

＊12　小野昌延＝松村信夫『新不正競争防止法概説』〔第２版〕326頁，茶園成樹編『不正競争防止法』65頁。

＊13　前掲＊11の43頁，秘密管理性に関する裁判例は多数存在しますので，前掲＊６，＊12の文献のほか，大阪弁護士会友新会編『最新　不正競争関係　判例と実務』〔第３版〕，田村善之「営業秘密の秘密管理性要件に関する裁判例の変遷とその当否（その１）」知管64巻５号621頁，田村善之「営業秘密の秘密管理性要件に関する裁判例の変遷とその当否（その２）」知管64巻６号787頁が詳しいので，参照してください。

＊14　前掲＊10，＊11の「有用性」の箇所に詳しく記載されています。

直接ビジネスに活用されている情報に限らず，間接的な価値がある場合も含みます[*15]。例えば，ネガティブインフォメーション（失敗の知識・情報）も含みます。

公知情報の組み合わせによって容易に営業秘密を作出することができる場合であっても，有用性が失われることはありません（特許における進歩性とは異なります）。

(c)　非公知性

「公然と知られていないもの」とは，一般的には知られておらず，又は容易に知ることができないことです。具体的には，当該情報が合理的な努力の範囲内で入手可能な刊行物に記載されていない等，保有者の管理下以外では一般的に入手することができない状態をさします[*16]。

(3)　営業秘密管理指針（平成27年1月28日改訂）

「営業秘密管理指針」（平成27年1月28日改訂）は，不正競争防止法によって差止め等の法的保護を受けるために必要となる最低限の水準の対策を示すものです[*17]。

改訂前の指針は，営業秘密に関する不正競争防止法の解釈のみならず，情報管理に関するベストプラクティス及び普及啓発的事項をも含んでいました。

改訂後の指針は，不正競争防止法によって差止め等の法的保護を受けるために必要となる最低限の水準の対策を示すものです。

Q7－1　営業秘密管理指針（平成27年1月28日改訂）

秘密管理性を検討するにあたり，経済産業省が作成した「営業秘密管理指針」を，どのように活用すればよいでしょうか。

＊15　前掲＊10「営業秘密管理指針」。

＊16　前掲＊11，有用性や非公知性に関する裁判例は，前掲＊6，＊12等の書籍で確認してください。

＊17　改訂後の指針は，不正競争防止法によって差止請求等の法的保護を受けるために必要となる最低限の水準の対策を示すものです。秘密情報の漏えいを未然に防止するための対策は，平成28年2月に策定された「秘密情報の保護ハンドブック」（後掲＊19）において対応されています。

A

1.「営業秘密管理指針」＊18

「営業秘密管理指針」とは，「企業が営業秘密に関する管理強化のための戦略的なプログラムを策定できるよう，参考となるべき指針」として，平成15年１月に策定・公表されたものです。

その後，平成17年，平成22年，平成23年，平成25年に改訂されました。そして，平成27年１月28日全面改訂されました。

2. 営業秘密管理指針における改訂のポイント

a． 分量について

平成27年改訂前の営業秘密管理指針（以下では，「改訂前営業秘密管理指針」という）は86頁であったのに対して，改訂後の営業秘密管理指針は17頁とコンパクトになっています。

b． 管理水準の変更

営業秘密管理指針によりますと，「改訂前の指針は，営業秘密に関する不正競争防止法の解釈のみならず，情報管理に関するベストプラクティス及び普及啓発的事項をも含んでいた。この点，本指針は，不正競争防止法によって差止め等の法的保護を受けるために必要となる最低限の水準の対策を示すものである。漏えい防止ないし漏えい時に推奨される（高度なものを含めた）包括的対策は，別途策定する『営業秘密保護マニュアル』（仮称）＊19によって対応する予定である。」とされています。

したがって，最低限の水準ですので，高度な情報漏えい防止対策や漏えい時の対策を含んでいるものではありません。

c． 注意すべき点

ア　法的拘束力

営業秘密管理指針（改訂前も含む）には，法的拘束力はありません。経産省が，イノベーションの推進，海外の動向や国内外の裁判例等を踏まえて，一つの考え方を示すものです。

＊18　前掲＊10。

＊19　平成28年２月に公表されて，「秘密情報の保護ハンドブック」という名称になっています。「秘密情報の保護ハンドブック」(http://www.meti.go.jp/policy/economy/chizai/chiteki/pdf/handbook/full.pdf)。

したがって，営業秘密管理指針に基づいた管理体制を採用したからといって，裁判所において秘密管理性が認められる保証はありません。

イ　漏えい防止のために必要な対策を示すものではない

営業秘密管理指針は，上記したとおり，情報の漏えい防止のために必要な対策を示しているものではありません。営業秘密管理指針は，不正競争防止法によって差止め等の法的保護を受けるために必要となる最低限の水準の対策を示すものです。

情報漏えいを未然に防止するための対策を講じたい場合には，「秘密情報の保護ハンドブック」[*20]が参考になります。

ウ　秘密管理性要件の趣旨——アクセス制限・認識可能性の位置づけ

営業秘密管理指針では，秘密管理性要件の趣旨を「従業員等の予見可能性ひいては経済活動の安定性の確保にある」[*21]としています。また，秘密管理性の判断要素とされる「アクセス制限」と「認識可能性」の関係について，「アクセス制限」は「認識可能性」を担保する一つの手段と位置づけ，「アクセス制限」という語を用いず「秘密管理措置」という用語を用いています[*22]。

もっとも，秘密漏えいが生じた後，差止・損害賠償請求をなす場面では，従来から裁判所が採用している「アクセス制限」「認識可能性」という判断要素をもとに主張を構成していくことになるものと思われます。

エ　裁判例に関して

営業秘密管理指針にはいくつかの裁判例が引用されていますが，具体的な事実関係までは引用されていません。引用されている裁判例については，具体的な事実関係を確認したうえで，有効活用すべきでしょう。

Ⅳ　営業秘密侵害行為の類型

営業秘密に係る不正行為については，①保有者から不正な手段で取得し，その後転々流通する過程で起こる場合（不正取得類型（不競２条１項４号～６号）），②保有者からは正当に示された営業秘密を不正に使用・開示し，その後転々流通

＊20　前掲＊19。
＊21　前掲＊10の３～４頁。
＊22　前掲＊10の５頁脚注参照。

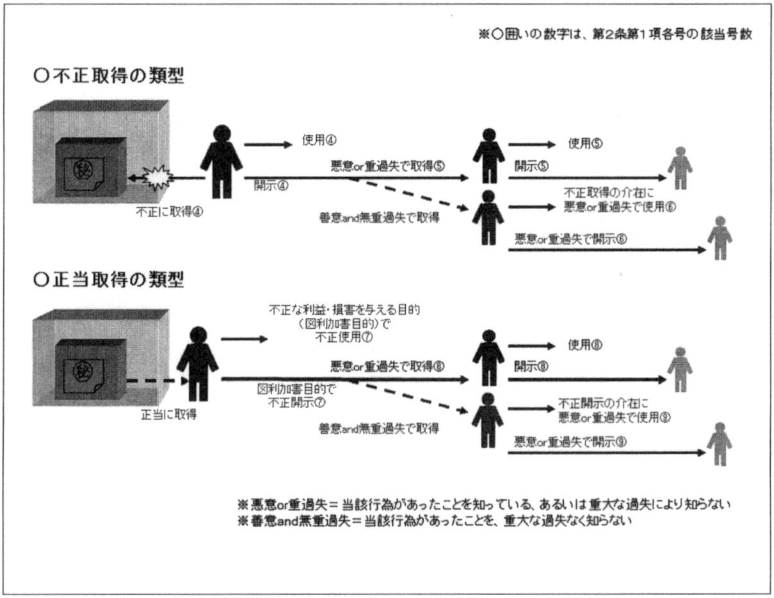

（出典：経産省「逐条解説平成27年改正版」）

する過程で起こる場合（信義則違反類型（不競２条１項７号～９号）），③①及び②の不正使用行為により生じた物が転々流通する過程で起こる場合（営業秘密侵害品譲渡等類型（不競２条１項10号）が，不正競争行為とされています*23。

具体的には，「逐条解説平成27年改正版」に記載の図（上図）がわかりやすいです。

不正競争防止法に基づく差止請求や損害賠償請求を行うことができるのは，不正競争防止法２条１項４号～10号の要件を満たしている場合に限られます。

自社の営業秘密が漏えいしたことが発覚した場合，不正競争防止法２条１項４号～10号のどれに該当するかを判断する必要があります。そのため，情報漏えい対策の一環として営業秘密が漏えいした経路の判別を容易にするための対策をとっておくことが重要となります。

＊23　前掲＊11の第２部第５節２に説明されています。

Ⅴ　営業秘密侵害罪（刑事）

⑴　行為類型

営業秘密侵害に係る刑事罰の対象となるものは，不正競争防止法21条１項１号～９号，３項１号～３号及び４項に規定されています*24。

「逐条解説平成27年改正版」（198頁）において図解されているものがわかりやすいです。逐条解説に記載の図は次頁のとおりです。

⑵　非親告罪化

平成27年改正により，法定刑の引上げ，転得者処罰の範囲の拡大，未遂処罰規定の導入，非親告罪化がされました。また，営業秘密が外国に流出した場合に，わが国の経済に与える悪影響が大きいので，国外における営業秘密の不正使用行為などの一定の行為について，その他の営業秘密侵害罪に比べて重い法定刑とする海外重罰規定が置かれました（不競21条３項）。

非親告罪化により告訴は不要となりましたが，捜査機関は営業秘密侵害に関する事実を知りえないことが多いと考えられます。したがって，営業秘密保有者が，被害届等を行うことになるものと考えられます。非親告罪となったとしても，告訴することはできますし，告訴することで送致義務（刑訴242条）が生じるなど，様々な法的効果が生じるので，今後も告訴をすることが多いものと思われます。

⑶　罰　　則

不正競争防止法21条１項１号～９号に該当する行為を行った者は，10年以下の懲役若しくは2000万円以下の罰金に処し，又はこれを併科されます（不競21条１項本文）。

もっとも，法人の代表者や従業員等が，法人の業務に関し，不正競争防止法21条１項１号，２号，７号，８号及び９号に該当する行為をした場合には，当該法人に対しては５億円の罰金刑が科されます（不競22条１項２号）*25。

また，国外における営業秘密の不正使用行為などの一定の行為について，その他の営業秘密侵害罪に比べて重い法定刑とする海外重罰規定が置かれています（不競21条３項）。

＊24　前掲＊11の第２部 Chapter ７。
＊25　法人ではない使用者については2000万円以下の罰金刑が科されます（不競22条１項２号）。

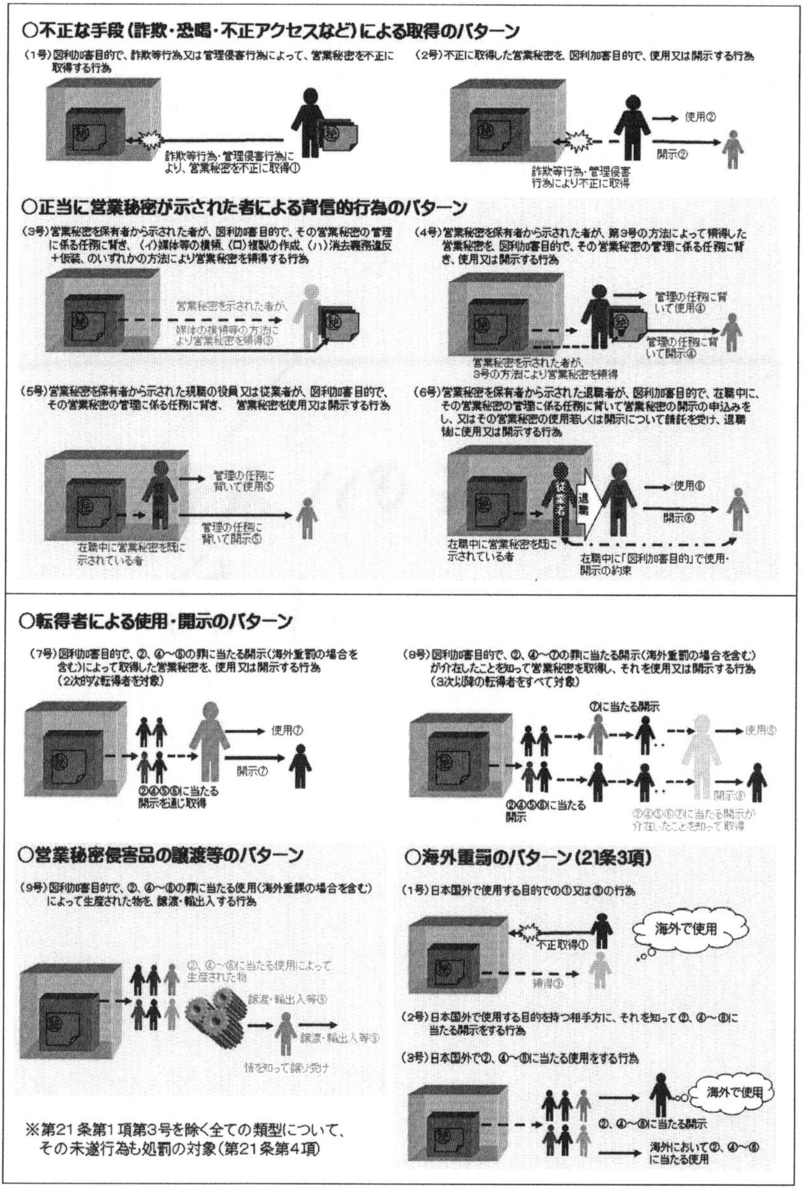

（出典：経産省「逐条解説平成27年改正版」）

第２節　営業秘密の管理

Ⅰ　趣　　　旨

不正競争防止法２条６項における秘密管理性要件は，不正競争防止法上保護されるべき利益があると判断するために必要とされるものです。

そのため，不正競争防止法上の保護を受けるためには，秘密管理性が認められるような管理体制を構築する必要があります。

特に，技術情報を社内ノウハウとして秘匿化する場合には，営業秘密として適切な管理が必要です。その際には，営業秘密の管理とともに，他社が特許権を取得して権利行使されることの対抗手段として，先使用（特79条）の立証の方策も準備しなければなりません。先使用立証の方策の詳細については，第２章第２節Ⅲを参照してください。

Ⅱ　秘密管理性が認められるための管理

(1)　秘密情報と一般情報の区別

秘密として管理する情報（秘密情報）とそうでない情報（一般情報）とを区別（合理的区分）することが最も重要となります。区別できていなければ，秘密情報に接する者が，一般情報と秘密情報の区別がないことで，企業の秘密管理意思を認識できなくなってしまうからです。

そのうえで，秘密情報について，それが営業秘密であることを明らかにする措置を講じる必要があります*26。

合理的区分に加えて必要となる秘密管理措置としては，主として，媒体の選択や当該媒体への表示，当該媒体に接触する者の限定，ないし，営業秘密たる情報の種類・類型のリスト化等を行うことになります。結局，秘密管理措置の対象者たる従業員において当該情報が秘密であって，一般情報とは取扱いが異なるべきという規範意識が生じる程度の取組みであることが必要となります*27。

＊26　前掲＊10の６頁。
＊27　前掲＊10の７頁。

Q7－2　秘密管理措置の形骸化

社内で用いる用紙に最初から社外秘と印刷しておけば，すべての情報に秘密管理性が認められますか。

A

すべての紙に社外秘と記載されていれば，従業員は秘密にすべきものと秘密にする必要のないものを区別できません。情報に対する秘密管理措置として実効性がなく，形骸化しているものといえます。

したがって，適切な秘密管理措置とはいえません*28。

⑵　秘密管理の具体的方法

⒜　紙媒体の場合

「マル秘」「社外秘」の表示を付すことは，秘密であることを表示することになり，秘密管理意思に対する従業員の認識可能性は確保されます。また，物理的なアクセスを制限するために，施錠可能なキャビネットや金庫に保管することで，秘密管理意思に対する認識可能性を確保することができます。

⒝　デジタルデータの場合

記録媒体，電子ファイル名，データ上に「マル秘」・「社外秘」の表示を付すことで，認識可能性を確保することができます。

また，物理的にアクセスを制限するために，ファイルを閲覧するためあるいはファイルを含むフォルダを開くためにパスワード設定をすることも認識可能性を確保することができます。

⒞　物件に化体

製造機械，金型，高機能微生物，新製品の試作品など，営業秘密情報が物件に化体しているものについては，扉に「関係者以外立ち入り禁止」の張り紙を張ることや，入るために警備員のチェックやIDカードなどの入館するために必要なゲートを設置することや，写真撮影禁止の張り紙をするなどの方法があ

＊28　前掲＊10の7頁。

ります。

Q７－３　秘密管理意思の認識可能性を確保するその他の方法

特定の情報が秘密情報であることを従業員に認識させるためには，具体的にどのようにすればよいのですか。

A

上記のようにマル秘表示やパスワード設定がなされておれば，通常は，従業員に対し客観的認識可能性を有するとされることが多いでしょう。

その他にも，特定の情報が秘密情報であることを周知する方法として，①社員教育，②秘密管理マニュアルの回覧，③営業秘密管理規程，誓約書，④秘密保持契約などがあります。

マル秘表示やパスワード設定がない場合に，①～④で補完されて秘密管理性が認められることがあります＊29。

Q７－４　秘密管理と業務上の必要性

秘密管理のために様々な対策をとると業務が円滑に行えないように思われます。合理的に対応するには，どうすればよいでしょうか。

A

情報ごとに必要かつ十分な対応を検討しましょう。

業種や事業規模，情報の種類によっても対応方法は異なってきます。

事業規模が大きくなれば，扱う情報の数量や種類も多くなりますので，統一的な取扱い方法を規定として定めて運用を行うほうがよいでしょう。事業規模が小さければ，統一的な取扱い方法の規定を定めて，実際にその運用を行うには，人

＊29　マル秘，パスワード等の物理的な管理措置がない場合でも，誓約書等によって秘密管理性が認められた例として，大阪高判平成20年７月18日裁判所ホームページ，東京地（中間）判平成14年12月26日裁判所ホームページがあります。裁判例の分析については，松村信夫「営業秘密をめぐる判例分析」ジュリ1469号32頁において詳細に分析されています。

的コストが生じてしまいますので，コストのかからない方策を検討する必要があります。大切なのは，実践可能な方策をとることです。

また，対象情報の業務における使用頻度や重要度によって対応方法を分けることも検討する必要があります。

例えば，顧客名簿であれば，ファイルの背表紙に「社外秘」「コピー禁止」等の記載をしておけば足りるでしょう。それぞれの用紙にマル秘の印を押さなくても済みます。顧客名簿については重要度が高くでも，使用頻度が高いものと思われますので，金庫に入れるといった方策をとってしまうと業務に支障が出てしまいます。

顧客データであれば，「顧客データ　関西支社　社外秘」というようにフォルダ名に書き込んだうえ，そのフォルダをあけるにはパスワードを設定しておくことで足ります。

樹脂メーカーにおけるレシピのように重要な書類の場合は，表紙にマル秘マークを付して，金庫に保管する方法を検討する必要があります。これは，漏えいしてしまうと取り返しがつかなくなってしまいますので，厳重な管理が必要となります。そして，当該金庫の鍵は，責任者が保管するようにしましょう。

その他には，各従業員が，限られた製造工程にのみ関与し（例えば，必要な製造工程がＡ＋Ｂ＋Ｃの場合におけるＡのみに関与するということです），他の工程の内容を知ることができないようにして，すべての工程を把握できる者を限定することで，秘密情報そのものを把握できないようにすることも考えられます。

機械メーカーにおける設計図のキャドデータのような場合には，そのデータ上に「開発部限り」等と記載し，そのファイルにパスワードを設定しておくようにすれば，秘密管理意思を認識することは可能でしょう。

以上のように業務上の使用頻度，情報の重要性及び実践可能性という点から各情報についての対策を行う必要があります。

Q７―５　退職者に対する不正競争防止法に基づく請求

退職者が独自で得ていた顧客情報について，会社の営業秘密に該当するとして，退職後の使用を差し止めることはできますか（退職者が窃取等の不正取得行為により得た情報ではないものです）。

A

1. 退職者に対する差止め

本件のような場合では，退職者従業員が窃取等の不正取得行為によって情報を取得した場合ではないので，仮に差し止めることができるとすると，不正競争防止法２条１項７号の該当性を検討することになります。

この場合，差し止めることができるか否かは，当該情報の帰属主体に関する考え方や「示された」（不競２条１項７号）の要件の解釈に争いがありますので，一概にはいえません*30。

それでも，差止めを求めることができるようにするために，次のような措置はとっておくべきでしょう。

2. 行っておくべき措置

営業員は，日々営業活動を通じて，顧客情報を蓄積していきます。その際には，営業活動の必要性から手控え用のメモやデータなどを保有していることがあります*31。

そこで，まず，顧客情報が営業秘密に該当するための管理措置を行っておく必要があります。管理措置については，本章第２節Ⅱに記載のとおりです。また，それ以外に従業員が取得した顧客情報はすべて会社に帰属する旨の社内規程を設けておくことも検討すべきです。

そして，退職者には，顧客情報に関して秘密保持の誓約書を出してもらいます。その際に，退職者の有している顧客情報等について，退職時に明らかにさせたり，手控えの返却や破棄をする旨を誓約してもらいましょう。

以上のような方法によって，退職時に，退職者が，在職中に取得した顧客情報は会社の営業秘密であることを認識することで差止請求が認められる可能性は高まるものと思われます。

＊30　議論については，牧野利秋ほか編『知的財産法の理論と実務　第３巻』346頁〔大寄麻代〕，小野昌延ほか編『不正競争の法律相談Ｉ』377頁〔山根崇邦〕が詳しいので参照してください。

第３節　情報漏えい対策

Ｉ 概　　要

情報漏えいリスクを減少させることや情報漏えい後に被害拡大を防止するための施策としては，不正競争防止法上の営業秘密に該当するための秘密管理性要件を満たしていたとしても，不十分な場合があります。

営業秘密としての法的保護を受けられる水準を超えて，秘密情報の漏えいを防止するための対策を講じるには，「秘密情報の保護ハンドブック」*32に記載されている対策が参考になります。

＊31　従業員が，取引先の担当者と個人的な親交が生じた結果，取得した取引先担当者の私的な連絡先（電話番号，メールアドレス，住所等）についてまで，営業秘密になるかという点については否定されことが多いと思われます。そもそも私的な連絡先については，会社の顧客情報を構成している内容とは異なると思われますし，従業員が職務上当該情報を取得したものとはいい難いからです。この点に関しては，在職中に取得した顧客の個人情報の開示や目的外利用を禁止する就業規則を有する会社を退職した者が，退職後に会社の顧客情報を利用して営業活動を行ったことが不正競争防止法違反及び債務不履行に該当するか否かが争われた東京地判平成24年６月11日判時2204号106頁〔印刷顧客情報事件〕の判決の判示が参考になります。当該判決は，「本件顧客情報のうち，顧客の氏名，電話番号等の連絡先に係る部分については，……営業担当者が営業活動を行い，取得して事業主体者たる原告に提供することにより，原告が保有し蓄積することとなる性質のものであって，営業担当者が複数回にわたり営業活動を行うなどにより，当該営業担当者と顧客との個人的信頼関係が構築され，または個人的な親交が生じるなどした結果，当該営業担当者の記憶に残るなどして，当該営業担当者個人に帰属することとなる情報と重複する部分があるものということができる。そうすると，このような，個人に帰属する部分（個人の記憶や，連絡先の個人的な手控えとして残る部分）を含めた顧客情報が，退職後に当該営業担当者において自由な使用が許されなくなる営業秘密として，上記就業規則所定の秘密保持義務の対象となるというためには，事業主体者が保有し蓄積するに至った情報全体が営業秘密として管理されているのみでは足りず，当該情報が，上記のような個人に帰属することのできる部分（個人の記憶や手控えとして残る部分）も含めて開示等が禁止される営業秘密であることが，当該従業員らにとって明確に認識することができるような形で管理されている必要があるものと解するのが相当である。」と述べています。裁判例に従えば，仮に，会社が取引先の担当者の私的な連絡先までも営業秘密として管理していて，さらに，従業員に取引先の担当者の私的な連絡先等を手元に残さないように指導したり，退職時に連絡先保有の有無を確認し，廃棄を求められていたりすることで，明確に営業秘密に該当すると認識できる形で管理されていれば，会社の営業秘密の対象となる可能性はあるものと思われます。

＊32　前掲＊19。

Ⅱ　５つの対策

情報漏えい対策として，完全に情報へのアクセスを遮断することができれば，漏えいすることは生じません。しかし，そのようなことをすれば，通常の事業活動に支障が出てしまいます。

情報漏えい対策には，施策の効果を意識し，効果的な方法を選択することで，各社・各情報に応じた情報漏えい対策を検討する必要があります。

そのための視点として，秘密情報の保護ハンドブックは，５つの対策の目的を設定し，その対策を提示しています（ハンドブック22頁）。

⑴　接近の制御

対象情報にアクセスできないようにすることを目的とする施策です。秘密情報を閲覧・利用等することができる者（アクセス権者）の範囲を適切に設定します。アクセス権を有する者の範囲の限定がポイントとなります。

⑵　持ち出し困難化

当該秘密情報を無断で複製したり持ち出すことを物理的・技術的に阻止することを目的とする施策です。秘密情報が記載された会議資料等の回収，事業者が保有するノート PC の固定，記録媒体の複製制限，従業員の私物 USB メモリ等の携帯メモリの持ち込み・利用を制限すること等があります。

⑶　視認性の確保

秘密情報の漏えいを行ったとしても見つかってしまう可能性が高い状態であると認識するような状況を作り出すことを目的とする施策です。対象情報に接触する者の行動が検知されやすい環境を整えることです。

⑷　秘密情報に対する認識向上

従業員等の秘密情報に対する認識を向上させることを目的とする施策です。秘密情報の取扱い方法等のルールの周知，秘密情報が記録された媒体に秘密情報である旨の表示を行うこと等があります。

⑸　信頼関係の維持・向上等

職場のモラルや従業員等との信頼関係を維持・向上することを目的とする施策です。従業員等に情報漏えいとその結果に関する事例を周知することで，秘密情報の管理に関する意識を向上させることが必要です。

Ⅲ　企業における情報管理規程策定*33

秘密情報の管理について社内の規程を策定することは，秘密情報の取扱い等に関するルールを社内に広く周知するための手段として効果的です。

社内で情報管理規程を策定するに際しては，①適用範囲，②秘密情報の定義，③秘密情報の分類，④秘密情報の分類ごとの対策，⑤管理責任者，⑥秘密情報及びアクセス権の指定に関する責任者，⑦秘密保持義務，⑧罰則等の条項を設ける必要があります。

Ⅳ　従業員等に向けた対策

従業員に対して秘密情報の取扱いについて意識啓発することは，情報漏えいの対策に役立ちます。

(1)　就業規則

従業員と会社の間には労働契約が成立しています。労働契約は，従業員の労務の提供と使用者の賃金を支払うことが中核をなしますが，それ以外の義務も負います。従業員は，企業に対する誠実義務として，労働契約に付随して秘密情報を保持すべき義務や使用者と競合する企業に就職，又は開業してはならない義務を負っていると考えられています。

したがって，就業規則に規定されていなくても，従業員には，秘密情報について秘密保持義務や競業避止義務を負っています。

しかし，これらの義務を従業員が負っているとしても，当然に従業員が認識しているとは限りません。また，仮に秘密保持義務違反を理由に懲戒処分を行うような場合には，就業規則に懲戒の種別及び事由を定めておく必要があります*34ので，就業規則に規定することは重要になります。秘密情報管理に関する就業規則の記載例としては，秘密情報の保護ハンドブックの参考資料に記載があります*35。

もっとも，就業規則には具体的な秘密情報を列挙していないことが多いもの

---

*33　前掲*19の21～22頁に詳しく記載されています。前掲*19参考資料２に情報管理規程の例が載っているので参照してください。

*34　最判平成15年10月10日裁判集民事211号１頁〔フジ興産事件〕。

*35　前掲*19参考資料２「第１　秘密情報管理に関する就業規則（抄）の例」が詳しいので，参照してください。

と思われます。そこで，上記Ⅱで記載した情報管理規程を別途独立して定めておくことで，秘密情報を明確化し，具体的な内容について従業員に周知しておくことが望ましいでしょう。

⑵　誓約書

従業員が入社した際に，誓約書の提出を求める会社も多いと思います。誓約書を書かせることは，従業員を当事者とすることで，誓約書記載の内容を認識させ，意識を向上させる点に意味があります。

入社時点の誓約書を提出する段階で，具体的な部署等が決まっている場合であれば，具体的な秘密情報や具体的な取扱い等まで誓約書に記載することができ，従業員は具体的に秘密情報の種別や管理方法について認識することができるでしょう。しかし，通常は，新卒者等の入社時点の誓約書においては具体的な部署等が決まっておらず，具体的な内容を記載できないことが多いと思われます。そのような場合であったとしても，秘密情報漏えい対策として，秘密保持義務があるということ，違反した場合に懲戒処分の対象となりうるということを意識させるように誓約書に記載しておくには重要な意味があるといえます*36。

誓約書は，従業員の入社時退職時だけではなく，部署異動，出向，プロジェクトへの参加時や昇進時等の従業員が取り扱う情報の種類や範囲が大きく変更する際には求めておくことが望ましいです。

⑶　研　　修

従業員に秘密情報の認識を向上させ，情報漏えいとその結果に関する事例を周知することで，秘密情報の管理に関する意識を向上させることを目的として社内で研修を行うことがあります。研修を行うことで，職場のモラルや従業員等との信頼関係を維持・向上することにも役立ちます。自社で行うことができない場合には，外部セミナーや外部の人間を呼ぶことも考えられます。

もっとも，研修は，一度行えば足りるというものではなく，繰り返し行うことで従業員の意識を高めていく必要があります。研修の内容としては，秘密情報の管理が重要であること，情報漏えいが発生した際の企業に対する影響，秘

＊36　前掲＊19参考資料２「第３　秘密保持誓約書の例」に参考例が記載されていますので，参照してください。

密情報の取扱い方法等について説明することになります。また，秘密情報の種別や運用方法については，変更されていくことが考えられますので，秘密情報管理規程に変更があった際には，研修において周知しておくことが必要です。

研修等の実施としては，研修会を開催する方法以外にも，定例の会議等での説明資料を配布すること，社内電子掲示板等へ掲示すること，朝礼や課内会議等で注意喚起すること等が考えられます＊37。

情報管理規程を作成しても，運用の実態が規程どおりになされていなければ意味がありませんので，情報管理規程で定めた取扱い方法が実践されているかの確認も研修等の実施の際に併せて行うことが望ましいでしょう。

⑷　中途採用社員に関する注意点

中途採用社員であっても，新入社員と同様に誓約書を提出してもらうことは変わりません。しかし，中途採用社員の場合は，入社前に他企業で勤務してきたことから，他企業の秘密情報を使用しているとして，トラブルになる可能性があります。

そこで，中途採用社員を採用する際には，当該社員と元勤務先企業との間の秘密保持義務や競業避止義務の有無について調査する必要があります。ただし，秘密保持義務の内容まで詳らかに調査してしまうと元勤務先企業の秘密情報まで詳らかにしてしまい，元勤務先企業の秘密情報を知ってしまうことになりかねないので注意が必要です。

そのため，中途採用者に提出を求める誓約書には，新入社員の誓約書記載の条項以外に，元勤務先企業の秘密情報を持ち出してきていないことや秘密情報を使用しない旨の条項を入れる必要があります。

中途採用者が競業避止義務や秘密保持義務に反したとして，会社がトラブルに巻き込まれないためには，配属先や，前職時の資料やデータ等の持ち込みをさせないようにすることにも注意を払う必要があります。

Ｖ　退職者に対する対策

⑴　退職者による持ち出し防止の重要性

＊37　前掲＊19の47頁等参照。長内健＝片山英二＝服部誠＝安倍嘉一『企業情報管理実務マニュアル』291頁等が詳しいので，参照してください。

秘密情報の漏えいが問題になる場合として多いのが，退職者が秘密情報を持ち出したり，競合他社において秘密情報を開示したりする場合です。

前述したとおり，秘密情報が外部に持ち出されて開示されてしまうと，会社が秘密としていた情報の価値が失われ，回復困難な事態を引き起こしますので，退職者による持ち出し防止策が重要になります。

(2) 秘密保持契約・誓約書

(a) 退職者の秘密保持義務

会社としては，会社の秘密情報を知っている退職者に秘密情報を漏えいされては困りますので，会社は，退職者に秘密情報を漏えいされないようにする必要があります。

在職中の従業員には，労働契約上の付随義務として秘密保持義務が認められますが，退職者が，在職中に知りえた秘密情報について，当然に退職後秘密保持義務を負うかどうかという点については，争いがあります*38ので，会社としては，退職者に秘密保持義務を負わせるためには，別途秘密保持契約（誓約書）を締結しておく必要があります。

(b) 秘密保持契約の締結・秘密保持誓約書の提出

退職者に秘密保持契約の締結を断わられたり，秘密保持誓約書の提出を断わられたりすることがないようにする必要があります。

退職者とスムーズに秘密保持契約を締結するには，在職中に研修を行い，会社にとって秘密情報が重要であることや，秘密情報を漏えいした後の漏えい者に対する影響（不正競争防止法に基づく損害賠償や刑事罰）等を認識してもらう必要があります。

また，退職者と秘密保持契約を締結することは，会社として常に行っているということを在職時の研修で認識してもらい，退職する際には，誓約書を書く

---

*38　大内伸哉『労働法実務講義』〔第３版〕335頁。労働契約が終了した後も，信義則上，退職者は秘密保持義務を負うという見解や，退職者と会社との間に，秘密保持に関する特別の合意がある場合にのみ，秘密保持義務が労働契約終了後も存続するという見解があります。就業規則において退職後の秘密保持義務を規定した場合についても同様に，退職後に及ぶか否かについては争いがあります。労働契約法７条及び10条に規定する「労働条件」に退職後のものを含むとする見解によれば，就業規則の規定により及ぶことになりますが，就業規則は労働契約の内容を規律するものであり，退職によって労働契約が終了することで，就業規則の拘束力が及ばないとする見解もあります。

必要があるということを認識してもらうことも重要です。

(c)　秘密保持契約書・誓約書に関する注意点

秘密保持契約書や誓約書を記載する際には，秘密保持義務を負う範囲を明確にすることが重要です。秘密保持義務の対象を明確にすることで，退職者に強く認識させることができます。仮に，漠然と不明確な秘密保持義務を規定した誓約書の提出を求めると，当該誓約書の有効性に問題が生じてしまいます*39。

また，退職者にとっては転職した際にどの情報について秘密として保持しなければならないのか不明確となり，誓約書の提出に対して抵抗感が出てしまいます。秘密情報を明確にすることは，会社にとっても，退職者が転職先に秘密情報を漏えいしたかどうかについて判断する際に役立ちます。

Q７－６　退職者の秘密保持義務

従業員が創出した情報について，退職後も秘密保持義務を負わせることはできるでしょうか。何か気をつけることはありますか。

A

不正競争防止法上の注意点については，本章第２節のＱを参照してください。

従業員が創出した情報であっても，退職時に秘密保持誓約書又は秘密保持契約書によって，秘密保持義務を課すことは可能です。これは仮に不正競争防止法上の差止請求が認められない場合でも，秘密保持契約を根拠に差止めを求めることができるようになるという点でも重要です。

ただし，秘密情報については特定しておく必要があります。

従業員が記憶にとどめている情報について，秘密保持義務を負わせる場合には，当該情報を特定することは困難です。情報の漏れが生じかねません。

そこで，従業員に，日常から記憶にだけとどめるのではなく，書面やデータで

＊39　東京地判平成20年11月26日判時2040号126頁。「従業員が退職した後においては，その職業選択の自由が保障されるべきであるから，契約上の秘密保持義務の範囲については，その義務を課すのが合理的であるといえる内容に限定して解釈するのが相当である」と述べ，当該裁判例の事案では，秘密保持の対象となる具体的な定義はなく，その例示すら挙げられていないことを認定し，原告の主張する情報が秘密保持義務の対象に該当しないとした裁判例があります。

残す措置（可視化）をとることを習慣づけておく必要があるでしょう。

そうすることで，退職時に，書面やデータ（可視化された情報）を秘密情報として特定し，秘密保持義務を課すことが容易になります。

(3)　競業避止

会社は，秘密保持をより確実なものとするために，退職者の競業を制限する競業避止義務契約を締結することがよくあります。しかし，競業避止義務を課す誓約書や契約は，退職者の職業選択の自由を制限するものですから，競業避止義務の有効性が問題となります。

会社としては，退職者に競業避止義務を有効に課すことができるように誓約書を記載する必要があります。

Q７−７　競業避止義務の有効性

競業避止義務の有効性はどのように判断されますか。

A

1.　裁判例の枠組み

競業避止義務の有効性に関して，裁判例は，①企業の利益の保護の必要性の有無，保護すべき企業の利益が存在することを前提として，②退職者の地位，③場所的な限定，④存続期間，⑤制限される行為や職種，⑥代償措置の有無などから，退職者の職業選択の自由に対する制限が必要かつ相当な限度な範囲として合理的といえるかどうかによって判断しています＊40。

2.　各項目の具体的内容

a．企業側の守るべき利益

企業側の守るべき利益として，不正競争防止法上の「営業秘密」が対象となることは当然ですが，それ以外にも個別の判断においてこれに準じて取り扱うこと

＊40　前掲＊19参考資料５や「人材を通じた技術流出に関する調査研究報告」（http://www.meti.go.jp/policy/economy/chizai/chiteki/pdf/houkokusho130319.pdf）で，競業避止義務の有効性や効果について過去の多数の裁判例を参照できます。

が妥当な情報やノウハウについても，企業側の守るべき利益として判断されています。

営業秘密に準じるほどの価値を有する営業方法や指導方法等に係る独自のノウハウについては，競業避止によって守るべき企業側の利益であると判断されやすい傾向にあります＊41。

顧客との人的関係については，単なる顧客確保目的については，否定的な裁判例が多いように思われますが，顧客との人的関係の構築が企業の信用や業務としてなされたものである場合には，企業側の利益が認められる場合もあります＊42。

ｂ．従業員の地位

一般に，退職者従業員の地位が高ければ，企業の守るべき秘密情報に接する機会が多くなりますので，競業避止義務が有効と判断される可能性が高まります。

もっとも，裁判例においては，形式的な職位だけではなく，具体的な業務内容の重要性，特に使用者が守るべき利益との関わり合いから，競業避止義務を課すことが必要であったかどうかが判断されています。形式的に高い職位であっても，企業が守るべき秘密情報に接していなければ，否定的な判断がされている例もあります。

ｃ．地域的限定

企業の事業内容や，職業選択の自由に対する制約の程度，禁止行為の範囲との関係等を総合考慮し，有効性が判断されています。地理的な制限がないことのみをもって，競業避止義務の有効性は否定されないことも多いようです。

ｄ．期　　間

競業避止義務の存続期間については，形式的に何年以内であれば認められるというものではありません。退職者の不利益の程度を考慮したうえで，業態や企業の守るべき利益との関係で判断されています。

裁判例の傾向からすれば，１年以内は肯定的に判断されていますが，２年間を超えると長いと判断される傾向にあるようです。

ｅ．禁止行為の範囲

業界事情にもよるところはありますが，企業と競合関係に立つ企業に就職した

＊41　東京地判平成22年10月27日判時2105号136頁〔ヴォイストレーニング法事件〕。
＊42　肯定例として東京高判平成12年７月12日裁判所ホームページ，否定例として東京高判平成24年６月13日裁判所ホームページ，大阪地判平成８年12月25日労判711号30頁等があります。

り，事業を行うことを禁止する内容で，一般的・抽象的に禁止するものは合理性が認められない傾向にあります。

他方で，制限する競業行為の態様や範囲を限定して合意した場合には，有効性の判断において肯定的にとらえられていることが多いです。

f．代償措置

代償措置については，何らの代償措置がなければ，有効性が否定されることが多いといえます。

もっとも，競業避止義務を負う対価として，明確にされた代償措置ではなくても，支給基準より加算した額の退職金が支払われた場合や，賃金が高額であった場合などの事情があったときには，みなし代償措置として肯定的に判断されています。

3．小　　括

以上のとおり，競業避止契約に関しては，上記合理性の要素が総合的に判断されていますので，一つが欠ければ有効とならないというわけではありません。しかしながら，労働市場の流動化に伴い，全体的に，より職業選択の自由に配慮し，全体としてその有効性を厳しく吟味するのが近時の裁判例の傾向となっていますので，留意が必要です*43。

Q7－8　誓約書に記載すべき内容

誓約書はどのように記載すればよいでしょうか。入社時や中途採用の際や退職時の誓約書としては記載として一つのひな形を使用していますが問題があるでしょうか。

A

1．はじめに

誓約書の同じひな形を入社時，中途採用時及び退職時に使用するのは，問題があります。第３節Ⅳにおいて，述べたとおり，誓約書に記載すべき事項が異なりますし，秘密保持義務を負うべき情報の特定が異なるからです。

2．新入社員入社時

＊43　裁判例や詳しい内容については，前掲＊19を参照してください。

新入社員入社時に誓約書の提出を求める段階では，新入社員の配属先が未定の場合も多いでしょうから，当該新入社員が接する秘密情報を特定することはできませんので，包括的な記載とならざるを得ません。

この時に，退職後にも秘密情報を開示しない条項や退職後の競業避止義務に関する条項も記載しておくべきでしょう。特に競業避止義務の点については，退職時に拒否される可能性があっても，入社時には拒否される可能性は低いので，書いておくべきでしょう＊44。

3. 中途採用時

中途社員を採用する際には，新入社員の誓約書であてはまる内容は，当然あてはまります。

中途社員特有の問題として，前職の会社との間で，秘密保持義務や競業避止義務を負っている可能性があります。そのような場合には，中途採用社員に対して差止めを請求されると，確保した中途採用社員の労働力が無駄になります。それだけではなく，前職会社との紛争に発展しかねません。

そこで，中途採用社員から提出を求める誓約書には，前職の秘密情報を使用しない旨を誓約してもらう必要があります。また，特に前職会社から営業秘密の侵害等を理由とした請求を受けた場合には，秘密情報を使用しない旨の誓約書を取っておくことは，自社の善意無重過失（不競２条１項５号・８号）を主張する場合に役立ちます。

4. 退職者

採用時と異なり，退職時においては，当該退職予定者の接してきた秘密情報は具体的に会社が把握することができます。それゆえ，退職予定者に求める誓約書においては，秘密情報を具体的に特定しておく必要があります。第３節V⑵に記載しているとおり，退職予定者及び会社の双方に秘密情報が特定されていることにはメリットがあります。

退職者の誓約書の例としては，次頁のとおりです。なお，競業避止義務条項については，記載せずに省略しています。

＊44　入社時の誓約書でも競業避止義務の合意が有効とされている裁判例があります（前掲＊33参照）。

秘密保持誓約書

○○株式会社
代表取締役　　　殿

住所
氏名　　　　　　　㊞

私は，　年　月　日付にて，貴社を退職いたしますが，貴社秘密情報に関して，下記の事項を遵守することを誓約致します。

記

第1条（秘密保持）

私は，退職後においても，次の貴社の秘密情報に関し，これを秘密として保持し，第三者に開示，漏えい又は使用しません。

① ○○製品開発に関する技術資料（実験データ，製造方法，製品図面，仕様書等）

② ○○製品の価格情報（製造原価，販売価格等）

③ ………………

（顧客情報の場合）

① 顧客名簿記載の顧客情報（氏名，住所等）

② 顧客ごとの商品売上情報（購入商品の種別，購入数量，購入額等）

③ ………………

第2条（秘密情報の返還）

私は，貴社を退職するに当たり，在職中に入手した業務上の資料，及び顧客から貴社の業務に関して交付を受けた資料について，紙，電子データ及びそれらが保存されている媒体（USB メモリ，DVD，ハードディスクドライブその他情報を記録するもの）の一切を貴社に返還，消去又は廃棄し，自ら保有していないことを誓約致します。

第3条（競業避止義務）（略）

Q７－９　退職金の不支給・減額

退職者が誓約書の提出を拒んでいます。この場合には何か措置をとることはできませんか。拒まれないようにするにはどのようにすればよいですか。

A

1. 誓約書を提出する環境づくり

退職者が誓約書の提出を拒んでいますが，まずは，退職者が拒むことのないような環境作りをすることが大切です。

上記V(2)(b)にも記載しているように，日ごろから従業員に秘密情報保護の重要性を認識させることが重要となります。

その他，入社時退職時のみに秘密保持誓約書を求めるのではなく，プロジェクト参加時や部署異動時等にも秘密保持誓約書をとるようにすることで，従業員の秘密保持誓約書を提出することに対するハードルを下げることや，会社の秘密情報保護の重要性を認識させることにつながります。

また，退職者が誓約書を提出することによって，負う義務が大きく異ならないようにしておくことも必要です。すなわち，就業規則に退職後も秘密保持義務・競業避止義務を負う旨の記載をしておくと＊45，退職者には，誓約書の提出如何にかかわらず，秘密保持義務・競業避止義務を負うことになる旨を説明すれば，退職者から見れば，誓約書を提出するか否かによって，退職後に負う義務内容が大きく変化することはありません。これによって，退職者が誓約書を提出する抵抗感は軽減でき，退職者が誓約書を提出しやすくなります。

2. 退職金の不支給・減額

誓約書の記載を拒む退職者に対する措置として，退職金の一部又は全部を支給しないということを考えることもあると思います。しかし，誓約書の提出を拒んだことをもって退職金を不支給・減額することは，難しいものと思われます。もっとも，その後の退職者の行動によっては，退職金の不支給・減額の措置をとることができる可能性はあります。

ア　退職金減額・不支給条項の有効性

退職金が認められる根拠は，通常，就業規則の規定にあり，退職金には賃金後

＊45　前掲＊38に記載のとおり，退職後も就業規則の効力が及ぶかどうかには争いがあります。

払的性格及び功労報償的性格を併せ有するものと考えられています*46。

就業規則における，懲戒解雇の場合や競業避止義務に違反した場合に，退職金を減額又は不支給とする条項が無効になるとは考えられていません。これは，退職金が功労報償的性格を有することから，勤労の功労に対する評価を減殺するような行為をした場合には，これに応じて減額をすることも合理性がない措置とはいえないと考えられているからです*47。もっとも，適用において，特に退職金を不支給とする場合には，労働の対償を失わせることが相当であると考えられるような顕著な背信性がある場合に限られると限定解釈がされます*48。

イ　競業避止義務違反の場合

退職後の競業避止義務を定めた就業規則があり，競業避止義務が有効であることを前提とすれば，誓約書の提出を拒んだ退職者が，競業行為を行った場合には，競業行為の差止めや損害賠償を請求するほかに，退職金の減額や不支給を検討することになります（既に支払われている場合は，返還を求めることになります）。

退職金を全額不支給とする場合には，上記アに記載したとおり，顕著な背信性があるかどうか，「本件不支給条項の必要性，退職従業員の退職に至る経緯，退職の目的，退職従業員が競業関係に立つ業務に従事したことによって被った損害などの諸般の事情を総合的に考慮して」有効性が判断されることになります*49。退職金半額減額の適用を認めた裁判例もあります*50。

ウ　秘密保持義務違反の場合

多くの企業において，就業規則等で，秘密保持義務違反は懲戒事由とされています。

退職者が，会社の秘密情報を在職中に漏えいしていた場合には，在職中の行為が，懲戒解雇に相当する事由に該当するとして，退職金について不支給とするこ

---

*46　退職金規定の書き方によっては，賃金の後払い的性格のものとされる場合があります。不支給・減額を有効にするためには，功労報償的性格が認められるような規定にしておく必要があります。

*47　最判昭和52年８月９日労経速958号25頁〔三晃社事件〕。

*48　退職金支給制限について，「営業秘密官民フォーラムメールマガジン掲載コラム　第11回退職従業員による秘密漏洩を防止するために企業がとるべき方策」（https://iplaw-net.com/tradesecret-mailmagazine-column/tradesecret_vol_1１.html）に詳しく説明されています。

*49　名古屋高判平成２年８月31日労判369号37頁〔中部日本広告社事件〕。

*50　同業他社へ転職した場合に，退職金の半額減額条項の適用を認めた裁判例として，東京地判平成21年10月21日労判997号55頁があります。

とが考えられます。上記ア記載の基準で検討しても，秘密情報の重要性によっては，秘密情報を漏えいすることは，勤続の功を抹消するほどの顕著な背信性をもつものと判断される可能性が高いといえます。

秘密情報を漏えいしたことが懲戒解雇事由にあたり，勤続の功を抹消又は減殺させるほどの著しい背信行為にあたるとして，退職金の不支給・減額の条項の適用を認めた裁判例*51あります。

エ　結　論

競業避止義務や秘密保持義務の誓約書の提出を拒否する退職予定従業員は，誓約書記載の義務に反する行為を行う可能性が高いと思われますので，退職予定従業員の退職前後の動向に注意しておく必要があります。退職予定従業員の動向を見て，退職金の減額や不支給の措置について，検討する必要があります。

また，退職金不支給や減額の措置をとる前提として，退職金の減額や不支給の規定を就業規則にきちんと設けておく必要があります。そして，退職金不支給・減額の規定自体が，競業避止義務や秘密保持義務違反の抑止力にもなると思われます。

Ⅵ　他社と秘密情報を共有する場合

(1)　はじめに

本来，秘密情報は他社に知られていないからこそ価値があるものです。しかし，企業活動においては，他社に自社の秘密情報を開示する必要がある場合や有益な場合があります。例えば，他社に製造委託をする場合，業務提携する場合，研究委託する場合や共同研究する場合に自社の営業秘密をパートナーに開示する場合等があります。

他社に秘密情報を開示すると，自社の秘密情報が他社から漏えいしてしまうおそれがあります。これは，他社が悪意で行う場合だけではなく，他社の情報管理が不十分であることに起因する場合もあります。

そこで，秘密情報を開示する他社に対して，情報の秘密保持をさせるために秘密保持契約を締結する必要があります*52。

---

*51　知財高判平成28年４月27日裁判所ホームページ，大阪地判平成28年６月23日裁判所ホームページ等。

*52　前掲*10の５頁脚注５，14～15頁を参照してください。不正競争防止法上の営業秘密の「秘密管理性」要件に該当するうえでも重要な意義をもちます。

また，秘密情報を受領する場合には，受領した秘密情報の使用や利用に関して紛争が生じないような管理をする必要があります。特に，自社独自の情報と受領した情報が混入（コンタミネーション）することで，意図せず他社の秘密情報を使用しているとして訴えられかねませんので，注意しなければなりません。

⑵　情報の選択

秘密保持契約を締結して，第三者に情報を開示してしまうと，当然ですが，第三者が自社の秘密情報を保有することになります。そうすると，管理することのできない第三者から秘密情報が漏えいするおそれは，自社内におけるよりも高くなってしまいます。

故意又は過失によって第三者から自社の秘密情報が漏えいしてしまうと，秘密保持契約違反の責任や当該秘密情報が「営業秘密」に該当すれば不正競争防止法上の民事的・刑事的責任を追及することは可能です。しかしながら，いずれも事後的な救済手段ですので，一度流出してしまうことで取り返しがつかない場合には，被害回復は困難です。

したがって，情報の漏えいリスクを低減するには，開示する秘密情報を必要最低限の範囲とするように選択しなければなりません。

⑶　コンタミネーションの防止

秘密情報を受領する企業としては，秘密情報開示者と秘密情報に関して紛争が生じないように管理をしなければなりません。管理する上で，自社の独自の情報と受領した情報が混入（コンタミネーション）しないようにしなければなりません。

コンタミネーションが生じてしまうと，自社の独自の情報や成果の帰属があいまいになり，開示者との間で紛争となり，その後の事業活動に支障が生じてしまいます。開示を受けた情報が，営業秘密に該当すれば，不正競争行為に該当するといわれかねません。

コンタミネーションを防止するためには，開示を受ける秘密情報を特定し，自社の情報と区別できるようにしておく必要があります。また，必要最低限以上の情報を受領しないように，受領する情報も選択しなければなりません。

また，自社独自の情報については，自社独自の情報であることを立証できるように，日ごろから情報の記録を作成するように対策をしておく必要があります。

Q7―10　他社との秘密保持契約における留意点

取引先と秘密保持契約を締結するにあたってどのようなことに留意すればよいでしょうか。

A

1．取引先と秘密保持契約の締結

上記Ⅵ(1)の場合に記載したとおり，業務提携する場合，製造委託する場合，共同研究開発を行う場合など，自社の秘密情報を開示する必要が生じる場合には，当該他社と秘密保持契約を締結する必要があります。

2．秘密保持契約*53の条項に関する留意点

a．秘密情報の特定

ア　秘密情報の特定の必要性

秘密保持契約を締結するに際して，秘密情報を特定する必要があります。仮に，秘密情報を「開示したすべての情報」と定義している契約であれば，受領した他社からすれば，事実上秘密保持の遵守が困難になる場合や，過度に広範な規制として公序良俗違反（民90条）として無効となる可能性があります*54。

広範な規制として有効性の問題が生じないようにするために秘密情報は特定しておく必要があります。また，秘密情報を受領した相手企業が，秘密保持義務を負う情報を認識し，秘密保持義務を遵守できるようにするためにも，具体的に秘密情報を特定することが必要となります。秘密情報が不正競争防止法上の「営業秘密」に該当する場合には，「秘密管理性」における秘密管理意思を相手企業に認識させる上で重要となります*55。

イ　具体的な特定の方法

契約書上，「秘密情報とは，甲が，乙に対して，本目的のために，書面，口頭，

*53　前掲*19参考資料2第4～第7において，各種契約書の例が記載されています。
*54　経営法友会法務ガイドブック等作成委員会編『営業秘密管理ガイドブック』〔全訂版〕（商事法務）75頁。
*55　前掲*10の14頁。

電磁的記録媒体その他媒体を問わずに開示した一切の情報をいう。」という趣旨の定義がなされているものが散見されます。

開示当事者としては，広く規制を及ぼしたいと考えているでしょうから，このように広い定義にしたほうが広く規制できると考える傾向があると思います。しかし，このような特定では，上記アに記載したとおり，広範な規制であり，秘密情報の対象が不明確ですので，有効性の問題点や相手方の秘密保持の遵守の可能性が低くなる問題があります。

また，秘密保持契約締結前の情報受領予定者は，内容を知りません。

そこで，具体的な特定方法として，内容ではなく媒体で特定することがあります。「秘密である旨の表示が付された書面，電磁的データ」等と媒体を書面や電磁的データとして特定すれば，社外秘などと書面に記載した書類，電磁的データのフォルダやファイル名に社外秘との表示があるものや，パスワードが付されている電磁的データが秘密情報の対象となります。また，口頭により提供された情報については，特定して書面化する必要があります。口頭での情報は，範囲や内容が不正確かつ不明確になるからです。

開示する側としては，運用上，秘密情報として取り扱うべき情報にきちんと秘密である旨の表示（マル秘マークを付すことやパスワードを設定する等）を忘れないように注意する必要があります。

その他の特定方法として，製造方法などの技術的な情報そのものが記載された文書（製造仕様書，レシピ等）によって特定する方法があります。例えば，具体的な工程及び手順などが記載されている文書のタイトル名等で特定する方法です。

ウ　対象を明確化するための工夫

秘密情報の対象をより明確化するためには，秘密保持の対象情報を別紙の形でリスト化し，交付する都度最新のリストとすることが考えられます。

その場合には，「秘密である旨を指定して開示する情報は，別紙のとおりとする。なお，別紙については最新の状態を保つべく適切に更新するものとする。」などと規定します。

都度情報を開示する場合には，その後に受領者から開示を受けていないという言い逃れを防止するため，開示した文書等に受領印やサインをもらうなどして，開示したことを明確にできるようにする工夫が必要です。

エ　秘密情報の例外

次のような情報を秘密情報の対象外として，定めておく必要があります。

「秘密情報の保護ハンドブック」*56における秘密保持契約書の例では，①開示を受けたときに既に保有していた情報，②開示を受けた後，秘密保持義務を負うことなく第三者から正当に入手した情報，③開示を受けた後，相手方から開示を受けた情報に関係なく独自に取得し，又は創出した情報，④開示を受けたときに既に公知であった情報，⑤開示を受けた後，自己の責めに帰しえない事由により公知となった情報，を秘密情報の対象外としています。

なお，「秘密情報の保護ハンドブック」の例においては，上記①〜⑤記載の例外事由に該当することを情報受領者が立証できた場合との限定を付しています。どちらに立証させるかを明確にさせておくほうが望ましいでしょう。

ｂ．目的の制限

自社の秘密情報を開示する場合には，開示する必要性がある場合ですから，相手企業には，当該開示する目的以外に情報を利用させないように規律する必要があります。そこで，「本契約の目的以外に使用しないものとする。」という条項を入れます。目的自体は頭書に記載することが多いです。

注意しなければならないのは，目的の定め方です。目的外使用の禁止の範囲になりますので，情報の受領者側では広く使用できるように目的を設定しようと考えますし，開示者は使用の範囲を狭くしたいと目的を狭くしようという意向が働きます。受領者には，目的外使用として責任追及されないように扱う義務が生じます。

また，目的は，秘密情報として共有すべき範囲を画すことにも影響します。目的と関連性の薄い秘密情報は開示する情報から外すことになりますし，受領者としてもコンタミネーションを防止する観点から受領すべきでない情報ということになります。

ｃ．相手企業の情報の管理体制

相手企業で，秘密情報を取り扱う従業員が，不適切な取扱いをすることのないよう，相手企業が実施する秘密情報の具体的管理方法や契約終了後の取扱いを定めておく必要があります。

＊56　前掲＊19参考資料２第６「業務委託契約書の例」を参照してください。

また，秘密情報の管理に関して履行状況を相手企業から報告させるような条項や，相手企業の管理状況を監査できるようにしておくことができるような条項も入れることも検討する必要があります*57。

d．開示する人的範囲の限定

秘密情報に接する相手企業の従業員が多ければ多いほど，不適切な取扱いがなされてしまうリスクが増加します。そこで，相手企業のうち，開示する秘密情報に接する人を限定するようにする条項が必要となります。

そのため，秘密情報の取扱者を指定する条項を入れます。

e．複製の限定

複製を制限若しくは禁止しなければ，相手企業は，自由に複製することができます。複製物が多数になればなるほど，別の資料に紛れてしまったり，契約終了後の破棄や返還で漏れが生じたりしてしまうこととなり，情報が漏えいしてしまう可能性が出てきます。

そこで，複製できる範囲を限定する条項を入れるほうが望ましいでしょう。例えば，「秘密情報は，本契約の目的のために必要な範囲を超えて複製してはならない。」などの規定があります。契約終了後の措置を考えれば，いつ，どのような複製物を作成したかをリスト化させ，そのリストをいつでも開示できるように規定することもあります*58。

f．取扱いに関する規定

秘密情報の漏えいを防止するためには，秘密保持契約の目的が達成した場合など，不要になった情報については順次，秘密情報の返還や破棄を求める条項を規定する必要があります。

紙媒体で渡した情報について返還を求める場合には，書類に秘密情報保有者がサインしたものを渡すなどの方法により，授受の対象となった書類の真正を確認できるような工夫もあります。

g．契約違反時の措置

受領者に違反があった場合には損害賠償できる旨の条項を入れておく必要があります。債務不履行に基づく損害賠償の範囲として，弁護士費用は通常含まれな

---

*57　条項の例として，前掲*19参考資料2第6注3を参照してください。
*58　前掲*19参考資料2第4注5を参照してください。

いと考えられていますので，損害の内容として弁護士費用を含むなどと明記しておく必要があります。

秘密保持契約により，受領者には，秘密保持義務，目的外使用禁止義務という不作為義務が課されています。当該不作為義務の履行請求として，差止請求をすることは可能とする見解が有力ですが，それを明確化するために差止請求ができる旨を明示する条項を入れることも検討してよいでしょう。

h．有効期間

秘密保持義務の有効期間について，定める必要があります。通常は，情報が陳腐化し利用価値がなくなる程度の期間を見込んで設定することになります。仮に無期限とすると，秘密情報の内容や種類等によって合理性を欠き，有効性に疑義が生じる可能性がありますので，注意する必要があります。

3．秘密保持契約締結の注意点

秘密情報の開示する範囲は，段階ごとに異なります。本契約（業務提携・共同研究開発など）の可能性を模索している段階から，共同事業を行う前提で開示する段階まで，開示する情報の内容は変化します。

当初の秘密保持契約を最後まで用いているという会社も多いようですが，段階ごとに秘密保持契約を締結する必要があります。

4．秘密保持契約書の例

製造委託を行う前における秘密保持契約書の例としては，次頁以下のとおりです。

秘密保持契約書

株式会社○○（以下「甲」という）と株式会社△△（以下「乙」という）とは，甲が乙に××の製造を委託する可能性を検討することを目的（以下「本目的」という）として，甲又は乙が相手方に開示する秘密情報の取扱いについて，以下のとおり秘密保持契約（以下「本契約」という）を締結する。

第１条（秘密情報）

本契約における「秘密情報」とは，本契約の存在及び内容その他一切の情報，並びに，一方当事者（以下「開示当事者」という）が，他方当事者（以下「受領当事者」という）に対して，本目的のために開示した技術上又は営業上の情報のうち，秘密である旨を明示した文書，電磁的記録媒体等の有体物で開示したものをいう。また，開示当事者が，受領当事者に対し，口頭で開示した情報については，開示後○日以内に当該情報を記載した書面を秘密である旨を明示して交付することにより，秘密情報とする。ただし，受領当事者が以下のいずれかに該当することを立証できる情報については秘密情報に含まれないものとする。

① 開示前から受領当事者が既に保有していた情報
② 開示を受けたときに既に公知であった情報
③ 開示を受けた後，受領当事者が秘密保持義務を負うことなく正当権限を有する第三者から入手した情報
④ 開示を受けた後，受領当事者の責に帰しえない事由により公知となった情報
⑤ 開示を受けた後，受領当事者が開示当事者から開示を受けた秘密情報に基づかずに独自に取得又は創出した情報

第２条（秘密保持）

1　受領当事者は，秘密情報について，厳に秘密を保持するものとし，事前に開示当事者の書面による承諾を得た場合を除き，第三者に秘密情報を開示又は漏えいしてはならないものとする。ただし，受領当事者は，本目的のために必要な範囲において，受領当事者が依頼する弁護士，弁理士，公認会計士，税理士に対して，秘密情報を開示することができるものとする。

2　受領当事者は，前項に定めによって第三者に開示する場合においては，当該第三者が法律上守秘義務を負う者ではないときは，本契約に定める秘密保持義務と同等の秘密保持義務を当該第三者に課して，その義務を遵守させるものとし，第三者に義務違反があった場合には，受領当事者の義務違反として，受領当事者が開示当事者に対して直接責任を負うものとする。

3　第１項の規定にかかわらず，受領当事者は，法令に基づき秘密情報の開示が義務付けられた場合には，必要な範囲で開示することができるものとする。受領当事者は，開示前に開示当事者に開示する旨を通知する，又は，

事前に通知することができない場合には，開示後その旨を遅滞なく開示当事者に通知するものとする。

第3条（目的外使用の禁止）

受領当事者は，秘密情報を本目的以外に使用してはならないものとする。

第4条（開示範囲の制限）

受領当事者は，開示当事者から開示を受けた秘密情報を，本目的のために必要のある最小限の自己の役員，従業員にのみ開示するものとする。

第5条（複製）

受領当事者は，開示を受けた秘密情報を，本目的のために必要な範囲を超えて複製してはならない。

第6条（秘密情報の管理）

1　受領当事者は，秘密情報及び秘密情報を含む記録媒体（複製物を含む。以下「秘密情報等」という）の管理について，次の各号に定める事項を遵守するものとする。

①　情報取扱管理者を定め，開示された秘密情報等を，善良なる管理者の注意をもって厳重に保管，管理する。

②　漏えい，紛失，盗難，盗用等が発生し，又はそのおそれがあることを知った場合には，直ちに開示当事者に書面をもって通知する。

③　秘密情報の管理について，取扱責任者を定め，書面をもって取扱責任者の氏名及び連絡先を相手方に通知し，変更があった場合には，その旨を遅滞なく開示当事者に通知する。

④　秘密情報の漏えい，紛失，破壊，改ざん等を未然に防止するための措置をとる。

2　開示当事者は，受領当事者の管理状況について，報告を求めることができるものとする。

第7条（本目的達成後の秘密情報等の取り扱い）

1　受領当事者は，本契約終了後又は本目的の達成により，開示当事者から書面による請求があった場合には，開示当事者の指示に従って秘密情報等を返還又は破棄しなければならない。

2　前項の規定に基づいて，開示当事者から請求があった場合には，受領当事者は義務を履行したことを証明する書面を開示当事者に対して提出する。

3　第1項の規定にかかわらず，本目的の検討の結果，甲が乙に対し，××の製造を委託することとなった場合には，製造委託契約書を締結し，秘密情報等の取扱いについては，別途協議する。

第8条（契約違反時の措置）

1　開示当事者は，受領当事者が，本契約に違反し，又は違反するおそれがある場合には，その差止めを求めることができるものとする。

2　受領当事者は，本契約の違反により秘密情報の開示，漏えい等が生じた場合には，必要な措置を講じなければならない。

3　受領当事者が本契約の違反によって開示当事者が損害を被った場合は，受領当事者は開示当事者に対し，損害（弁護士費用を含む）を賠償する責任を負う。

第９条（有効期間）
本契約の有効期間は，本契約の締結日から○年とする。ただし，第７条，第８条，第10条及び第11条の規定は，本契約終了後も有効に存続するものとする。
第10条（協議事項）
本契約に定めのない事項及び本契約の解釈について疑義が生じた場合は，甲及び乙は誠実に協議の上，解決するものとする。
第11条（管轄）
本契約に関する紛争については，○○地方裁判所を第一審の専属管轄裁判所とする。

以上を証するため，本契約書２通を作成し，各当事者が署名又は捺印のうえ，各１通を保有する。

平成○○年○○月○○日

甲

乙

第４節　情報が漏えいした場合の対応

Ⅰ　自社の情報が漏えいした場合

情報漏えい対策に関しては，第３節までに述べてきたとおりです。しかし，どれだけ情報管理を徹底したとしても，情報漏えいを完璧に防止することはできません。

仮に情報漏えいが起きた際には，時間の経過とともに被害が拡大してしまいます。そこで，被害の拡大を防止するために，迅速な対応が必要になります。

⑴　社内調査

情報が漏えいしたと疑われる場合には，漏えいした情報の種別や当該情報の管理部署において，社内調査を行う必要があります。

情報の種類によっては，複数の部署と連携をとる必要がありますので，対策チームを設置します。この際，早期の段階で外部の専門家を含めて今後の対応策を考えるのが望ましいでしょう。

社内調査によって，外部から不正に情報を取得されたのか，在職者から漏えいしたのか，退職者が情報を持ち出したのか等情報漏えいのルートを確認する必要があります。

退職者が情報を転職先に漏えいしていた場合には，転職先企業に対する対応も検討しなければなりません。

従業員等については，業務上必要のない秘密情報へのアクセスをしていないか，記録媒体を持ち込んできていないかなど不審な言動がなかったかを調査する必要があります。従業員等に関して，調査をスムーズに行うために，メールのモニタリングや社内PCのログの確認を行うことができるように事前に就業規則で定めておくことが望ましいでしょう＊59。

退職者については，退職前の言動，社内トラブルの有無，情報漏えい先と思われる会社と転職先との関係などを調査します。

取引先については，取引先に関する評判や取引先から行動に不審な点がなかったかを調査します。

外部者については，自社でのパスワードのわかる資料が紛失したことがなかったか，ウイルス対策ソフトやセキュリティ対策機器による警報がなかったかなどを調査します。

調査において，漏えいの時期，漏えいした者の特定，漏えいした情報の対象，どのような方法で漏えいしたかについて，具体的に把握する必要があります。現況を確認することで，次の対応をとることができますし，再発防止にも役立てることができます。

(2) 対　　応

社内調査の結果，秘密情報の漏えいが確認できると，情報漏えいの対応をとる必要があります。対応を検討するにあたって，情報の漏えいによって，自社，取引先，消費者に対してどのような損害が生じるか想定を行う必要があります。

情報漏えいの方法が，外部者からのサイバー攻撃による漏えいであった場合は，被害を拡大しないために，ネットワークから遮断するなどの措置をとる必要があります。

漏えいした情報の種類が，個人情報の場合は，個人情報保護法に基づき，個

＊59　前掲＊19参考資料２「第１　秘密情報管理に関する就業規則（抄）の例」を参照してください。

人情報保護委員会等への報告等の対応が必要になります*60。また，情報の漏えいによって，企業の評価を落とすことのないように，情報の種類によっては，対外的な公表を行うことも検討する必要があります。

(3)　営業秘密該当性の検討

漏えいした情報が不正競争防止法上の営業秘密に該当するかどうかを検討する必要があります。

不正競争防止法２条１項４号～10号に該当する場合には，相手方に対して，損害賠償請求及び差止請求の検討を行います。また，不正競争防止法21条・22条に該当する場合には，刑事手続も検討する必要があります。

情報漏えいすべての行為が，不正競争防止法上の手続をとれるわけではないことに注意する必要があります。また，不正競争防止法上の差止請求をする場合には，３年の消滅時効があることにも注意しなければなりません（不競15条）。

不正競争防止法上の手続をとれない場合には，従業員及び退職者に対しては，債務不履行責任や不法行為責任の追及を検討します。上記してきたとおり，退職者については，退職時の誓約書や契約によって秘密保持義務や競業避止義務を課していなければ，債務不履行責任の追及はできませんので，不法行為責任の追及を検討することになります*61。

また，退職者に課した秘密保持義務を負っている秘密情報の内容に漏えいした情報が含まれているかどうかも検討する必要があります。退職者が競業行為を行っている場合には，退職者と会社との間での誓約書等による競業避止義務の有効性についても判断する必要があります。

(4)　相　　談

秘密情報の漏えいが疑われる場合には，いかなる手段をとって被害回復を行うか，弁護士と十分協議する必要があります。可能な限り，漏えい行為の内容，漏えいした情報，当該情報の管理方法について，整理しておくことが望ましいでしょう。

＊60　平成29年個人情報保護委員会告示１号。

＊61　最判平成22年３月25日民集64巻２号562頁〔サクセスほか（三佳テック）事件〕は，「競業行為が，社会通念上自由競争の範囲を逸脱した違法な態様で元雇用者の顧客を奪取したとみられるような場合には，その行為は元雇用者に対する不法行為に当たるというべき」旨述べました。

また，対象者が在職中の従業員であれば，就業規則，誓約書，情報管理規程等の資料の準備も必要です。従業員に対する処分についても検討する必要もあります。退職者の場合は，退職者の転職先等の調査や，退職者へのインタビュー等も検討しなければなりません。

不正競争防止法上の営業秘密の侵害行為を従業員や退職者に認めることができたとしても，従業員や退職者の資力が乏しければ，実質的な損害回復は困難です。その場合に，従業員が秘密情報を開示した会社や退職者の転職先の会社などを相手方として請求することが可能かどうかを検討します。

対象会社を相手に損害賠償請求するには，退職者の営業秘密の侵害行為があったことについて故意又は重過失である必要があります（不競２条１項５号・６号・８号・９号）。対象会社は，意図せず，退職者や従業員から開示を受けていた可能性もあり，重過失といえないこともあります。

そこで，対象会社に内容証明郵便の送付等によって，退職者の営業秘密侵害行為（不競２条１項４号・７号）を知らしめる必要があります。

Ⅱ　他社から警告を受けた場合

⑴　他社の秘密情報に係る紛争予防

他社から秘密情報を侵害していると疑われて警告を受けることがあります。その際には，自社情報の独立性を確認する必要があります。対象とされている情報に関して，自社の情報の作成，取得過程，更新履歴，可能であれば消去された日時・内容のログ等について，関係する資料（メール，検討文書，メモ，議事録等）を保管しておくことが重要になります。

そのうえで，警告を受けている情報が他社の情報であるかどうかを自社の独立の情報といえるか否かについて判断する必要があります。

意図せずに他社の秘密情報を取得してしまう可能性が高い場面としては，転職者を受け入れる場合，共同研究開発を行った場合，取引の中で秘密情報の授受があった場合などがあります。その点を重点的に調査しましょう。

紛争にまきこまれないためには，秘密情報を意図せず受領しないようにする必要があります。

⑵　事実関係の調査

他社から警告がなされた場合には，警告の内容について事実関係を調査する必要があります。

他社が警告書に記載されている秘密情報の使用の有無，秘密情報の営業秘密該当性，不正競争行為の有無，秘密情報の取得経緯，公知情報の有無等について，関係者にインタビューして調査します。

自社独自の情報である場合には，立証できるか否か，自社独自の情報でなければ，自社の当該情報の取得が善意無重過失といえるか否か，消滅時効の成否などの防御の可能性を検討します。不正競争防止法違反として刑事罰の可能性も検討しておく必要があるでしょう。

また，他社の警告どおり，営業秘密を侵害しているようであれば，謝罪・補償の措置をとる必要があります。

(3) 営業秘密の特定

警告で記載されている内容を精査した上で，警告どおりであれば，いかなる情報を今後使用できないか，使用できる範囲を明確にするためにも，他社の警告に記載の内容から，他社の主張する営業秘密を明確にしておくことが必要となります。

今後の訴訟における対応も見据えて，当該営業秘密に関する公知情報の調査も行っておくことも重要です。

第5節　訴訟対応

I　民事責任

営業秘密の不正利用行為に対する救済として，差止請求（不競3条），損害賠償請求（不競4条）及び信用回復措置請求（不競14条）が認められています。

(1) 注意点

営業秘密の保有者は，営業秘密の侵害があった場合に，営業秘密の使用等の差止請求を行います。その際，保有者（原告）が，営業秘密を特定したうえ，相手方がこれを使用等したことを特定する必要があります。原告が訴訟物を特定し，審理対象（民訴246条）及び判決の効力の範囲（民訴114条1項）を確定する必要があるからです。

訴訟物は，請求の趣旨及び請求の原因によって特定されます（民訴133条２項）ので，原告は，請求の趣旨及び請求の原因において，営業秘密を特定する必要があります。

⑵　請求の趣旨について

請求の趣旨については，例えば技術情報や顧客情報など情報そのものの使用の差止めを求める場合には，対象となる当該情報自体を特定する必要があります。仮に，当該情報が化体した記憶媒体などの有体物の使用の差止めや廃棄を求める場合には，他の記憶媒体と客観的に区別できる程度に当該記憶媒体を特定すれば足ります。

営業秘密が営業上の情報の場合は，物としての特定で足りる場合（顧客名簿の写しの廃棄ないし引渡請求，顧客名簿を取得する行為の差止請求，原告顧客名簿を第三者に販売・頒布する行為の差止請求等）であれば，社会通念上他と識別できる程度に特定すれば足ります。具体的には，当該物（紙，データ等）の作成者，日付，体裁等により特定することになります。

物としての特定で足りない場合には，差止めの対象となる行為として，具体的な営業情報を明示し，これを使用する行為と特定しなければなりません。例えば，顧客情報を使用した被告の営業行為の差止請求であれば，具体的な顧客の情報を明示し，当該顧客の相手方に営業してはならないとする必要があります*62。

いずれにしても別紙目録を作成することになります。

また，営業秘密が技術的情報の場合は，当該営業秘密を使用した者（侵害者）が製造している製品が，当該営業秘密である技術情報を使用することでのみ製造可能である場合には，請求の趣旨は「別紙目録記載の製品を製造販売してはならない。」という形で足ります。別紙目録には，製品の型番等で特定します。

しかし，製品が営業秘密である技術情報の使用以外の，他の方法でも製品を製造できる場合には，上記請求の趣旨の記載では，他の方法による製造も含んでしまいます。そこで，営業秘密の技術情報そのものを特定する必要がありま

＊62　松村信夫『新・不正競業訴訟の法理と実務』440頁以下に請求の趣旨の記載例があります。実際に記載する際には，裁判例の主文を参考にすることになります。例えば，顧客名簿による営業行為の禁止の請求の趣旨としては，大阪地判平成８年４月16日知財集28巻２号300頁〔男性かつら顧客名簿事件〕の判決主文が参考になります。

す。この場合には，別紙に当該技術情報を記載した上で，「別紙方法目録記載の方法を使用して製品を製造販売してはならない」という形で記載することになります*63。

⑶　具体的な主張立証の点において

請求の原因においては，営業秘密の不正競争行為（第１節Ⅳ）に該当する点を主張立証する必要があります。請求の原因においては，被告がどの点を争うかによっても異なってきます*64。

原告からは，被告の営業秘密の取得の経緯，使用方法等について，具体的には明らかでない場合が多く，原告としては，間接事実を積み重ねていくことになります。

そこで，原告としては，被告が営業秘密を使用していることを明らかにするために，平時の対応として，何らかの工夫をしておく必要があります。例えば，顧客名簿が不正に使用されていることを立証するために，顧客名簿に原告が把握できる顧客ではない情報（会社関係者の住所等）を混ぜておき，当該情報に被告からダイレクトメールや営業活動が行われれば，被告が不正に顧客情報を取得したあるいは不正に使用しているということの立証活動に役立てることが可能となります。

⑷　訴訟手続上の注意点

営業秘密の侵害を理由とする差止請求訴訟等では，準備書面や証拠書類に営業秘密が含まれることが多々あります。訴訟上に営業秘密が提出されますと，第三者（憲82条１項，民訴91条）の目に触れる可能性があります。営業秘密であった情報が訴訟によって漏えいするという事態を防止する必要があります。訴訟においては，以下のような営業秘密を保護する制度が存在しますので，訴訟を行う場合には，以下の制度を利用する必要があります*65。

⒜　秘密保持命令（不競10条）

＊63　清水利亮＝設樂隆一編『現代裁判法大系㉖』324頁〔末吉亙〕にも具体的な請求の趣旨の記載例がありますので参照してください。

＊64　小野昌延＝山上和則＝松村信夫編『不正競争の法律相談Ⅱ』164頁〔田中成志〕，小野昌延＝山上和則＝松村信夫編『不正競争の法律相談Ⅱ』171頁〔小池眞一〕，前掲＊62『新・不正競業訴訟の法理と実務』435頁以下に営業秘密の特定に関して詳しく説明されていますので，参照してください。

＊65　制度については，本書第９章で詳細に説明していますので，参照してください。

秘密保持命令とは，営業秘密について，当該訴訟の追行の目的以外の目的での使用や，命令を受けた者以外への開示を禁止する制度です。違反すると，刑事罰の制裁があります（不競21条２項６号）。秘密保持命令の効果は取消しの決定が確定するまで，その効力が存続し（不競11条４項），違反すれば刑事罰による制裁があるので，利用件数は少ないようです。

(b)　訴訟記録の閲覧制限

訴訟記録中の営業秘密の記載箇所について，当事者以外の者に対して，閲覧，謄写等の制限を求めることができる制度（民訴92条）があります。第三者との関係で，営業秘密が漏えいすることを防止することに役立ちます。閲覧等制限の決定（民訴92条１項）があった場合には，相手方当事者には，その秘密を保持する私法上の義務が課されることになると考えられています*66。

(c)　当事者尋問等の公開停止措置（不競13条）

営業秘密の侵害に関する訴訟においては，当事者尋問や証人尋問の機会があります。当事者尋問等は，原則として第三者が傍聴することが可能です（憲82条１項）。

そこで，当事者尋問等において，営業秘密が漏えいしないように，営業秘密に該当する事項に関する尋問については，一定の場合には，公開を停止する措置をとる制度があります（不競13条）。

Ⅱ　刑事責任

第１節Ⅴに記載したとおり，捜査機関側では，通常，営業秘密侵害の事実について，把握していないことが多いですので，被害企業が被害届の提出や告訴することが必要になります。

(1)　刑事手続における注意点

刑事手続は，被害届や告訴によって，捜査機関によって捜査が開始されます。営業秘密侵害罪において，営業秘密に該当するか否かなど，会社内部の事情が

*66　秋山幹男ほか編『コンメンタール民事訴訟法Ⅱ』〔第２版〕235頁以下。秘密保持命令が発せられた訴訟に係る訴訟記録について，閲覧等制限の決定がされている場合に，当事者から閲覧制限の対象となった記載部分の閲覧等が請求され，かつ，閲覧等を請求した当事者が秘密保持命令を受けた者でない場合には，閲覧等制限の申立てをした当事者にその旨が通知されることになっています（不競12条）。

必要になりますので，捜査機関に対して積極的な協力が必要となります。

捜査機関に証拠を提出することによって，通常の業務に支障を生じさせるような証拠もありますから，業務に支障が生じないように，証拠を提出する前にコピーをとっておくなどの措置をとることも検討しておかなければなりません。

⑵　告訴状の書き方

告訴とは，捜査機関に対して犯罪事実を申告し，犯人の処罰を求める意思表示ですので，犯罪事実を特定する必要があります。

記載内容＊67としては，「告訴の事実」として，犯罪事実を記載します。

⑶　刑事裁判における営業秘密が開示されないための手続

営業秘密侵害罪に係る刑事手続においては，営業秘密が公となってしまうことを防止するために特別規定が設けられています。

裁判所は，被害企業等の申出に応じて，営業秘密の内容を特定させることになる事項を公開の法廷で明らかにしない旨の決定をすることができます（秘匿決定（不競23条１項～３項））。

また，秘匿決定をした場合には，秘匿決定の対象となった営業秘密の内容を特定させることとなる事項（営業秘密構成情報特定事項）に係る名称等に代わる称呼等を定めることができます（不競23条４項）。

秘匿決定があった場合には，訴訟関係人のする尋問等が営業秘密構成情報特定事項にわたるときは，裁判長はこれを制限することができます（不競25条）。一定の要件を満たす場合には，裁判所は，公判期日外において証人等の尋問又は被告人質問を行うことができます（不競26条）。

また，裁判所は，称呼等の決定や，公判期日外の証人尋問等をするにあたり，検察官及び被告人又は弁護人に対し，訴訟関係人のすべき尋問等に係る事項の要領を記載した書面の提示を命ずることができます（不競27条）。秘匿決定があった場合には，証拠書類を朗読する際には，営業秘密構成情報特定事項を明らかにしない方法で行わなければなりません（不競28条）。検察官又は弁護人は，取調べを請求した証拠書類等を相手方に開示するにあたり，その相手方に対し，

＊67　長内健ほか『企業情報管理実務マニュアル』420頁に告訴状の例がありますので，参照してください。

営業秘密の内容を特定されることとなる事項を，被告人を含む関係者に知らせないようにすることを求めることができます（不競30条）＊68。

刑事訴訟の手続の流れは，次の図のとおりです。

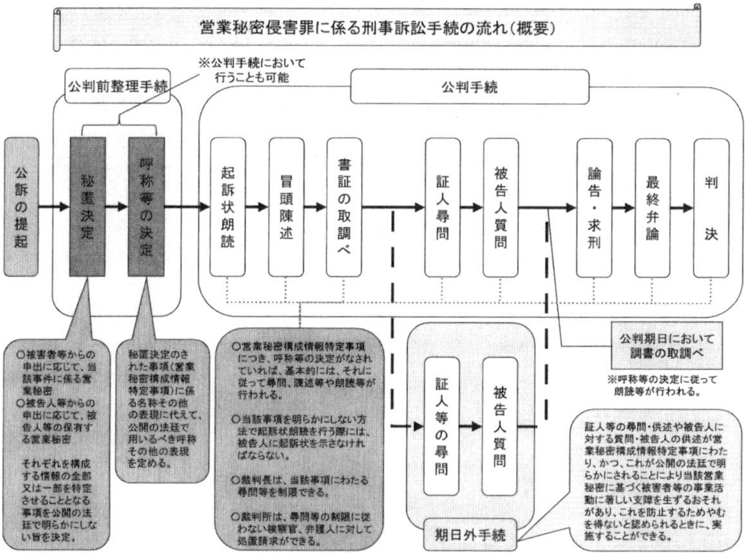

（出典：経産省「秘密情報の保護ハンドブック　参考資料」）

【清原　直己】

＊68　詳しくは，前掲＊19参考資料６を参照してください。なお，平成26年～平成28年で営業秘密に関する刑事事件判決は７件（控訴事件は１審と併せて１件としています）あります。

第 8 章

ライセンス契約

知的財産権が関係する契約には，典型的な特許権の実施許諾契約，商標権や著作権の使用許諾契約のほか，共同開発契約や商品化権契約，フランチャイズ契約など多種多様なものがあります。そして，実際には事案によってポイントとなる点，契約書で明確に定めておく必要がある点などが異なり，契約交渉の過程でこれらの点が問題点として出てくることもあります。そのため，よほど単純で典型的な契約でない限り，一般の契約書の書式をそのまま利用することはお勧めできません。それぞれの事案に応じた条項を作成する必要があります。

そこで，契約書を作成する際に実務上注意すべき事項について，概説します。なお，個々の条項案については，他の書籍に詳しい解説がありますので，参照してください*[1]。

第１節　契約書の案文を作成する前段階

契約交渉を始めるとその後何回かの交渉を経て概要が定まり，契約書の案文を作成する段階になります。その段階で法務部や知財部に相談をしたり，弁護士などの専門家に契約書案の作成を依頼したりすることになります。その際，合意内容を正確に契約書に反映したり，取決めが必要な事項について整理したりするために，事前準備が必要となります。

Ⅰ　事実関係・法律関係の確認・整理

まずは，契約当事者やライセンスを受ける権利，対象となる製品などについて，確認をする必要があります。

⑴　当 事 者

契約当事者については登記簿などにより正確な社名や本店所在地，代表取締役などを確認する必要があります。外国法人であれば，本国での登記の状況，日本国内の事務所や営業所の所在等も確認しておく必要があります。

⑵　許諾対象となる権利

＊１　大阪弁護士会知的財産法実務研究会編『知的財産契約の理論と実務』，山上和則先生還暦記念論文集刊行会編『判例ライセンス法・山上和則先生還暦記念論文集』，雨宮正彦『特許実施契約論－解釈とドラフティングの技術』。

(a)　特 許 権

特許権であれば，登録原簿，特許公報などにより特許権者，権利の成立，特許請求の範囲を確認します。中小企業では，会社ではなく代表者個人が権利者となっている場合もありますので，注意が必要です。

また，海外の権利についても許諾を受ける場合には海外で同様の調査が必要です。

さらに，権利化される前の特許を受ける権利などについても注意が必要です。現在は，権利化前の発明であっても仮専用実施権（特34条の2），仮通常実施権（特34条の3）を設定することが可能となっています。両者とも分割や補正があっても引き続き効力を有します。しかし，仮専用実施権は登録が効力発生要件とされていますが（特34条の4），仮通常実施権は登録がなくても効力は生じますし，当然対抗制度の導入により登録なく対抗することができます。

(b)　ノウハウ

ノウハウについては登録が行われていません。また，秘密保持契約を締結しても契約締結前にすべて開示されることは通常はありません。完成品などで確認するしかありませんが，どのような内容のノウハウか概要は確認しておく必要があります。

(c)　商 標 権

商標権であれば，特許と同様の登録状況，存続期間等について確認します。

(d)　著 作 権

著作権は登録がされていないことも多いので，出版物などで著作権者，発行年などを確認します。

(3)　その他の権利

特許では，ライセンサーの他の特許権・実用新案権やライセンサー以外の関連する特許権等についても確認が必要です。また，出願中の特許権なども同様です。さらに，改良技術の有無，内容についても確認をしておくとよいでしょう。

商標では，ライセンスの対象外であっても，類似する商標が登録されていないか，権利者以外の周知表示や著名表示となっていないかについても確認しておくとよいでしょう。

⑷ 再検討

これらを踏まえて，ライセンスの要否や範囲を改めて検討します。そもそも対象製品が技術的範囲に入っていないのであれば，ライセンスの必要はありません。しかし，ライセンサーの他の特許権などに抵触する場合や単純な実施許諾だけではなく製造等についてノウハウの提供や技術指導も含まれるのであれば，それらについても契約の対象とする必要があります。

この他，生産計画，販売計画，取引先などの周辺情報についてもできるだけ収集しておくとよいでしょう。

Ⅱ　スキーム図の作成

次に，それまでに確認・整理した情報をわかりやすくまとめておくとよいでしょう。このとき，当事者や権利関係などを図示して整理すると，相談の際に便利です。

例えば，特許権の実施許諾と特許権者から原材料の供給を受ける場合は，次頁のようなスキーム図（例１）となります。このような契約では，①特許権実施許諾契約と，②原材料供給契約（原材料の売買契約）の２種類の異なる契約が存在することがわかります。なお，この事案は単純ですので，スキーム図を作成するまでもなく，理解することができますが，権利者が複数となったり，許諾の内容が特殊となったり，製品の製造過程が複雑になったりすると，文章だけでは正確に早く理解することができないこともありますので，常に作成するように心がけるとよいでしょう。

そして，このスキーム図から，②原材料供給契約では，Ｙ社との関係では瑕疵担保責任が，Ｙ社の販売先との関係（A社，B社）では製造物責任が問題となることがわかります。

また，米国法人甲が米国特許権αを保有し，日本法人のＸ社が甲から対応する日本特許権α'について再実施許諾付の独占的通常実施権を有している場合，Ｙ社はＸ社から日本特許権α'について再実施許諾を受けると，Ｙ社は日本国内で製造販売することは可能となります。しかし，丙社が中国特許権βを保有し，中国特許権βの権利範囲が日本特許権α'の実施品に及ぶような場合，Ｙ社は日本国内での製造は可能ですが，中国での製造はできなくなります。その

■スキーム図（例１）

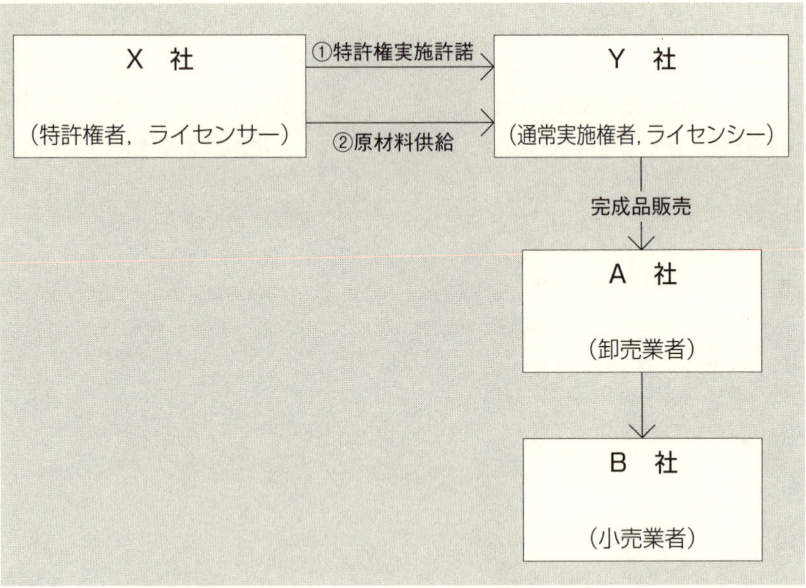

ため，Ｙ社が中国で製造するためには丙社から中国特許権βの実施許諾を受ける必要があります。

実際のスキーム図は，それぞれの事案に応じて作成しますが，契約当事者や権利関係，周辺状況などを簡潔にまとめて整理することが重要です。そして，実態と契約の形式が合致しない場合には，契約の形式自体を見直すことも必要です。スキーム図が正確に作成されていないと，契約に漏れが生じたり，実態と合わない内容になったりしますので，スキーム図の作成は慎重に行います。

Ⅲ　技術の実施許諾

⑴　許諾の必要性

権利の残存期間が短いような場合や代替技術が容易に開発できるような場合には，そもそも許諾を受ける必要があるのかどうかを検討するとよいでしょう。

また，権利としては成立していても，実用化や量産までにさらなる開発が必要とされるような場合には，改良技術等についても考慮する必要があります。

⑵　ノウハウ，技術指導

■スキーム図（例2）

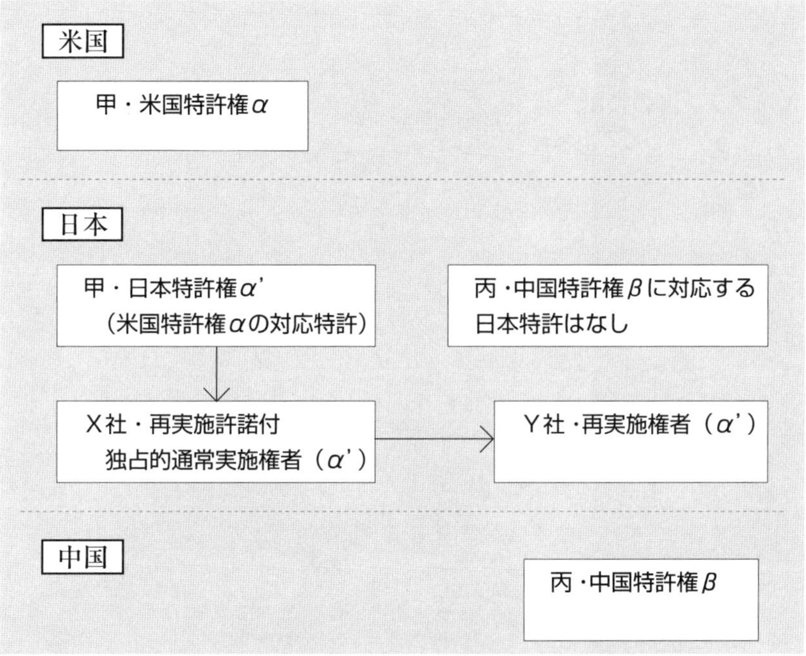

技術について実施許諾を受ける場合，単に特許権などの実施許諾を受けるだけでなく，ノウハウの提供や技術指導なども含まれることがあります。このような条項は，ライセンシーに必要な技術やノウハウがない場合に，ライセンシーで一定の品質の製品を製造することができるような状態にすることを目的に入れられます。しかし，実際にライセンシーが期待していた品質の製品を製造することができるかは，ライセンサーの提供するノウハウや技術指導だけでなく，ライセンシーがすでにもっている技術力や従業員の能力などにもよりますので，不確定です。そのため，技術指導などの内容については，できるだけ具体的に取決めをしておくことが重要です。また，技術指導などに要する費用についても明確にしておかないと，後々問題が生じることがあります。

(3)　他社の権利

実施許諾を受ける場合には，他社の特許権等についても十分に確認しておく必要があります。法的には，実施許諾は単に差止等の請求権を行使しないというだけの意味しかありませんので，他に他社の権利が存在すると，その関係では侵害となることもありえます。

Ⅳ　ブランドの使用許諾

(1)　ライセンシーの管理

商標などのブランドのライセンス契約では，ライセンサーの信用をライセンシーが利用することとなります。ライセンシーもライセンサーと同じブランドを使用するため，ライセンシーが粗悪品を販売したり，質の悪いサービスを提供したりすると，ライセンサーのブランドが毀損され，それまで築き上げてきた信用を失うことにもなります。そのため，ライセンサー側では，ライセンシーでのブランドの使用等について管理をする必要があります。また，ライセンシーが品質誤認表示や他人の商品と誤認する表示をしたような場合（不正使用）も商標の取消事由とされていますので（商標53条），ライセンシーの使用状況等については十分に注意する必要があります。

そこで，商標などのブランドの使用許諾では，品質を管理するための条項が必須となります。ただ，品質管理を名目にライセンシーに義務を負わせると，独占禁止法との関係で不公正な取引方法に該当することもありますので，規定の仕方には工夫が必要です。例えば，品質管理・維持のために真に必要があれば，原材料や部品の購入先を制限することもできます。しかし，再販売価格を維持したり，並行輸入品を取り扱わない義務を課したりすることは，不公正な取引方法に該当する可能性が高いです。

(2)　権利者間の紛争

商標権や著作権，不競法の周知表示などが異なる主体に帰属し，権利者間で紛争が生じていることがあります。これに気づかないまま一部の権利者からライセンスを受けて使用すると，紛争に巻き込まれることもありますので，許諾を受ける権利だけでなく，類似の商標等についても権利関係や権利処理について十分に確認する必要があります。

(3)　ライセンス方針の変更

国内の独占的なライセンスを受けて，ライセンシーでも宣伝広告などの多大な費用をかけて日本国内でのブランドを最初から育てていくことがあります。

しかし，国内でブランドが浸透し，ブランド価値が上がってくると，権利者のライセンス方針が変更され，ライセンス契約を終了し，権利者自らが直接販売を行うこともあります。このような場合に備えて，ライセンス契約の内容を長期にしたり，ライセンシー側でも権利を取得したり，独自のブランドを育てたりする必要があります。

また，フランチャイズ契約では，契約終了後に一定期間，一定地域での競業禁止が定められることが通常です。フランチャイジーにとっては死活問題となることもありますので，事前に契約終了後の措置について確認するとともに，条項の内容について吟味する必要があります。

V　独占禁止法

(1)　指　　針

独占禁止法では，知的財産権の権利の行使と認められる行為には適用されないとされています（独禁21条）。そして，どのような行為が該当するのかを明らかにするため，指針が定められています（公正取引委員会「知的財産の利用に関する独占禁止法上の指針」*2）。その中では，基本的な考え方として，外形上は権利の行使であっても，実質的に権利の行使とは評価できない場合には独禁法が適用されるとされています。具体的には，行為の目的，態様，競争に与える影響の大きさも勘案した上で，事業者に創意工夫を発揮させ，技術の活用を図るという，知的財産制度の趣旨を逸脱し，又は同制度の目的に反すると認められる場合には，独占禁止法が適用されるとされています。

このように，知的財産権の権利の行使と認められるかどうかの評価は，実質的に公正競争阻害性があるかどうか，不公正な取引方法に該当するかどうかで判断されますので，上記指針の内容等を踏まえて慎重に検討する必要があります。

(2)　公正取引委員会への相談

公正取引委員会に違反の可能性について相談することもできますので，重要な契約の場合には検討するとよいでしょう。ただ，相談内容が抽象的な内容では一般的な回答しか得られないことが多いので，弁護士などの専門家を通じて，

＊2　http://www.jftc.go.jp/dk/guideline/unyoukijun/chitekizaisan.html

具体的な事案や問題点を明らかにして問い合わせると具体的な回答，場合によっては代替案なども確認することができるので有益です。

Ⅵ　契約交渉での注意点

⑴　一般的な注意事項

契約の交渉過程では，契約の内容を自社に少しでも有利な内容にしたいことはありますが，重要な事項について虚偽の説明をしたり，相手が誤解していることを認識しながらあえて放置したりすると，後でトラブルが生じることになります。また，曖昧な部分を自社で勝手に有利に解釈すると，思わぬ不利益を受けることもあります。そのため，お互い共通認識をもち，契約の内容は可能な限り明確にしておき，また将来発生しそうな事柄については予め手当てをしておく必要があります。

⑵　実態に合わない条項

ライセンサーから定型の契約書が提示される場合，ライセンシーの社内の実態に合わない条項があることがあります。例えば，納品された製品の検収の手順や期限が社内ですでに実施されている方法と異なることや，支払の締日や支払日が通常のものと異なることなどがあります。これらについては変更が可能であれば変更しておくと間違いが生じないのでよいのですが，どうしても変更できない場合には社内に周知して遵守する必要があります。

第2節　契約書の作成

契約の概要が決まったら，次は契約書の作成に入ります。契約書をどのように作成するのかは，特に決まった方法がありません。そして，ライセンサーから示された書式や一般の定型の書式を利用することもありますが，やはり内容が重要ですので，条項については一つずつよく吟味する必要があります。

Ⅰ　第　一　案

まず，契約書のドラフト（第一案）を作成します。ライセンサーから提示され，それを検討していくという形で進められることがあります。しかし，ライセンサー側も定型の書式等を準備していないような場合には，ライセンサーであれライセンシーであれ，まずは自社で作成したほうがよいでしょう。第一案は，その後の交渉で変更されることになりますが，特に問題とされなかった条項はそのまま残ることもありますので，手間はかかりますが，自社で作成したほうがよいです。また，弁護士などに依頼しなくても一般の書式や類似の契約書などを参考にすると大まかな契約書を作成することはできますが，重要な契約や複雑な内容の契約などの場合はこの段階で弁護士などの専門家に相談し作成を依頼したほうがよいでしょう。契約の最終段階で契約書のチェックを依頼すると，契約書全体を作成し直さないといけないこともありますので，注意が必要です。

Ⅱ　条項の調整・変更

事前準備が十分にできていれば，契約書にその内容を落とし込むだけになりますが，これが不十分だと再確認や再交渉が必要となり，場合によっては契約全体を見直すことにもなります。

また，一般的な条項（瑕疵担保責任，免責条項など）についても具体的な内容を確認しておく必要があります。一般的な内容であれば問題はありませんが，あまりにも一方に有利，他方に不利な内容となっている場合には，調整が必要です。

さらに，地震などの天災は発生可能性が低くても，発生時に重大なリスクが生じますので，慎重に検討するとよいでしょう。

Ⅲ　ライセンサーからの確認のポイント

⑴　義務の範囲

単純に実施等の許諾のみであれば，ライセンサー側の主たる義務はライセンシーに権利行使をしないことになります。しかし，実用化，量産化までの技術指導やノウハウの提供も含まれるような場合には，これらの義務も負います。そして，ライセンシーが実用化できるかどうかは，その技術力などにもよりますので，義務の範囲（例えば，技術指導の内容，回数等）を具体的，客観的に定めておく必要があります。

⑵　ライセンス方針

ライセンス方針によって契約の内容や条件を考える必要があります。ライセンシーを1社に限定しない場合には，ライセンシー間の調整や管理などの問題もありますので，契約関係が複雑にならないように定型の条件などを決めておくなどの方法も考えられます。

また，ライセンス料の決め方も工夫するとよいでしょう。ライセンス料の大まかな相場もありますが，イニシャルロイヤリティやランニングロイヤリティ，最低実施料などの定め方もありますので，方針に合わせて決めるとよいでしょう。

Ⅳ　ライセンシーからの確認のポイント

⑴　終了事由

ライセンス契約に伴い多額の設備投資をしたり，ライセンスによる売上が占める割合が高かったりするような場合には，契約ができるだけ継続することができるように，終了事由や解除事由を具体的に定めるとともに，更新の条件についても具体的に定めておく必要があります。ライセンサー側としては，終了事由等について厳しい縛りがかかるのを避けたがることもありますが，十分に協議を行っておいたほうがよいです。

また，終了後の措置についても注意が必要です。ライセンサーから提供を受けた情報やノウハウの返還や目的外使用を禁止され，これにより一定期間，競合する技術の研究開発ができなくなることもあります。このようなことのないように，ライセンサーからの情報との混同が生じないようにしたり，禁止される分野を限定したりしておく必要があります。

⑵　改良技術の取扱い

技術についてのライセンスの場合には，改良技術や代替技術が開発されることもありますので，それらの取扱いについても定めておくとよいでしょう。正当な理由なく，ライセンシーが開発した技術をすべてライセンサーに帰属させるような条項は独占禁止法に違反しますので，これを根拠に変更などを求めるとよいでしょう。

⑶　原材料の購入義務

完成品の品質を維持するために，ライセンサーからの原材料の購入義務が定められることがあります。そして，このような原材料は高額になる場合があります。正当な根拠がないと，このような条項は独占禁止法に違反します。

Q８－１　契約書に記載のない事項

当社は電子部品の製造販売をしています。当初は発注者からの仕様に従った電子部品を製造するだけでしたので，製造委託に関する契約を締結していました。その後，発注者の新製品に当社の電子部品が採用されることになり，そのために発注者と共同で新製品に合わせた電子部品の研究開発を行い，従来より小型で高性能な電子部品を完成することができました。そして，この電子部品は，他の製品にも使用することができるので，当社としては他社への販売もしたいと考えています。

そこで，当社ではこの技術を特許出願しようと考えていますが，以前の製造委託契約には特許出願に関する規定はなく，共同開発に関する契約も作成しておりませんでした。

今後，発注者と特許出願について協議を行う予定ですが，このような場合，どのようなことに気をつけるとよいでしょうか。また，協議がまとまらない場合は特許出願も当社で実施することはできないのでしょうか。

A

まず，契約などに明確な合意がない場合は，一般法の任意規定が適用されます。

特許出願については，特許法が適用されますので，まずは誰が発明者となるかが問題となります。自社の従業員のみが発明した場合，その従業員から特許を受ける権利を承継すれば，自社のみで特許出願を行うことができます。また，自社の従業員と他社の従業員が共同で発明をした場合には，他社の従業員にも特許を受ける権利が生じますので，他社との共同出願を行うことになります。なお，実際にはいずれの従業員が発明したかは，誰がどのような役割をしたかにより判断されますので，事前に協議を行ったほうが望ましいです。仮に単独で特許出願をしても，後で他社の従業員も共同発明者であったと判断されると，無効となるおそれがあります。

次に，他社との協議がまとまらない場合，特許出願はできないこととなりますが，ノウハウとして自社で実施することは可能です。

また，共有特許の場合，特に合意をしていないと，持分の譲渡等には他の共有者の同意が必要となりますが，自己実施は他の共有者の同意なく可能ですので，注意が必要です。

これらの点については事前に契約で定められることも多いですが，自社にとって有利になる場合にはあえて定めないという選択肢もありえます。ただ，法解釈や事実関係が明確な場合は，予測がつきますが，これらに争いが生じるようであれば，結局，それらの点について紛争となり，訴訟での解決が必要となりますので，慎重に判断をしておいたほうが無難です。

Q8－2　特許権の無効

特許権のライセンスをしていますが，特許権が無効となった場合には，すでに受領した実施料は返還しないといけないのでしょうか。

A

特許権が無効審判により無効と判断された場合，その効果は遡及しますので，初めから権利は存在しなかったことになります。そうすると，特許権者がすでに受領した実施料は法律上の原因がなく不当利得となり，ライセンシーは返還請求をすることができるようにも考えられます。

このような場合，合意があればその合意が優先しますので，無効となった場合の取決めをしておくことが重要となります。通常は，既払いの実施料は返還しないとされることが多いです。ただ，無効となるまでの実施料が未払いとなっている場合，その支払義務まで免れるかは明確に記載されていないこともあります。

合意がない場合や不明確な場合には，争いがあります。事案にもよりますが，返還請求は認められないこともありうると思われます。

これらの点については，予め契約書に明記しておくとよいでしょう。

Q8－3　秘密保持契約

当社は家電製品の製造販売を行っていますが，電子部品の供給を受けている会社と共同開発を行うことになりました。そこで，秘密保持契約を締結することになりましたが，どのようなことに気をつけるとよいでしょうか。

A

1．問題点

共同開発などを行う際に，秘密保持契約が締結されることは一般に行われていますが，その内容が定型的になっていることが多いです。そして，そのような秘密保持契約であっても，ある程度は秘密情報の流出を防止する機能を果たします。しかし，実際に取引の実体に合致しているか，紛争が生じた場合に強制することはできるか，また争われる余地がないか，相手の違反を証明することは容易かなども考慮しておく必要があります。

2．対象の特定

まず，どのような情報がやりとりされることになるのかを確認する必要があります。例えば，こちらからは最終製品の仕様程度の情報しか提供しないが，相手からは営業秘密に該当するような技術的な情報が提供される場合，今後，他社との共同開発に支障が出ることもありますので，提供を受ける情報を特定し，その利用範囲を明確にしておく必要があります。他方，相手が同業他社と取引をしているような場合には，こちらの新製品の情報が流出することは防がないといけません。

そのため，秘密保持契約を締結する際には，秘密情報（対象）の特定，その指定方法，管理方法，利用範囲，終了後の処理について明確に定めておく必要があります。

秘密情報の対象については，一般には，提供した情報全般を秘密情報として，公知情報や提供を受ける以前から知っていた情報を除くという形で定められることが多いです。しかし，このような定め方では秘密情報の範囲が広すぎてしまい，不正競争防止法上の「営業秘密」に限定されるという余地もあります。そこで，契約書の前文や目的において，共同研究開発の目的，対象，それぞれの役割を明確にしておく必要があります。これらの規定によって，どのような目的でどのような情報がやりとりされることになるのかがはっきりとします。また，一方が「秘密と指定した情報」などと明確にしておき，不正競争防止法上の「営業秘密」とは異なること，範囲が広いことを明確にしておくとよいです。そして，提供する情報には書面等であれば「マル秘」を明示し，データであればパスワードを設定するなどの措置を講じておきます。

3. 利用範囲の特定

秘密情報の利用範囲については，目的外使用の禁止等を設けることになりますが，相手の内部の事情となりますので，実際には発見することは困難です。そこで，同一業種や同種製品の研究開発を禁止する方法もあります。ただ，相手との関係，その範囲が広範になる場合には，独占禁止法上の問題が生じますので，注意が必要です。また，共同開発終了後も，一定期間，同一目的の研究開発を制限することで，目的外使用を抑止することができます。また，終了後には書面等の媒体を回収したり，データを消去した証明書を取得したりしておくと，心理的な抑制効果も期待できます。

Q8－4　オプション契約

ノウハウについてライセンスを受けようと思っていますが，具体的なノウハウについてはわかっていません。そこで，ライセンスを受ける前に，どのような内容のノウハウかを確認し，ライセンスが必要かどうかを判断したいと考えています。このような場合，どのような準備をするとよいのでしょうか。

A

1. オプション契約とは

一般には，契約締結前に契約内容などを知らせ，契約を締結するかどうかの選択権（オプション）を与え，選択権が行使され契約の申込みがあった場合には他方にその承諾を義務づける契約のことをオプション契約といいます。

知的財産の分野では，特許出願中の技術のように権利化されていなかったり，ノウハウのように公開されていなかったりする場合などでも，これらを対象とするライセンス契約を締結することがあります。このような場合，契約締結前に，ライセンシーがライセンサーから技術内容等の開示を受けて，ライセンスの要否などを検討する必要があります。このようなとき，ライセンサーとしては開示した技術情報などが目的外で使用されたり，流出したりすることは避けたいと考えますし，他方，ライセンシーとしては必要な技術であれば確実にライセンスを受けたいと考えます。そこで，オプション契約を締結し，開示された技術情報などの取扱いや選択権の内容等について取決めをしておくことになります。

2． 注意事項

オプション契約では，一定の期間を定めて，ノウハウなどを開示し，相手方がこの期間内にノウハウにつきライセンスを受けるか否かの選択をする内容となります。相手方は，オプション行使期間内に限り，ライセンスの要否を検討する目的のためだけにノウハウ技術の情報を使用する権利が与えられますが，オプション行使期間経過後はその権利を失います。

このようなオプション契約を締結する際には，①提供される情報の内容や範囲，②秘密保持義務，③対価，④オプションの行使期間，⑤オプション不行使の場合の取扱いが重要となります。

まず，①提供される情報の内容や範囲では，提供する側がどのような情報を提供するのか，また提供を受けた側が以前から保有していた情報と明確に区別できるのかなどに注意して特定する必要があります。

次に，②秘密保持義務では，提供を受ける側に対し厳格に管理をするように求めることになります。具体的には，違反行為が容易に発見できるようにしておくこと，違反した場合のペナルティを定めておくことが重要です。また，目的外使用についても厳しく制限する必要があります。必要に応じて違約金を設定するなどの工夫も必要となります。

さらに，③対価については，ノウハウなどを獲得するのに要した費用や開示することによるリスクなどを考慮して決定します。また，開示のみの対価とすることもありますし，ライセンス契約を締結する際にライセンス料の一部に充当することもあります。事案によりますので，事前に十分な協議を行うとよいでしょう。

また，④オプションの行使期間は１年程度とすることが多いですが，これも協議によりますので，事案に応じて適切な期間を設定する必要があります。

最後に，⑤オプション不行使の場合の取扱いでは，提供した情報の返還，秘密保持，目的外使用の制限，提供した情報から得られた成果物の取扱いなどについて定めておく必要があります。また，これらに違反した場合の取決めもしておくとよいでしょう。

Q8－5　実施許諾契約

当社は，新製品について他社から特許権の実施許諾を受けて，製造販売を行う予定です。特許権者から実施許諾契約が提示されたのですが，どのような点に注意すればよいでしょうか。

A

1．権利等の確認

まず，特許の成立や権利者等について確認をする必要があります。単に出願中であったり，登録がされていなかったりすることもありますので，登録原簿等で確認を行います。また，関連特許についても調査を行い，他にも特許権が成立していないかを確認する必要があります。さらに，海外での生産や輸入を予定している場合には外国の特許権についても調査をしておく必要があります。

2．許諾の範囲

次に，実施許諾のみを受ければ実施可能であるのか，ノウハウなどの提供や技術指導なども必要なのかも確認する必要があります。明細書の記載だけでは具体的に実施が難しかったり，技術的には可能であっても実用には至っていなかったりすることもあります。

また，そもそもその特許権の実施許諾を受ける必要があるのか，新製品が技術的範囲に属するのかについても確認が必要です。

これらは基本的な事柄ですが，経験がなかったり慣れていなかったりすると，後で問題となりますので，注意が必要です。

3．許諾の種類・内容

ライセンスの種類の確認も重要です。ライセンスの種類としては，法律上は専用実施権と通常実施権が定められているだけです。実際には専用実施権が設定されることは少なく，通常実施権が設定されることが多いです。そして，通常実施権には独占的通常実施権と非独占的通常実施権があり，さらに独占的通常実施権には完全独占的通常実施権と不完全独占的通常実施権があります。独占か非独占かは，通常実施権が１社のみに限定されるかどうかの違いです。完全か不完全かは，特許権者自身が実施するかどうかの違いです。

また，どのようなライセンスとするかは，実施料にも影響します。非独占的通常実施権では他社にもライセンスすることができますが，完全独占的通常実施権では他社も特許権者も実施できませんので，通常，非独占的通常実施権よりも実施料は高額，高率になります。また，最低実施料が定められることもあります。なお，完全か不完全か明確でない場合は，交渉経過等にもよりますが，通常，特許権者は自己実施できますので，不完全独占的通常実施権と解釈されることもありえます。

ライセンシーにとっては，どのようなライセンスを受けるのかは非常に重要ですので，定義規定や許諾範囲を設けるなどして，他社への実施許諾の有無，特許権者の実施の有無については明確にしておく必要があります。

なお，特許権以外（実用新案権，意匠権，商標権）についても基本的には同様ですが，商標権については通常使用権は登録をしてない限り商標権の譲受人には対抗できませんので，注意が必要です。

Q８－６　クロスライセンス契約

他社から侵害警告を受け，交渉を行った結果，双方の特許権を相互にライセンスすることで話し合いがまとまることとなりました。このような場合，どのような点に注意すればよいでしょうか。

A

クロスライセンスをする場合，双方の市場での地位によっては競争が阻害されることがありますので，独占禁止法に触れることがあります。そのため，事前にこの点についても検討しておく必要があります。公正取引委員会に事前相談することもできますので，必要に応じて利用するとよいです。

クロスライセンスの対象とする権利の特定方法としては，個別具体的に挙げる方法と特定の技術などに関する権利として抽象的に特定する方法があります。事案に応じて選択することになります。抽象的に特定するほうが，漏れが生じることは少なくなりますが，独占禁止法に触れる可能性は高まりますので，注意が必要です。また，権利化前の特許を受ける権利などについても，仮通常実施権の設定など，必要に応じて対象とすることになります。

Q8－7　大学との共同研究開発契約

当社は大学と共同研究開発を行うことになりました。大学から契約書（案）が提示されましたが，どのような点に気をつけるとよいでしょうか。

A

国立大学では，文部科学省が作成したひな形を利用した契約書案が使用されることがあります。このような場合，注意が必要な条項としては，次のようなものがあります。

まず，大学は自己実施を行わないことを理由に不実施補償を求められることがあります。不実施補償を請求すること自体には合理的な理由はありますが，金額等については十分に協議を行う必要があります。大学などの研究機関との共同開発契約の実体としては，企業側としては，研究開発費を負担するものの，開発自体には積極的には関与せず，研究機関に開発を委託していると認識している場合が多いです。

次に，研究成果の公表（教授等が研究開発の内容を発表したり，論文にして公表したりすること）についても注意が必要です。特許出願をするまでは，発表を控えるなど適切な措置が必要です。また，研究を補助する学生に対しても秘密保持等の手当ては必要です。

さらに，研究者が他の大学などへ異動することもあります。共同研究開発契約は，通常，大学と企業との間の契約となっており，契約自体は継続することとなりますので，その場合の処理，例えば終了事由として明記しておくなどの対応が必要です。

また，研究者自身がベンチャー企業を設立したり，他社と共同研究開発を行ったりすることもありますので，利益相反についても注意が必要です。

最近は産学連携が行われることは珍しくはありませんが，大学，研究者によっては企業との研究開発実務の理解に違いがありますし，特許等に対する意識も異なります。これまでの実績なども踏まえて慎重に進めるとよいでしょう。

Q８－８　研究材料提供契約

大学で研究者をしていますが，民間企業への技術移転を行うことになりました。研究成果について情報提供するとともに，その成果物（特殊な遺伝子を有する細菌）を企業に提供することになりましたが，どのようなことに気をつけるとよいのでしょうか。

A

まず，研究成果に，特許権などの権利となるような情報が含まれているのであれば，秘密保持契約が必要となります。

次に，研究材料などとして成果物（有体物）の提供をする場合には，別途，その取扱いについても手当てが必要です。具体的には，研究材料提供契約（マテリアル・トランスファー・アグリーメント（Material Transfer Agreement））を締結することになります。

この点，研究材料は，有体物として譲渡や貸借の対象となり，形式としては動産の売買契約，賃貸借契約などとなりますが，単に有体物としての価値を取引の対象としているのではなく，その有体物から得られる情報について価値があるものとして取引がされることになります。したがって，通常の売買契約等とは異なる配慮が必要です。

特に，民間企業に提供するなどの商業目的による研究材料の使用の場合には，研究材料に関する権利やその対価について取決めをすることが重要となります。また，提供された研究材料から，新たに発明などがあった場合には，その帰属についても明確にしておく必要があります。

Q８－９　ソフトウェア開発契約

当社は，新しい人事評価システムの開発を委託する予定ですが，どのような点に注意するとよいでしょうか。

A

1． モデル契約書

ソフトウェア開発契約については，経済産業省から「情報システム・モデル取引・契約書」が公表されています*3。また，一般社団法人電子情報技術産業協会（JEITA）からは「ソフトウェア開発モデル契約書」が公表されています*4。これらのモデル契約書は，一般的なソフトウェア開発を想定したもので，一方に有利な内容にもなっていないので，参考にするとよいでしょう。

また，取決めをしておくべき事項は多岐にわたり，特に大規模なソフトウェア開発では関係する人数も多くなります。そのため，事前に明確な取決めをしておくこと，発注側と受注側の双方の意思疎通が重要となります。事前に十分な協議が行われないまま開発に着手したために，開発中に修正や変更が増え，その結果，費用が増大し，トラブルになることも実際には多くあります。

2． 注意事項

そこで，特に注意が必要な事項について触れておきます。

まず，開発段階では，計画どおりに進める必要がありますので，事前に仕様等を確定しておく必要があります。また，開発期間が長期化すると，費用も高額化しますので，進捗管理も重要です。開発に着手した後に仕様等が次々と変更されたために，開発期間が長期化し，その費用負担を求められることもあります。そのような場合には，仕様や費用についての合意の有無や内容が問題となりますので，変更が生じる場合には，新たに変更契約や覚書を締結するか，少なくとも議事録やメール等の記録を残しておく必要があります。

次に，開発が完成しても不具合が生じることがあります。すぐに発見できることもありますが，ある程度使用してからわかることもありますので，瑕疵担保責任についての取決めも重要です。特段の取決めがない場合には，請負の瑕疵担保期間である引渡後から1年間に限定されます。

さらに，ソフトウェアの更新や保守契約が必要となる場合もありますので，この点についても注意が必要です。

＊3　http://www.meti.go.jp/policy/it_policy/keiyaku/
＊4　http://home.jeita.or.jp/is/committee/solution/guideline/090217cd-rom/index.html

Q 8 —10　OEM 契約

当社の製品の製造を他社に委託することを考えています。ところが，候補先の相手からは最低発注数量が提示されるなどしています。どのようなOEM 契約にしておけばよいでしょうか。

A

1．確認事項

まず，OEM 契約では，自社の製品の製造を他社に委託することになりますので，相手の技術力，信用力が重要です。

次に，製造委託をする製品についての特定もできる限り具体的にしておいたほうがよいです。契約の対象となるかどうか，争いになることがあるためです。

2．原材料

製造委託とともに，特定の原材料について購入義務を課すこともありますが，完成品の品質保持など，合理的な理由がない場合には独占禁止法上，問題があることもありますので，慎重に検討したほうがよいです。

3．ブランドの使用

委託製造した製品には，自社の商標などのブランドが付されることもありますので，商標等の管理も重要です。また，製品自体のほか，包装材や梱包材にも使用することがありますので，使用する商標，大きさ，色などの使用方法について，見本を示すなどして具体的に特定する必要があります。さらに，横流しなどを防止する対策も必要となります。例えば，完成品の検収後には検証済みの印を付けるなどして，委託生産した数量を管理する方法があります。

4．受注数量等

最低発注数量が定められることもあります。委託先と交渉を行って決定しますが，製造委託後の販売数量を予測することも困難な場合もありますので，保守的な見込みを前提に，1年ごとに見直すなどの規定にしておいたほうが無難です。

5．製造物責任

また製品の欠陥が原因で，購入者等に損害が発生すると製造物責任の問題が生じます。欠陥の特定，原因の究明等のためには，委託先からの情報開示などの協力が必要となることもありますので，協力義務を定めておく必要があります。また，委託先が指示どおりに製造しないなどの責任がある場合には求償を行うことになりますので，求償等についての規定も設けておくとよいでしょう。

6．倒産時の処理

委託先が倒産した場合，完成品や仕掛品の権利関係や処理，製造に関する情報等の返還や廃棄などの措置についても規定しておく必要があります。

Q８−11　キャラクターのライセンス契約

キャラクターのライセンスを受けようと思っています。ライセンサーからは商標について使用許諾契約が提示されています。どのような点に注意するとよいでしょうか。

A

1．キャラクターについて

キャラクター（character）とは，小説や漫画等に登場する架空の人物や動物等の姿態，容貌，役柄等の総称を指し，小説や漫画等の具体的表現から昇華した抽象的なイメージとされています*5。例えば，「サザエさん」や「ポパイ」などがあります。

そして，キャラクターを商品に使用する権利は，「商品化権」と呼ばれています。しかし，「商品化権」という法定の権利があるわけではなく，商標法や著作権法，不正競争防止法により保護されたものの総称とされています*6。

2．注意事項

このように，キャラクターは複数の法律にまたがって保護を受けていますので，それぞれの権利関係を確認しておく必要があります。商標登録の状況や著作権者を事前に確認しておくとよいでしょう。事例としては多くありませんが，国内外で商標権者と著作権者がそれぞれ別になっていて，両者で紛争が生じていることもあります*7。このような状態を知らないまま，一方のみからライセンスを受けて使用していると，紛争に巻き込まれるおそれがあります。

＊５　中山信弘『著作権法』〔第２版〕174頁。

＊６　最判平成９年７月17日民集51巻６号2714頁〔ポパイ・ネクタイ事件〕では，抽象的な概念としてのキャラクター（ポパイの人格）は著作物ではないものの，キャラクターの具体的表現（各回の漫画の絵）については著作物になるとされました。

また，キャラクターに限りませんが，契約終了の条件等についても確認をしておく必要があります。ライセンシーが多大な資本や労力を投下して国内で有名にしたとしても，契約が終了すると基本的には使用することができなくなります。ライセンサーとしてもライセンサー自身や代理店などに販売させた方が有利な状態となると，契約を終了させたいという事情も生じることがあります。そのため，契約締結や更新の際には，終了事由の見直しも必要となります。

さらに，契約終了時にある在庫品についても明確にしておく必要があります。契約終了後も販売することができるのか，廃棄する必要があるのか，在庫の量によっては影響が大きくなりますので，注意が必要です。なお，契約終了後には在庫品を販売することができない場合には，契約の終了が近くなった時期には在庫を調整するなどしてできるだけ在庫の量を減らすという工夫も必要です。

Q８―12　フランチャイズ契約

フランチャイズに加盟するにあたり，どのような点について気をつけるとよいでしょうか。

A

1．フランチャイズ契約とは

フランチャイズには，コンビニエンスストアや飲食店など様々な業種，業態がありますが，フランチャイズとは，事業者（「フランチャイザー」）が他の事業者（「フランチャイジー」）との間で契約を結び，自己の商標，サービスマーク，トレード・ネームその他の営業の象徴となる標識，および経営のノウハウを用いて，同一のイメージのもとに商品の販売その他の事業を行う権利を与え，一方，フランチャイジーはその見返りとして一定の対価を支払い，事業に必要な資金を投下してフランチャイザーの指導および援助のもとに事業を行う両者の継続的関係をい

＊7　上記＊6のポパイ・ネクタイ事件も，最判平成２年７月20日民集44巻５号876頁〔ポパイ・マフラー事件〕も，商標権者と漫画の著作権者が異なるために紛争が生じた事案です。なお，ポパイ・マフラー事件では，商標権者の権利行使は，商標登録出願当時，すでにその主人公の名称が漫画から想起される人物像と不可分一体のものとして世人に親しまれていたとして権利濫用とされています。

うとされています[*8]。そして，フランチャイズ契約では，①商標ライセンス，②ノウハウ提供や経営指導，③継続的販売契約，継続的役務提供契約が主な要素になります。

フランチャイザーもフランチャイジーもそれぞれ独立した事業者ですが，フランチャイジーは個人事業者などの零細な事業者である場合も多く，十分な知識がなかったり，不利な条件を受け入れざるをえなかったりするために，トラブルになることもありました。そこで，フランチャイジー保護の観点から，フランチャイザーに対しては契約内容について開示項目が定められたりしています。

上記のとおりフランチャイズ契約には商標ライセンスの要素も含まれます。ただ，特有の問題点はありませんので，一般的な商標ライセンスでの注意事項と同様です。そこで，知的財産以外に関して注意すべき事項を説明します。

2．一般的な注意事項

フランチャイズ契約については，中小小売業振興法に開示項目が定められています（なお，サービス業は対象外）。契約の基本的な内容（本部事業者，加盟店店舗数の推移，訴訟の件数，営業時間等，テリトリー権，ロイヤリティ，加盟金，経営指導，使用商標等）は，本部から提供される情報に含まれています。

また，独占禁止法の関係では「フランチャイズ・ガイドライン」が定められ，不公正な取引方法として許されない行為等が規定されています。

しかし，加盟店は，法的には消費者ではなく独立した事業者と考えられますので，実際には本部事業者と加盟店に圧倒的な情報の差などがあったとしても，過失相殺を受けるなどして一定程度の責任を負うことになります。

3．情報提供義務違反

フランチャイズ契約に関する紛争としては，本部事業者による情報提供義務違反が多数を占めます。例えば，契約締結の過程で本部事業者から提供された情報が不足していた，不正確であったために，加盟店が予定していた売上を達成することができなかったなどとして争われるケースです。そして，売上予測，物件や商圏に関する情報，説明態度が問題となることが多いですが，最終的には裁判所が総合判断することになります。本部事業者から提供される売上予測などの情報はあくまでも予測であり，当然，実際とは異なることもありますので，加盟店側

＊8　一般社団法人日本フランチャイズチェーンによる定義。

としては慎重に検討をする必要があります。特にコンビニエンスストアなど過密になっている業種については十分な注意が必要です。また，本部事業者側としては，フランチャイズ契約を初めてする加盟店もあったり，理解力も異なったりしますので，丁寧な説明が重要です。

Q８－13　通常実施権の対抗

携帯電話の部品に関する特許について，ライセンスを受けていましたが，特許権者が倒産してしまいました。このまま，実施品を製造し続けても問題はないでしょうか。

A

以前は，特許権の通常実施権は，登録をしていないと破産管財人やその譲受人などの第三者に対抗することができませんでした。現在は，登録をしていなくても対抗することは可能です（当然対抗制度）。また，仮通常実施権も同様です。なお，実用新案権や意匠権も同様です。ただし，特許権の移転など，専用実施権の設定，移転など，質権の設定などについては，従来どおり，登録が効力発生要件とされています（特98条１項）。

ただし，対抗できる範囲（例えば，技術提供義務の承継，クロスライセンスの場合の他の特許権等の承継など）については争いがあります。現時点では万全の方法はありませんが，ライセンサーに対し譲受人にも同様の契約条件を引き継がせる義務を明記しておくなどすることにより，譲渡後もライセンサーと交渉できるようにしておくとよいでしょう。

契約書等は必要となりますし，実施料などの支払義務は残ります。また，特許権者が倒産した場合，特許権者側の契約上の義務の履行（例えば，技術やノウハウの提供，侵害者に対する権利行使など）は期待できませんので，注意が必要です。場合によっては，破産管財人が特許権を売却することもありますので，譲受けを希望するときには，早期に連絡をとり，買受けの申出をしておくとよいでしょう。

他方，商標権の使用許諾については，現在も登録が対抗要件となっています（商標30条４項）。

Q8―14　協議条項

ライセンス契約の交渉を行っていますが，基本的な条項についてはまとまり，現在，契約書を作成しています。詳細について多少意見の違うところがありますが，契約書には明記しないことになりました。契約に記載のない事項については誠実に協議するとしていますので，問題はないでしょうか。

A

まず，交渉で決まったことのすべてを契約書に記載しなくても，契約は有効に成立します。ただ，後のトラブルを避けるためには，重要な事項についてはできるかぎり契約書にも明記しておく必要があります。しかし，どうしても記載できないものの契約を締結しておく必要がある場合には，別途協議する旨を入れておく方法もあります。しかし，そのような場合であっても，合意できている範囲については明確にしておくとよいでしょう。また，その後の交渉の余地を残すために，完全合意条項を入れておくなどして，契約書に記載されていない交渉経過での内容は排除しておく必要があります。

また，これまで取引のある国内企業同士の間では，別途協議することにしておいても，実際に問題となることは少ないですが，初めての取引先や外国企業の場合には気をつけておいたほうがよいでしょう。

さらに，協議がまとまらないこともありますので，その場合は法律の規定に従うことになります。そして，法律に規定がないときや相手の義務が強制に適しないようなときには，結局は何も定めていないこととなります。このようなことで不利益になることもありますので，協議がまとまらないときの結論，結果にも注意しておく必要があります。

Q8―15　紛争処理

契約についてトラブルが生じた場合には訴訟で解決するしかないのでしょうか。他に有効な紛争処理手段はないのでしょうか。また，外国で訴訟を行うことは負担が大きいので，これを避ける方法はないでしょうか。

A

紛争の解決方法としては，訴訟のほか，あっせん，調停や仲裁という選択肢もあります。

あっせん，調停は，裁判外で当事者が話し合いを行いますが，あっせん人や調停委員が間に入り，和解による解決を目指す制度です。裁判所で行う調停や日本知的財産仲裁センターなどの民間の機関でも行われています。調停委員などから，調停案が示されることもありますが，当事者双方が応じないと和解は成立しません。

他方，仲裁の場合は，仲裁合意が必要です。そして，当事者双方は仲裁案を拒否することはできず，これに応じなければなりません。仲裁合意は，必ずしも契約書に記載されている必要はありませんが，いったん紛争となると，仲裁合意をすること自体も難しくなりますので，予め契約書に記載しておくとよいでしょう。その場合，仲裁機関は各国に存在しますし，日本国内でも複数の仲裁機関がありますので，どこの仲裁機関で仲裁をするのか，使用する言語，準拠法などについても特定しておく必要があります。

訴訟以外の解決方法として，話し合いでの解決が図られることや訴訟よりも時間が短時間で解決できたり，提出する資料も少なくて済んだりすることもありますので，調停や仲裁による解決にもメリットがあります。

ただ，日本企業同士では仲裁合意がされていること自体少ないので，予め契約書に記載しておくとよいでしょう。また，外国企業との間では契約書に仲裁合意が定められることもありますが，仲裁では，仲裁費用は当事者の負担となり，長期化すると高額になることもあります。そのため，訴額が低額な場合などは，訴訟費用（弁護士費用を除く，印紙や予納郵券）よりも，かえって高くなることもありますので，注意が必要です。

【井上　周一】

第 9 章

知的財産訴訟と審判及び審決取消訴訟

第１節　知的財産権に関する紛争処理の手段

Ⅰ　紛争解決手段

当事者間の協議により解決できなければ，第三者を交えた紛争解決手続の手段をとることになります。

代表的な紛争解決手段として，裁判所に訴訟を提起する方法があります。裁判所に訴えを提起すれば，裁判所の判決により，解決がなされます。

第三者を交えた紛争解決手段としては，裁判以外の方法もあります。

Ⅱ　裁判以外の解決手段

裁判以外の解決手段として裁判外紛争解決手段（ADR：Alternative Dispute Resolution）があります。一般的には，裁判所の民事調停及び家事調停のほか，行政機関（建設工事紛争審査会等）や，民間の団体（一般社団法人日本商事仲裁協会，日本知財仲裁センター等）による仲裁，調停等の裁判外紛争解決手続があります。いずれも第三者が関与する紛争解決手段です。

仲裁は，第三者である仲裁人の判断に委ね，仲裁人の判断に服することを予め合意する（仲裁合意）ことを前提として行われる紛争解決手段です（仲裁法２条１項）*1。

調停では，当事者は調停案を受け入れないという選択ができるのに対して，当事者は仲裁における仲裁判断に拘束されます。

Ⅲ　水際措置（関税法）

通常の輸入手続においては，輸入者が，税関に対して輸入申告を行うと，税関は関税法67条により通関手続を行います。通関手続とは，審査・検査，関税の納税，輸入許可のプロセスのことをいいます。輸入者は，通関手続を完了すると，貨物を引き取ることができます。

知的財産権を侵害する物品や一定の類型の不正競争行為を組成する物品は，関税法上，輸入してはならない貨物に該当します（関税69条の11第１項９号・10号）。

＊1　仲裁合意をする際の注意点については，第８章の**Q８－15**を参照してください。

税関長は，このような侵害品を没収して廃棄し，又は当該貨物を輸入しようとする者に対して積戻しを命じることができます（関税69条の11第２項）。

このような税関長の措置が水際措置と呼ばれます*2。水際措置をとる前に，税関長は，当該貨物が輸入してはならない貨物に該当するか否かについて，認定する手続（認定手続）を行います（関税69条の12第１項・４項）。

知的財産権の権利者は，税関長に対して，輸入差止申立て（関税69条の13）をすることができます*3。権利者からの申立てに基づいて，上記認定手続が行われます。

輸入差止めには次の５つの要件が必要となります（関税69条の13，関税令62条の17）。①権利者であること，②権利の内容に根拠があること，③侵害の事実があること，④侵害の事実を確認できること，⑤税関で識別できることとされています。

申立人が，税関で真正品と偽造品の識別可能となる情報を提供しなければならない点には注意が必要です。

税関における手続は，対象が「侵害物品」ですので，申立ての有効期間中に当該物品に該当する貨物が輸入されようとした場合にはその度に認定手続がとられることになります。侵害物品であることを識別できれば，輸入者が特定できなくとも可能ですので，国外で製造された侵害物品について，多数の輸入者・販売者がいる場合には，有効な手続といえます*4。

Q９－１　水際措置の実績

水際措置が行われているのは，どのような種別の知的財産権が多いですか。

A

財務省の公表している差止実績の知的財産権別の構成比は次頁の図のとおりです。

＊２　実際の水際措置の実績については，税関のホームページから見ることができます（http://www.customs.go.jp/mizugiwa/chiteki/pages/g_001.htm）。

＊３　各種申立ての書式については，税関のホームページから入手できます。

＊４　詳しくは，牧野利秋ほか編『知的財産訴訟実務大系Ⅲ』373頁〔古城春実〕を参照してください。

実績を見ますと，平成27年，平成28年ともに，商標権が98％を超えており，次いで著作権が約１％という内容になっています。商標権と著作権で合わせて99％を超える件数となっています*5。

外観から識別することが困難な特許権よりも，目視により把握することが可能な商標権や著作権侵害物品が中心となっています。

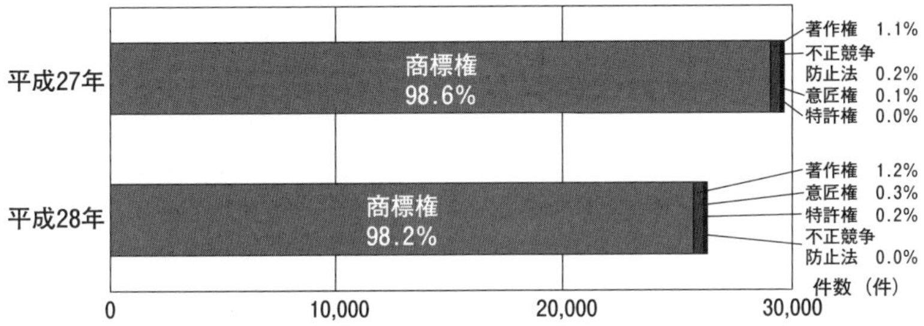

（出典：財務省ホームページ「知的財産別輸入差止実績構成比の推移（件数ベース）」*6）

第2節　侵害訴訟

Ⅰ　管轄，訴訟費用，訴訟手続の特別規定

⑴　専属管轄

特許権等（特許権，実用新案権，回路配置利用権又はプログラムの著作物についての著作者の権利）に関する訴えは，東京，名古屋，仙台又は札幌高等裁判所の管轄区域内に所在する裁判所が管轄権を有すべき場合には，東京地方裁判所の管轄，大阪，広島，福岡又は高松高等裁判所の管轄区域内に所在する裁判所が管轄権を有すべき場合には，大阪地方裁判所の管轄に専属します（民訴６条１項）。

特許等に関する訴えについては，大阪地裁の判決に対する控訴事件も東京高

＊５　著作権に関しては，第５章に記載されていますので，参照してください。
＊６　財務省の公表している「平成28年の税関における知的財産侵害物品の差止状況（詳細）」（http://www.mof.go.jp/customs_tariff/trade/safe_society/chiteki/cy2016/20170303b.htm）における「知的財産別輸入実績」の「知的財産別輸入実績構成比の推移（件数ベース）」の表を引用しています。

等裁判所の管轄に専属します（民訴６条３項）。控訴事件については，東京高等裁判所の特別の支部である知的財産高等裁判所に控訴する必要があります（知的財産高等裁判所設置法２条１号）。

⑵　競合管轄

意匠権，商標権，著作者の権利（プログラムの著作物についての著作者の権利を除く），出版権，著作隣接権若しくは育成者権に関する訴え又は不正競争による営業上の利益の侵害に係る訴えについては，民事訴訟法４条・５条で定める管轄裁判所のほか，同法６条１項の裁判所にも，訴えを提起することができます（民訴６条の２）。

この場合の控訴事件については，訴えた第１審の地方裁判所が属する管轄区域の高等裁判所に控訴することになります*7。

⑶　訴訟費用

知的財産権に関して訴えを提起する場合は，知的財産権訴訟の訴訟物の価額（訴額）算定基準*8による「訴額計算書」を提出する必要があります。

知的財産権の権利侵害を理由に，差止請求と損害賠償請求を行う際には，差止請求に関しての訴額と損害賠償額を合わせて訴訟物の価額とする必要があります。

なお，侵害行為の差止めとともに侵害行為を組成する物の廃棄等を請求する場合（特100条２項等）には，差止請求の訴額のみで足ります。

⑷　特別の手続

⒜　閲覧制限

本来，何人も訴訟記録の閲覧を請求することができるものとされています（民訴91条）。その例外として，訴訟記録の閲覧制限の制度（民訴92条）があります。

この制度は，訴訟記録に営業秘密が記載されている場合には，準備書面や書証における秘密の記載部分について，閲覧や謄写ができる者を当事者に限るという制度です（民訴92条１項２号）。

＊７　第３章第６節Ⅰ⑴及びⅧを参照してください。

＊８　訴額の計算方法については，次のウェブページから確認できます。東京地方裁判所ホームページ（http://www.courts.go.jp/tokyo/saiban/sinri/ip/index.html），大阪地方裁判所ホームページ（http://www.courts.go.jp/osaka/saiban/tetuzuki_ip/uketuke_sogaku_santei/index.html）。

知的財産訴訟においては，よく利用されていますが，この制度では，あくまでも第三者の閲覧や謄写を制限するものであり，相手方当事者との関係では当然閲覧も謄写も可能です。もっとも，閲覧等制限の決定（民訴92条1項）があった場合には，相手方当事者には，その秘密を保持する私法上の義務が課されることになると考えられています[*9, *10]。

(b)　秘密保持命令[*11]

知的財産権の侵害に関する訴訟においては，秘密保持命令の制度があります（特105条の4～105条の6，実30条，意41条，商標39条，著114条の6～114条の8，不競10条～12条）。以下では，特許法，実用新案法，意匠法，商標法，著作権法および不正競争防止法において，同様の制度であるので，特許法の条文のみを指摘します（以下(c)～(e)において同様とします）。

制度趣旨は，知的財産権の侵害に係る訴訟において，提出を予定している準備書面や証拠の内容に営業秘密が含まれる場合には，当該営業秘密を保有する当事者が，相手方当事者によりこれを訴訟の追行の目的以外の目的で使用され，又は第三者に開示されることによって，これに基づく事業活動に支障を生ずるおそれがあることを危惧して，当該営業秘密を訴訟に顕出することを差し控え，十分な主張立証を尽くすことができないという事態を回避する点にあります[*12]。

秘密保持命令を受けるべき者は，当事者等，訴訟代理人又は補佐人です（特105条の4第1項）。ここにおける当事者等とは，当事者（法人である場合には，その代表者）又は当事者の代理人（訴訟代理人及び補佐人を除く），使用人その他従業者をいいます（特105条3項）。

秘密保持命令を受けた者は，当該営業秘密を訴訟追行の目的以外の目的で使用すること，当該営業秘密に関して秘密保持命令を受けた者以外の者に対する

＊9　和解調書も訴訟記録になりますので，訴訟記録の閲覧・謄写請求をすれば，第三者は閲覧・謄写することが可能です（民訴91条）。仮に，和解条項で第三者への口外禁止条項が入っていたとしても，当事者は第三者に内容を話すことができなくなりますが，第三者が事件番号及び当事者を知っていれば，和解調書を閲覧することが可能となります。第三者に知られたくない内容を含む場合には，閲覧制限の申立てをしなければなりません。

＊10　申立書の記載例については，東京地方裁判所のホームページで参照することができます（http://www.courts.go.jp/tokyo/saiban/sinri/sinri_etsuran/index.html）。

＊11　髙部眞規子『実務詳説　特許関係訴訟』〔第2版〕57～78頁に詳しく説明されています。

＊12　最決平成21年1月27日民集63巻1号271頁〔液晶テレビ事件〕。

開示が禁止されます（特105条の4第1項）*13。違反すると，刑事罰が科されます（特200条の2・201条）*14。

(c)　書類提出命令

侵害行為の立証又は侵害行為による損害の計算のための資料の提出について，特別の制度があります（特105条，実30条，意41条，商標39条，著114条の3及び不競7条）。立法趣旨は，民事訴訟法220条の特則として，権利者の侵害行為及び損害額立証の困難さを解消し，より実効性あるものとする点にあります。

もっとも，書類の所持者は，正当な理由があれば，提出を拒むことができます（特105条1項ただし書）。

書類提出命令が認められるためには，対象書類が，「侵害行為について立証するため，又は当該侵害の行為による損害の計算をするため必要な書類」であることが必要です。

侵害行為について立証するための必要性については，模索的申立てを排除するという観点から，申立人には，侵害であることを合理的に疑わしめるだけの手掛かりとなる疎明が必要とされています。これに対して，侵害行為による損害の計算のための必要性については，侵害立証が尽くされ，侵害の心証を得て損害論の審理段階に入っていることが必要とされています*15。

書類保持者が提出を拒否できる「正当な理由」については，当該書類に営業秘密が記載されているというだけでは，直ちに「正当な理由」があると認められないと考えられています*16。

(d)　インカメラ手続

裁判所は，営業秘密が記載された書類について，書類提出命令の申立てがなされ，その書類について書類の保持者において提出を拒む正当な理由があるかどうかを判断するため必要があると認めるときに，インカメラ手続で書類を提

---

*13　申立ての具体的な手続の流れや申立書の記載方法等については，東京地方裁判所のホームページから見ることができます（http://www.courts.go.jp/tokyo/saiban/sinri/sinri_himitsu/index.html）。

*14　三山峻司「知的財産権侵害訴訟において秘密保持命令が発令された初めての事例」知管58巻6号767頁には，秘密保持命令の代替手段として，当事者間において任意に秘密保持義務契約を締結することによる方法もあることが指摘されています。

*15　中山信弘＝小泉直樹編『新・注解特許法【下巻】』1851頁〔相良由里子〕。

*16　前掲*15の1852頁，前掲*11の81頁。

示させることができます（特105条2項，実30条，意41条，商標39条，著114条の3第2項，不競7条2項）。

裁判所は，インカメラ手続によって正当な理由の有無を判断するに際して，非侵害・侵害が明らかでなく，双方当事者に主張立証を尽くさせることが必要な事案では，インカメラに係る文書を開示して当事者等の意見を聴くことができます（特105条3項）。その場合は，営業秘密保護の観点からインカメラ手続における秘密保持命令を発令することを検討する必要があります＊17。

(e)　公開停止決定

知的財産権の侵害に係る訴訟における当事者等が，尋問を受ける場合に，営業秘密が漏えいしないように，営業秘密に該当する事項に関する尋問については，一定の場合には，公開を停止する措置をとる制度があります（特105条の7，実30条，不競13条＊18）。

証人尋問等の公開を停止することで，第三者に聞かれずに営業秘密の保護が図れることになります。

Ⅱ　審理モデル

知的財産の訴訟に関して，東京地方裁判所及び大阪地方裁判所は，審理モデルを公表しています。

東京地方裁判所においては，特許権侵害訴訟の侵害論と損害論の審理モデル＊19が公表されています。

大阪地方裁判所では，特許・実用新案権侵害事件の審理モデル及び意匠・商標権侵害事件，不正競争防止法（1号～3号）事件の審理モデルについて公表されています＊20, ＊21。

＊17　前掲＊11の84～87頁。

＊18　意匠法，商標法，著作権法については，憲法82条及び裁判所法70条の一般規定に基づき判断することになります。

＊19　東京地方裁判所ホームページ「侵害論」(http://www.courts.go.jp/tokyo/vcms_lf/tizai-singairon1.pdf)，「損害論」(http://www.courts.go.jp/tokyo/vcms_lf/tizai-songairon1.pdf)。

＊20　大阪地方裁判所ホームページ「特許・実用新案権侵害事件の審理モデル」(http://www.courts.go.jp/osaka/vcms_lf/sinrimoderu2013331.pdf)，「意匠・商標権侵害事件，不正競争（1号，2号，3号）事件の審理モデル」(http://www.courts.go.jp/osaka/vcms_lf/311004.pdf)。

＊21　東京地方裁判所の審理モデルに関しては，『知的財産紛争の最前線 No.2』（L&T 別冊2号）3～6頁で詳しく書かれていますので参照してください。

なお，裁判所の公表している審理モデルは，計画的かつ効率的な審理を実現するためのモデルですので，上記の審理モデルは，民事訴訟法147条の３における「審理計画」とは異なります。

Ⅲ　差止請求権

⑴　差止請求＊22

知的財産権の権利者は，侵害する者又は侵害するおそれのある者に対して，侵害の停止又は予防を請求することができます（特100条１項，実27条１項，意37条１項，商標36条１項，著112条１項，不競３条１項）。

特許権等の知的財産権における差止請求権者は，権利者及び専用実施権者（専用使用権者）とされています。通常実施権者（通常使用権者）は，差止請求をすることはできないと考えられています。

⑵　差止請求における特定

(a)　侵害行為の特定

権利者は，請求の趣旨及び請求の原因によって，訴訟物を特定する必要があります。

まず，差止請求を行うには差止めの対象となる侵害者（被告）の行為を特定する必要があります。例えば，特許権侵害に基づく，ある製品の製造，販売の差止請求であれば，対象製品を特定しなければなりません。対象製品の特定に関しては，文章で被告製品の構成を表現した特定方法，商品名，型式番号による特定方法や，文章と商品名，型式番号で特定する方法があります。

また，商標権侵害に基づく，ある標章を付したある商品の販売行為の差止請求であれば，侵害者の対象となる標章がいかなる商品（役務）に使用されているかについて，特定する必要があります。

(b)　廃棄請求

知的財産権の侵害の場合に，侵害の行為を組成した物の廃棄，侵害の行為に供した設備の除却その他の侵害の予防に必要な行為を請求することができます（特100条２項，実27条２項，意37条２項，商標36条２項，著112条２項，不競３条２項）。

差止請求という不作為請求だけでは，知的財産権の保護の実効性を確保する

＊22　差止判決は，不作為義務を課す判決ですので，執行は間接強制（民執172条）によることになります。執行に関しては，第５節を参照してください。

ことが困難な場合に，不作為請求と合わせて作為請求として廃棄請求及び除却請求ができることとされています。廃棄請求や除却請求は，差止請求と併せてのみ請求することができます。

(c)　請求の趣旨の書き方の注意点

上記(a)のとおり，侵害者の行為の具体的態様に応じて，請求の趣旨を記載しなければなりません。侵害者が，製造販売をしている場合には，「被告は，別紙被告製品目録記載の製品を製造，販売してはならない。」と記載することになります。

また，商標権侵害や不正競争防止法２条１項１号，２号の不正競争行為に基づく場合であれば，「被告は，別紙被告商品目録記載の商品に別紙被告標章目録記載の標章を付し，又は同標章を付した同商品を販売し，販売のために展示してはならない。」というように記載することになります。カタログやパンフレットに使用しているものを差し止める場合には，その点を記載することになります*23。

廃棄請求や除却請求をする場合にも，対象を特定する必要があります。この場合には，「侵害行為を組成した物」，「侵害行為に供した設備」，「その他の侵害の予防に必要な行為」が対象となりますので，それぞれを特定する必要があります*24。

Ⅳ　損害賠償請求権*25

(1)　損害賠償請求

知的財産権侵害があった場合には，権利者は侵害者に対して損害賠償請求（民709条）をすることができます。また，不法行為に基づく損害賠償請求権が時効（民724条）にかかってしまった場合には，時効期間の長い不当利得返還請

＊23　日本弁理士会編著『知的財産権侵害訴訟実務ハンドブック』〔改訂３版〕72頁以下に詳しく記載していますので，参照してください。

＊24　いずれの場合も過剰差止め，過剰請求とならないように気をつける必要があります。過剰差止めの問題点については，田村善之「知的財産権訴訟における過剰差止めと抽象的差止め（上）」ジュリ1124号89頁，「知的財産権訴訟における過剰差止めと抽象的差止め（下）」ジュリ1125号129頁を参照してください。

＊25　大阪弁護士会知的財産法実務研究会編『知的財産権・損害論の理論と実務』が詳しいので参照してください。

求（民703条・167条）を検討します。

損害賠償請求権や不当利得返還請求権は，数量的に可分な債権ですから，その一部に限定して請求することができます。例えば，損害の全額が明らかではない場合に，訴状において損害の一部を請求し，その後請求の拡張をすることがあります。実際の損害については明らかではない場合に，原告側の計算による損害額が高額な場合に，貼用印紙額も高額化してしまうことから一部請求を検討する場合があります。

ただし，一部請求であることを明示した場合には，残部に時効中断効（民147条1号）が及びません。もっとも，残部については，将来にわたって残部を請求しない意思を明らかにしているなどの特段の事情のない限り，裁判上の催告の効果が認められますので，一部請求に係る訴訟が終了後6ヵ月以内に民法153条所定の措置を講ずれば消滅時効は中断します*[26]。

以上のとおり，明示の一部請求をした場合には，残部に関する権利行使については，消滅時効との関係で注意が必要です。

Q9－2　訴額の計算方法

訴状における訴訟物の価額を算定する必要があります。訴え提起段階で正確な被告の譲渡数量等が不明な場合に損害賠償額の算定はどうすればよいでしょうか。

A

訴えを提起する段階で，相手の販売数量や利益率など不明であることが通常です。

その場合に，損害賠償額の算定として，厳密な損害賠償額を算定することは不可能です。しかしながら，訴えを提起する以上は，何らかの判断資料に基づいて，合理的な損害額を算定する必要があります。

販売数量については，依頼者が，POS データのデータサービス企業*[27]を利用

＊26　最判平成25年6月6日民集67巻5号1208頁。

＊27　一般社団法人流通システム開発センターのホームページ（http://www.dsri.jp/database_service/rds/about.html）にいくつかのデータベースサービス企業が記載されています。第3章第4節Ⅰ(5)「JAN コードなど」を参照してください。

していれば，当該データベースから情報を取得していることがあります。その場合には，当該POSデータから得られた侵害品の販売数量から，全体の販売数量を推測することになります。

それ以外にも，営業員が取引先から取得した侵害品に関する情報，自社の知っている最低ロット数及び侵害品の販売期間*28等から侵害品の販売数量を推測することもあります。

侵害者は，権利者の競合関係であることが多いと思います。その場合には，侵害者の販売価格や販売数量等，権利者の利益率から侵害者の利益率を計算する方法をとることも多いです。

実施料相当額に関しては，実施料率の統計データ*29等から計算することもあります。

以上のような情報から，損害額について計算することになります。

(2)　損害額の推定規定

知的財産権侵害訴訟における損害賠償請求の損害額については，推定規定があります（特102条，実29条，意39条，商標38条，著114条*30，不競５条*31，以下では「１項」「２項」「３項」と記載します）。

権利者に生じた損害や因果関係の立証が困難であることから，権利者の立証責任の負担を軽減する趣旨で設けられた規定です。

(3)　各項に関して

１項では，侵害者の譲渡数量，権利者の単位数量当たりの利益額，権利者

---

*28　JANコード等から販売期間を特定する方法については，第３章第４節Ⅰ(5)を参照してください。

*29　統計データの書籍として，発明協会センター編『実施料率』や経済産業省知的財産政策室編『ロイヤルティ料率データハンドブック』があります。

*30　著作権法114条１項は，侵害行為によって作成された物の譲渡と公衆送信の場合にのみ適用が可能です。それ以外の侵害形態については，２項以下ということになります。

*31　不正競争防止法５条は，すべての不正競争行為を適用対象としていませんので，注意してください。同法５条１項では，同法２条１項１号～10号及び16号に該当する不正競争行為が適用対象行為とされています（営業秘密に関しては技術的情報に限られています）。同法５条２項はすべての不正競争行為が対象とされています。同法５条３項では，同法２条１項１号～９号，13号及び16号の不正競争行為が適用対象とされています。同法２項はすべての不正競争行為を対象にしていますが，あてはまらない場合もあります。第３章第８節Ⅳを参照してください。

に実施能力があることを立証する必要があります。１項の推定規定は，例えば，侵害者が侵害品を安く販売している等で，侵害者の利益額が低い場合に有効です。権利者の単位数量当たりの利益額を立証する関係で，自社の帳簿等が相手方に知られてしまうというデメリットがあります。

２項は，侵害者の利益額を損害額と推定するものです。権利者には侵害者の正確な情報がわかりませんので，立証は困難です。しかし，損害論の審理モデル（第２節Ⅱ）によれば，損害論の審理では，侵害者側が任意に開示することになっていますので，侵害者から任意に開示することが多いです。仮に，侵害者が任意に応じなければ書類提出命令によって行うことになります。

３項は，実施料相当額を損害額として，最低限の損害額を認める規定です*32。

Q９－３　各推定規定に関する注意点

各知的財産権において損害額の推定規定に関して注意すべき点はありますか。

A

1.　標識法の特殊性

上記第２節Ⅳ記載のとおり，条文上の書き方は同じ形になっています。

しかしながら，解釈上は争いが多いところです。例えば，商標に関していえば，１項や２項の適用の前提に関して争いがあります*33。これは，商標権が,「商標それ自体に当然に商品価値が存在するのではなく，商品の出所たる企業等の営業上の信用等と結び付くことによってはじめて一定の価値が生ずるという性質を有する」*34という性質に起因しているものといえます。

その他，上記商標権の性質によって，２項における侵害者標章が侵害者の利益にどれだけ寄与したかという点に現れます。一般的に，特許権よりも商標権のほ

＊32　中山信弘『特許法』〔第３版〕391頁。
＊33　商標法における推定規定の適用要件に関する内容は，大寄麻代「商標法38条１項，２項による損害額の算定における商標の『寄与』の位置づけおよび同各項と同条３項との重畳適用」L&T 別冊１号96頁，大阪弁護士会知的財産法実務研究会編『知的財産権・損害論の理論と実務』194頁〔木村広行〕を参照してください。
＊34　東京地判平成13年10月31日判時177号101頁〔メープルシロップ商標権侵害事件〕。

うが，需要者に対して，商標権以外の要因の影響力が強く働くことが多いからです。

実際の事件においては，登録商標の識別力や周知性，侵害者標章の使用以外の侵害者の営業努力や宣伝広告等，侵害者商品と商標権者商品の品質や価格の差などを総合考慮して寄与率が判断されることになります。

また，３項は使用料相当額を最低限の損害額として法定した規定と考えられていますが，商標権侵害の事件では，損害不発生の抗弁が認められた裁判例があります＊35。

2. 著作者の特殊性

著作権侵害における損害に関しては，文芸，学術，美術，音楽等の典型的分野の著作物においては，著作権者が自ら著作物を利用した製品の販売行為をしていない場合が多いので，３項によって損害額を算定することが多くなります。この点について，著作権侵害による損害額が３項の利用料相当額として低額になってしまうので，権利者が自ら利用していることは要件ではないと考える見解もあります。近時の特許権侵害の裁判例＊36から，利用の蓋然性があれば２項の適用を認める見解も示されています＊37。

【第１節〜第２節／清原　直己】

第３節　無効審判及び審決取消訴訟

Ⅰ　無 効 審 判

(1)　はじめに

審判とは，審査官の処分に対する不服申立てを特許庁審判官（合議体）によって再審理し，審理判断を審決という形で示す行政行為で，審決は審判官（合議体）の最終的結論です。

審判の種類としては，特許の場合，査定系審判（当事者対立構造をとらず審決取

＊35　最判平成９年３月11日民集51巻３号1055頁〔小僧寿し事件〕，名古屋地判平成13年11月９日判タ1101号254頁〔JamJam 事件〕。

＊36　知財高判平成25年２月１日判時2179号36頁〔紙おむつ処理容器事件〕において，特許法102条２項の適用について，「特許権者に，侵害者による特許権侵害行為がなかったならば利益が得られたであろうという事情が存在する場合」であれば足りる旨述べられました。

＊37　中山信弘『著作権法』〔第２版〕636頁等。

消訴訟では特許庁長官が被告となる）の①拒絶査定不服審判（特121条）と②訂正の審判（特126条）があり，また当事者系審判（当事者対立構造をとり審決取消訴訟では処分を求める者と権利者が原告又は被告となる）と呼ばれる③特許無効の審判（特123条）と④存続期間延長登録の無効の審判（特125条の２）があります。意匠と商標にも無効審判はあります。しかし，侵害訴訟とダブルトラックとの関係で問題となることが多いのは特許です＊38。ここでは特許を中心に解説し，侵害訴訟との関係で③を中心に述べ，②についても実務の処理上押えておかなければならない点について触れます。

⑵　無効審判

特許法123条１項各号に列挙された無効事由を無効理由として請求します。原則として何人も時期的な制限なく請求できますが，冒認・共同出願違反を理由とする場合は利害関係人に限られます（同条２項）。

(a)　無効審判手続のフロー

請求人が無効審判請求書を提出すると，特許庁で方式審理を経て，被請求人へ送付され，被請求人は答弁書を提出して反論することになり，概ね次のような流れになります＊39。

審判請求書（請求人から）→答弁書（被請求人から）→弁駁書（請求人から）→期日の呼び出し→口頭審理陳述要領書（当事者から）の提出→口頭審理（調書）→
(A) 審決予告のある場合
→審決予告 ┬→ 訂正あり→審理継続
　　　　　 └→ 訂正なし→審理終結通知→審決
(B) 審決予告のない場合
→審理終結通知→審決

無効審判手続は，侵害訴訟の無効の抗弁の主張と併走することも珍しくなく，無効審判手続がどの程度で進行していくかというスケジュール感を把握して進めていくことが大切です。

(b)　進歩性の有無についての判断手法

＊38　商標については，三山峻司「商標法における無効の抗弁とダブルトラック－商標法39条による特許法104条の３の準用の実際上の意義－」(2011年別冊パテント７号)。

＊39　無効審判の四法別フローは特許庁のホームページから審判便覧〔第16版〕51-03を参照してください。

無効事由の中でも頻出する「進歩性の有無」の判断手法について触れます。

(イ)　特許法104条の３は，「当該特許が特許無効審判により無効にされるべきもの」について権利行使を制限するものです。「特許無効審判により無効にされるべきもの」かについては，侵害訴訟ルートの判断手法と特許無効審判・審取ルートの判断手法は，平仄を合わせるのが適切です。

進歩性の有無の判断手法は，侵害裁判所においても知財高裁の審決取消訴訟において採用される判断手法（特許庁「特許・実用新案審査基準第Ⅲ部第２章第２節・第３節」参考）に準じて行われています*40。

(ロ)　その判断手法は，数ある引用例の中で当該特許発明に一番近いと請求人が考える引用例を「主引例」とし，これに基づいて「引用発明」を認定し，この「引用発明」と特許発明とを対比して一致点・相違点を認定し，相違点について「副引例」を使用したり，出願当時の技術常識（周知慣用技術等）を参酌して当事者が当該特許発明について容易想到か否かを説明しようとする手法です。次頁の図「進歩性の有無の判断手法」はこれを図示したものです。

したがって，何が「主引例」であるか，その位置付けを明瞭にせず，多数の引用例を並列的に羅列列挙して主張するだけでは，当該特許発明が公知技術の単純な寄せ集めのような事案を除いては，無効主張の論理が構成されておらず再考を迫られるでしょう。

この判断手法を念頭に置くと，無効主張の「主引例」の選別が極めて重要であることがわかります。また，「副引例」の選別もむやみに多くの引用例を主張するのではなく，論理付けに沿う適切なものを選別することが大切になります。

(ハ)　「主引例」の選択と「副引例」の位置付け　「主引例」と「副引例」の選別と関係付けが適当でないと様々な問題が出てきます。

(i)　無効審判手続において　進歩性欠如の具体的な無効理由は，「主引例」「副引例」の組み合わせによって変わってきます。そこで，審判請求書の補正は，要旨の変更になるものではあってはならないとし（特131条の２第１項），

＊40　清水節「無効の抗弁」飯村敏明＝設樂隆一編著『LP 知的財産関係訴訟』139頁。岡本岳「進歩性の判断構造」同『LP 知的財産関係訴訟』429頁。詳しい文献として大阪弁護士会知的財産法実務研究会編『特許審決取消判決の分析～事例からみる知財高裁の実務～』（2015年３月別冊 NBL148号）。

進歩性の有無の判断手法

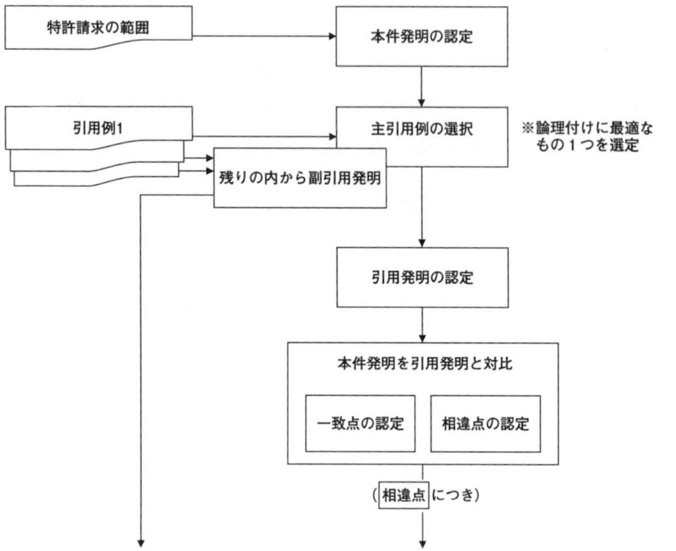

■進歩性の判断に係る基本的な考え方

□先行技術に基づいて、当業者が請求項に係る発明を容易に想到できたことの論理の構築（理論付け）ができるか否かを検討

□進歩性が否定される方向に働く諸事情及び進歩性が肯定される方向に働く諸事情を総合的に評価

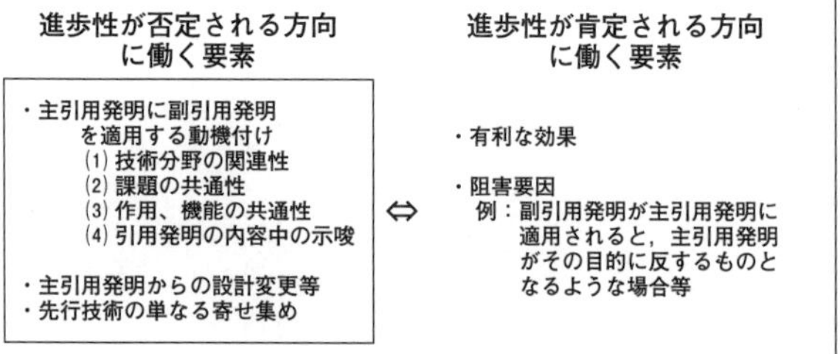
進歩性が否定される方向に働く要素
・主引用発明に副引用発明を適用する動機付け
(1) 技術分野の関連性
(2) 課題の共通性
(3) 作用、機能の共通性
(4) 引用発明の内容中の示唆
・主引用発明からの設計変更等
・先行技術の単なる寄せ集め
⇔
進歩性が肯定される方向に働く要素
・有利な効果
・阻害要因
例：副引用発明が主引用発明に適用されると，主引用発明がその目的に反するものとなるような場合等

図　論理付けのための主な要素

基準第Ⅲ部 第２章 第２節３.より

申立ての入口段階で，審判の対象となる具体的な無効理由となる事実の変更や追加を認めないと規定されました。そして，無効審判請求の請求の理由には当事者が適切な攻撃防御ができるように「特許を無効にする根拠となる事実を具体的に特定し，かつ，立証を要する事実ごとに証拠との関係を記載したものでなければならない」と規定し（特131条２項），職権審理によって当事者が申し立てない理由について審理したときは，審理結果を当事者に通知して意見を申し立てる機会を与えなければならないとしています（特153条２項）。

したがって，「主引例」と「副引例」の選択と組み合わせは，慎重に行わないと爾後の審理手続に大きく関係してくることを意識しておかなければなりません。

(ii)　侵害訴訟手続との関係　　侵害訴訟において，例えば被告が出願前Ａ刊行物を「主引例」，Ｂ刊行物を「副引例」とし，他のＣ・Ｄ・Ｅ文献等を周知技術の内容を示すものとして無効の抗弁を主張した場合，裁判所がＢ刊行物を「主引例」としＡ刊行物を「副引例」として，あるいはＡ刊行物を「主引例」とし，Ｄ文献を「副引例」とすれば無効性ありと考えた場合，裁判所はそれを理由として無効と判断することができるでしょうか＊41。

「主引例」と「副引例」を入れ替えて「無効にされるべきもの」との判断を行うことが，弁論主義違反＊42になるか否かは置くとしても，上記の判断手法に照らすと，「主引例」を動かすことは無効対象とする発明との「一致点」，「相違点」の前提が異なることになり，「相違点」に関する論理付けに関する当事者間の主張立証の攻防が無視され，権利者（原告）に不意打ちとなることは否めません。「主引例」と「副引例」は無効理由を構成する素材資料で，最適材料の選択・設計変更・単なる寄せ集めなど公知資料を列挙して済む場合であ

＊41　知財高判平成18年７月11日判時2017号128頁は，特許異議申立てに基づく取消決定に対する取消訴訟において，主たる引用発明と従たる引用発明を差し替えて進歩性判断をすることが許されるとしました。同一特許権につき，同年同月同日の知財高判判時2017号141頁は，訂正審判請求を不成立とした審決の取消訴訟において同様に差替えができるとしています。事案における妥当性を踏まえた例外的な判断と考えるべきでしょう。

＊42　岡本岳・前掲＊40・432頁・433頁は，容易想到性は，規範的要件であるから，これを根拠付ける具体的事実（評価根拠事実）が主要要実であると解すべきであり，組み合わせる動機付けを肯定する方向に働く，技術分野の関連性・課題の共通性・作用機能の共通性・引用例中の示唆等が存在することは容易想到性を根拠付ける事実，阻害要因は容易想到性をマイナス方向に根拠付ける事実（評価障害事実）にあたるというべきであると説明されています。

るかを含め被告がこれをどのように無効理由とするかの主張責任は被告が負うことになると考えます*[43]。

そうすると，結局，無効の抗弁を提出する被告側は，「主引例Ａ＋副引例Ｂ」「主引例Ｂ＋副引例Ａ」「主引例Ａ＋副引例Ｄ」などと考えられる無効理由となりうる組み合わせを複数主張することになります。

「進歩性なし」を無効理由とする無効主張は，異なる証拠や証拠の組み合わせにより無効理由を複数主張できる理屈ですから，被告側としては，時機に後れないように無効となる可能性があれば，複数の無効主張を漏れなく提出したいところです。この場合でも，優先順位をつけ無効理由の数の絞り込みを心掛けることによりメリハリのついた主張になります。

㈡　どのようにして論理付けに最も適した「主引例」を選択するか。

特許無効化調査（第１章第５節Ⅱ，第２章第５節Ⅰ～Ⅲ，同第６節Ⅳ）により原告特許発明のクレームの構成要件と比べてできるだけ多くの重複した部分のある公報類を「主引例」の候補として選別します。そして「主引例」が，原告特許発明と次の観点からみて多くの関連性を有しているか否かを検討します。別の言い方をすれば，次の観点からみて遊離する点が一番少ないものを選定することになります。

[観点]

ⓐ　同一又は類似の技術分野

ⓑ　同様の目的又は効果の指向

ⓒ　課題の共通性

ⓓ　引例中の示唆

ⓔ　副引例との関係

ⓕ　当業者の技術水準

ⓖ　先行技術の教示内容によって導き出せる補充内容

⑶　訂正審判・訂正請求及び訂正の再抗弁について

＊43　「最適材料の選択」「単なる寄せ集め」等と「主引例・副引例分け」のいずれの理屈立てで構成して主張するかという両者の区別の基準と両者の関係及びこれらの判断順序は必ずしも解明されていません。また，「主引例・副引例分け」における課題の共通性が本願発明と主引例間にあるだけでよいか，主引例と副引例との間ではどうかなどそれ自体で議論を詰めなければならない点も残されています。

(a)　訂正審判・訂正請求の位置付け

訂正審判・訂正請求は，侵害事件との関係では被告からの特許権の無効化に対する攻撃をかわす手段です。

迅速かつ効率的な審理が妨げられないようにするために訂正審判の請求できる時期や訂正請求の機会が一定限度で制限されています。訂正のできる機会については，本章第４節Ⅱを参照してください。

(b)　訂正の再抗弁の要件事実

(イ)　要件事実　　訂正の再抗弁には，次の(i)ないし(iv)を主張立証することが必要です。それぞれの留意点等に触れます。

(i)　当該請求項について訂正審判請求ないし訂正請求をしたこと＊44

侵害訴訟において単に訂正する内容を主張するだけで訂正請求等をしない場合は，再抗弁として主張自体失当になります。その理由として，第１に物権類似の排他権の権利範囲を画定する意味を有するクレームが訂正請求等によって明瞭になること。第２に仮定的・予備的なクレームの主張による当事者間の攻防主張の錯綜化を避けられること。第３に無効審判請求を受けたときの防御策として訂正請求が位置付けられ無効審判請求を提起する相手方の立場との均衡をはかれること等から(i)を要件事実とすることは妥当と考えられます。

ただし，被告が無効審判請求を行わず無効の抗弁を侵害裁判所において主張するだけの場合でも，原告権利者が訂正審判請求をしなければ訂正の再抗弁が主張自体失当になるのは疑問が残ります。しかし，排他的独占権の範囲を画するのに特許庁に対し訂正審判請求の手続を要求して公示に準じる開示を重視して，訂正の再抗弁を主張するのであれば訂正審判請求が必要であるとの考えは首肯できるでしょう＊45。

(ii)　当該訂正が特許法126条の訂正要件を充たすこと　　「訂正の請求」

＊44　東京地判平成19年２月27日判タ1253号241頁〔多関節装置事件〕。知財高判平成21年８月25日判タ1319号246頁〔切削方法事件〕。東京地裁知財４ヵ部及び大阪地裁知財２ヵ部は，いずれも訂正審判請求ないし訂正請求は再抗弁の要件事実として必要と統一的な考えで一致しているようです（篠原勝美ほか「知財高裁・東京地裁知財部と日弁連知的財産制度委員会との意見交換会（平成18年度）」判タ1240号14頁〔設樂隆一発言〕及び「2007年度大阪地方裁判所第21・26民事部と大阪弁護士会知的財産委員会との協議会」判タ1265号16頁）。

＊45　ただし，知財高判平成26年９月17日判時2247号103頁〔共焦点分光分析事件〕や知財高判平成29年３月14日裁判所ホームページなどは，例外的に訂正請求等が不要となる場合を認める余地があることを示しています。

と「訂正審判請求」とは，特許請求の範囲の減縮（1号）・誤記又は誤記の訂正（2号）・明瞭でない記載の釈明（3号）と訂正できる範囲は，基本的に同様です（特134条の2第1項，特126条1項）。

審判手続における訂正の請求については，独立特許要件は，訂正要件違反の問題ではなく無効を請求されている請求項について無効理由の存否の問題として取り扱われ，訂正審判の場合と異なり独立特許要件を課していません（特134条の2第9項）。他方，訂正審判請求では，特許請求の範囲の減縮（1号）・誤記又は誤記の訂正（2号）は，独立特許要件の充足が必要です（特126条7項）。

また，訂正審判請求の場合も訂正請求の場合も「明細書，特許請求の範囲又は図面の訂正」は，「実質上特許請求の範囲を拡張し，又は変更するものであってはならない」（特126条6項，特134条の2第9項による特126条6項の準用）とされています。

なお，訂正請求書の補正は，訂正請求書の要旨を変更しない範囲で許されます（特134条の2第9項による特131条の2第1項の準用）ので，訂正のチャンスを利用して行う訂正内容は十分吟味しなければなりません。

(iii)　当該訂正により，当該請求項について無効の抗弁で主張された無効事由が解消すること

(iv)　イ号製品が訂正後の請求項の技術的範囲に属すること

Ⅱ　審決取消訴訟

(1)　概　　要

特許に関する審決については，その適法性を判断するため，東京高等裁判所を専属管轄として訴訟を提起できます（特178条1項）。出訴期間は，審決の謄本の送達のあった日から30日を経過した後は提起できず30日は不変期間です（特178条3項・4項）。東京高裁の知的財産高等裁判所第1部から第4部が担当することになっています（知的財産高等裁判所設置法2条）。

審決は行政処分ですから，原則として行政事件訴訟法が適用されますが，特許事件の専門性・特殊性から，特許法は行政事件訴訟法の特則を規定しています（行訴1条）。同法に定めがない事項については民事訴訟の例によるので民事訴訟法による通常訴訟事件と同様に取り扱われる局面も多くあります（行訴7条）。

争点の主要なパターンの一つは，審理範囲とも関係して，審決が行った当該発明と引用例（先行技術文献）との対比による同一性（新規性）又は容易想到性（進歩性）の有無についての判断の当否であって，当該発明と引用例との相違点に焦点をあて，特許権者は当該相違点を当業者であっても他の引例や周知技術から容易に想到できないこと（審決が非容易想到と判断している場合は，その審決の内容に即して，審決が容易想到と判断している場合は，審決が誤りであること）を，無効主張する者は，その逆となる方向の論理主張を展開するパターンになります。

(2)　審決取消訴訟の訴訟構造

審決取消訴訟の訴訟構造は次節Ⅰ(2)を参照してください。

(3)　取消率

審決・決定の取消率は，実務上気にかかるところです。進歩性の判断に寛厳の生じることは，知財という技術情報をどのように法の政策として保護すべきかという時代状況を反映します。大きな傾向に留意しておくと役に立つでしょう[*46]。

第４節　侵害訴訟と無効審判との関係（ダブルトラック）

Ⅰ　ダブルトラックでの紛争を想定する

(1)　はじめに

侵害訴訟を提起する段階で，相手方から無効審判請求が提起されると想定した準備と対応が必要です。

侵害訴訟ルートと審判・審取ルート（ダブルトラック）における実務運用フロー[*47]を念頭にその帰趨と時間・コストの問題を意識しなければなりません。

無効審判が提起されるか否か，考えられる無効事由や資料はあるか，その場

＊46　特許・実用新案の無効審判の審決取消率の推移について，無効審決の取消率（2003年から2007年まで14％～12％）と有効審決の取消率（2003年から2007年まで46％～61％）が，2007年から2008年にかけて大きく変化します。その後，両取消率はともに20％から30％前後で推移しているようです。設樂隆一「知的財産高等裁判所の10年間の歩みと今後の展望」自由と正義2015年４月号66巻４号44頁以下）。

＊47　無効審判手続のフローについては，第３節Ⅰ(2)(a)を参照してください。審決取消訴訟のフローについては，知財高裁ホームページ（http://www.ip.courts.go.jp/tetuduki/form/form_youkou/index.html）を参照。

合の有利・不利等を弁護士と弁理士の役割分担も詰めてイメージしましょう。無効審判を提起された場合，当該特許権をライセンスしている場合のダメージも考える必要があります。

無効審判の審決の結果如何によって並走する侵害訴訟の進行を見据え審決取消訴訟との関係も当事者はイメージできなければなりません。

(2)　ダブルトラックの各トラックでの判断の基礎となる主張・証拠の取扱い

ダブルトラック相互間で主張・証拠を共通化する法的な担保はありません。裁判所の事実上の訴訟運営にまかされている部分もあり，判断の齟齬が構造的に生じる仕組みになっています。そこで，当事者としては審判・審決取消訴訟と侵害訴訟との間での主張と証拠の提出の歩調を考えて処理する必要があります。

(a)　無効審判請求及び審決取消訴訟の構造と採証上の取扱い

特許無効審判を請求する場合，「請求の理由」は，特許を無効にする根拠となる事実を具体的に特定し，かつ，立証を要する事実ごとに証拠との関係を記載しなければなりません（特131条２項）。また請求書の補正は，その要旨を変更するものであってはならない（特131条の２）とされ，無効の根拠となる事実の主張を後に追加・差替えすることは禁止されています。つまり，審理対象が変わるような無効事由の追加や修正は，無効審判請求の途中ではできないのです。

審決取消訴訟は，「続審」構造をとらず，「自判」できません。いわば「審決の事後審」として，審決の違法性の有無を審理の対象（訴訟物）とし，審決の結論に影響を及ぼすべき審決自体の手続上及び実体上の瑕疵がある場合に請求を認容して審決を取り消して特許庁に差し戻すか，そのような場合にはあたらないとして請求を棄却するかになります。審決が違法かどうかが問題になりますから，審決の対象となっていない新しい無効事由を知財高裁に提出して争うことはできず*48，新たな直接証拠の追加・変更は審決取消訴訟の中では許されません。ただ，周知技術や技術水準等を証明するための証拠の追加・変更は許されるとしています*49。

差し戻されると再度，審判官は審判手続を行い（特181条２頁），審決取消訴訟

＊48　最判昭和51年３月10日民集30巻２号79頁〔メリヤス編機事件〕。
＊49　最判昭和55年１月24日民集34巻１号80頁〔食品包装容器事件〕。

における取消判決は，再度，審理を担当する審判官を拘束します＊50（行訴33条１項）。

(b)　他方で，侵害訴訟では，無効事由を特定して無効の抗弁として主張していきます。審判・審取ルートの判断を待つ必要はなく，侵害訴訟の審理の進行に合わせて，民事訴訟法157条（時機に後れた攻撃防御方法）や特許法104条の３第２項（無効の抗弁の不当遅延）の諸規定に基づいて，主張や証拠の提出を制限し，弁論に顕出された主張と証拠に基づいて判断される建て付けになっています。

(c)　したがって，無効事由は早めに主張と証拠を出しきっておかなければ，審判・審取ルートでは，第１次・第２次・第３次無効審判請求という形で別途の審判請求を行わざるを得なくなりますし（その結果として審取も別個になる），侵害訴訟での第１次以降の無効の抗弁の主張は，時機後れとして考慮されない事態になることがありうるということがわかるでしょう。そのような事態になることは避けなければなりません。

そして，侵害事件の終局判決確定までに特許無効が確定したとの結論が得られないと，最早，侵害訴訟での認容の結論を特許が無効になったとの理由で覆すことはできないと定められています（特104条の４。主張が制限され再審ではとりあげられません）。

このようにダブルトラックでは，時間的制約を意識した訴訟活動が肝要です。

(3)　問題となる証拠の位置付けと帰結

以下の(a)(b)のような証拠に基づく主張が，当該の証拠とともに侵害訴訟のかなり進行した段階で提出された場合どのように扱われるかを整理しておきます。(a)については，時機に後れたものとして却下され，(b)については，時機後れとして却下されるか，審理に取り込まれるかは，進行を踏まえた裁判所の判断に委ねられることになるでしょう。

(a)　新たな無効理由の「主引例」としての証拠及びこれに関する主張を提出する場合

特許発明の進歩性を否定する強力な証拠を「主引例」として無効の抗弁の主張を行うもの。すでに先行の異なる無効事由による無効審判請求を行っていて

＊50　最判平成４年４月28日判時1419号93頁〔高速旋回式バレル研磨法事件〕。

も当該証拠を「主引例」として第２次の無効審判請求をすることになります。

(b)　技術水準を示す証拠及びそれに関する主張を提出する場合

既提出された証拠に加え，特許出願時の技術水準ないし技術常識がより一層明らかになる証拠で，特許出願時に特許公報に開示された発明が，進歩性の判断の前提となる知見等を明らかにするもの。

Q９－４　損害論に移行後の新たな無効事由の発見

第一審の侵害訴訟の審理が相当に進み侵害論において裁判所の侵害心証が開示され，損害論に移行しました。そうした中で原告の特許権者の出願前の公然実施を示すパンフレットや雑誌をやっと発見することができました。有力な無効事由となる証拠です。どのように対処すべきでしょうか。

A

侵害訴訟で侵害論から損害論の審理に移行した途中に有力な無効資料が新たに発見された場合の対処が問われます。

この場合，特許庁のルートでは無効審判請求を行い，侵害訴訟では時機に後れて却下されることを覚悟で無効の抗弁を主張せざるを得ないでしょう*51。そうしないと控訴審ではさらに時機後れとして取り上げられることが難しくなります。また，原告自身の公然実施の資料ですから原告自身が最も当該事実を知る立場にあり，提出された証拠はたとえ時機後れとなっても，そのインパクトは大きいでしょう。

仮に侵害訴訟では却下されて取り上げられなくとも，和解がある場合は考慮要素の一つとなるかもしれません。そして，無効審判請求手続の推移を明らかにして無効審決の結果を得た場合には，侵害裁判所の適切な訴訟運営に期待することもできるでしょう。

なお，先行する第１次無効審判請求を行っている場合で未だその結論が出ていないときは，第２次無効審判請求は先発の第１次の審判・審取ルートの結果が確定するまで，その進行が待たされる（中止）という事態も考えられますので，この辺の目配せも必要になってきます*52。

---

*51　侵害論・損害論の二段階審理方式の下では，侵害の心証開示後，損害論に入っている段階では，侵害論の蒸し返しとして却下されると考えるべきです。

Ⅱ　訂正の可能性とタイミング

⑴　訂正のできる機会

現行法上，特許権者が訂正できる主な機会は，次頁の図のとおりです。

クレームとイ号の構成あるいは被告からの予想される無効の抗弁から，訂正してから訴訟すべきか，訴訟の経緯（推移）を見つつ対応（訂正）すればよいかの判断に迫られます。

その前提として，原告側には，制度上，いつ，どのような機会に訂正できるかを知っておく必要があります。

原告側は，侵害訴訟の提訴前に自主的に訂正審判請求を行う機会（特126条１項本文）があります。また，相手方から無効審判を提起される機会を利用して訂正請求を行う機会があり（特134条の２），この間計４回の訂正のチャンスがあります。さらに，無効審判の請求不成立とする審決の取消判決の確定後，差戻しで無効審判の審理が再開されるときは，取消判決確定の日から１週間以内に被請求人から申立てをすれば訂正請求の機会がある（特134条の３第１項・181条２項）ので，これも入れ提訴前の訂正審判請求の機会も入れると訂正のチャンスがあるのは合計６回ということになります。

なお，被告が第１次，第２次と無効審判請求を提起するとすれば，その度ごとに原告（権利者）側は同じように訂正の機会があることになります（特134条の２第１項。ただし，一つの無効審判事件における複数回の訂正請求について同条６項に留意）。

もっとも特殊なケースですが，訂正の再抗弁（対抗主張）が，特許法104条の３の規定の趣旨に照らして許されない，あるいは訂正の再抗弁を主張しなかったことについてやむを得ないといえるだけの特段の事情がない限り，特許権の侵害に係る紛争の解決を不当に遅延させるものとして，特許法104条の３及び104条の４の規定の趣旨に照らして許されないとする最高裁判所判決*53があります。どのような事案でそのような判断がなされているかについてケースの個別事情があるので注意が必要です。

＊52　特に侵害事件の進行との関係で留意が必要で侵害事件の判決確定までがタイムリミットになります（特104条の４）。

＊53　最判平成20年４月24日民集62巻５号1262頁〔ナイフ加工装置事件〕，最判平成29年７月10日裁判所ホームページ〔シートカッター事件〕。

図　ダブル・トラックにおける無効の抗弁と訂正の再抗弁をめぐるフロー

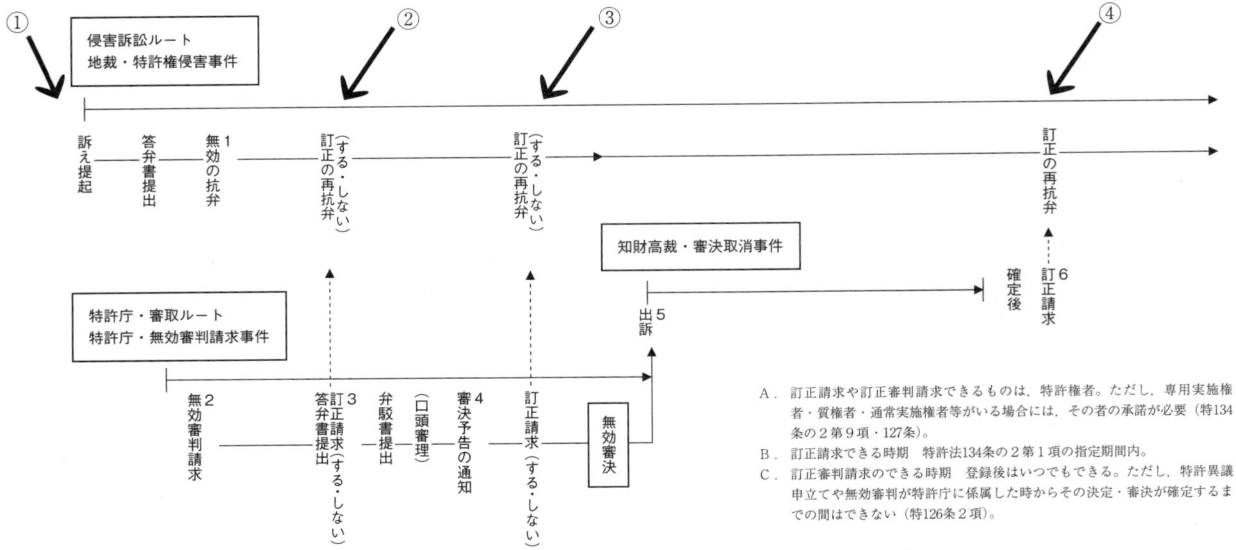

A．訂正請求や訂正審判請求できるものは，特許権者。ただし，専用実施権者・質権者・通常実施権者等がいる場合には，その者の承諾が必要（特134条の２第９項・127条）。
B．訂正請求できる時期　特許法134条の２第１項の指定期間内。
C．訂正審判請求のできる時期　登録後はいつでもできる。ただし，特許異議申立てや無効審判が特許庁に係属した時からその決定・審決が確定するまでの間はできない（特126条２項）。

1　特許法104条の３．大阪地裁知財専門部の審理モデルでは，「訴の提訴」から「被告の無効論の主張」まで110日を概ね目安としている。
2　特許法123条。
3　特許法134条１項。特許権者は答弁書の提出期間内に訂正請求を行うことができる（特134条の２）。
4　特許法164条の２第２項。審決の予告をするときは訂正請求するための相当の期間を指定しなければならない（特134条の２第１項本文）。
審判長が申し立てられない理由で職権審理した場合，当事者等に通知され相当の期間を指定して意見を申し立てる機会が与えられる（特153条２項）。特許権者は，この指定期間内に訂正請求することができる。
5　審決取消請求訴訟提起後も訂正審判の請求はできない（特126条２項）。
6　無効審判の請求不成立とする審決の取消判決の確定後，差戻して無効審判の審理再開につき，判決確定の日から１週間以内に被請求人の申立てにより指定された相当期間内に訂正請求することができる（特134条の３第１項）。

(2) 無効主張及び訂正に関係する対応パターン

次の①ないし④が考えられます。

(a) 無効主張に関し

① 侵害訴訟ルートのみで無効主張し，審判・審取ルートでは沈黙型

② 審判・審取ルートのみで無効主張し，侵害訴訟ルートでは沈黙型

(b) 訂正に関し

③ 先行訂正審判請求（査定系）型

④ 訴訟対応の訂正請求（当事者系）型

①は，無効審判請求を提起してまでして対世的な効果をねらわず，侵害訴訟において無効の抗弁だけを主張するものです。よほど無効事由が明らかな場合であるか，無効審判請求を行うこと自体による得失を考えてのことです。そのような例も実際はありますが，記載要件違反の無効主張など無効事由如何によってもケース・バイ・ケースで，両ルートの主張証拠を必ずしも一致させる必要はないとの判断です。②は，理念的には考えられますが，現実には少ないでしょう。侵害訴訟ルートのトラックでの争いが起こる前哨戦として訴訟が提起される前の単純な特許の有効性が争われるケースといえるでしょう。

④の訂正請求型は，無効審判手続の中で行われるので当事者系として当事者対立構造の中で訂正の可否が検討されます。しかし，③の訂正審判型は，査定系として当事者対立構造をとっていません。訂正が無効審判に対する防御という性質を有する点から考えれば訂正の可否は当事者対立構造の中で検討されるのが妥当であると思われます。しかし，侵害訴訟を前提とし，予め訴訟中に訂正の問われる事態が想定されるのであれば，提訴前に査定系の訂正審判請求を行うほうが有利な場合もあるでしょう。

特にPBPクレームについては，明確性要件（特36条６項２号）違反についての訂正による対応が問われる最高裁判決＊54が出されていますので，PBPクレームによる侵害訴訟を提起する際には，明確性要件違反による無効の抗弁が被告から主張されることが予期されます。そこで，予め訂正審判請求をしておくべきか否かの検討が必要ですが，今少し裁判例の動向を見守る必要があるよう

＊54　最判平成27年６月５日民集69巻４号700頁〔プラバスタチンナトリウム事件〕。

です[*55]。

第５節　執　　行

Ⅰ　知財に関係する強制執行の強制履行の方法

知的財産権侵害訴訟は，差止請求等が認容されても判決の内容に即した是正が行われるとは限りません。相手方が判決に従わなければ強制執行手続が必要となります。

⑴　直接執行

損害賠償請求・不当利得返還請求・補償金請求・職務発明の相当対価（相当利益）請求などの「金銭債務」や書籍印刷の出版契約に伴う書籍原稿の引渡し[*56]・レコードの原盤やジャケットの制作契約に伴う複製CDの引渡し[*57]などの「物の引渡債務」につき，執行機関が直接に執行を行う方法が「直接執行」です。

⑵　代替執行

附帯請求として為される侵害組成物や侵害生成物の廃棄・侵害行為に供した設備の除去・単純な謝罪広告請求などの「代替的作為債務」及びある種の「不作為債務（義務違反による物的状態の出現物［債務名義成立後の侵害表示の看板の設置等］の除却）」について執行する方法が「代替執行」（民執171条）です。

⑶　間接強制

「なす債務」のうち「作為債務」の中でも電磁的記録文書のサイトからの削除請求やある種の謝罪広告請求などの「不代替的作為債務」や侵害物の製造販売禁止・侵害表示の使用禁止・虚偽陳述流布行為禁止・競業行為禁止などの単純な禁止の「（狭義の）不作為債務」について，債務者に一定の不利益を課し債務者に履行するように仕向けて間接的に履行の実現をはかる方法が「間接強制」（民執172条）です。

＊55　上記の平成27年最判後に出ている知財高裁の諸判決（知財高判平成28年９月20日，同平成28年９月29日，同平成28年11月８日。いずれも裁判所ホームページ）を見ると，明確性要件違反となるPBPクレームの範囲が分明とはいえず，慎重に検討することが必要です。

＊56　例えば，東京地判平成22年９月30日裁判所ホームページ〔著作権使用料等請求事件〕。

＊57　例えば，東京地判平成23年７月21日裁判所ホームページ。

(4) 知財事件と間接強制

「間接強制」は債務の内容の履行を債務者に行わせるために債務者に一定の不利益（金銭の支払）を課して債務者の意思を圧迫して間接的に債務の実現をはかります。

民事執行法173条１項は，間接強制の補充性を緩和しています。知財事件の場合，間接強制を利用して相手方の履行を促すほうが実務的であり効率性の上でも適切な場面が多く，著作者人格権や虚偽表示流布などによる声望・信用などの回復措置の必要な場合を除き＊58，究極的には金銭評価された財産的救済がはかられれば足りるとすれば，直接強制や代替執行に特にこだわる必要性は少ないでしょう。

Ⅱ　知的財産権侵害行為の差止めにおける間接強制手続の実際

(1) 侵害物の製造販売禁止は不作為を命ずる給付の訴え

特許権者は，「特許発明の実施をする権利を専有する」（特68条）ので，差止めの内容も特許法２条３項の「実施」をしてはならないという請求になります。差止めの典型である侵害物の製造販売の禁止は，一定の不作為を命ずる「給付の訴え」です（特100条１項，実27条１項，意37条１項，商標36条１項，不競３条１項，著112条１項）。

知的財産権である独占排他権が侵害される場合は，特許の実施された物を「製造販売してはならない」，商標の付された物を「販売してはならない」等の消極的な給付が中心となります。

強制執行の際に，確定判決が債務名義（民執22条）となり執行力を付与され（民執25条・26条），この主文の記載を中心として執行の種類や内容あるいは範囲が決まります。債務者が一定の行為をしないことを内容とする不作為義務を内容とする消極的な給付は，間接強制の対象となり「間接強制」が強制履行の実現手段となります。

＊58　謝罪広告等の信用回復措置については，代替執行の対象となる代替的作為義務に属するのか，間接強制の対象となる不代替的作為義務となるのかが場合によって問題となります（最判昭和31年７月４日民集10巻７号785頁)。「単に事態の真相を告白し陳述の意を表明するに止まる程度のもの」は代替執行の対象となるとするのが通説的見解です。しかし，代替執行の対象となるとしても間接強制も選択できます。

Q９－５　間接強制と手続の流れ

Xは，競合会社Ｙに対して，Xの登録商標（A）の商標権のを侵害したａ表示商品の販売等の差止判決（「Ｙは，商品○○にａ標章を付し，又は同標章を付した○○を販売し，販売のために展示してはならない」）を得ました。しかし，その後もＹは判決に従わず，ａ表示を横書きから縦書きに変えただけのａ表示商品の販売を続けています。Ｙはそれなりの資産と規模の会社ですが，先代の時代よりXに敵愾心をもっているようです。

Xとしては，Ｙに判決に従わせるためどのような対応をとるべきでしょうか。

A

上記に対する対応を，間接強制手続（下記(2)）の中で説明します。

(2)　知的財産権侵害行為差止めにおける間接強制手続の流れ

間接強制の手続の大きな流れは，間接強制の申立て（支払予告決定［強制金決定］の申立て）→審理→強制金決定（あるいは却下決定）→強制金の取立ての執行，という順に進行します。

(a)　間接強制申立てにおける「申立ての趣旨」は，債務名義となる確定判決あるいは仮執行の宣言を付した判決等（民執22条）に表示されている不代替的作為義務の内容あるいは不作為義務の内容をそのまま記載します。

設問の販売禁止の不作為義務の場合には，「本決定送達の日以降，債務者（Y）が前項記載の義務に違反して，商品○○にａ標章を付し，又は同標章を付した○○を販売し，販売のために展示したときは，債務者（Y）は債権者（X）に対し，当該違反行為をした日の１日につき金○○万円の割合による金員を支払え。」というような文言になります。

(b)　間接強制申立ての時点で不作為義務に現に違反していることは，支払予告決定の発令要件とされていません。

審尋（民執172条３項）は必要的ですが，申立後審尋までの時点で不作為義務違反状態はないとの事実は，支払予告決定を止める（却下する）には十分ではありません。すなわち，「販売してはならない」「使用してはならない」との判決内容に即して，判決後に販売しなくなった，あるいは使用しなくなったとの事実を明らかにしても発令自体を止めることはできないと考えておく必要があります（もっともそのような状況を債権者が把握していれば，間接強制の申立てを控えるでしょう）。

とはいうものの，裁判所は金額や期間を定めるについて当事者の主張を参考にすると考えますので，「……意見があれば，この審尋書が到達した日から○日以内に書面をもって意見を述べられたい」との審尋には応じ，販売していない事実などを含めて債務者側の事情を「意見書」などとして積極的に説明すべきです。審尋は，債務者に陳述をなさしめる機会を与えるをもって足り，機会を与えられた債務者が現実に陳述しなくても間接強制を命ずる決定をすることができます＊59。間接強制が発令されても，強制金を取り立てるためには支払予告決定を債務名義（民執22条３号）として執行文の付与を受け，債権者側で支払予告期間後に侵害行為（不作為義務違反の事実）を証する文書を提出する必要があります（民執27条１項）。あるいは強制金の支払の執行を求める執行文付与の訴えが必要となります（民執33条１項）。したがって，不作為義務違反（実施事実や使用事実）がなければ，強制金支払の制裁は実際上は行いえないことになります。

債権者が侵害行為（不作為義務違反）のあることを証する文書を提出し（民執27条１項），強制金の執行を行おうとする場合，不作為義務違反の内容は単純なケースばかりではありません。例えば，イ号表示の使用禁止につきイ号表示を変形して付記表示を付したロ号表示（判決の主文に特定して表示された具体的な標章とズバリ同一の表示ではない）を使用していた場合，その使用が使用禁止違反の範囲に入るか否かが問題となります。表示の同一性をめぐって使用義務違反があったか否かが争いになるのです＊60。設問のａ表示を横書きから縦書きに変える程度では，表示の同一性は原則として失われないでしょう。

＊59　音楽著作物の無断演奏につき旧民事訴訟法下の事案で大阪高決昭和44年３月14日判タ232号345頁〔東海観光・間接強制の決定に対する即時抗告事件〕。

＊60　札幌高判昭和49年３月27日判時744号66頁〔「みその東鮨」事件〕は，「東鮨」の商号を使用してはならない旨の執行力のある判決正本により，「みその東鮨」を商号表示する看板の撤去を命ずる間接強制の申立てを行ったところ，裁判所は，類似商号「みその東鮨」を使用禁止とするためには，新たに別途判決を得て，これに基づいて執行すべきを相当とするとして間接強制申立てを却下した原決定に対する抗告人の即時抗告を棄却しました。表示や物件の微細な変更（微細か否か自体が識別論争や技術論争を生むが）により判決手続を一からやり直すという不都合をどう考えるかという問題です。

債務者が表示の同一性について間接強制の発令の対象の表示と異なるとして争う場面は，強制金の取立ての執行の場面で，支払予告決定の債務名義（民執22条３号）上の請求権の存否・内容に関する争い（請求異議事由）として，請求異議訴訟（民執35条）で争われると考えられます。なお，支払予告決定に対して，債務者は裁判の告知を受けた日から１週間以内に執行抗告をすることができます（民執172条５項・10条２項）。

(c)　表示の差止めの「請求の趣旨」の立て方を工夫すれば表示の同一性についての不都合の一部は解消できます。差止対象を細部まで特定しない方法です。商標や不正競争防止法では，現実に相手方が使用している使用態様をそのまま「別紙被告標章」として特定する方法もありますが，当該使用態様に含まれる主要な表示を「○○なる表示」式で請求を立てる方法です。この方法はストロングマーク（造語）に適していますが，ウィークマークのときには工夫が必要です。

特許では，執行官保管など現地で執行する物件の具体的な構成態様が区々に異なる場合があるので，それらを包摂する程度にまで抽象化したイ号物件の特定に工夫が必要となります。実務で近時採用されている商品名や型式番号で特定することも考慮されるべきです。

訴訟物の特定は，判決の既判力の範囲の問題であるとともに，執行力の範囲の問題でもあるのです。

(d)　強制金の額は，裁判所の裁量によります。

強制金の金額は，心理的目的に即した執行裁判所の合理的裁量によって決まります。不代替作為義務や物の引渡債務における「○日までに履行しないときは……」という期間についても同様です。債務者が履行可能と思われる期間を定めます。裁判所は金額や期間について間接強制の申立ての際の当事者の主張内容に拘束されるわけではありません。申立書記載の強制金の金額より高額になることもありえます。

強制金の額について，民事訴訟法旧734条では損害賠償を命ずることとなっていました。しかし民事執行法では，債務の履行を確保するに足る額として違約金の性質を有する強制金と柔軟に規定されています。音楽著作物の無断使用（演奏）禁止の仮処分命令の間接強制につき，民訴旧法下の事案ですが，１日７

万円の金額は過酷であると争われた事件があります*61。裁判所は，「……間接強制の目的は，債務者に対し，不履行によって生ずべき損害の賠償を命ずることによって，間接的に債務の履行を強制しようとするものであるから，右間接強制に掲ぐべき金額は，一応右債務不履行によって生ずべき現実の損害額を標準としてこれを決定するのが妥当であろうと考える」とし，１営業所における演奏曲数，営業所数，１曲あたりの使用料から計算して，抗告人の主張を斥けています。現行法の下では，より柔軟に判断できるようになったといえるでしょう。

債務不履行による損害賠償は，強制金を超える損害のあるときは別途請求することができます（民執172条４項）。強制金の支払額が損害額を超えた場合には，裁判所の決定が法律上の原因（民703条）になるので差額は返還請求できません*62。

⑶　間接強制の申立てを行うタイミング

間接強制の申立てはいつ，どのようなタイミングで行うべきでしょうか。

前記したように不作為義務違反のあることは支払予告決定の発令要件とは考えられていません。差止めの仮処分や差止めの認容判決が出されるのは，差止めの必要性ありと認定された故ですから（訴訟中に侵害品の製造販売が確実に停止されれば，差止請求は棄却になるでしょう），判決後も使用されていないとの確信が得られない限りは，間接強制の申立てを機械的に行う対応も考えられます。支払予告決定までは，判決後の一連の手続と考えて，とにかく申立てしておく対応も一考です（申立てにより相手方に審尋書の通知が行くのも牽制になる場合があります）。実務的には判決の確定後に，相手方の状況をある程度調査した上で，不作為義務違反の事実状態が続いているか否かを把握した上で申立てを行うことが一般でしょう。

【第３節～第５節／三山　峻司】

＊61　名古屋高決昭和35年４月27日判時224号15頁〔中部観光間接強制申立ての決定に対する即時抗告申立事件〕。

＊62　ただ，保全執行にかかる間接強制金の支払は被保全権利の不存在によって不当利得とされています（最判平成21年４月24日民集63巻４号765頁）。

第10章

知財紛争にまつわる関連事項

第１節　マスコミへの対応

Ⅰ　一　般　論

知財紛争にまつわる問題は，新聞や雑誌あるいはテレビなどに取り上げられることが珍しくありません。訴訟額が大きかったり，先端技術や有名ブランドが絡む事件では，世間の関心も高く注目を集めやすいのでしょう。実務上も対応に迫られることがあります。報道によるとレピュテーションリスクの発生も気にかかるところです。

侵害事件を想定して，原告側と被告側の立場からマスコミとの関係について触れます。

Ⅱ　提訴前後と訴訟係属中の対応

(1)　原告側（提訴側）

(a)　報道関係先へのプレスリリースの有り様

リリースのタイミングについては，リリースする場合には次の(b)の点をも踏まえ適宜適切に行う必要があります。積極的にはリリースせず，問合せがあれば応じるという場合もあります。タイミングのほかにいくつかの留意点について触れます。

(イ)　プレスリリースの文章と内容　　５Ｗ１ＨをＡ４判用紙１～２枚にまとめる程度の心積りが必要です。

工夫がいる一つは，クレームとイ号物件との対比をいかに要領よく客観的に説明するかという点です。また，意匠の美感や商標・不正競争防止法の表示が問題となる事案では，原告意匠と被告意匠あるいは原告表示と被告表示の表された商品の写真を添付するのが一目瞭然でわかりやすいでしょう。

(ロ)　記者クラブへの「投げ込み」　　東京や大阪の裁判所には，司法記者クラブがあります。新聞社・通信社・テレビ局等が加盟しています。記者クラブを通じてプレスリリースを配付するのも検討すべきです。

記者クラブは，官公庁だけではなく企業の業界ごとに設けられていることもあります。流通関係では，商工記者クラブや商工記者会を通じて，上場や株価に関係しては証券取引所に設けられている記者クラブを通じて配付してもらうことも場合によっては検討されてよいでしょう。

記者クラブは持ち回りで幹事社を決めていますので，通常は幹事社に連絡することになります。

マスコミの事実上の影響力は大きいものがあります。市場が狭く取引業者が限られているような状況では，名前をたとえ伏せて特許権侵害として警告書を発したと業界誌に載せただけで，侵害者といわれた者が誰かが推測できる場合があり，他の状況と合わせて，後に非侵害との結果が出された場合に，不正競争防止法上の営業誹謗行為（不競２条１項15号）として損害賠償請求を受ける場合がありえますので注意が必要です*1。

(b)　上場企業の情報開示義務

上場企業の場合，IR 活動としてプレスリリースなど積極的に提訴事実を情報提供しなければならないことがあり，これを念頭に置く必要があります。これに関連して株主総会等で株主から質問を受けることも考えられます。

これらのマスコミの対応に関して訴訟上留意しなければならない点も出てきます。例えば，商標の類似や不正競争防止法の誤認混同調査においてアンケート調査を実施する場合です。プレスリリースにより提訴事実が報道され耳目を集めた後に行うアンケートではバイアスのかかった調査との批判を受けることがあります。その点を視野に入れて提訴前にアンケートを実施しておくか否かを検討しておく必要などが出てきます。

(c)　取引関係先へのリリース

事情を知らない取引先は，訴訟によって自身の営業活動や商売に何らかの影響を受けるのではないかと不安を感じることがあり，また，それによる問合せが頻発することも考えられます。

取引関係先へのリリースの最大の目的は，取引先に不必要な動揺を与えないためになされます。また，取引先への説明が担当者によって区々にならない方策にもなります。

取引先へリリースされる文書等は，相手方の被告も知るところとなるのを前

＊1　大阪地判平成13年３月１日裁判所ホームページ〔環状カッタ事件〕。

提に，プレスリリースの内容に準じつつ取引先への影響の有無にも言及して客観的簡潔に説明すべきでしょう。

(2)　被告側（訴えられる側）

(a)　マスコミからの問合せに対する対応

被告側は，原告から提訴された直後に十分な準備体制が整わない中でインタビューを受けます。この場合，何か言い分をいわなくてはならないなどと慌てる必要はなく，「訴状を未だ受け取っていないのでコメントできない」などという定型的な応答にならざるを得ない場合が多いと思われます。

その後，訴状の内容をできるだけ早く確認し，必要に応じて態度を表明するということになるでしょう。

(b)　報道関係先へのプレスリリースの有り様

(イ)　プレスリリースの文章と内容　　上記(1)(a)(イ)と同じです。

(ロ)　記者クラブへの「投げ込み」　　上記(1)(a)(ロ)と同じです。

提訴時には取り上げられても，改めて被告側の対応だけをマスコミが取り上げてくれるとは限りません。時間の経過とともに関心は薄れ，特別大きな関心の惹く事件は別として，多くの場合，再度，報道されるタイミングとしては訴訟の終結時などになることも多いものです。

(c)　取引関係先へのリリース

被告側の取引先のほうが原告の取引先より影響が大きいと感じる場合が多いでしょう。上記(1)(c)と同じです。

(3)　原被告の当事者

(a)　窓口の一本化

事実を踏まえた組織としての対応が必要であり，窓口を一本化することが大切です。窓口としては，「問合せ先」として，企業の広報部や管理部あるいは弁護士事務所の特定弁護士があたる場合など，適宜，決めていきます。リリースの文書に「問合せ先」を記載しておくとよいでしょう。

(b)　リリース直後の取材あるいは取引先による事件の問合せに対して（想定される問答の準備）

マスコミや取引先の問合せは，リリース直後に集中します。

そこで，予め問合せ担当窓口を決めておき，予想される質問を想定し，それに対する答をまとめておきましょう。法律的なQ&Aの案文は相手方や第三者の立場に立って事件担当の弁護士に案文を依頼することもよいでしょう。

(c)　記者会見

記者クラブの幹事社を通じて記者クラブで会見することもあります。新しい分野の訴訟であったり，世間の注目が集まる興味ある事案では，申入れやマスコミ側で記者会見をセットしてくれる場合もあります。

(d)　取材の申込み

裁判担当の司法記者は，独自に知財事件の判決や期日簿などから当該事件の影響や広がりに関心をもち，当該事件の担当の弁護士に取材を申し込んでくることがあります。

その場合は，クライエントに意向を尋ね，記事になる保証はありませんが，クライエントが了解する場合には，過剰なアピールにならないように，よいチャンスと考えて客観的に事実を説明することもよいでしょう。

Ⅲ　訴訟終結前後の対応

(1)　和解で終結した場合

(a)　和解では何をどこまで外部に開示するか（秘密保持義務がある事項）を，裁判上の和解調書やそれに関係する裁判外での当事者間での細目的な取決めの中で行うことも珍しくありません。

取り決められた内容は誠実に履行されなければなりません。勇み足になって和解で決められたこと以上に発言するのは紛争の新たな種になります。

そこで，和解のプレス発表時に当事者双方の弁護士・弁理士の代理人が同席し立ち合うことも一つの工夫になります。

(b)　同時に記録中に営業秘密があれば裁判記録（和解調書も含め）の閲覧謄写の制限の手続（民訴92条）をとる必要性があるかも合わせて検討しておかなければなりません。

和解調書等における秘密保持や口外禁止条項は，原被告間の当事者間では有効ですが，第三者にはその約定の効果は及びません。

民事裁判記録は，係属中の事件は係属部において，確定事件は当該事件の第一審裁判所の各裁判所で保管されますが，「閲覧」は，原則として誰でも閲覧請求することができます（民訴91条1項）。また，「謄写」については，利害関係人であれば利害関係を疎明して謄写することができます（民訴91条3項）。

当事者間で何をどこまで外部に開示するかを取り決めておいても第三者（又は利害関係人）が記録を閲覧謄写することにより内容が筒抜けになってしまうということもありえますので留意が必要です。

申立ては，訴訟記録中の秘密記載部分を特定して書面で行うことになります（民訴規34条1項）。その際には閲覧制限の要件を疎明することが必要となります。この疎明は比較的緩やかに裁判所では認定されているようです。

(2)　判決で終結した場合

(a)　ネットを利用した告知

知的財産権に関する訴訟（侵害訴訟及び審決取消訴訟）の判決は，知財高裁・東京地裁と大阪地裁のものが，ネット上で1週間から数週間の期間経過後，原則として公表されています[*2]。

訴訟に関係した当事者は，自社のホームページにおいて，上記の判決の所在を示すHTTPを示し，報告に代えるということも考えられます。

当事者は，どうしても判決を有利に大きく評価したり，弁解のために様々な言い訳を付加しがちです。その心情はよくわかりますが，判決は，判決文に記載されたもの以上でも以下でもなく，それ以外の様々ないわば尾ひれ的なものを付け加えると，それがトラブルを新たに惹き起こす種となるものです。

その点，関心のある関係者であれば，判決を配ることもなく，裁判所のホームページを利用して判決を見てくれるでしょうから，判決の所在を告知した情報提供はスマートな対応といえるでしょう。

(b)　上訴関係について

判決の出された直後に上訴するか否かについて問われることもあります。定型的な対応は，「判決文を検討の上，適切に対応したい」等というようなものでしょう。

上訴関係についても，自社のホームページにおいて不服の理由と上訴したことを簡潔に告知することもよいでしょう。

＊2　裁判所「裁判例情報」(http://www.courts.go.jp/app/hanrei_jp/search1)。判決後1，2週間程度で公表されているようですが，閲覧謄写の制限の手続があるような事案では，少し遅れて公表されているようです。

Ⅳ　マスコミ報道から派生する法的紛争（場外戦）を防止する視点

マスコミへの発表の内容が，営業誹謗や営業妨害あるいは信用毀損にあたるなどとして本体の侵害事件とは別に場外戦を惹き起こすことがあります。

参考となる裁判例を次に挙げておきましょう。

①　東京地判平成13年８月28日判時1775号143頁＝損害賠償請求の一部認容／東京高判平成14年６月26日判時1792号115頁＝控訴人ら敗訴部分の取消し，被控訴人（附帯控訴人）の請求棄却。

②　大阪地判平成27年２月19日裁判所ホームページ＝損害賠償請求の一部認容／知財高判平成28年２月９日裁判所ホームページ＝一審被告敗訴部分の取消し。

①事件は，遊技機の特許につき訴訟の内容，背景を説明した記者会見における発言が問題となった事案です。

②事件は，「発光ダイオード」の特許に関するプレスリリースをめぐる紛争事案です。

結論は，一審判決と二審判決とで判断が異なりましたが，派生的な紛争を惹き起こしやすいので注意が必要であることを示しています。

第２節　倫　　理

実務で，クライエントとの関係で倫理自体が問題となることは，それほど多くないかも知れません。特に，知財紛争は，訴訟に特別の関心を払う企業の法務部や知財部の担当者が関与されることが多く，倫理問題に直接的に牴触する場面は，そう多くないでしょう。しかし，個人企業や著作権侵害事件で人格権が関係することも珍しくないのが知財紛争で，様々な人が関係者になるので倫理的側面は意識しておくべきでしょう。

クライエントや法律専門職としても事件処理の過程で倫理面のスポットからどのような問題があるかを念頭に置くことで事件処理のあり方を見直す契機となります。倫理は，リーガルプロフェッションの法律専門職として，また事件に臨む心構えとしても大切で基本的なものです。

倫理は，弁護士法，日弁連会則，弁護士職務基本規程（以下「規程」と略します）などによって明文化，コード化されています。しかし，コードを守れば足りると考えるのはコードに触れなければ倫理に反しないという皮相的・短絡的な思考パターンに陥ります。倫理はリーガルプロフェッションとして常に求められるもので職務を遂行する中で常に歩きながら考え続けていかなければならないものです。

ここでは，訴訟の各段階における要点とコンフリクトのチェックについて簡単に触れておきます。

I　訴訟受任時

(1)　訴訟を受任するかどうか

①事実関係を把握し（評価を先走らず客観的な事実確認が先決です），②法的に正当かどうかを確かめ（何分か理があるか），③資料等を確認した上での勝訴可能性の見込み判断をします。この際，有利な結果の請け合いや保証が禁止されていることは当然でしょう（規程29条）。次に，④着手金等お金の問題があります。クライエントのトラブルはお金に関係することが多く，クライエントに十分理解を得てコストの問題は処理されなければなりません（規程24条）。この種トラブルの原因は，クライエントへの説明不足に基づくことがほとんどです。着手金と成功報酬という仕組みは，知的財産権侵害訴訟ではフィットしにくい要素があります。知的財産権侵害訴訟は力仕事になり，それなりの時間と労力がかかります。時間と労力に見合いクライエントに納得感の得られるチャージの仕組みにする工夫が必要です。訴訟が継続する間の継続相談料というような仕組みを加味して，合理的なチャージ方式を決めます。予測される期間による見積書を提示することも理解を得られる工夫です。クライエントからも遠慮なく説明を求めることが必要です。その後に，⑤委任契約書を作成します（規程30条）。

(2)　クライエントの言い分をどのように聴き取るか

①クライエントにとって不利な事情も聴き取ることが大切です。そして，②相手が争う理由は何かを相手方の立場を想定して尋ねることが重要です。これによりはじめて事情を把握し，その上で訴訟の見込みを判断することができます。その前提として，本論で詳述したとおり包袋資料を含め，できるだけ判断の基礎となる客観的資料を踏まえたものにしなければなりません。

以上を通じて，クライエントと共通認識を共有し，信頼関係を築けることが大切です（規程22条・29条１項・36条）。

クライエント・弁護士・弁理士のゴールデントライアングルを築けることが事件の処理にあたり本当に大切であることを痛感します。

Ⅱ　訴訟の進行過程

⑴　意思疎通の工夫

訴訟の過程で意外な証拠や言い分が出てくることも珍しくありません。不利な資料，有利な資料，裁判所の心証，勝敗の見通しなど刻々と変わることもあります。その都度その都度が出発であり勝負です。依頼者と共通認識を図り，その時々の過程でのこまめな報告・協議による意思疎通が大切です（規程36条）。フェイス・トゥ・フェイスの打合せが基本です。遠方のクライエントとは，電話会議かスカイプ会議などを利用して，できるだけ意思疎通の工夫をはかります。

⑵　局面局面での打合せ

裁判所の心証形成は，訴訟進行に伴って形成されます。知財訴訟の場合は，侵害論・損害論の二段階審理方式がとられています。侵害論が一段落したところで心証開示が行われます。不利なら和解解決による得失もクライエントと詰めなければなりません。提訴された被告側としては，損害論に移行した際に予測される認定損害額，侵害認定に対する回避策（中止や改造），上訴した際の期間・コスト・判断の変わる可能性などについても逐一検討打合せを行っていきます（それでも最後まであきらめてはいけません。粘りに粘ることによって土壇場で心証が変わることもあります）。提訴した原告側も侵害論がひと段落したと安心せず，さらに損害論へ進んだ際の打合せを検討していきます。

Q10－1　民事訴訟中の本人宛への文書送付

営業秘密に関する訴訟の進行中に，原告代理人から被告本人に直接内容証明郵便で，営業秘密を漏えいしたので民事だけでなく刑事告訴するとの通知が再三にわたり送られてきました。

民事上の損害賠償責任を負うか否かが争われている最中で，その成否自体が不明な時期に，このような書面が複数回送られてくるのは，被告本人の営業活動を牽制する目的のための脅かしとしか思えません。当方（被告）にも代理人がついています。被告にこのように直接刑事告訴までするというような書面を送りつけるのは，倫理上問題があるのではないでしょうか。

A

刑事告訴するためには，十分な裏付けが必要です。仮に法律上の根拠のないことを認識しながら，単に民事紛争を有利に進める目的や威嚇などの目的で，代理人の弁護士名でこのような書面を本人に出しているとすれば，弁護士倫理上の責任を問われる可能性があります（規程５条［信義誠実］・６条［名誉と信用］・31条［不当な事件の受任］など）。被告との直接交渉の手段として再三このような書面を送っている場合も同様に倫理上の責任を問われる可能性があります（規程52条［相手方本人との直接交渉］など）。

Q10−2　違法収集証拠と倫理

方法の発明の侵害が問題となる事案で，クライエントが勝手に相手方の工場に入り製造方法の工程を動画撮影して証拠に使用してほしいとネットで送信してきました。法律上や倫理上どのような問題が生じるでしょうか。盗聴したボイスレコーダーの録音内容を証拠として使用してほしいという場合はどうですか。

A

居住者の同意なく住居に立ち入って撮影された動画や話手の了解を得ずに無断録音された録音物の内容について，法律上は違法収集証拠が問題となります。民事訴訟では収集方法に著しい反社会性のない限り証拠能力が一律に否定されることはなく，証拠能力は制限されずに証拠力としてどう評価されるかという考え方が一般的に支持されています。

倫理上はこのような住居侵入やプライバシーの侵害という法律に触れるおそれ

のある証拠の採取を仮に弁護士から積極的に勧めるのは弁護士倫理上の責任を強く問われる可能性があります（規程14条［違法行為の助長］・21条［正当な利益の実現］・31条［不当な事件の受任］など）。

Ⅲ　判決前後

①勝訴の場合と②敗訴の場合がありますが，予測違いによる依頼者の不服も出てきますので事前の予測の共有化と予測に反した結果への対応も予め検討しておくべきでしょう。これは訴訟の進行過程で，小まめな打合せを行っていることによってスムーズに運ぶものです。

特に，侵害訴訟の上訴期間（判決書の送達を受けてから２週間）は限られていますので，上訴理由の検討は，判決を検討してということになりますが，上訴意思だけは早いうちに確認しておく必要があります。

これらの全体を通して，クライエントとの信頼関係構築が重要です。そのためには，「報（報告）・連（連絡）・相（相談）」をこまめに行い，情報と認識の共有をはかり意思疎通の重要性を常に意識しておかなければなりません。弁護士・弁理士等の業務は，究極的にはパーソナルな信頼関係の上に成り立っています。倫理問題の根源は，クライエントとの信頼関係の維持そのための有効な意思疎通，これに尽きるように思われます。

Ⅳ　コンフリクトのチェック

知財を担当する関係者の世界は案外狭いと考えて対応するほうがよい場合が多いでしょう。クライエントも相手方と市場で競合していることが常であり，弁護士や弁理士の専門職も，技術分野が狭く，専門性が高くなればなるほど，コンフリクトする可能性が高くなります。かつて単発で依頼を受けたクライエントが相手方であったり，顧問先の中核企業のグループ会社の一つが相手方であったりと相談を受けてよいか否か悩ましい事例も珍しくありません（弁護士法25条，規程27条・28条）。その場合，答えは一つではなく，クライエントや事務所など人それぞれの考え方に左右されます。

倫理の問題が絡み，利害相反する可能性のある相手方の同意を取り付ければ，それで足りると考える人も，それだけでは足りないと考える人もいるでしょう。

そのような状況にあることを関係者が認識した上で，要は，継続する事件処理の中で，クライエントとの信頼関係が維持できるかが最も肝要な点です。

虚心坦懐に考えなければなりません。当該事件におけるクライエントの依頼が失われることによる法律専門職の経済的な利益は，倫理の問題の前では後退，あるいは劣後する場合があるといえるでしょう。

【三山　峻司】

事項索引

■編著者

三　山　峻　司（弁護士・弁理士）

知財実務ガイドブック
――知財の活用とトラブル対策

2017年11月６日　初版第１刷印刷
2017年11月15日　初版第１刷発行

編著者　三　山　峻　司
発行者　逸　見　慎　一

発行所　東京都文京区 本郷６丁目４－７　株式会社　青林書院
振替口座　00110-9-16920／電話03（3815）5897～8／郵便番号113-0033
ホームページ☞ http://www.seirin.co.jp

印刷／星野精版印刷　落丁・乱丁本はお取り替え致します。

ISBN 978-4-417-01726-4